£14.99

Y Mudiad Drama yng Nghymru 1880–1940

Golygydd Cyffredinol
John Rowlands

Cyfrolau a ymddangosodd yn y gyfres hyd yn hyn:

1. M. Wynn Thomas (gol.), *DiFfinio Dwy Lenyddiaeth Cymru* (1995)
2. Gerwyn Wiliams, *Tir Neb* (1996) (Llyfr y Flwyddyn 1997)
3. Paul Birt, *Cerddi Alltudiaeth* (1997)
4. E. G. Millward, *Yr Arwrgerdd Gymraeg* (1998)
5. Jane Aaron, *Pur fel y Dur* (1998) (Enillydd Gwobr Goffa Ellis Griffith)
6. Grahame Davies, *Sefyll yn y Bwlch* (1999)
7. John Rowlands (gol.), *Y Sêr yn eu Graddau* (2000)
8. Jerry Hunter, *Soffestri'r Saeson* (2000) (Rhestr Fer Llyfr y Flwyddyn 2001)
9. M. Wynn Thomas (gol.), *Gweld Sêr* (2001)
10. Angharad Price, *Rhwng Gwyn a Du* (2002)
11. Jason Walford Davies, *Gororau'r Iaith* (2003) (Rhestr Fer Llyfr y Flwyddyn 2004)
12. Roger Owen, *Ar Wasgar* (2003)
13. T. Robin Chapman, *Meibion Afradlon* (2004)
14. Simon Brooks, *O Dan Lygaid y Gestapo* (2004)
15. Gerwyn Wiliams, *Tir Newydd* (2005)

Y MEDDWL A'R DYCHYMYG CYMREIG

Y Mudiad Drama yng Nghymru 1880–1940

Ioan Williams

GWASG PRIFYSGOL CYMRU
CAERDYDD
2006

Cedwir pob hawl. Ni cheir atgynhyrchu unrhyw ran o'r cyhoeddiad hwn na'i gadw mewn cyfundrefn adferadwy na'i drosglwyddo mewn unrhyw ddull na thrwy unrhyw gyfrwng electronig, mecanyddol, ffotogopïo, recordio, nac fel arall, heb ganiatâd ymlaen llaw gan Wasg Prifysgol Cymru, 10 Rhodfa Columbus, Maes Brigantîn, Caerdydd, CF10 4UP.
Gwefan: *www.cymru.ac.uk/gwasg*

ISBN 0-7083-1832-0

Mae cofnod catalogio'r gyfrol hon ar gael gan y Llyfrgell Brydeinig.

Cyhoeddir gyda chymorth ariannol Cyngor Llyfrau Cymru.

Datganwyd gan Ioan Williams ei hawl foesol i gael ei gydnabod yn awdur y gwaith hwn yn unol ag adrannau 77 a 78 o'r Ddeddf Hawlfraint, Dyluniadau a Phatentau 1988.

Gwnaethpwyd pob ymdrech i ddod o hyd i berchenogion hawlfraint deunydd a ddefnyddir yn y gyfrol hon, ond yn achos ymholiad dylid cysylltu â'r cyhoeddwyr.

Llandybïe.

Cynnwys

Rhagair   vii

1. Y Mudiad Drama 1880–1911   1

2. 1911–1922   56

3. 1923–1940   110

4. Diwedd y Gân   197

Mynegai   207

Rhagair

Cynigir yn y llyfr hwn ddisgrifiad a dadansoddiad o'r mudiad drama rhwng 1880 a 1940, o'i ystyried fel ffenomen ddiwylliannol. Ni cheir yma astudiaeth o gynnyrch dramayddol y mudiad hwnnw fel y cyfryw. Ni thrinnir drama'r cyfnod ond i'r graddau y mae hi'n cynnig tystiolaeth werthfawr ynglŷn â symbyliadau a chyfeiriadau'r gweithgarwch theatraidd ei hun. O'i hystyried felly, credaf ei bod yn deg dweud bod y mudiad drama ymhlith ffenomenâu pwysicaf yr ugeinfed ganrif ac yn un o brif gyfryngau parhad y genedl Gymraeg yn y cyfnod hwnnw.

Hoffwn ddiolch i staff y Llyfrgell Genedlaethol am sawl cymwynas werthfawr ac am lawer o gymorth, i staff Gwasg y Brifysgol ac i olygydd y gyfres Y Meddwl a'r Dychymyg Cymreig, cyfres sy'n gyfrwng angenrheidiol i'r math hwn o astudiaeth. Hoffwn gydnabod hefyd gefnogaeth Prifysgol Cymru, Aberystwyth drwy gyfrwng Cronfa Hughes Parry a chymorth gwerthfawr Lynne Williams. Rhaid cydnabod hefyd fy nyled i Awen Jones, ysgrifenyddes Cymdeithas Ddrama Abertawe, am ganiatáu imi gael copïau o raglenni'r Gymdeithas, ac am ei chyngor ynglŷn â *Seren Bala*, ac i'm merch, Myfanwy Jones a fy mab, Efan Williams, am eu hamynedd wrth chwilio am ddeunydd imi.

Hoffwn ddiolch hefyd i Kathleen Williams ac i sawl aelod arall o staff Adran Astudiaethau Theatr, Ffilm a Theledu yma yn Aberystwyth, am eu cymorth a'u hamynedd pan oedd gwaith yr adran yn gorfod bod yn eilbeth i'r llyfr hwn!

Ioan Williams,
Lledrod,
Haf 2006

1

Y Mudiad Drama 1880–1911

Y mae dadeni'r ddrama Gymraeg yn wythfed degawd y bedwaredd ganrif ar bymtheg wedi denu sylw o'r cychwyn. Gan gofio, fel y dywed Dafydd Glyn Jones, 'bod y ddrama Gymraeg am y rhan helaethaf o hanner cyntaf y . . . ganrif yn farw gorn',[1] sut y mae esbonio ymddangosiad disymwth y Mudiad Drama a ddatblygodd yn fudiad diwylliannol â'i wreiddiau'n ddwfn ledled y cymunedau Cymraeg?

Y cam cyntaf tuag at ateb y cwestiwn hwn yw cydnabod mai mudiad cymdeithasol oedd y Mudiad Drama, yn hytrach na mudiad llenyddol. Yr oedd elfen o amwysedd ynghlwm wrth y ddrama fel gwaith ysgrifenedig o ddechrau'r mudiad hwn tan y diwedd, a hynny er gwaethaf ymdrechion y rheiny na welai unrhyw bwrpas i weithgaredd theatraidd heblaw am gynhyrchu a pherfformio testunau o werth llenyddol. O'i ystyried felly, ymddengys fod gan y mudiad dair prif nodwedd: sydynrwydd ei ymddangosiad; cyflymdra ei ymlediad ar hyd a lled y wlad; a hirhoedledd trawiadol. Yn ddiau, y mae tystiolaeth sy'n awgrymu bod y ddrama, o'i hystyried fel testun llenyddol, yn raddol ymsefydlu yn y diwylliant Cymraeg trwy gydol y cyfnod rhwng 1850 ac 1880. Ond tra gellir awgrymu bod bodolaeth y ddrama lenyddol yn amodol ar fodolaeth y theatr amatur Gymraeg, ni ellir derbyn mai dyna brif achos neu symbyliad y gweithgarwch theatraidd hwnnw. Yn wir, yr hyn a welir yng nghyfnod cyntaf y mudiad, wrth i grwpiau drama godi ar hyd a lled gogledd Cymru, yw parodrwydd i afael yn unrhyw ddeunydd y gellid ei addasu yn danwydd crai i fodloni'r ysfa gynyddol am gynnal y gweithgarwch newydd hwnnw mewn cymunedau lle'r oedd unrhyw ffurf ar theatr wedi ei hystyried yn rhywbeth esgymun am flynyddoedd.

Er bod cytundeb cyffredinol ymhlith y sylwebyddion mai'r blynyddoedd rhwng 1913 a 1936 oedd oes aur y Mudiad Drama, y mae rhywfaint o wahaniaeth barn ynglŷn ag union ddyddiad ei ddechreuad. Credai O. Llew Owain, oherwydd y pwyslais a roddai ef ar y ddrama fel testun, mai'r cyfnod rhwng 1850 a 1880 a welodd 'Y Cychwyn a'r Datblygiad'.[2] Tueddai Bobi Jones i leoli dechreuad y mudiad yn y cyfnod cyffrous hwnnw cyn y Rhyfel Mawr, pan ymddangosodd gweithiau cynhyrfus W. J. Gruffydd, J. O. Francis a W. D. Davies.[3] Barn D. Tecwyn Lloyd, ar y llaw arall, oedd mai perfformiad Cwmni Drama Trefriw o addasiad o *Rhys Lewis* yng Ngorffennaf 1886 oedd 'gwir ddechreuad' y mudiad a wnaeth ddrama ac actio 'yn rhan anhepgor o fywyd diwylliannol Cymru Gymraeg ac yn rhywbeth i'w arddel yn ddi-gwestiwn'.[4] 'Ni ellir ond llwyr gytuno' â'r casgliad hwnnw, meddai Dafydd Glyn Jones, oherwydd cafwyd cysondeb trawiadol o ran gwerthoedd, themâu a sefyllfaoedd yr addasiadau hynny a chynnyrch gorau'r mudiad drama rhwng ail a phumed degawd yr ugeinfed ganrif.[5] Ac i ryw raddau y mae'r farn honno hefyd wedi ei hategu gan Hywel Teifi Edwards, sy'n agor llenni'r theatr amatur yn y flwyddyn 1900, ond yn cyflwyno nifer o luniau o berfformiadau o *Rhys Lewis* 'megis prolog' i ddangos 'pa mor ddyledus fu'r ddrama i nofelau Daniel Owen'.[6]

Mynnai Gwynfor (Thomas Owen Jones, 1875–1941), mai wrth i nifer o fechgyn sefydlu cwmni ym mhentref Llanberis, wrth droed yr Wyddfa, yn y flwyddyn 1880, i berfformio drama hanes Beriah Gwynfe Evans, *Owain Glyndŵr*, y ganed y Mudiad Drama.[7] Ategwyd hynny gan J. Kitchener Davies, gan bwysleisio'r cysylltiad eisteddfodol:

> Y flwyddyn honno [1879], yn Eisteddfod Genedlaethol y De yng Nghaerdydd, cynigiwyd gwobr am ddrama 'yn ymwneud â bywyd Cymreig'. Yn yr un flwyddyn, cynigiodd Eisteddfod Gadeiriol Eryri (Llanberis) wobr am 'y chwareuaeth Gymreig orau yn ôl dull Shakespeare'. Beriah Evans a aeth â'r wobr yn y ddau le, â Gwrthryfel Owain Glyndŵr. Dyna'r ddrama Gymraeg gyntaf a gyfansoddwyd, ac actiwyd hi yn Llanberis yn 1881; ac aelodau Pwyllgor yr Eisteddfod oedd 'hogiau'r ddrama', fel y gelwid yr actorion.[8]

Credai Gwynfor fod gofyn am ddrama 'yn null Shakespeare' yn Llanberis yn ganlyniad naturiol i'r diddordeb yn ei waith a deimlwyd gan y dynion 'deallus a darllengar' a arferai gwrdd 'i drin a dadlau pynciau'r dydd a phynciau eraill yn y gweithdai, y siopau, a chabanau'r chwareli'. Ond bwriad pennaf y pwyllgor wrth osod y gystadleuaeth, 'oedd cael drama i'w chwarae',[9] ac o'i chwarae yn y Gymraeg drosglwyddo agweddau a gwerthoedd newydd i'r iaith honno ac i'r diwylliant a gysylltwyd â hi.

Gellid dadlau bod pennu union ddyddiad dechreuad mudiad cymdeithasol a oedd â'i wreiddiau'n ddwfn yn y diwylliant Cymraeg yn y cyfnod hwnnw'n amhosibl. Y pwynt pwysig, yn ddiau, yw mai yn yr wythdegau y daeth elfennau gwahanol y mudiad at ei gilydd – yn y degawd nesaf y gwelwyd y mudiad yn ymledu drwy Gymru gyfan a gwelwyd hefyd gynhyrchu testunau a barhaodd yn rhan o'i *repertoire* am ddegawdau wedyn. Rhan annatod o'r mudiad yw'r ymgeisiau amrywiol i greu testunau dramayddol yn y Gymraeg y mae O. Llew Owain yn eu croniclo, a'r rheiny'n cynnwys ymddiddanion J.R., a chyfieithiadau o Shakespeare a dramâu hynafol Groeg. Rhaid caniatáu lle anrhydeddus i'r ddrama lenyddol a ysgrifennodd Hiraethog i ddathlu dechreuad Anghydffurfiaeth, *Y Dydd Hwnnw* (1862), ond ni ellid honni ar ran gweithiau nas perfformiwyd erioed, nac yn achos y rheiny nas perfformiwyd y tu allan i gylchoedd cyfyngedig y cymdeithasau dirwestol neu gapelyddol, eu bod yn dystiolaeth o ddim mwy na dymuniad i ddefnyddio drama i hyrwyddo neu i ddathlu achos neilltuol.

Un o'r rhesymau am y pwysigrwydd a roddir gan y beirniaid ar yr addasiadau o *Rhys Lewis* yw fod agweddau meddwl a themâu nofelau Daniel Owen, a *Rhys Lewis* yn arbennig, 'yn brigo i'r golwg dro ar ôl tro yng ngwaith D. T. Davies, R. G. Berry, W. J. Gruffydd ac Idwal Jones'[10] – hynny yw, ar hyd y cyfnod o 1913 tan 1927. Ond ni sylwir yn aml mai rhan o ddiwylliant Anghydffurfiol y cyfnod oedd yr 'agweddau meddwl a'r themâu' a fenthyciwyd gan ddramodwyr y cyfnod a'u bod yn perthyn i'r nofel Gymraeg yn gyffredinol yn hytrach na bod yn eiddo i Daniel Owen ei hun. Gwir ffynhonnell pwysigrwydd *Rhys Lewis* yng nghyddestun y mudiad drama yw ei bod yn cyflwyno'r deunydd cyffredin mewn modd unigryw. Ymatebodd y dramodwyr a drodd yn gyflym i addasu'r nofel hon i'r llwyfan i'r ffaith ei bod yn cynnig portread hynod gymhleth a bywiog o'r dynfa feddyliol a oedd yn ganolog i ddiwylliant Anghydffurfiol cyfoes. Ond tra bod y weithred honno o'i haddasu yn deyrnged i nerth y darlun a gyflwynwyd gan Daniel Owen, y mae'n drawiadol sylwi nad y dynfa honno yw canolbwynt y dramâu a seiliwyd ar y nofel. Nid Mari Lewis, Bob ac Abel Hughes yw prif gymeriadau'r dramâu, ond Wil Bryan, Tomos a Barbara Bartley a Jones yr Assistant. Er eu bod yn deyrnged i'r nofel ei hun, y mae'r addasiadau o *Rhys Lewis* hefyd yn dystiolaeth ddigamsyniol i'r ffaith fod cyfnewid sylfaenol wrthi'n digwydd yn sylwedd y diwylliant Anghydffurfiol yn wythdegau'r ganrif.

Yn ôl yr hanesydd, yr oedd y cyfnod hwnnw'n un trawiadol o gynhyrfus. Dywed Kenneth Morgan am wythdegau'r bedwaredd ganrif ar bymtheg yng Nghymru:

From the early 1880s . . . dramatic transformations swept through the land which added up to a kind of national renaissance. The very sense of national identity acquired a new robust vitality, the consequences of which still reverberated in Wales nearly a hundred years later.[11]

Un o'r cyfnewidiadau dramataidd hynny oedd y Mudiad Drama, sef canlyniad i'r ymwybyddiaeth hyderus newydd a briodola Morgan i ddatblygiadau sylfaenol ym mywyd y genedl. Ymhlith y pwysicaf o'r datblygiadau hynny oedd y mudiad addysg a gynhyrchodd 'hogiau'r ddrama' newydd, actorion ifainc y grwpiau niferus a ymffurfiodd ymhob rhan o'r wlad ar hyd y nawdegau, a'r gweinidogion a'r ysgolfeistri a brysurodd i'w harwain.

Pwysleisia Kenneth Morgan ddwy agwedd ganolog ar ddiwylliant Cymru yn negawdau diweddaraf y ganrif, sef cryfder ac egni'r gymuned ieithyddol, a bywiogrwydd y diwylliant Anghydffurfiol a gysylltwyd yn agos â'r iaith ei hun. Cyfeiria ef hefyd at y ffaith fod yr agweddau adeiladol hynny yr oedd pobl yr wythdegau mor ymwybodol ohonynt yn cuddio, i ryw raddau, dueddiadau eraill a oedd yn bygwth tanseilio'r iaith a'r diwylliant Cymreig fel ei gilydd. Er ei bod hi'n wir fod nifer siaradwyr yr iaith yn uwch yn 1900 nag erioed o'r blaen, ar yr un pryd yr oedd y cyfrifiadau'n dangos eu bod yn lleihau'n gyson fel cyfartaledd o'r boblogaeth. Wrth edrych yn ôl dros yr hanner canrif rhwng 1880 a 1930 byddai'n anodd peidio â'i ystyried yn gyfnod tyngedfennol o ran dirywiad yr iaith a'r diwylliant Cymreig yn rhannau mwyaf poblog y wlad. Yr un oedd hanes crefydd yng Nghymru yn ystod y blynyddoedd hynny. Dyma gyfnod a welodd yr hyn a ddisgrifiodd Bobi Jones fel y 'Trychineb mawr', sef, 'y chwalfa yn ffydd y Cymry' a ddechreuodd tua chanol y bedwaredd ganrif ar bymtheg.[12] Os oedd yn wir, fel y dywed R. Tudur Jones, fod 'bod yn Gymro a bod yn Gristion o fewn trwch blewyn yr un peth'[13] ar ddiwedd y bedwaredd ganrif ar bymtheg, yr oedd yn wir hefyd fod natur a sylwedd y grefydd honno'n prysur newid o'r tu mewn. Y gwir yw fod oes y Mudiad Drama yn cydddigwydd â'r broses raddol honno o seciwlareiddio'r diwylliant Anghydffurfiol y bu diwinyddiaeth Galfinaidd yn sail iddo. Mor drylwyr oedd y trawsffurfiad hwnnw, meddai Tudur Jones, nes bod Cymro cyffredin ein cyfnod ni'n profi 'anhawster anorchfygol' wrth geisio ffurfio argraff glir o ddigwyddiad y credai ef fod 'holl elfennau mawreddog trychineb Roegaidd' yn perthyn iddo.[14]

Fe ellid dadlau, efallai, fod yna elfen o ramantu yn asesiad R. Tudur Jones o fawredd dirywiad y diwylliant Calfinaidd yng Nghymru, oherwydd ni fu'r uniad rhwng crefydd Anghydffurfiol a'r hunaniaeth Gymraeg erioed mor gyflawn ag y tueddai ef i awgrymu. Os oedd yn wir erbyn diwedd y ganrif fod y grefydd Anghydffurfiol a'r diwylliant Cymraeg wedi eu cydblethu i'r fath raddau fel 'na allai dewin ddweud i sicrwydd lle gorweddai'r ffin rhyngddynt',[15] yr oedd yn wir hefyd fod y ddwy elfen honno'n sylweddol wahanol i'r hyn a fuont ar ddechrau'r ganrif. O safbwynt y ddiwinyddiaeth Galfinaidd a ymgorfforwyd yng Nghyffes Ffydd y Methodistiaid yn 1823, yr oedd buddugoliaeth y grefydd Anghydffurfiol a ddathlwyd yng nghapeli Cymru ar hyd y ganrif yn drychineb. Wrth i'r diwylliant a'r grefydd Anghydffurfiol nesáu at ei gilydd o'r tridegau ymlaen, disodlwyd sylfaen Galfinaidd y grefydd honno gan ddiwinyddiaeth foderniadd a roddodd ffordd yn y pen draw i ddyneiddiaeth a oedd ymron yn gyfan gwbl fateroliaidd.

Fe ellir olrhain camau cyntaf y broses honno drwy dudalennau campwaith hanesyddol Owen Thomas, *Cofiant y Parchedig John Jones, Talsarn, mewn cysylltiad â hanes diwinyddiaeth a phregethu Cymru* (1874). Fel y synhwyrodd Saunders Lewis, fe geir deunydd sawl drama – ac ambell gomedi yn eu plith – yn y disgrifiad a roddir gan ei dad-cu o'r brwydrau arwrol rhwng cewri fel John Elias a John Jones wrth iddynt gyfryngu'r cyfnewidiad o Galfiniaeth Uchel i'r ddiwinyddiaeth gymedrol a bregethwyd o bulpudau Anghydffurfiol o ganol y ganrif ymlaen. Ceir fersiwn fwy cryno o'r un stori yn y gyfres o erthyglau a gyhoeddodd Gwilym Hiraethog yn ddienw yn *Y Dysgedydd* rhwng Gorffennaf a Rhagfyr 1863, *Rhywbeth gan Rywun*, lle mae'n datgelu'r tyndra rhwng y ddyneiddiaeth a oedd yn sail i'w argyhoeddiadau gwleidyddol a'r ddysgeidiaeth Galfinaidd parthed etholedigaeth.

Os ydym am bennu dyddiad cychwyniad y 'Trychineb', chwedl Bobi Jones, fe'i ceir yn y stori am y Lewis Edwards ifanc yn gwrthod cyngor y Pab o Fôn, John Elias ei hun, mai i goleg Anghydffurfiol Belfast y dylai fynd am ei addysg, gan droi yn hytrach at y coleg prifysgol seciwlar a oedd newydd ei sefydlu yn Gower Street, Llundain, yn 1830 ac ar ôl hynny i Brifysgol Caeredin, lle graddiodd yn 1836. Yn y flwyddyn honno ymgartrefodd Lewis Edwards yn y Bala, gan sefydlu'r ysgol a gydnabuwyd dair blynedd wedi hynny fel Athrofa i hyfforddi gweinidogion Methodistaidd. Yr oedd sefydlu'r *Traethodydd* yn 1845, dan olygyddiaeth Lewis a Roger Edwards, yn gam pwysig arall. Sail yr addysg a gynigiwyd yn yr Athrofa oedd cydnabyddiaeth o bwysigrwydd yr iaith a'r diwylliant Saesneg. Cymerwyd yn ganiatáol gan olygyddion *Y Traethodydd* fod adnabyddiaeth nid yn unig o lenyddiaeth Saesneg ond o ddiwylliant seciwlar Ewrop ar hyd yr oesoedd yn elfen hanfodol yng ngwareiddiad y Cymry yn y byd oedd ohoni. Dyma lle y cyhoeddwyd traethodau ar Coleridge, Kant, Goethe a Shakespeare a sefydlodd fframwaith ar gyfer diwylliant nad oedd Calfiniaeth yn sail iddo, hyd yn oed os medrid dadlau ei fod yn gyson ag ef.[16]

Credaf fod dechreuad disymwth y Mudiad Drama yn ganlyniad rhesymegol i'r ffaith fod y cenedlaethau newydd o Gymry ifainc, addysgiedig wedi colli gafael ar hanfod y grediniaeth Galfinaidd – er bod y rhesymeg honno'n gorwedd islaw ymwybod y bechgyn a'r merched ifainc eu hunain, y gweinidogion a oedd yn eu harwain a'r blaenoriaid a oedd yn cefnogi eu hymdrechion. Wrth i hynny ddigwydd, yr oeddynt wedi colli'r ddolen gyswllt y trodd y nofel Gymraeg o'i hamgylch. Yr oeddynt yn wynebu, felly, y rheidrwydd i ddarganfod cyfrwng arall y gellid ei ddefnyddio er mwyn hawlio'r cysylltiad â seiliau traddodiadol yr hunaniaeth Gymraeg – a hynny'n bwysicach fyth oherwydd Seisnigrwydd eu haddysg eu hunain a Seisnigrwydd cynyddol y byd yr oeddynt yn byw ynddo. Yn yr argyfwng hwnnw troesant yn naturiol at y theatr, cyfrwng yr oeddynt yn gyfarwydd ag ef yn bennaf o ganlyniad i'w profiad o ddrama gyfoes Lloegr, a gynrychiolid gan gampau cewri llwyfan Llundain.

Digwydd theatr pan fydd cymuned yn ymrannu yn berfformwyr ac yn gynulleidfa. Gweithgaredd cymdeithasol ydyw yn y bôn, a'i phrif hanfodion yw ei bod yn uniongyrchol ac yn hunanadlewyrchiadol. Fel y dywed Hegel, y mae hi'n gyfrwng i gyflwyno 'collisions of circumstances, passions and characters', sy'n arwain 'to actions and then reactions which in turn necessitate a resolution of conflict and discord'.[17] Cynigiodd gyfrwng i Gymry ifainc, addysgiedig wythdegau'r bedwaredd ganrif ar bymtheg godi uwchben eu rhieni a'u rhieni hwythau, a hawlio cysylltiad uniongyrchol â hen werinwyr Calfinaidd, cynrychiolwyr yr hunaniaeth Gymreig draddodiadol. Ni fu'r ddolen gyswllt newydd honno'n fwy nac yn llai rhithiol na'r un a ddathlwyd yng ngwaith y nofelwyr, ond bu'n anos i'w hymgorffori ym mhrofiad cyfoes y genhedlaeth newydd.[18]

Dadleuaf yn y llyfr hwn mai rhan o'r broses hir o ryddfrydoli'r diwylliant Anghydffurfiol yw datblygiad y nofel yn y bedwaredd ganrif ar bymtheg, ac mai rhan arall yw datblygiad y Mudiad Drama, a oedd yn dilyn, ac yn cofnodi, cyfnewidiad sylfaenol yn y ffordd y gwelai'r Cymry Cymraeg eu perthynas â'r byd oedd ohoni. O'i ystyried yn y cyd-destun hwn, ymddengys y mudiad hwn, a drawsnewidiodd y diwylliant a gynhelid gan y capeli Cymraeg yn negawdau olaf y bedwaredd ganrif ar bymtheg, yn ymateb greddfol ar ran y cymunedau

Cymraeg eu hiaith i wrthdrawiadau a orweddai'n ddwfn yn eu his-ymwybod. A dyna gychwyn ar esbonio sawl un o agweddau mwyaf syfrdanol y mudiad. Y mae sydynrwydd y datblygiad a chyflymdra ei ymlediad ar hyd ac ar led Cymru yn ganlyniad i'r ffaith ei fod yn ymateb i gyfnewidiad diwylliannol a effeithiodd ar y ffordd yr oedd y cymunedau Cymraeg yn meddwl amdanynt eu hunain. O'i weld felly gellir deall sut y llwyddodd i fwrw gwreiddiau mewn cymunedau a lochesai ragfarn draddodiadol, gref yn erbyn unrhyw ffurf ar theatr ac iddi gael ei chynnal gan y cymunedau crefyddol, er gwaethaf yr elfen o ddychan a gyfeiriai at rai agweddau ar y grefydd Anghydffurfiol ei hun. Yn y bôn, mudiad yn amddiffyn y cymunedau Cymraeg oedd y Mudiad Drama, a'i brif swyddogaeth oedd i greu a chynnal ffurf ar hunaniaeth fytholegol a gynigiodd rith o sefydlogrwydd mewn byd lle'r oedd ymron pob datblygiad cymdeithasol ac economaidd yn cynyddu'r bygythiad i fodolaeth Cymreictod a'r iaith a'i cynhaliai.

Fel unrhyw ffurf ar theatr, cychwynnodd y theatr a grëwyd gan y Mudiad Drama wrth i gymuned ymrannu i greu'r ddwy blaid sy'n angenrheidiol i'w bodolaeth, sef y perfformwyr a'r gynulleidfa. Fel Theatr yr Anterliwt o'i blaen, y mae theatr y Mudiad Drama'n hynod oherwydd agosatrwydd y ddwy blaid honno ar hyd ei hanes. Er gwaethaf pob ymdrech i fagu theatr broffesiynol a theatr gelfyddydol ar sail y Mudiad Drama, fe wnaeth barhau'n fudiad a oedd yn perthyn yn agos i'r cymunedau a'i cynhaliai. Dyna ei gryfder ar hyd ei oes, a ffynhonnell ei wendid ar yr un pryd. Yr hyn a'i symbylodd yn y bôn oedd dymuniad y cymunedau Cymraeg i gynnal delwedd rithiol a oedd yn gyfrwng i gymrodeddu agweddau gwrthdrawiadol o'u hunaniaeth. Y mae'n ddiddorol sylwi na chynigiai'r dramodwyr a wasanaethai'r mudiad yn y degawdau cynnar bortread uniongyrchol o fywyd cyfoes, neu ddadan-soddiad o broblemau'r byd oedd ohoni. Comedi yw cywair y Mudiad Drama yn y blynyddoedd cynnar ac os gellir dadlau bod y cywair hwnnw'n cael ei ddisodli gan ddychan yng ngwaith yr ail genhedlaeth, rhaid nodi bod gwrthrychau'r dychan hwnnw wedi eu dieithrio ymron bob tro trwy osod y digwydd ryw ddeg ar hugain i drigain o flynydd-oedd yn gynt nag amser cyfansoddi'r ddrama.

Y mae swyddogaeth gymdeithasol sylfaenol theatr y Mudiad Drama hefyd yn bwrw goleuni ar ddwy agwedd arall arni sydd wedi denu sylw ar hyd y blynyddoedd, hynny yw, y dull perfformiadol a'r ffordd y'i derbyniwyd gan gynulleidfaoedd. O ran y dull, nid oes raid ond codi'r llen, fel y gwna Hywel Teifi Edwards, i sylwi ar annilysrwydd yr hyn a ddywedir yn aml am 'realaeth' y theatr hon.[19] Dadleuaf isod nad yw hyd yn oed gwaith y to o ddramodwyr cymharol ifainc a ysgrifennai rhwng 1912 a 1914 yn realaidd, nac o ran arddull na thema, a bod y gymhariaeth gyffredin rhwng eu gweithiau hwy ac eiddo Ibsen yn un annilys. Ond rhaid nodi mai pethau gwahanol yw arddull drama a dull perfformiadol, sydd yn ganlyniad i'r ffordd y mae arddull actio a dull dylunio'n cydblethu ar y llwyfan.

Wrth astudio'r casgliad gwerthfawr o luniau a geir yn llyfryn Hywel Teifi, ni all dyn ond derbyn yr elfen o wirionedd plaen sydd wedi ei ddynodi yn natganiad 'fy nghyfaill Williams' yn 'Antur y Ddrama' W. J. Griffith: 'Bedaet ti'n rhoi perwig a locsyn ar goes picwarch a'i sticio ar ganol y llwyfan mi fyddai'n ddigon o ddrama i ambell un.'[20] Nid yw i'w briodoli i'r diniweidrwydd a gysylltir â theatr amatur fel y cyfryw. Y mae'n wir, fel y dywed Dafydd Glyn Jones, fod yna elfen o agosatrwydd drwy'r Mudiad Drama, a ddisgrifir ganddo fel elfen o naturiolaeth:

> Ac ym myd y ddrama naturiolaidd, dyna gyfrinach . . . tŷ pobl eraill. Mae eu drws nhw yn y canol, a'n drws ni dipyn i'r chwith. Mae eu tresel nhw ar y chwith, a'n tresel ninnau ar y dde; soffa werdd sydd yn eu tŷ nhw, a soffa frown yn ein tŷ ni . . .[21]

Ar yr un pryd, bu'n rhaid i'r elfen honno gyd-fyw ag elfen o ddieith-rwch hollol wahanol. Fel y nodir gan Dafydd Glyn Jones ar achlysur arall, wiw i locsyn bondigrybwyll yr hen ddrama fod yn locsyn rhy naturiolaidd: 'Roedd yn rhaid cael locsyn, ond wnâi locsyn go iawn mo'r tro.'[22]

Erbyn i'r Mudiad Drama aeddfedu, yn nauddegau a thridegau'r ugeinfed ganrif, fe gafwyd cwynion gan sylwebyddion ac ymarferwyr a ddymunai ei weld yn rhoi heibio rhai o'r nodweddion a ystyrient hwy yn amrydedd. Cyfeiriwyd yn aml nid yn unig at ddiffygion o ran actio a dylunio, ond hefyd at gyfyngiadau yr amodau perfformio ac ymddygiad cynulleidfaoedd. Ceir disgrifiad lliwgar gan Gwynfor o berfformiad o *Gastell Martin* D. T. Davies (1920) rywle yn Sir Ddinbych y gellid ei ystyried yn ymgorfforiad o'r diffygion hyn i gyd:

> On one occasion, I was present at a performance given in Denbighshire when *Castell Martin* was staged for a competition; the drama being performed in an old chapel, long since condemned. The stage was in the space originally occupied by the pulpit and the big pew, between the two outer doors. The box office was in a cow-shed nearby. I sat in an old fashioned high-backed pew. All the windows in the building had been boarded up. But notwithstanding all these disadvantages, a fairly good

performance was given, although the farm-labourers who occupied the back of the premises amused themselves by throwing barley and oat grains at the young ladies in the audience as well as at the adjudicator.[23]

Yn ddiau, fe gredai Gwynfor fod pethau wedi gwella gyda'r blynyddoedd ac os felly fe allai ef a llawer o amaturiaid tebyg iddo hawlio clod am hynny. Ar y llaw arall, fe welir yn ei ddisgrifiad batrwm nad oedd wedi diflannu'n gyfan gwbl hyd yn oed yn 1926, pan ysgrifennodd yr adroddiad i'r Comisiwn ar yr Iaith Gymraeg yr oedd yn aelod ohono. Ac yn wir, gellid dweud na ddiflannodd rhai o'r nodweddion hynny erioed. Tan y diwedd yr oedd y theatr hon yn perthyn yn gyfan gwbl i gymunedau'r rheiny yr oedd yn eu gwasanaethu, yn adlewyrchu eu hegni a'u huniongyrchedd hwy yn yr un modd ag y gwnaeth Theatr yr Anterliwt hanner canrif a mwy cyn hynny. Fel yr aeddfedodd, fe newidiodd i ryw raddau. Fe aeth y dramâu a gynhyrchwyd i fodloni gofynion y cwmnïau a amlhaodd drwy gydol degawdau cyntaf yr ugeinfed ganrif yn fwy soffistigedig o ran strwythur ac arddull. Ond ni fu'r dramâu hynny erioed yn fwy na deunydd crai'r theatr ei hun, sef defod i ymarfer ac i ddathlu hunaniaeth ddiwylliannol a oedd yn mynd yn fwyfwy bregus fesul blwyddyn.

O'i ystyried fel hyn y mae'r Mudiad Drama yn brawf o egni a chreadig-rwydd y cymunedau Cymraeg mewn cyfnod pan brofasant hyder ac ofn mewn dognau go gyfartal. Ac o'i ystyried felly y mae'n cynnig inni dyst-iolaeth ddihafal o'r ffordd y datblygodd y cymunedau hynny yn ystod cyfnod a arweiniodd yn uniongyrchol at ein cyfnod ni.

Y Ceffyl Pren yng Nghaer Anghydffurfiaeth

Ers y dechrau y mae sylwebyddion a chefnogwyr y Mudiad Drama wedi tueddu i bwysleisio'r gwrthwynebiad a brofwyd o gyfeiriad yr eglwysi Anghydffurfiol yn y blynyddoedd cynnar. Cyfeiria sawl un, er enghraifft, at y ffaith fod nifer o bobl ifainc wedi eu diarddel o'u capeli yn yr wythdegau am gymryd rhan mewn perfformiadau theatraidd.[24] Ac y mae anfadwaith Sasiwn Corwen wrth gollfarnu ymdrechion bechgyn a merched Cwmni Trefriw, gan eu gadael yn ddiymadferth ym Merthyr yn 1887 yn stori enwog iawn.[25] Onid oedd raid i'r bobl ifainc, oleuedig hynny ymladd brwydr arwrol i ehangu gorwelion cyfyng y diwylliant Cymreig yn erbyn disgynyddion y Methodistiaid cas, cul, a ddinistriodd theatr yr anterliwt ym mlynyddoedd cynnar y ganrif? Ond y gwir yw, fel y dywed Dafydd Glyn Jones, pa ragfarnau bynnag a locheswyd gan grefydd Anghydffurfiol ar ddechrau'r ganrif, mai 'dan nawdd y grefydd honno y dechreuodd rhywbeth tebyg i ddrama ymffurfio unwaith yn rhagor, ar draws canol y ganrif'.[26]

Yr oedd ymddangosiad ffurfiau gwahanol ar destunau dramataidd yn y cyfnod rhwng 1850 ac 1880 yn rhan o'r un broses sylfaenol o sefydlu ymarferion diwylliant seciwlar yn y Gymraeg ag ymddangosiad y nofel. Cyfeiriwyd yn aml yn y trafodaethau cynnar ar y ddrama Gymraeg at y ffaith na fynegwyd y nesaf peth i ddim gwrthwynebiad i weithiau Edward Matthews, Roger Edwards a Hiraethog wrth iddynt ymddangos yn fisol yn nhudalennau'r cylchgronau 'crefyddol' ar hyd y cyfnod rhwng 1850 ac 1880. Y gwahaniaeth yn achos y Mudiad Drama, wrth gwrs, oedd y ffaith ei fod yn achlysur i ddigwyddiad cymdeithasol a oedd yn bygwth trawsffurfio a thanseilio'r egwyddorion crefyddol yr oedd pob agwedd ar fywyd cymdeithasol y capeli i fod i'w gwasanaethu. Cyn i'r cymdeithasau crefyddol fedru derbyn y bygythiad hwnnw rhaid oedd wrth ryw newid sylfaenol yn ei naws a'i gyfeiriad. Ac y mae gennym dystiolaeth glir o'r newid hwnnw wrth iddo ddigwydd dan wyneb bywyd beunyddiol capeli Cymru ar hyd y blynyddoedd hynny. Erbyn yr wythdegau, oherwydd eu llwyddiant yn eu sefydlu eu hunain fel canolfannau cymdeithasol a diwylliannol, yr oedd capeli Cymru wedi colli gafael ar sawl un o'r hen egwyddorion crefyddol sylfaenol. Parhaodd sawl hen ragfarn ar ôl hynny, wrth gwrs, ond fel cregyn gweigion fe'u hysgubwyd i ffwrdd yn gyflym iawn gan y rheiny a oedd yn arddel ysbryd yr oes newydd.

Y mae'n rhaid bod yna gyfnod rywbryd yn ystod y bedwaredd ganrif ar bymtheg pan fyddai'n amhosibl i unrhyw aelod o seiat Fethodistaidd gynnig amddiffyniad o'r theatr – rywbryd yn ystod ieuenctid Mari Lewis, efallai, er hoffed yr oedd o weithiau Twm o'r Nant. Ond yn ddiau, yr oedd y cyfnod hwnnw wedi hen ddiflannu ymhell cyn dechrau'r wythdegau. Nid yw hynny'n gyfystyr â dweud nad oedd rhagfarnau cryfion yn erbyn y theatr yn bod o hyd ymhlith Anghydffurfwyr, ond yn hytrach fod agweddau ac ymarferion newydd wedi eu sefydlu y tu mewn i'r diwylliant a gynhelid gan y capeli a olygai na fyddai'n bosibl i'w llochesu yn hir.

Gwelir rhywfaint o gymhlethdod y sefyllfa yn nhudalennau'r *Western Mail* a *Tarian y Gweithwyr* yn ystod y frwydr a ymladdwyd yno o gan-lyniad i ymgais i sefydlu theatr deithiol ym Mhentre, y Rhondda, ym mis Ebrill 1881. Ar ôl cyfnod go lewyrchus ym Mhontypridd, yr oedd

Sam Noakes wedi penderfynu symud ei ystyllod i Gwm Rhondda, gan gynnig i'r trigolion raglen yn cynnwys *Black-eyed Susan, Drink, or the Evils of Drunkenness, Cardiff Castle in the Olden Time*, a *The Maid of Cefnydfa*.[27] Ar unwaith codwyd ymgyrch yn ei erbyn ymhlith dirwestwyr a chapelwyr yr ardal. Cynhaliwyd cyfarfod cyhoeddus ar 10 Ebrill, mewn eglwys Bresbyteraidd yn Nhon, Ystrad, dan gadeiryddiaeth Elias H. Davies, gweinidog gyda'r Bedyddwyr, a pharatowyd deisyfiad i wrthwynebu dyfodiad theatr Noakes. Ar yr un pryd paratowyd deisyfiad arall gan gefnogwyr y fenter, a lwyddodd i argyhoeddi'r ynadon nad oedd yr un rheswm yn ôl y gyfraith dros wrthod y drwydded. Serch hynny, y mae'n debyg i'r gwrthwynebiad gael effaith, gan fod y theatr wedi colli ei chynulleidfa'n gyfan gwbl erbyn canol yr wythnos gyntaf, ond gan na cheisiodd Noakes symud o'r ardal tan fis Gorffennaf, 1881, rhaid cymryd iddo fwynhau rhywfaint o lwyddiant o hynny ymlaen.

Nid dyma'r tro cyntaf i eglwysi'r Rhondda godi byddin i yrru plant y diafol o'u hardal, rhag iddynt lychwino cymeriad eu pobl ifainc, er mai dyma'r tro cyntaf, o bosibl, iddynt fethu â chyrraedd eu nod. Ond nid methiant yr ymgyrch sy'n bwysig yn y cyd-destun presennol, yn gymaint â'r dadleuon a ddefnyddiwyd gan y ddwy blaid yn ystod yr ymgyrch. Y mae'r ffaith mai'r *Western Mail* a amddiffynnodd y theatr, ac mai *Tarian y Gweithwyr* a gyhoeddodd erthyglau'r gwrthwynebwyr yn amlygu'r ystyriaethau a lywiodd agweddau'r gwahanol bleidiau. I raddau yr oedd hon yn frwydr rhwng Anghydffurfiaeth, Rhyddfrydiaeth a Chymreictod ar y naill law a Cheidwadaeth a Seisnigrwydd ar y llall. Cymerodd golygydd y *Western Mail* ochr uchel ddiwylliant Saesneg yn erbyn y gweinidogion Anghydffurfiol, a'u cyhuddo o genfigen a rhagrith wrth wrthwynebu cynnig adloniant a allai fod yn gyfrwng cysur a lles i'r gweithwyr:

> If Milton in his immortal *Areopagita* had not thundered in vain against the tyrany of ignorance and bigotry, the refining influences of the immortal, and in many instances, the sublimely moral plays of Shakespeare, Jonson, Massinger, Fletcher – nay, even of Kit Marlowe – would have tempered and sweetened the unhealthy tone of society . . . And if illiterate pastors could only see beyond the focus of their miserably circumscribed intellectual grasp they would learn that in olden times the drama was a great intellectual force in the progress of human thought, that it can be made to be now, and that it will for ever be a source of pleasure to the people.[28]

Fel yr oedd Piwritaniaeth yr ail ganrif ar bymtheg wedi ysgogi eithafiaeth afiach cyfnod y Gymanwlad ac adwaith difesur yr Adferiad, felly, dadleuodd y *Western Mail*, yr oedd gormes Anghydffurfiaeth y Rhondda'n arwain at yr 'hideous proceedings' a welwyd yn llys ynadon Pentre bob bore Llun.

Wrth ateb y *Western Mail*, cymerodd golygydd y *Darian* safbwynt y grefydd Anghydffurfiol yn ei dro:

> Nid oes un dyn sydd yn sychedu am Dduw, yn ei ofni, yn ymhyfrydu yn ei air ef, ac yn ceisio ymbaratoi i wneud ei gartref gydag ef byth yn y nefoedd, yn mynychu *theatres* nac yn eu cefnogi . . . Dywed y Beibl y dylid 'prynu yr amser', sef gwneud y defnydd gorau ohono, i sicrhau nefoedd. Gan ei fod mor fyr ac ansicr, nis gall un dyn fforddio ei 'ladd' trwy oferedd. Ddiflannai holl *theatres* y byd o flaen amlygiadau o ogoniant Barnwr Mawr y greadigaeth. Bydd cefnogwyr *theatres* yn gwaeo eu bod wedi gwneud hynny, ar ôl marw. Yr Arglwydd a drugarhao wrthynt.[29]

Gan fod yr ymateb hwn mor ysgubol o effeithiol o safbwynt y crediniwr, y mae'n ddiddorol sylwi nad ystyriwyd hi'n ddigonol gan gefnogwyr ochr Anghydffurfiol y ddadl. Yn yr un rhifyn o'r *Darian* gwelwyd ymosodiad arall ar olygydd y *Western Mail*, ond y tro hwn am ei fod yn gwarafun i Ymneilltuwyr wybodaeth o'r diwylliant seciwlar y mae llenyddiaeth ddramayddol yn rhan ohono:

> Y mae ef, y mae yn debyg, yn dychmygu fod Shakespeare yn gloëdig yn ei goffr ef ei hun yn unig, neu ynte dychmygu y mae ei fod wedi cael ei hoelio wrth y cadwyni yr arferid rhwymo y Beiblau ynddynt gynt yn yr hen Eglwys . . . ond er mwyn ei oleuo, ac ychwanegu mymryn at ei wybodaeth, goddefer i ni ddweyd wrtho y gŵyr Ymneilltuwyr yr Ystrad yn dda beth yw cynhwysiad Shakespeare, ac y gwyddant hefyd, yr hyn y mae yn debyg na ŵyr ef, fod llawer o bethau ynddo ag y buasai yn well eu bod allan ohono . . .[30]

Â'r sylwebydd hwn ymlaen i ddadlau'n deg nad theatr Shakespeare yw theatr yn gyffredinol, heb sôn am theatrau crwydrol dynion fel Sam Noakes, a bod sawl Eglwyswr hefyd yn cyfaddef 'fod y *theatr* fel y mae, yn anamddiffynadwy'.

Y gwir yw fod dadleuon tebyg yn beryglus o safbwynt y Calfin traddodiadol, oherwydd yr awgrym fod Anghydffurfwyr yr wythdegau wedi symud yn agos iawn at dir y gelyn. Pa mor ddiogel oedd gweinidog neu ddiacon Anghydffurfiol a oedd yn derbyn gwerth llenyddol gweithiau Shakespeare rhag y demtasiwn o fynychu un o'r theatrau mawrion i weld perfformiad Irving wrth ymweld â'r brifddinas ar fusnes crefyddol? A phe bai ef yn ildio i'r demtasiwn honno yn Llundain ac eto'n gwrth-wynebu perfformiad o Shakespeare yn theatr Noakes yn y Rhondda, oni fyddai'n haeddu ei alw yn rhagrithiwr? Dyna gred y *Western Mail*, a oedd yn barod i enwi unigolion:

> [O]ne of the most amusing things in connection with the agitation against the theatre in the Rhondda, is that, according to a statement of Mr John Walter, a highly respectable shopkeeper at Treherbert, he who takes the lead in agitating at Pentre, visited, quite recently, with him Mr Evan Cule, another respectable grocer and draper at Treherbert, the Lyceum and Folly Theatres, and no one there seemed to more thoroughly enjoy the performances, from that of Mr Irving to the ballet. Is it not intolerable that these men, who can go and enjoy themselves in London, will avail themselves of the prejudice and ignorance of the few to enslave the many?[31]

Fel y gwyddai sylwebyddion y *Western Mail*, yr oedd datgelu rhagrith ac anwybodusrwydd y 'Jacs' Anghydffurfiol yn dacteg effeithiol cyn hyned â Holy Willie, Robbie Burns. Ond yng nghyd-destun y fersiwn hwn o'r ddadl draddodiadol, diddorol yw sylwi mai Methodist oedd prif amddiffynnwr yr achos theatraidd, yn hytrach nag Eglwyswr, a rhywun yr oedd y pethau Cymraeg a Chymreig yn bwysig iddo. Owen Morgan (1836?–1921) oedd hwn, yn adnabyddus dan y ffugenw 'Morien', yn ddisgybl i Iolo Morganwg a Myfyr Morgannwg (Evan Davies, 1801–88) a ddadleuai fod cysylltiad rhwng y Cymry a'r Cadiwcheaid ac mai Derwyddaeth oedd ffynhonnell Cristnogaeth. Yr oedd y dadleuon a gyf-lwynodd Morien i ddarllenwyr *Y Darian* ar ran y theatr, wedi eu seilio ar ramantiaeth lac nid annhebyg i eiddo William Matthews, Ewenni. Onid oedd yn bechod, gofynnodd, i wrthod i'r ifainc y chwaraeon sy'n naturiol i'w hoed?

> Gwaith hoff iawn y pechaduriaid – canys pechaduriaid mawrion ydynt heb ei wybod – ydyw tynnu ymaith oddi wrth bobl ieuainc bob difyrrwch fel peth yn perthyn i'r pwll diwaelod. Anghofiant fod pob peth ieuainc yn chwarae, o'r oen a'r gath, i lan i'r plentyn, a bod hyn wedi ei osod yn reddfol yn eu hanian gan un dipyn yn gallach na hwy, druain! . . . Ni fwriadwyd i ddyn wneud dim ond gweithio, bwyta ac yfed, a chanu Salmau. Pe amgen, nid gwiw oedd creu blodau a phrydferthion eraill dirifedi y greadigaeth, canys nid i'w bwyta y darperwyd.[32]

Dyma ddadl a dynnodd ar ben Morien, druan, ymosodiad na allai tudalennau'r *Darian* fod wedi gweld ei debyg o ran ffyrnigrwydd a dyfalbarhad. Y dyn a ddaeth i'r amlwg yn yr hyn a ystyriai ef yn argyfwng crefydd Anghydffurfiol oedd 'Elias Pen Carmel' – yr Elias H. Davies, efallai, a fynnai yn nhudalennau'r *Mail* mai plant y diafol oedd cefnogwyr y theatr. Nid y ffaith fod Morien wedi sefyll dros y theatr a ddigiodd Elias, yn gymaint â'r ffaith ei fod wedi ei wneud yn enw crefydd ei hun. Yr oedd ei agwedd ef yn draddodiadol ac yn ddi-gyfaddawd. Ni allai dyn arddel y grefydd ysbrydol a chefnogi gwaith y diafol; os oedd Morien yn aelod gyda'r Methodistiaid, dylai ei eglwys ei ddiarddel yn ddiymdroi:

> A golygu ei fod yn Fethodist . . . Y Methodistiaid yn ei gymydogaeth ef sydd yn gwybod. Ond hyn a wn i, os yw efe yn y seiat, rhaid fod y Methodistiaid wedi mynd i wrthgiliad mawr yn ei ardal ef i arddel dyn yn frawd sydd yn gwneud ei oreu i gadw i fyny hen ddull y diafol o lygru pobl Cymru – dull a gondemniwyd gan y Methodistiaid cynnar.[33]

'Morien a'i Ffwlbri' oedd teitl erthygl gyntaf Elias, y ceisiodd Morien ei hateb yr wythnos ganlynol dan y teitl, 'Morien a'i Gleddyf a'i Darian'. Ond y cwbl y llwyddodd i'w wneud oedd ysgogi cyfres newydd dan y teitl brawychus, 'Cyfeiliornadau Erchyll Morien'. Nid oes amheuaeth nad Morien a enillodd y frwydr hon, gan fod Elias yn meddu rheolaeth berffaith dros arfau'r traddodiad crefyddol, ond y syndod yw nad gyda chiliad Morien o faes y gad y daeth y gyfres i ben. Parhaodd Elias i chwythu gwawd yn nhudalennau'r *Darian* am flwyddyn gron! Ni chafodd cyfaill y theatr a'r derwyddon heddwch tan y Nadolig ac ni allai fod rheswm dros gredu y byddai'r ymosodiad ffyrnig wedi terfynu y pryd hwnnw, heb ymyrraeth golygydd y papur.

Y mae lle i ddrwgdybio bod a wnelo anghymesuredd ymosodiad Elias â'i ansicrwydd parthed effeithiolrwydd yr hen egwyddorion mewn byd a oedd yn prysur newid, byd lle na ellid cymryd nac aelodaeth o'r seiat Fethodistaidd, na Chymreictod diffuant, yn agwedd o fod yn iach yn y ffydd. Ac yn wir, cawn dystiolaeth eglur mewn agweddau eraill ar y ddadl y cyfrannodd Elias ati mor egnïol, fod newidiadau ar gerdded oddi mewn i Anghydffurfiaeth y Cwm trwy gyfraniad go eironig Isaac Thomas 'Undertaker, Aberdâr'. Cydnabu Isaac nad oedd yn gyfaill mawr i'r theatr, er ei fod yn derbyn rhywfaint o'r hyn yr oedd Morien yn ei ddadlau wrth ei hamddiffyn. Ei bwynt ef oedd, fod gwrthwynebiad i sefydlu theatr grwydrol a fyddai'n cadw pobl ifainc rhag y dafarn, tra bod awdurdodau'r eglwysi'n derbyn yn frwd arferiadau cyfan gwbl seciwlar yr eisteddfod braidd yn rhagrithiol:

Gofynnaf eto, pa un fwyaf y pechod o adeiladu pabell yng Ngwm Rhondda i actio gweithiau galluog Shakespeare, &c., neu adeiladu capel drudfawr a hardd, a gorfeilio'r gweithwyr tlodion am eu hoes i dalu am dano a'i defnyddio i gynnal eisteddfodau ynddo, a thynnu miloedd o ieuenctid ein gwlad, o wahanol ardaloedd yng nghyd, i dyngu, rhegi, meddwi, betio, a chyflawni pob math o annuwioldeb, pan yn ymwneud â chanu y darnau mwyaf cysegredig ag y gallwn feddwl amdanynt . . . yng nghyd â llawer emyn o eiddo yr hen dduwiolion, enwau y rhai sydd yn perarogli yn fendigedig trwy ein gwlad hyd heddyw? Ac ar ôl bod yn ymwneud â'r gwaith cysegredig o ganu mawl i Dduw yn ei gysegr, a chyn myned allan o'i dŷ, yn defnyddio'r iaith fwyaf ysgeler, nas clywir ei gwaeth y tu yma i gaerau y pwll diwaelod! Yn y terfysg a'r annuwioldeb erchyll hwn, ceir gweled y gweinidog a'r diaconiaid yn dyrnu traed a chlapio dwylo, ac fel pe baent wedi rhyw ymwerthu i wagedd. Beiddiaf ddywed, pe bai ein Gwaredwr bendigedig yn troedio ein daear yn awr fel y bu ef cyn hyn, ac yn talu ymweliad â'r capel ar ddydd yr eisteddfod, a gweled y diaconiaid â'u rosettes ar eu bronnau, a gweled y gweinidog a'i safn o led y pen yn chwerthin ac yn ynfydu, gan ddyrnu ei draed a chlapio ei ddwylo pan yn clywed y bloeddiadau taranawl, a'r ysgrechfeydd mwyaf aflafar, yng nghyd â'r tyngu a'r rhegi dychrynllyd, y buasai yn ymaflyd mewn fflangell, a'u chwipio allan bob yr un, ac yn gorchymyn i'w angylion i daflu yr hen blanciau oedd o dan eu traed yn bendramwnwgl ar draws eu gilydd, a dywed, 'Tŷ gweddi y gelwir fy nhŷ i, eithr chwi a'i gwnaethoch yn ogof lladron'.[34]

Dichon fod elfen o orliwio yn y disgrifiad hwn, er diddorol yw sylwi nad yw'r naill na'r llall o'r erthyglau amddiffynnol a ysgogwyd ganddo'n honni bod y disgrifiad yn anghywir! Y pwynt pwysig yw, os oedd unrhyw sylwedd yn yr ymosodiad, rhaid ei gymryd yn dystiolaeth i'r ffaith fod agendor wedi ei agor y tu mewn i'r capeli eu hunain rhwng yr ymarferion eisteddfodol a'r egwyddorion Calfinaidd.

Deunydd Storïol

Ni sylwir yn aml mai yng ngwaith y nofelwyr Cymraeg, Edward Matthews, Roger Edwards, Gwilym Hiraethog, ac nid yn *Rhys Lewis* yn unig, y deuir o hyd i wreiddyn nodweddion y ddrama Gymraeg y disgrifiodd Dafydd Glyn Jones hwy 'wedi eu patrymu mewn dull clasurol o ragddywedadwy' mewn dramâu fel *Yr Unig Fab*, H. O. Hughes (1914), *Trech Gwlad nag Arglwydd*, Grace Thomas (1912) a *Troion yr Yrfa* (1918) W. Glynfab Williams.[35]

Yn y nofel Gymraeg y ceir ffynhonnell y deunydd a ddisgrifiwyd gan 'fy nghyfaill Williams' fel rhywbeth nodweddiadol o'r ddrama Gymraeg:

Mae gen ti hen gwpwl duwiol ond gwael at eu byw, angyles o ferch mewn cariad â'r gweinidog Methodus, cythral o stiward yn dwrdio troi'r hen gwpwl ar y clwt os na chaiff o'r ferch, a mab afradlon yn dwad adra'n gefnog o'r Merica ar y funud ola. Cymysga nhw i fyny hefo cipar, potsiar neu ddau, tafarnwr a beili, a dyna ichdi – cyn hawsed â chau adwy cerrig.[36]

Os oes angen prawf o'r berthynas rhwng y ddwy, fe'i ceir wrth gymharu un o'r dramâu cynharach a gyfranogodd at ddiffyniad yr hyn y mae Dafydd Glyn yn ei alw'n draddodiad y Ddrama Gymraeg, â stori a gyhoeddodd Roger Edwards yn *Y Traethodydd* yn y flwyddyn 1850, 'Yr Amaethwr a'r Goruchwyliwr'.[37] Ceir tebygrwydd trawiadol rhwng y stori honno a *Hirnos a Gwawr*, drama a gyfansoddodd y Parchedig Robert Parry, Llanrug i'w pherfformio gan Gwmni Dramayddol Glannau Ifor, rywbryd tua 1895. Y mae yna wahaniaethau rhwng y ddwy, sy'n nodweddiadol o'r ffordd y datblygodd y deunydd yn y ddau gyfrwng. Stori arwrol sydd gan Roger Edwards, ond comedi yw drama Parry, gyda nifer o gymeriadau achlysurol nas ceir yn y stori, ond yr un yw'r elfennau sylfaenol: hen dyddynnwr o Galfin ar fin cael ei droi allan o gartref ei dadau oherwydd malais stiward gormesol y mae merch rinweddol y tyddynnwr wedi ei wrthod; ar y funud olaf dyn ifanc yn dychwelyd – naill ai o'r India neu o Affganistan! – yn gyfaill i fab y Plas, i achub y dydd; y stiward wedi ei drechu ar ôl profi ei fod yn euog o dwyllo'i feistr a naill ai'n gorfod ffoi neu gael ei arestio gan heddwas sy'n aros yn yr esgyll!

Perthyn y deunydd storïol hwn i fytholeg sy'n ganolog i ddiwylliant Anghydffurfiol Cymru rhwng 1850 a 1911, na chynigiwyd unrhyw sialens sylfaenol iddo mewn nofel nac mewn drama cyn *Gwaed yr Uchelwyr* (1922). Fe ddaeth ei elfennau gwahanol at ei gilydd wrth i'r dosbarth canol Anghydffurfiol adeiladu seiliau'r rhaglen wleidyddol a arweiniodd at fuddugoliaethau'r cyfnod ar ôl etholiad 1868. Fe'i seiliwyd ar yr argyhoeddiad fod y grefydd Anghydffurfiol a'r diwylliant Cymraeg wedi eu cydblethu i'r graddau nad oedd modd gwahaniaethu rhyngddynt, fel y dywed R. Tudur Jones, a'i brif swyddogaeth oedd i gyfiawnhau'r cydblethiad hwnnw trwy hawlio etifeddiaeth yr hen Gymry uniaith, Anghydffurfiol ar ran y cenedlaethau newydd a ymdrechai i gipio'r ffrwynau llywodraethol oddi wrth y tirfeddianwyr Seisnigaidd, Anglicanaidd a Thorïaidd.

Ni fu hynny erioed yn fater hawdd, oherwydd bod y grefydd Galfinaidd wedi ei datblygu y tu mewn i grwpiau cymdeithasol lleiafrifol na ellid maentumio eu bod yn cynrychioli prif ffrwd y diwylliant Cymreig.

Fe all mai cenhedlaeth Ioan Thomas (g.1730), a fagwyd ar *Canwyll y Cymry* a *Taith y Pererin* ac a glywodd Howel Harris yn pregethu yn Llanddeusant yn 1745, oedd y ddiweddaraf i arddel y grefydd Galfinaidd a briodolodd Daniel Owen i Mari Lewis. A phrin y gellid hawlio bod y grwpiau lleiafrifol a gynrychiolwyd gan ddynion fel Ioan Thomas yn etifeddion gwerthoedd hanfodol y Cymry a fu! Ac ar ben hynny, y gwir hanesyddol oedd fod ymlediad cyflym y grefydd Anghydffurfiol yng Nghymru yn y blynyddoedd rhwng cyhoeddi hunangofiant Ioan Thomas, *Rhad Ras* (1810), a chyfrifiad 1851,[38] yn cyd-ddigwydd â nifer o newidiadau sylweddol a laciodd afael Calfiniaeth ar ddychymyg y Cymry! Nid y lleiaf ymhlith y rheiny oedd y Mudiad Dirwestol, a oedd yn seiliedig yn y bôn ar gyfuniad o flaengaredd rhesymegol a rhamantiaeth, ac a oedd yn gyfan gwbl gas gan sawl hen flaenor o Galfin.[39]

Craidd y gwahaniaeth rhwng Cymru cyn 1850 a Chymru'r 'oes newydd' a welodd gychwyn y Mudiad Drama, meddai Bobi Jones, oedd fod 'yr hen oes wedi cael ei harwain i sylweddoli mai craidd ffydd Gristnogol oedd bod yn rhaid i ddyn gael ei eni drachefn, fod angen i'r hen ddyn farw'n llwyr a chael ei lenwi o'r newydd gan y bywyd sydd yng Nghhrist'.[40] Yr hyn a welwyd yng Nghymru yn y blynyddoedd ar ôl 1850, oedd 'taflu'r fframwaith o gredu yn grwn: codi seciwlariaeth faterol yn grefydd a gwagio bywyd o'r goruwchnaturiol ac o awdurdod y Gwirionedd'. Dyma'r broses y mae Mari Lewis yn ei disgrifio fel newid o 'd[d]arllen y gair, gweddïo Duw, a chael tywalltiad o'r Ysbryd Glân' i 'ddarllen y papyr yn lle'r Beibil'.[41] Dyna hefyd y broses sy'n symbyliad i waith creadigol Daniel Owen, sef y rhwyg rhwng cenhedlaeth yr efengyl waredigol a chenhedlaeth yr efengyl gymdeithasol. Ar y naill ochr, chwedl Bobi Jones, 'calon newydd; ac ar y llall côd o foesoldeb'.[42]

Credaf fod hanes y nofel a'r ddrama Gymraeg rhwng 1850 a 1900 yn adlewyrchu ymateb dychmygus i dyndra cynyddol a deimlwyd yn y cymunedau Cymraeg o ganlyniad i'r cyfnewidiad graddol o Galfiniaeth i ddyneiddiaeth. Yn y cyd-destun hwnnw gellid deall nid yn unig ddatblygiad disymwth y mudiad drama ond hefyd y ffaith drawiadol fod aileni'r ddrama yn cyd-ddigwydd â difodiad y nofel Gymraeg yr oedd gweithiau Daniel Owen yn uchafbwynt iddi.

Sefydlwyd y traddodiad hwnnw gan weithiau ffuglennol Edward Matthews a Roger Edwards ym mhumdegau a chwedegau'r ganrif, fe'i datblygwyd yng ngweithiau Hiraethog rhwng *Aelwyd F'Ewythr Robert* (1853–4) a *Helyntion Bywyd Hen Deiliwr* (Rhagfyr 1871–Ionawr 1872) ac fe ddaeth i ben gydag ymddangosiad *Gwen Tomos, Merch y Wernddu* yn nhudalennau'r *Cymro* rhwng Ebrill 1893 ac Ebrill 1894. Erbyn hynny yr oedd y Mudiad Drama yn mynd o nerth i nerth, gyda chwmnïau'n ymddangos ym mhob cwr o Gymru a chyda nifer o destunau newydd yn ymddangos mewn ymateb i'r gofynion cynyddol am ddeunydd i'w berfformio.

Yn hanes y nofel Gymraeg yn y cyfnod hwn, y mae'r tyndra cynyddol rhwng yr etifeddiaeth Galfinaidd a'r ddyneiddiaeth newydd yn amlwg. Y digwyddiad canolog yn y nofelau yw'r dröedigaeth Galfinaidd, sy'n ganlyniad i Ras achubol Duw'n ymaflyd mewn dyn, gan ddisodli calon galed yr hen natur gyda chalon gnawd ac yn newid ei holl berson-oliaeth a'i holl agwedd at fywyd. Yng ngwaith Roger Edwards y ceir y portread mwyaf didramgwydd ohoni, oherwydd ei bwnc canolog ef yw'r broses o ymestyn Methodistiaeth drwy'r gymdeithas wledig a threfol. Cnewyllyn ei ffuglen ef, felly, oedd hanes y dychweledigion, yn hytrach na chofnod o ddatblygiad hanesyddol y cymunedau Cymreig fel y cyfryw. Fel y byddid yn ei ddisgwyl o gymeriad mor anwadal a chymhleth, y mae gwaith Edward Matthews Ewenni'n datgelu rhwyg go ddramataidd rhwng rhesymeg Galfinaidd a synwyrusrwydd rhamantaidd. Cynnwys ei bortreadau dramataidd o Siencyn Penhydd a George Heycock yw'r frwydr arwrol rhwng hen natur dyn y cwymp a pherchennog y galon newydd, ond comedi yw'r cywair.

Yr un yn y bôn yw pwnc canolog nofelau Gwilym Hiraethog – *Aelwyd F'Ewythr Robert, Helyntion Bywyd Hen Deiliwr* a *Cyfrinach yr Aelwyd*, er bod safbwynt Hiraethog yn llawer mwy amwys nag eiddo Roger Edwards. Y mae hanes tröedigaeth F'Ewythr Robert, sy'n ganol-bwynt i *Aelwyd F'Ewythr Robert*, yn fwy diddorol nag unrhyw beth yn nofelau Roger Edwards, oherwydd y cysylltiad y mae Hiraethog yn ei greu rhwng Calfiniaeth oleuedig y Fodryb Elin a dyneiddiaeth reddfol ei gŵr. Camp Hiraethog yn y nofel hon oedd uniaethu dyneiddiaeth wrth-Galfinaidd â hen natur dyn y cwymp ac felly taflunio tyndra ei oes ef ei hun yn ôl i fyd mytholegol yr hen werin uniaith. Ond canlyniad hynny yw cadw drama'r digwyddiad y tu mewn i'r gorlan gadwedig honno.

Prif sylwedd yr *Aelwyd* yw ymateb Modryb Elin a F'Ewythr Robert i ddarlleniad yn eu cartref, Hafod y Ceiliogwydd, o nofel yr Americanes, Harriet Beecher Stowe, *Uncle Tom's Cabin*, gan fab ifanc eu cymdogion, James Harris. Fel yr âi'r darlleniadau yn eu blaen o rifyn i rifyn, ym-ddengys fod Hiraethog wedi dechrau teimlo bod angen lleoli'r darllen-iadau hyn yn y byd oedd ohoni, er mwyn lleihau ymwybyddiaeth ei ddarllenwyr o'r ffaith mai trigolion byd mytholegol oedd hen gymeriadau Hafod y Ceiliogwydd. Felly cyflwynodd rieni James Harris,

trigolion tyddyn Bryn Derwen, fel modd i gyfryngu rhwng soffistig-
eiddrwydd y dyn ifanc hwnnw a'r hen bobl. Cawn wedyn drafod-
aethau rhwng teuluoedd Hafod y Ceiliogwydd a Bryn Derwen sydd i
ryw raddau'n cuddio'r rhwyg amserol rhwng ei brif gymeriadau a'u
darllenwyr. Ond uchafbwynt y nofel yw tröedigaeth F'Ewythr Robert, a
ddilynir gan farwolaeth ei wraig, gyda geiriau'r emyn ar ei gwefusau:
'Yn angau ceidw hyn fi'n fyw, / A boddlawn wyf yn awr.'[43]

Y mae'r sefyllfa a gyflwynir yn *Helyntion Bywyd Hen Deiliwr* yn fwy
cymhleth oherwydd daw'r berthynas garwriaethol rhwng Miss Evans a
Bob yn fwy pwysig o ran datblygiad y stori na'r gwrthdrawiad rhwng
yr hen Gymry gwerinol a'r byd newydd. Y mae cryn dipyn o an-
achroniaeth yn y ffordd y mae Hiraethog yn defnyddio Miss Evans,
merch sy'n perthyn i'r byd modern, ac wedi ei haddysgu drwy gyfrwng
y Saesneg yng Nghaer ond sy'n dychwelyd i'r Gymru wledig i symbylu
tröedigaeth Galfinaidd yn hen ŵr yr Hafod! Y mae'n ddiddorol nad yw
Hiraethog yn medru trin profiad Miss Evans yn uniongyrchol, er bod
ei pherthynas garwriaethol â Bob yn ganolog i'r nofel. Gadewir i
berthynas y ddau gariad, felly, ddatblygu'n ddiarwybod nid yn unig
i drigolion y pentref ond i'r darllenwyr hefyd. Yn ei lle cawn gomedi
achlysurol yn ymwneud â drwgdybiaeth dynes y Plas o'r berthynas
rhwng ei mab a Miss Evans.

Prif broblem Daniel Owen fel nofelydd oedd nad oedd yn medru trin
y dröedigaeth Galfinaidd yn uniongyrchol am nad oedd yn rhan o'i
brofiad ef ei hun, fel plentyn a fagwyd y tu mewn i'r gorlan. Gwreiddyn
gwendid storïol *Rhys Lewis* yn y bôn yw'r ffaith nad yw Rhys ei hun yn
medru profi'r dröedigaeth Galfinaidd y daliai Daniel Owen i deimlo ei
bod yn allweddol i hunaniaeth y Cymry Anghydffurfiol. Yr hyn a gawn
yn *Rhys Lewis* yw hanes bachgen swil a dihyder sy'n ymbalfalu tuag at
argyhoeddiad crefyddol mewn byd cymhleth ac ansicr. Y mae strwythur
y nofel yn ganlyniad i'r angen i allanoli proses fewnol. Mewn ffordd,
agweddau ar y broses honno yw'r holl gymeriadau, ond y mae Daniel
Owen yn llwyddo fel nofelydd i'r graddau ei fod yn ymgorffori'r
agweddau hynny mewn cymeriadau cig a gwaed ac yn dramateiddio'r
tyndra rhyngddynt drwy gyfrwng gwrthdaro nerthol a naturiol. Ar y
llaw arall, y mae'n methu i'r graddau nad yw'n medru cwblhau'r
broses heb ddisgyn i felodrama. Un pegwn i brofiad Rhys yw symledd
ffydd ei fam, nad yw bellach o fewn i'w gyrraedd ef; y llall yw drygioni
naturiol, mympwyol ei dad, dyn y cwymp, chwedl R. Tudur Jones.

Gwendid sylfaenol *Rhys Lewis* yw'r ffaith nad yw'n cyfryngu rhwng
y ddau. Y mae tad Rhys yn absennol o'r nofel tan y diwedd, er bod ei

frawd, James, yn cyfryngu i ryw raddau rhwng yr hyn y mae'n ei gynrychioli a diniweidrwydd Mari Lewis. Y mae amwysedd y driniaeth a roddir i Wil Bryan, wrth gwrs, yn tystio i ansicrwydd teimladau'r awdur ei hun. Yn ôl y traddodiad Calfinaidd byddai Wil wedi bod yn esiampl o 'ddrwg diobaith calon dyn', ond ni chredai Daniel Owen, er ei fagwraeth, mai drwg diobaith yw'r natur ddynol, fwy na Wil ei hun. Os yw Calfiniaeth ddigwestiwn cymeriadau fel Mari Lewis a Dafydd Dafis y peth nesaf at ddaioni a welir yn ei nofelau, rhagrith dynion fel Capten Trefor ac Obediah Simon, sy'n hawlio'r ffydd ddiniwed honno, yw'r pethau nesaf at ddrygioni – a safle'r nofelydd ei hun, rywle rhyng-ddynt, heb fod ymhell o safle Wil Bryan a'r newyddiadurwr, Didymus.

Erbyn iddo ysgrifennu *Enoc Huws* y mae'n amlwg fod gafael Daniel Owen yn y traddodiad Calfinaidd wedi gwanhau'n aruthrol, gan ei fod yn disgrifio byd wedi ei reoli ymron yn gyfan gwbl gan ragrith a hunan-oldeb, lle ni thelir ond gwasanaeth gwefus tuag at rinweddau'r galon gnawd. O safbwynt estheteg nid oes gwahaniaeth am hynny yn achos *Enoc Huws*, gan fod nerth y profiad Calfinaidd yn dal i reoli dychymyg y prif gymeriad, er nad yw'n ddigon cryf i dreiddio at galon garreg yr hen ddyn. Ond erbyn *Gwen Tomos*, cyrhaeddwn ddiwedd y daith ddychmygus, a'r darllenydd yn crwydro byd sydd mor wag o argyhoeddiad ag y mae o gysur.

Cawn gipolwg anuniongyrchol o'r hyn a ddigwyddodd i Daniel Owen yn y blynyddoedd hynny yn un o weithiau diweddaraf Hiraethog, er yn ddiarwybod iddo ef ei hun efallai. Dyna *Gyfrinach yr Aelwyd* (1878) sy'n hawlio sylw neilltuol fel ffynhonnell llawer o'r cymeriadau stoc, y themâu a'r dadleuon a ddatblygir yn nramâu'r cyfnod nesaf. Yr hyn a geir yn y *Gyfrinach* yw hanes F'Ewythr Robert ar ôl marwolaeth Modryb Elin fel y mae'n aeddfedu i wir argyhoeddiad a hyder. Y mae'r stori'n diweddu, felly, gyda thystiolaeth o'r aeddfedrwydd hwnnw wrth iddo wynebu'r frwydr olaf, wedi'i gysuro gan y wialen a'r ffon yn nhraddodiad *Taith y Pererin*.

Ond cyn i'r hen ŵr fod yn barod i groesi'r afon, y mae Hiraethog yn trefnu ymweliad dau gymeriad ifanc a ddefnyddiodd yn yr *Aelwyd* yn gyfrwng i gomedi achlysurol tebyg iawn i'r hyn a geir mewn dramâu fel *Hirnos a Gwawr*, sef Jacki'r gwas anwybodus a Cati, morwyn ffraeth ei thafod. Daw â'r *Aelwyd* i ben heb unrhyw gymod rhwng y ddau hyn, ond erbyn i'r Ewythr wynebu ei ddiwedd yn y *Gyfrinach* wele nhw o'r newydd, yn briod, ac wedi profi trawsffurfiad:

> Wel, ein hen gyfeillion Jacki a Chati! – wedi mynd erbyn hyn yn John ac yn Gatrin, ac yn dad ac yn fam; ac wedi cyfnewid cryn lawer mewn

ystyriaethau eraill hefyd ragor oeddynt yn nyddiau Modryb Elin, pan oeddynt yn was ac yn forwyn yn yr Hafod. Jacki (yn hytrach John) wedi dyfod yn fwy dynol, ac wedi dysgu gwybodaeth a synnwyr gryn lawer; a Chati – Catrin ddylaswn ddweyd – wedi gwareiddio llawer, a gadael heibio y direidi ysmala a chastiog oedd mor naturiol iddi gynt.[44]

O'r safbwynt Calfinaidd dyma Hiraethog yn rhoi'r ffidil yn y to, yn disgrifio gwareiddio Jacki a Chati yn John a Chatrin y byd newydd, heb unrhyw gyfeiriad at '[g]weithrediadau gwaredigol Duw yn Iesu Grist ac yn nylanwadau'r Ysbryd Glân'. Y mae Aelwyd y Gyfrinach hon yn bell iawn o'r aelwyd arall lle teyrnasodd Calfiniaeth ddigymrodedd y Fodryb Elin.

Trigolion byd newydd oedd John a Chatrin, wrth gwrs, byd newydd y ddrama, na allai F'Ewythr Robert fyth fod wedi mynd i mewn iddo, fwy nag y medrai ddysgu darllen ac ysgrifennu. Fe geir ambell hen ffermwr tebyg yn y ddrama, ond cymeriadau comedi ydynt yn hytrach na chymeriadau yn olyniaeth Siencyn Penhydd a George Heycock, a F'Ewythr Robert, sy'n ddigrif-ddifrifol ac yn arwrol. Fel John a Chatrin, Rhys Lewis a Daniel Owen, yntau, yr oedd y bobl ifainc a gymerodd at y ddrama yn wythdegau a nawdegau'r bedwaredd ganrif ar bymtheg yn blant y gorlan, nad oeddynt wedi profi'r ailenedigaeth Galfinaidd, ond yr oeddynt yn wahanol i Rys a Daniel oherwydd nad oeddynt chwaith yn teimlo ei hangen. Ac eto, teimlasent yr un awydd i hawlio etifeddiaeth y Cymry uniaith a hynny'n arbennig yn rhinwedd eu haddysg Saesneg a'u hymwybyddiaeth o'r bygythiadau i hunaniaeth y Cymry yn yr oes newydd. Yn 1880 yr oedd mor wir ag y bu erioed, chwedl R. Tudur Jones, fod 'bod yn Gymro a bod yn Gristion o fewn trwch blewyn yr un peth'. Yr un mor bwysig, felly, oedd hawlio meddiant y traddodiadau Anghydffurfiol – ac yn wir, yr oedd yn fwy pwysig byth gan fod y byd Cymreig yn newid mor gyflym!

Rhys Lewis ar y llwyfan

O ystyried y berthynas rhwng traddodiad y nofel Gymraeg a'r ddrama, byddai'n anodd dadlau na fyddai'r Mudiad Drama wedi cychwyn rywdro yn yr wythdegau hyd yn oed pe na bai nofel Daniel Owen wedi ymddangos. A dweud y gwir yr hyn y mae hynt a hanes yr amryw addasiadau o Rhys Lewis yn ei ddangos yn eglur yw, nid yn gymaint ddyled yr addasiadau i wir ysbryd y nofel, ond y gagendor rhwng byd y nofelau a'r byd gwahanol iawn a awgrymwyd gan y dramâu. Y peth mwyaf traw-iadol am yr holl hanes hwn yw'r ffaith y cafwyd cyn lleied o brotest oherwydd yr hyn a wnaethpwyd i'r nofel wrth iddi gael ei throsglwyddo i'r llwyfan. Er gwaethaf ei ddicter am ymddygiad Cwmni Trefriw, ni fynegodd Daniel Owen, hyd yn oed, unrhyw brotest am yr hyn a wnaeth-pwyd â Mari Lewis a Rhys gan yr addaswyr. Er nad yw'n gwbl sicr, y mae'n bosibl mai o'r addasiad cyntaf y cafodd ef y syniad o ddod yn ôl â Wil Bryan yn *Enoc Huws,* ond os felly y mae'r ffordd y trefnodd ef hynny yn ei nofel yn dangos ei fod hyd yn oed y pryd hwnnw yn dal i'w ystyried yn gymeriad mwy amwys na'r cymeriad a gyflwynwyd yn y fersiynau dramayddol.

Cyhoeddwyd *Rhys Lewis* yn *Y Drysorfa* rhwng Ionawr 1882 a Rhagfyr 1883 ac ymddangosodd ar ffurf llyfr ym mis Ebrill 1885. Ymhen blwyddyn ar ôl hynny cyflwynwyd yr addasiad dramataidd cyntaf, gan fyfyrwyr Coleg Diwinyddol Bangor yn nhloty'r Bala, dan gyfarwyddyd Griffith Roberts (Gwrtheyrn).[46] Yn fuan wedyn, yng Ngorffennaf 1886, sefydlwyd Cwmni Drama Trefriw, ar gyfer cyflwyno addasiad o'r nofel ac aeth helyntion y cwmni enwog hwn yn rhan annatod o fytholeg y Mudiad Drama. Yna, yn y flwyddyn 1909, ymddangosodd addasiad newydd gan J. M. Edwards, brawd O.M. – yr unig addasiad awdurdodedig (gan y cyhoeddwr) – y mae D. Tecwyn Lloyd wedi rhoi cofnod llawn o'i hanes.[47]

Diolch i adolygiad manwl gan 'Gwrandäwr' yn *Y Seren*[48], gwyddom gryn dipyn am yr addasiad o *Rhys Lewis* a gyflwynwyd gan fyfyrwyr y Coleg Diwinyddol yn y Bala. Ymddengys fod y prosiect yn ganlyniad i'r ffaith fod ar glwb dillad y Methodistiaid yn y Bala angen codi arian. Gofynnodd y pwyllgor i Wrtheyrn lunio drama ar sail y nofel ac fe'i cyflwynwyd yn Ysgoldy y Bwrdd, nos Wener, 16 Chwefror, 1886, gydag elw o ryw bymtheg punt i'r achos. Y cymeriadau y dewisodd Gwrtheyrn eu cynnwys yn ei addasiad oedd Rhys Lewis, Wil Bryan, Miss Hughes, Jones 'yr Assistant', Barbara a Tomos Bartley a Williams y Student. Dewisodd anwybyddu Mari Lewis a Bob ond i gynnwys Sus, cariad Wil, ac ychwanegodd gymeriad arall, nad oedd yn y nofel o gwbl. [49]

Wythnos cyn y perfformiad cyhoeddwyd rhaghysbysiad mydryddol yn *Y Seren* a roddai awgrym go gryf o ysbryd yr addasiad a'r hwyl a ddisgwylid ar yr achlysur:

RHYS LEWIS YN DWAD!

Mae'r ffaith adnabyddis, yn nawr fel y gwyddys,
Fod y cyfaill Rhys Lewis *ar daith* trwy y sir,

Yng nghwmni Wil Bryan a'i gariad, sef Susan
A thalant ymweliad â'r Bala cyn hir.

Cawn wel'd yno'n daclus Tom Bartley groesawus
A Barb'ra helbulus, a'i breichiau'n llawn gwaith,
A Jones yr Assistant (dyn bach digon *desant*),
A'i draed, na chyfeiriant i derfyn ei daith.

Diddorol cael orig i'w threulio yn unig
Yn nghwmni tra ddiddig Miss Hughes yr hen ferch;
A chael gan Wil Bryan, yn ei ddull ef ei hunan,
Pam na ba'i weithiau â 'gwrthrych i'w serch'.

A Williams y Student, mae llawer ddywedant
Y carant cael gweled sut ddyn ydi o,
F'un chwerthin ei ora' am ben Tomos Bartley
Pan fu'n 'wlad ucha' ryw bryd yn rhoi tro.

Trigolion y Bala a phobl Rhyducha',
Y Cwm a Llidiardau, dowch yno'n gytun,
Llanuwchllyn, Llwyneinion, Llandderfel, o'u cyrion,
Cefnddwysarn, yn ffyddlon dowch yno bob un.

Y Celyn, Rhoswallis, y Parc a Moelgarnedd,
Y Glyn a Chefnddwygraig – dowch yno'n llawn sêl,
Bydd cofion diddorol o'r cyfarfod rhagorol
Yn cael ei drosglwyddo i'r oesau a ddel.[50]

Trefnwyd y 'ddrama' mewn pum golygfa, y gyntaf wedi ei lleoli yn nhŷ
Abel Hughes, a Rhys yn egwyddorwas yn y siop. Ymddengys fod dau
ganolbwynt i'r olygfa honno, sef comedi achlysurol yn codi o ymddygiad
Miss Hughes a Jones a 'charge' Wil Bryan i Rhys wrth iddo gyhoeddi
ei fwriad i ymadael (penodau XXIV a XXXIII). Digwydd yr ail olygfa
ychydig ddyddiau cyn i Rhys fynd i'r Coleg ac fe'i lleolir yn nhŷ Tomos
a Barbara. Cynnwys y drydedd yw ymweliad Tomos â'r Bala a'r ym-
ddiddan rhyngddo a Williams. Lleolir y bedwaredd yn Birmingham a'i
phrif gynnwys yw'r ymddiddan a ddigwydd yno rhwng Rhys a Wil yn
y nofel, ond yn lle cynnwys y cyfarfod rhwng Rhys a'i dad, ymddengys
i Gwrtheyrn adael i Wil dorri'r newydd am farwolaeth tad ac ewyrth
Rhys. Cynnyrch dychymyg Gwrtheyrn oedd y bumed olygfa. Fe'i lleol-
wyd yn llyfrgell Rhys ar ôl iddo gael ei sefydlu yn weinidog Bethel ac
ymddengys iddo gynnwys Rhys, Barbara a Tomos, Wil a Sus. Yn ôl
'Gwrandäwr' trodd yr olygfa hon o gwmpas rhyw ymgyrch elusennol,
fel y bo cyfle i Wil ymddangos yn 'real gŵr bonheddig', wedi talu

dyledion ei dad i'r ffyrling olaf ac yn barod i dalu canpunt at yr achos da.

Gan ystyried y feirniadaeth o waith Cwmni Trefriw yn ddiweddarach, y mae'n syndod o beth na chododd llais neb o blith darllenwyr y nofel i gwyno bod drama Gwrtheyrn yn newid naws y gwreiddiol yn gyfan gwbl. Ymddengys fod Daniel Owen ei hun yn ddigon bodlon â'r hyn a wnaethpwyd – hyd yn oed â'r syniad o ddod â Wil yn ôl yn gymeriad llwyr ddiwygiedig bedair blynedd cyn iddo gael cyfle i'w wneud yn swyddogol, fel petai, yn nhudalennau *Profedigaethau Enoc Huws*.[51] Fe all fod hyn oherwydd fod y perfformiad yn cael ei ystyried yn rhywbeth a oedd yn digwydd y tu mewn i'r gorlan Fethodistaidd ac yn fath ar deyrnged i'r nofel. Ceir rhyw led awgrym yn adolygiad Gwrandäwr mai swyddogaeth yr addasiad oedd cynnig cyflwyniad o'r cymeriadau yn annibynnol ar y nofel ac ymddengys ei fod ef yn gweld dychweliad Wil yn ddyfais dechnegol briodol i'r ddrama fel y cyfryw, yn hytrach nag yn sylwebaeth ar y rôl a roddodd y nofelydd iddo'n wreiddiol: 'Yr ydym yn ystyried fod *introducio* Wil Bryan fel y gwnaed ar y diwedd yn *plot splendid* i'r Ddrama.'

Serch hynny, y mae'r fersiwn cyntaf hwn o *Rhys Lewis* ar ffurf drama yn ymgorffori gweledigaeth wahanol iawn o bobl Bethel i eiddo'r nofelydd. Pwysleisia Gwrandäwr mai Rhys ei hun yw canolbwynt drama Gwrtheyrn, gan ddisgrifio'r modd y mae ei gymeriad yn aeddfedu ac yn newid ar hyd y gwahanol olygfeydd, ond ni sylwa fod diddymu Mari Lewis a Bob yn dinistrio'r fframwaith diwinyddol y mae profiad Rhys wedi ei gynnal ganddo. Yr argraff a adewir ganddo yw fod rhoi cymeriadau'r nofel ar y llwyfan yn rhoi cyfle iddynt ddatblygu yn rhydd o'r hualau y mae'r fframwaith hwnnw yn ei osod arnynt. Yn y ddrama, felly, er difrifoldeb cymeriad Rhys ei hun, cymeriadau comig yw'r lleill, sy'n rhydd i'w datblygu i'w llawn botensial. Heblaw am Tomos a Barbara Bartley, y mae eu hiwmor yn ganolog i'r nofel, caiff Miss Hughes, a Williams 'y Student' rwydd hynt i ddiddanu'r gynulleidfa. Caiff Jones 'yr Assistant' gyfle i dorri'n rhydd o'r rôl gyfyngedig a roddwyd iddo gan Daniel Owen, gan ennyn diddordeb y gynulleidfa'n gyfan gwbl annibynnol ar y nofelydd. Felly, dywed Gwrandäwr, 'Yr ydym wedi chwerthin llawn cymaint wrth feddwl am y dull *true to nature* y cynrychiolid y cymeriad hwn, ag a wnaethom wrth feddwl am unrhyw un o'r lleill'. Dim syndod wedyn yw clywed barn Gwrandäwr am y portread o Wil Bryan ei hun: '[R]haid i ni addef na chawsom fwy o fwynhad wrth wrando ac edrych ar ddim erioed nag a gawsom trwy y cynrychiolydd hwn. Yr oedd yn wir *true to nature*.'

Ymddengys fod yr addasiad a gyflwynwyd gan Gwmni Trefriw yn nes at destun Daniel Owen nag eiddo Gwrtheyrn, ond cafodd ymateb llawer mwy cymysg, yn rhannol oherwydd ei fod yn hawlio annibyniaeth ac amlygrwydd i'w gweithgarwch ac eto'n manteisio ar fframwaith cymdeithasol y Gyfundrefn Fethodistaidd i'w hyrwyddo. Rhoddwyd perfformiad cyntaf y cwmni dan amgylchiadau go gyffredin, fel yr esboniodd 'Ymwelwr' i'r dref honno yng ngholofnau'r *Genedl Gymraeg*:

> Fel y mae yn hysbys i liaws o'ch darllenwyr sydd yn arfer ymweled a Threfriw, y mae cyfeillion capel Peniel wedi myned i draul lled fawr i godi pont yn agos i'r capel, mewn trefn i wneyd ffordd hwylusach tuag ato . . . a gwneir ymdrech egniol i leihau y ddyled sydd yn aros . . . Eleni ymgymerodd nifer o'r merched a'r dynion ieuainc â llafur nid bychan i gyrhaedd yr amcan drwy gymeryd mewn llaw i berfformio rhai adrannau o'r llyfr sydd yn adnabyddus wrth yr enw *Rhys Lewis, Gweinidog Bethel*; ac yr oedd pawb yn gorfod teimlo fod y detholiad yn un hapus dros ben, ac yn cyfarfod â chymeradwyaeth gyffredinol.[52]

Rhywbeth achlysurol, felly, oedd y perfformiad hwnnw yn y Concert Hall, Trefriw; y mae'n debyg y cydsyniodd Daniel Owen ag ef, 'er budd yr achos', fel y rhoddodd ganiatâd i addasiad Griffith Roberts yn y Bala ychydig cyn hynny.

Erbyn Hydref 1886 yr oedd Cwmni Trefriw wedi sylweddoli bod yna elw i'w wneud wrth fanteisio ar boblogrwydd *Rhys Lewis* fel nofel ac fel drama. Yn wythnos gyntaf mis Tachwedd rhoddasant ddau berfformiad yn Neuadd Penrhyn, Bangor, dan lywyddiaeth maer y dref, a ddilynwyd gan berfformiadau ar hyd a lled gogledd Cymru yn yr wythnosau canlynol.[53] Erbyn diwedd Mawrth, 1887 yr oedd y teimladau o ddicter a fynegodd Daniel Owen yn breifat yn hysbys i bawb a ddarllenai *Nodion Cymreig Y Goleuad*:

> Er y dywedir fod y Cwmni Dramayddol o Drefriw yn perfformio 'Rhys Lewis' drwy ganiatâd yr awdur, y mae yn awr yn hysbys nad yw hynny yn gywir, ac, oni bai am ryw ddiffyg yng nghyfraith hawlysgrif, rhoddasid atalfa lled ddiseremoni i'w gwaith.[54]

Y mae'r adroddiad a roddwyd gan Ap Glaslyn yn hysbys i bawb, diolch i waith ymchwil T. J. Williams.[55] Ymatebodd Cwmni Trefriw i 'rybudd bygythiol' yr awdur 'am swm neilltuol o arian fel hawlfraint' trwy roi'r mater yn nwylo'r bargyfreithiwr J. Bryn Roberts, Aelod Seneddol Sir y Fflint. Yn ôl Ap Glaslyn, ei gyngor ef oedd bod rhyddid i'r cwmni gofrestru ei hawlfraint ar eu testun oherwydd iddo gael ei seilio ar y nofel fel y'i cyhoeddwyd yn wreiddiol yn *Y Drysorfa*. Dyna'r ateb a gafodd Daniel Owen ganddynt, yn ôl pob tebyg, er ymddengys na thrafferthasant erioed i sicrhau'u hawliau drwy gofrestru'r testun yn Llundain, er gwaethaf yr hyn a ddywed Ap Glaslyn.[56] Parhai Daniel Owen i roi ei fendith ar berfformiadau er mwyn achosion da, er ei fod yn derbyn na allai eu rhwystro. Fel hyn yr atebodd i gais am iddo ganiatáu perfformiad o *Rhys Lewis* yn Aberystwyth:

> I have no objection whatever to your performing *Rhys Lewis* for a public purpose. And if I had – owing to some quirk in the copyright law – I could not stop it. You have observed, no doubt, that the Trefriw Dramatic Company are about the country performing *Rhys Lewis* for their <u>own benefit</u> and that without my consent. If I had the power I would have stopped them and I consider their action very mean. The *Dreflan* is registered as a drama and no company can perform it without permision. But as I said before I have no objection for either to be performed for any public or charitable object.[57]

Dan yr amgylchiadau yr oedd y cwestiwn a ofynnwyd gan *Y Goleuad* yn un rhesymol iawn, sef: 'Ai tybed fod gweithred o'r fath yn teilyngu y gefnogaeth a roddir i'r Cwmni gan y Methodistiaid drwy y wlad?'[58]

Aeth y cwmni ymlaen i drefnu taith i dde Cymru, gan ddefnyddio drysau capeli a byrddau hysbysebu'r ysgolion Sul i dynnu sylw'r cyhoedd crefyddol at y cyfle oedd ar gynnig. Ond yn y cyfamser tynnwyd sylw Cyfarfod Misol y Methodistiaid yn Sir y Fflint, yr oedd Daniel Owen yn aelod ohono, at eu hymddygiad, a'r canlyniad oedd yr enwog apêl at Gymdeithasfa Corwen ym mis Ebrill, 1887 a'r drafodaeth a arweiniodd at yr anogaeth yng Nghyffes Ffydd (1823) i Fethodistiaid, 'i ymwrthod â phob llwybr pechadurus . . . gan ymadael â gorwagedd y byd a'r arferion llygredig, megys . . . chwareuaethau, gloddesta, cyfeddach, diota, a'r cyffelyb'.[59]

O safbwynt hen flaenoriaid Sir y Fflint, gwiw ddisgynyddion y rheiny a ewyllysiodd berswadio John Elias i daranu yn erbyn Calfiniaeth gymedrol yn y pedwardegau,[60] yr oedd perffaith hawl i'r Cwrdd Misol a'r Gymdeithasfa gollfarnu ysgafnder pobl ifainc Trefriw. Wedi'r cyfan, y farn draddodiadol oedd nad oedd yn beth dilys i aelod o'r seiat gymryd rhan mewn drama, fwy nag yr oedd i weinidog ifanc chwarae pêl-droed.[61] Ond wrth gwrs, yr oedd y byd wedi mynd heibio i'r hen bobl hyn erbyn 1887. Wedi'r cyfan, myfyrwyr diwinyddol Coleg y Bala a ddechreuodd yr helynt yn y lle cyntaf, dan arolygaeth neb llai parchus na'r Prifathro Lewis Edwards. Prysurodd Owen Morgan (Morien) i dynnu sylw at yr union bwynt hwnnw, wrth amddiffyn Cwmni Trefriw yn nhudalennau'r *Western Mail*. Ni chredai fod dynion fel Dr Owen Thomas a'r Parchedig Ddr John Hughes, Llywydd Cymdeithasfa Corwen, a oedd hefyd yn ddarlithydd rhan-amser yn y Bala, yn medru collfarnu perfformiadau theatraidd fel y cyfryw, oni bai eu bod yn siarad 'tongue in cheek'.[62]

Gwelodd Morien ddedfryd Corwen fel datganiad sefydliad na fedrai newid, er bod aelodau'r sefydliad hwnnw wedi newid yn barod. Gwybu ef mai mater yr hawlfraint oedd wrth wreiddyn yr helynt ac awgrymodd mai rhagrithiol oedd ymddygiad awdur a chyhoeddwr *Rhys Lewis* wrth fanteisio ar ragfarn yr hen frodyr yn erbyn perfformiadau theatr yn gyffredinol i hybu eu buddiannau masnachol. Byddai'n anodd peidio â derbyn ei ddadl mai rhagrith oedd sail yr holl drafodaeth yng Nghorwen, gan ei fod yn tynnu sylw at y ffaith fod yr union weinidogion a siaradodd yn erbyn perfformio golygfeydd o'r nofel yn y Gymdeithasfa, wedi ei darllen yn frwd pan ymddangosodd yn nhudalennau 'one of the serious publications of the very denomination whose representatives at Corwen condemned the play'.

> Not a word of condemnation of the novel appeared at the time of its publication. Indeed, not a syllable condemnatory of the novel appears to have been said at the Cymanfa. On the contrary, there is every reason to believe that the very men who voted against the dramatised arrangement of the novel alternatively laughed and wept when reading the original. The condemnatory vote, therefore, was directed against the dramatic muse, and not against the literary production which supplied it with materials.[63]

Y gwir yw, beth bynnag oedd ym meddyliau arweinwyr yr eglwys Fethodistaidd yng Ngogledd Cymru wrth daranu yn erbyn gweithgareddau Cwmni Trefriw, ni allasent fod wedi bwriadu symud ymhellach yn yr achos. Fel y sylwodd Morien, pe bai unrhyw fwriad i ddisgyblu actorion Trefriw, byddai'n rhaid diarddel myfyrwyr Lewis Edwards yn y Bala:

> It is highly significant that the members of this dramatic company are enrolled members of various religious denominations, as follows, – Calvinistic Methodists, five; Baptists, one; Established Church, one. Should the resolution of the Corwen Cymanfa be carried into effect, of which there cannot be much doubt, the five Calvinistic Methodist players will be excommunicated for disobedience. What will happen to the Bala students who have ventured 'to hold, as 'twere, the mirror up to nature,' does not appear.

Ond ni fu unrhyw ymgais i ddisgyblu neb o ganlyniad i ddatganiad y Gymdeithasfa. Do, fe ddioddefodd bechgyn Trefriw rywfaint o siom ym Merthyr, yn ôl Ap Glaslyn, gan orfod canu mewn cyngherddau dirwest er mwyn talu eu treuliau yno, ond cyn bo hir yr oeddynt wedi cyrraedd Aberdâr, lle y'u derbyniwyd yn frwd, cyn iddynt barhau â thaith lwyddiannus drwy drefi'r de.

Tystia hanes Trefriw, nid i wrthwynebiad cyffredinol i'r mudiad newydd o ran cynrychiolwyr y grefydd Anghydffurfiol, ond i'r ffaith fod swyddogaeth ddiwylliannol y grefydd honno'n prysur newid. Y mae'r hyn a wyddom am y testun o *Rhys Lewis* a gyflwynodd Cwmni Trefriw yn awgrymu bod addasu'r nofel ar ffurf drama yn achosi newid naws a phwyslais ynddo'i hun. Yn y cyswllt hwn diddorol yw sylwi sut yr hysbysebwyd fersiwn Trefriw yn ystod y daith o gwmpas y Gogledd:

> Bydd y Ddrama enwog hon yn cael ei pherfformio gan y TREFRIW DRAMATIC COMPANY, pryd y bydd WIL BRYAN 'True to Nature,' THOMAS a BARBARA BARTLEY, 'Twbi Shwar,' ac eraill o'r cymeriadau, yn bresennol. Bydd AP GLASLYN yno yn canu hefyd.[64]

Fel comedi'n bennaf y croesawyd *Rhys Lewis* ar lwyfannau Cymru yn yr wythdegau, gyda phwyslais ar gyfraniadau Thomas a Barbara Bartley, a chyda Williams y Myfyriwr a Wil Bryan yn gymeriadau tra phwysig. Cymharol brin yw'r sylw a roir mewn adolygiadau o gyflwyniadau Trefriw i brif gymeriadau'r nofel, Mari Lewis a Rhys. Yn ôl 'Shon y Bodiau', er enghraifft, a adroddodd yn *Y Goleuad* hanes perfformiad y ddrama yn Ninbych ym Mawrth 1887, Thomas a Barbara Bartley 'gyda'r "Twbi Shwar" doniol' a Mr Williams y Student cellweirus o'r Bala oedd y cymeriadau cryfaf o bell ffordd. Ar y llaw arall, meddai, nid oedd yr actorion a chwaraeai Wil Bryan a Rhys Lewis 'yn personoli y cymeriadau hynny y daethum i gydnabyddiaeth â hwynt wrth ddarllen y llyfr'.[65]

Ceir yn adolygiad meddylgar Cadwaladr o'r perfformiad a roddwyd yn Neuadd Hope, Lerpwl, Ebrill 19, 1887, dystiolaeth ddiddorol iawn ynglŷn â naws a chyfeiriad y testun a ddefnyddiwyd gan Gwmni Trefriw ac am ansawdd y perfformiad ei hun. Cwynodd Cadwaladr fod y ddrama wedi ei llunio mewn modd i rwystro'r gynulleidfa rhag cael argraff gywir o ansawdd ac ymddygiad y prif gymeriadau, ac yn arbennig Mari Lewis a Bob:

> [H]yd ag y daw y ddau i'r golwg yn yr *act* gyntaf, gallwn i dybio fod Bob yn cael ei osod allan mewn agweddiad rhy isel – 'low' – fel ag i fod yn

ddarnodiad o Bob y Llyfr. Rhaid cydnabod mai cymeriad i'w edmygu, er ei holl ystyfnigrwydd ydyw ef fel y portreadir ef gan Mr Owen; cymeriad yn chwilio a barnu drosto ei hun; a'i ysbryd penderfynol yn gwrthryfela yn erbyn pob anghyfiawnder, a pharod i ddioddef unrhyw galedi yn hytrach na bradychu egwyddorion. Ond am Bob y ddrama, cymeriad o nodweddion y 'corner-man', ac yn amddifad bron yn hollol o glewder a'r penderfyniad a nodwedda y rhan fwyaf o feibion llafur ein gwlad. Ac nid yw'r *act* gyntaf yn taflu un math o oleuni ar ei hanes; *paham* y mae ef a'i gydweithwyr yn sefyll yn segur yn nghymdogaeth Bethel; paham y taflwyd ef i'r carchar; pa anghyfiawnder a ddioddefodd, na pha fodd yr ymddygodd yntau o dan ei brofedigaethau. Yn sicr, dylai Bob gael mwy o sylw.[66]

Barn Cadwaladr oedd y gellid dweud yr un peth am gynrychiolaeth Mari a Rhys yn y ddrama, ac am Tomos Bartley a Wil Bryan, er yn bennaf yn eu hachos hwy, oherwydd 'stiffrwydd' y perfformiadau. Yr unig gymeriadau yr oedd yn gymharol fodlon â hwy, oedd Barbara Bartley a Williams y Myfyriwr, a chwaraewyd gan yr un person.

Yr oedd Cadwaladr yn feirniadol o'r cwmni am hawlio eu bod yn perfformio gyda chaniatâd Daniel Owen, er ei bod yn hysbys i bawb erbyn hynny nad oedd hynny'n wir. Ond cyfeiriodd ei brif feirniadaeth at y ddrama ei hun a hynny oherwydd ei bod yn bradychu'r llyfr y seiliwyd hi arno:

> Amcan y ddrama hon, i'm golwg i, yn bennaf ydyw cael gafael ar ddigon o'r digrifol er mantais i wneyd i'r edrychwyr chwerthin. Er fod difyrrwch yn eithaf yn ei le, eto yr wyf yn barod i haeru nad yw y ddrama hon ond *libel* o'r fath duaf ar un o'r chwedlau, os nad yr *unig* chwedl *wir* ragorol a feddwn yn ein hiaith. Fel y dywedwyd, gadewir y cymeriadau pwysicaf a phrydferthaf, allan bron yn llwyr, tra y gwneir y cyfan i fyny bron o Bartley a Bryan. Nid dweyd yn erbyn y cymeriadau hyn yr wyf, cofier. Gadawer iddynt gael eu lle. Ond na alwer y ddrama yn *Rhys Lewis* tra y parhao y rhai hyn y cymeriadau amlycaf, os nad yr unig gymeriadau yn y ddrama.[67]

Am y rhesymau hyn, ni chredai Cadwaladr y byddai drama *Rhys Lewis* yn derbyn cymeradwyaeth gyffredinol yng Nghymru. Os oedd y nofel wedi ei sancteiddio yng ngolwg y Cymry oherwydd 'yr ysbryd defosiynol a chrefyddol' a nodwedda'r prif gymeriadau, credai ef y byddai'n amhosibl i unrhyw un a gyfranoga o'r ysbryd hwnnw gymeradwyo fersiwn dramayddol wedi ei ysbeilio'n llwyr o'r elfennau hynny.

Wrth graffu ar y dadleuon a gynigiwyd yng Nghymdeithasfa Corwen – ac yn arbennig y rheiny a berthynai i'r Parchedig Lywydd, Dr John Hughes – gwelir iddynt gael eu symbylu yn y bôn gan yr un ddrwgdybiaeth a leisiodd Cadwaladr. Dau brif beth a aflonyddai'r saint a wnaeth ym-gynnull yng Nghorwen. Yn gyntaf, yr oeddynt yn drwgdybio effaith y newid i'r cywair comedïol a ddigwyddodd wrth i'r nofel gael ei haddasu ar gyfer y llwyfan; ac yn ail, yr oeddynt yn teimlo yn anghysurus wrth weld y ddrama'n cael ei hyrwyddo y tu mewn i'r sefydliad crefyddol ac ar ei gefn, fel petai. Yn y cyd-destun hwn gellid dadlau nad Cwmni Trefriw oedd prif wrthrych y feirniadaeth a leisiodd Dr Hughes yn ei sylwadau terfynol, ond y rheiny y tu mewn i'r eglwysi a oedd yn methu gwahaniaethu rhwng pethau'r byd a phethau'r betws.[68] Nid oherwydd ei bod hi'n chwareuaeth Gymreig y beirniadwyd *Rhys Lewis* ar y llwyfan, ond oherwydd ei bod yn cael ei hyrwyddo fel 'chwareuaeth Gymreig o'r wedd grefyddol' ac felly'n tanseilio ymwybyddiaeth o'r ymdrech a'r llafur angenrheidiol i wir grefydd. Felly, meddai Dr Hughes, er ei fod yn sicr fod mynychu'r theatr [Saesneg] yn llygru pobl, 'yr oedd yn petruso ai nid gwell myned yno yn hytrach na myned i wrando ar y bechgyn hyn'. Er gwaethaf hynny, ceisiodd ef berswadio'r Gymdeithasfa na fyddai'n briodol iddi roi ei bys 'ar beth mor fychan â'r cwmni hwn – yr hwn fel y credai ef oedd yn prysur ddiflannu'.[69]

Y penderfyniad terfynol a wnaethpwyd yng Nghorwen dan arweinydd-iaeth Dr Hughes oedd i dynnu sylw aelodau at y Gyffes Ffydd ac i gymell 'na byddo unrhyw gefnogaeth yn cael ei roddi i gyfarfodydd o natur amheus trwy eu cyhoeddi yn ein haddoldai, neu roddi unrhyw sylw cymeradwyol iddynt, a'n bod yn dymuno galw sylw neilltuol y Cyfarfod Misol at hyn'. Yn ddiau, yr oedd sawl un wedi manteisio ar y drafodaeth i redeg ar yr oes oedd ohoni ac i roi mynegiant i hen ragfarn oedd yn prysur fynd heibio, gan gynnwys y Llywydd ei hun. Dywedai ef ymhellach ei fod yn ofni mai hwn oedd prif dyniad yr oes – 'cellwair â phethau cysegredig, a hynny o dan rith bod yn cefnogi achos yr Arglwydd':

> Os byddai baich o ddyled ar unrhyw le, byddai yn rhaid cael cyngherdd mawreddog, neu ynte gyfarfod llenyddol, pryd mewn gwirionedd mai cael rhywbeth i dynu i chwerthin oedd y prif amcan. Clywodd fod blaenor yn cyhoeddi rai o'r Suliau diweddaf, fod cyfarfod gweddi i fod un noson, a *Rhys Lewis* y noson ddilynol.[70]

Serch hynny, y mae'n dra thebyg ei fod yn teimlo bod amlygrwydd yr achos yn eu gorfodi i wneud datganiad ychydig mwy ysgubol nag y byddent wedi ei wneud o'u gwirfodd. Bid a fo am hynny, dangosodd golygydd *Y Goleuad* fod gwahaniaeth barn y tu mewn i'r sefydliad

Methodistaidd, gan '[g]ondemnio yn y modd cryfaf', nid y perfformiad dan sylw, ond y ffaith fod y Gymdeithasfa yn sylwi arno o gwbl.[71]

Ni cheisiodd aelodau Cwmni Trefriw herio cynrychiolwyr y grefydd y parhaent hwythau eu hunain i'w harddel – rhaid cofio mai yn y weinidogaeth yr oedd dyfodol Ap Glaslyn ei hun, nid ar y llwyfan![72] Yn wir, ceir rhywfaint o dystiolaeth sy'n awgrymu bod aelodau'r cwmni a'u cefnogwyr yn rhannu rhagfarnau oedd yn weddil gan grefyddwyr cyfoes. Diddorol yw sylwi ar yr amddiffyniad a roddwyd i'r Parch. William Williams, a daranodd yn nhudalennau'r *Drysorfa*, mewn erthygl dan y teitl, 'I Ba Le yr Ydym yn Mynd?', ar ôl darllen adolygiad Shon y Bodiau o berfformiad y cwmni yn Ninbych:

> [O]s chwareuwyd 'Tomos Bartley yn dyfod i'r seiat, a'r holi fu arno yno', fe ddylasai friwo teimladau pob dyn crefyddol oedd yn y lle . . . Chwareu edifeirwch? Chwareu ffydd yn Iesu Grist? Chwareu y mynediad trwodd o farwolaeth i fywyd? Dyna gymysgfa! A ellir meddwl am ffordd fwy effeithiol i dristáu Glân Ysbryd Duw?[73]

Yn ei lythyr amddiffynnol ym mis Mai, ni ofynnodd 'Shon y Bodiau' y cwestiwn amlwg ynglŷn â'r gwahaniaeth rhwng disgrifio tröedigaeth ffug mewn nofel ac actio'r un digwyddiad ar lwyfan. Cyfyngodd ei hun i edliw i'r beirniad am gamddarllen ei sylwadau ef, gan sicrhau darllenwyr eraill, 'nid oes unrhyw berfformiad o'r ddrama hon wedi cael ei roddi eto gydag arddangosiad' o'r olygfa sy'n disgrifio derbyniad Tomos Bartley i'r Seiat a'i fod 'yn ofid mawr i ni fod hyn wedi arwain neb i feddwl y buasem yn cefnogi y fath beth'.[74]

Ceir yn y Llyfrgell Genedlaethol addasiad arall o *Rhys Lewis*, sy'n ffyddlon iawn i'r nofel, er yn amrwd iawn o'i ystyried fel drama.[75] Y mae'r fersiwn hwn, sy'n dyddio o bosibl o rywbryd yn y nawdegau, yn cyflwyno rhai o'r prif ddigwyddiadau yn ôl y drefn gronolegol a geir yn y nofel. Y mae'n cynnwys tair golygfa ar ddeg, wedi eu tynnu o'r wythfed bennod hyd at yr ail ar hugain, gan ddechrau gyda'r ymladdfa rhwng Rhys a Beck yn yr ysgol. Yn ei gyflwr presennol daw'r fersiwn hwn i ben gyda'r sgwrs rhwng Rhys a Wil pan ddatgana ef ei fod am ymadael â'i gartref, ond gan fod rhyw nifer o dudalennau ar goll ar y diwedd nid yw'n bosibl dweud yn bendant ei fod yn diweddu gyda'r digwyddiad hwnnw. O safbwynt technegol y mae'r fersiwn hwn yn amrwd iawn, gan newid i naratif ar sawl pwynt pwysig yn y stori, ond awgryma'r modd y mae'r digwyddiadau wedi eu dethol fod yr awdur yn deall y ddadl ddiwinyddol y mae hanes Rhys yn ei hymgorffori. Dealla'r awdur hefyd rôl hollbwysig Mari Lewis yn nofel Daniel Owen, gan aberthu'r cyfle i drin y streic a marwolaethau Bob a Seth er mwyn canolbwyntio ar ei pherthynas gyda Rhys. Serch hynny, ni sylweddola ei fod yn colli egni a thyndra stori Daniel Owen yn gyfan gwbl wrth gyfnewid anuniongyrchedd arddull adroddiadol y nofelydd am uniongyrchedd y ddrama. Y mae'r hyn sy'n wir am bob addasiad o'r nofel yn amlycach yn yr addasiad hwn, sef fod hepgor synwyrusrwydd Rhys ei hun, y mae Daniel Owen yn ffiltro'r digwyddiadau drwyddo, yn dihatru deialog y cymeriadau o'i chymhlethdod awgrymiadol a'i heffeithiolrwydd.

Agwedd fwy soffistigedig o lawer ar safbwynt llenyddol oedd gan J. M. Edwards, Treffynnon, ond ei fod yn bellach o lawer oddi wrth safbwynt diwinyddol y nofelydd. 'Drama ddigon taclus' yn ôl Dafydd Glyn Jones oedd ei addasiad ef a gyhoeddwyd gyntaf yn 1909, er iddo golli '[p]eth o ddwyster ac eironi' y gwreiddiol.[76] Dangosodd Edwards yn ei Ragair ei fod yn ymwybodol o'r anawsterau neilltuol a gyflwynodd *Rhys Lewis* i'r addaswr a'i fod hefyd yn ddigon diymhongar wrth eu hwynebu. 'Prin mae'r enw Drama yn cyfleu beth yw – ymgom gegin, ysgwrs gartrefol heb ymgais at ddim byd mawr.' 'Golygfeydd o *Rhys Lewis*', y mae ei ddrama ef yn eu cynnig, meddai, 'wedi eu cyfaddasu i'r llwyfan' ac yn dangos nodweddion rhai o'r cymeriadau mewn modd naturiol a syml.[77] Ond nid profiad Rhys yw'r elfen sy'n cydio'r golygfeydd hynny at ei gilydd, ond profiad Wil Bryan, er gellid dadlau bod Tomos Bartley yn hawlio llawer o sylw'r cyhoedd.

Ymddengys nad oedd J. M. Edwards yn sylwi ar yr hyn oedd yn amlwg i adolygwyr cynnar y nofel, sef mai mam Rhys Lewis yw *motive* y gweithgarwch am mai ohoni hi 'y mae crefyddolder y llyfr yn codi'.[78] Oherwydd hynny bu raid wrth *motive* newydd a daeth o hyd iddo yn Wil Bryan, gan ddiddymu yn gyfan gwbl yr amwysedd sy'n amgylchynu'i gymeriad ef yn y nofel. Fel y dywed Dafydd Glyn Jones, er mwyn gallu gwneud hyn bu raid iddo fenthyg darn o *Enoc Huws* a newid ei gymeriad rywfaint:

> Ar ddiwedd y ddrama y mae J. M. Edwards yn dod â Wil Bryan yn ei ôl i'r Dreflan ac i'r seiat. Os cofiwch chi, chaniataodd Daniel Owen ddim i Wil ddod yn ei ôl cyn belled â hynny. Cafodd ddod i'r cyfarfod llenyddol, lle bu'n darlithio i bobl dda'r Dreflan ar 'Y Ddynol Natur'. Ond nid i'r seiat. Y dramodydd, nid y nofelydd, a fynnodd adfer Wil yn gyflawn aelod cyn y diwedd. Ac ymhellach, er mwyn gwneud hynny y mae J. M. Edwards (neu bwy bynnag a fu'n gyfrifol am y newid) wedi gorfod mynd y tu allan i ffiniau'r nofel *Rhys Lewis* a benthyca darn o *Enoc Huws*. Fe glodd Daniel Owen ei *Rhys Lewis* cyn i Wil ddod yn ei ôl i'w gynefin; rywbryd yn ystod

Enoc Huws y digwydd hynny. Yn bwysicach fyth, fe ddigwydd wedi claddu Rhys Lewis, ac wedi claddu Hugh Bryan, tad Wil.[79]

Rhywfaint o 'lwfrgi' oedd Wil yn y nofel, yn ffoi i ddinas ddieithr, medd Dafydd Glyn Jones, 'a gadael i bethau gymryd eu siawns'. Wrth gwrs, nid profi bod Wil yn llwfrgi oedd amcan Daniel Owen, ond osgoi penderfynu yn ei gylch y tu mewn i ffrâmwaith y nofel.[80] Ond ni welodd y dramodydd amwysedd rôl Wil Bryan yn y nofel, gan ddod yn ôl ag ef, 'yn ddyn cefnog, yn adferwr yr hen fywyd ac yn achubydd y cartref'. Dyna ddilyn y llwybr a agorodd Gwrtheyrn, gan agor rhwyg rhwng y gynulleidfa a byd Mari Lewis na fyddai Daniel Owen ei hun wedi ei dderbyn pan ysgrifennodd *Rhys Lewis*, er efallai, ei fod wedi newid ei agwedd rywfaint erbyn iddo orffen *Enoc Huws*.

Tystia hanes yr addasiadau hyn i'r graddau yr oedd y traddodiad Calfinaidd yn colli tir i'r ddyneiddiaeth newydd y tu mewn i'r diwylliant Anghydffurfiol yn y blynyddoedd rhwng 1882 a 1909. Gwelir yn y trafodaethau am anturiaethau bechgyn Trefriw fod yr eglwysi Calfinaidd yn prysur newid o'r tu mewn. O safbwynt Calfinaidd roedd yr hen saint yn llygad eu lle yn mynnu bod pob agwedd ar fywyd yn dod dan arolygaeth yr ysbryd. Ond ni ddeallwyd y pwynt hollbwysig hwn gan y diaconiaid a'r gweinidogion a roddodd gefnogaeth i ymdrechion y bobl ifainc – heb sôn am y bobl ifainc eu hunain. Erbyn 1909 yr oedd y broses hon ymron yn gyflawn. Y mae fersiwn 'awdurdodedig' J. M. Edwards yn llawer nes o ran naws a neges at weithiau'r dramodwyr ifainc a ymatebodd i'r wobr a gynigiodd yr Iarll Howard de Walden yn 1912–13, nag i eiddo'r nofelydd o'r Wyddgrug.

Beriah Evans a'r Ddrama Hanes

Y mae yna rywfaint o amwysedd ynglŷn â lle Beriah Gwynfe Evans (1848–1927) yn hanes y Mudiad Drama. Cydnabyddir ei gyfraniad fel dramodydd, pwysigrwydd ei gefnogaeth i'r Mudiad Drama ifanc ac, yn anad dim, y ffaith fod perfformiadau arloesol o'i weithiau wedi gwneud llawer i godi hyder ymhlith Cymry ifainc yr wythdegau. Ar y llaw arall, y mae rhamantiaeth ddelfrydiaethol a hanesyddiaeth lac ei ddramâu yn eu gosod ar wahân i weithiau'r dramodwyr ifainc a dderbyniwyd fel *repertoire* nodweddiadol y mudiad newydd. Oherwydd hynny y mae yna duedd i wahaniaethu rhwng ei waith ef a dramâu hanesyddol tebyg a dramâu'r mudiad drama fel y cyfryw. Dywed Bobi Jones, er enghraifft: 'Yr oedd yna fudiad dramatig ar gerdded ar ddiwedd y ganrif . . . mudiad y gellir ei alw'n ddrama hanesyddol, a gynrychiolir gan Beriah Gwynfe Evans yn anad neb.'[81] Credai ef fod mudiad y ddrama hanes wedi ei ladd gan adolygiad W. J. Gruffydd ar ail fersiwn drama gyntaf Beriah, *Glyndŵr: Tywysog Cymru* a gyhoeddwyd yn 1911, gyda cherddoriaeth gan Robert Bryan.[82] Yn ddiau, bu'r erthygl honno yn gyfraniad pwysig a newidiodd naws a chyfeiriad y drafodaeth am y ddrama yn y blynyddoedd a arweiniai at y Rhyfel. Serch hynny, nid ystyriwyd hynny gan Beriah ei hun fel ergyd farwol i'r ddrama hanes. Ddwy flynedd wedyn sefydlodd Gwmni Dramayddol y Fenai i gyflwyno ei ddrama ysgrythurol, *Esther* a lwyfannwyd yng Nghaernarfon rai wythnosau ar ôl i Gruffydd gyflwyno *Beddau'r Proffwydi* i'r cyhoedd am y tro cyntaf yng Nghaerdydd. Y gwir yw fod dramâu hanesyddol Beriah, gyda dramâu hanesyddol eraill, fel *Dafydd ap Gruffydd* (1904) T. Gwynn Jones, yn rhan annatod o gengl gymhleth y Mudiad Drama yn y cyfnod rhwng 1880 a 1910.

Serch hynny, rhaid cydnabod bod traddodiad dramayddol wedi ei ddatblygu y tu mewn i'r Mudiad Drama, hyd yn oed cyn i W. J. Gruffydd gymryd y fwyell at weiddyn y ddrama hanes – a bod prif enghreifftiau'r traddodiad ifanc hwnnw'n wahanol o ran naws a chywair i waith Beriah. Byddai'n anodd peidio â derbyn y ddadl, felly, fod yna elfen o eironi ynghlwm wrth y ffaith mai perfformiad o ddrama hanes gyntaf Beriah oedd y prawf cyntaf o'r ysfa i berfformio ymhlith pobl ifainc hyderus yr wythdegau a'r arwydd cyntaf oll fod mudiad newydd ar gerdded yng ngogledd Cymru. Oherwydd o 1881 ymlaen arweiniwyd y bobl ifainc hynny gan y Mudiad Drama i gyfeiriad gwahanol iawn i'r un a gymerad-wywyd gan waith Beriah. Y gwir yw mai prif symbyliad y mudiad ar hyd wythdegau a nawdegau'r bedwaredd ganrif ar bymtheg oedd gwrthymateb i athroniaeth Beriah a'r mudiad gwleidyddol yr oedd ef yn ei gynrychioli. Bu llanw'r mudiad newydd yn llifo'n gryf yn erbyn rhamantiaeth ddelfrydiaethol Beriah am ddegawd a mwy pan ddatgan-odd W. J. Gruffydd am *Glyndŵr: Tywysog Cymru*, fod Cymru'n rhy olau, bellach, 'a'i barn yn rhy addfed i'r felodrama Seisnig, ac i'r ddrama hon'.[83]

Gellid dweud i raddau fod gyrfa Beriah yn tystio i'r ffordd yr ym-gartrefodd y ddrama y tu mewn i'r diwylliant Anghydffurfiol ar hyd y blynyddoedd rhwng 1850 ac 1880, yn ganlyniad i ddylanwad cynyddol y diwylliant Seisnig a'r mudiad addysg a ddatblygwyd yn sgil Brad y Llyfrau Gleision. Yr oedd Beriah yn gyfarwydd â'r ddrama er ei blentyn-dod, fel y tystia'r stori amdano'n chwarae rhan Jonah yn y capel a chael ei daflu o'r llwyfan yn y sedd fawr dros y pulpud i'r môr.[84] Fel athro yng Ngwynfe a Llangadog, arbrofai gyda drama fel cyfrwng i drin syniadau ac i ymestyn addysg foesol a dinesig y plant, profiad sy'n amlwg y tu ôl i'w waith fel golygydd *Cyfaill yr Aelwyd* rhwng 1880 ac 1891. Cyhoeddodd yno nifer sylweddol o ddarnau a ddisgrifiwyd fel 'chwareuaethau' gan awduron fel W. G. Williams (Gwentfab), R. W. Evans (Berw), Moelwyn Alaw (Cricieth), E. R. Lewis, Aberfan, Ioan Elli. Yn y dechrau cynhwyswyd y gweithiau hyn mewn rhaglen gyffredinol a anelwyd 'at wneyd *Programme* cyflawn a chwaethus i Gyfarfodydd Llenyddol ac Adloniadol'.[85] Sut bynnag, erbyn Ionawr 1886 yr oedd Beriah wedi penderfynu bod angen ymgyrch fwy pwrpasol i sicrhau cyflenwad o ddramâu dan y teitl 'Chwaraeuaethau Yr Aelwyd', gan fod 'y lliaws ceisiadau sydd yn dyfod yn barhaus i law am ychwaneg o'r un natur, yn dangos yn amlwg fod yma faes eang i'w lenwi'.[86] Diddorol yw sylwi, serch hynny, mai digon diffygiol oedd y cyntaf a'r ail o'r darnau a gyhoeddwyd fel 'chwareuaethau'r aelwyd', y naill yn astudiaeth hollol brennaidd o 'Fore Sabboth mewn Teulu Trefnus', a'r llall yn 'ddrama deuluaidd mewn tair act i naw o bersonau', wedi ei llunio i ddangos 'a pha fesur y mesuroch yr adfesurir i chwithau'.[87]

Erbyn 1891, pan roddodd y gorau i'r *Cyfaill*, yr oedd Beriah wedi cyfansoddi *Owain Glyndŵr* (1879), *Llywelyn ein Llyw Olaf* (Hydref 1882 – Chwefror 1883) ac yn bwysicach fyth, yr oedd wedi cael y profiad o weld y dramâu hynny ar lwyfan. Dilynwyd y rheiny gan *Caradog*, a gynhyrchwyd fel rhan o weithgareddau Eisteddfod Genedlaethol Caernarfon yn 1906 – y tro cyntaf i ddrama lwyfan fod yn rhan o'r gweithgareddau eisteddfodol erioed – a chan *Esther* yn 1913. Rywbryd cyn troad y ganrif, hefyd, yr oedd wedi cyfansoddi *Stori'r Streic*, y gellid ei disgrifio'n deg fel 'Chwareuaeth . . . teuluaidd, cymdeithasol, dyddanus a diniwed' o'r math y bwriadodd eu cyhoeddi yn y cylchgrawn. Ac yn 1904 cyhoeddodd lawlyfr yn Saesneg, *The Welsh historical Drama and how to produce it.*

Cynrychiolai Beriah y garfan gref o Gymry yn yr oes honno a ymdrechai i sefydlu lle i'w gwlad a'u diwylliant y tu mewn i fframwaith ideolegol yr Ymerodraeth Brydeinig. Perthynai Beriah i adain Fabonaidd y blaid Ryddfrydol Gymreig ac yn anad dim i'r mudiad Cymru Fydd, y gweithredai fel ysgrifennydd iddo o 1895 ymlaen. Heblaw am ei ddramâu, y mae'n adnabyddus fel awdur cofiant *Dafydd Dafis* (1898), *Diwygwyr Cymru* (1900) a *Rhamant Bywyd Lloyd George* (1900).[88] 'Fel O. M. Edwards', meddai E. G. Millward, 'yr oedd Beriah . . . yn wladgarwr Cymreig diffuant, ac yn imperialydd "Prydeinig" a allai orfoleddu cystal â neb pan ryddhawyd Mafeking.'[89] Erbyn 1880, wrth gwrs, yr oedd

Cymru Anghydffurfiol ym meddiant Rhyddfrydiaeth. Yr oedd cenedlaethau blaenorol wedi brwydro'n galed i osod seiliau'r fuddugoliaeth fawr a enillodd yn etholiad 1868. Erbyn 1884, gyda'r Ddeddf Diwygio, a gyflwynodd ddemocratiaeth i Gymru am y tro cyntaf, yr oedd buddugoliaeth Rhyddfrydiaeth Anghydffurfiol yn gyfan gwbl ysgubol. Cyflwynodd maint y fuddugoliaeth honno, a sefydlodd Ryddfrydiaeth Gymraeg mewn lle canolog yn y gyfundrefn Brydeinig, broblem newydd i'r Gymru Gymraeg, er na sylweddolwyd hynny gan genhedlaeth Beriah. Dyna'r broblem a fu'n ganolog i wleidyddiaeth Gymreig ers hynny, sef sut i sicrhau parhad yr iaith a'r hunaniaeth Gymreig wrth i'r holl sefydliadau gwleidyddol a chymdeithasol blethu'r Cymry yn dynnach o hyd y tu mewn i'r brethyn Prydeinig. Y mae'n dra thebyg nas gwelwyd yn broblem gan genhedlaeth Roger Edwards, er gwaethaf ymdrechion Emrys ap Iwan. Ymdrechai Hiraethog yn llew, er enghraifft, i gysoni'r grefydd Anghydffurfiol a'r diwylliant Cymreig gyda'r grymoedd bygythiol a lifai i Gymru drwy gyfrwng yr iaith Saesneg, heb sylweddoli ei fod yn magu ei unig fab yn Sais. Yr oedd llygaid ei ddychymyg ef, wedi'r cyfan, wedi'u hoelio ar hen Gymru'r werin a welai gyrchoedd iaith y Stiward a'r Meistr Tir yn gomedi bur.

Esbonia Millward feddylfryd Beriah trwy gyfeirio at y ffordd y gwahaniaetha'r hanesydd A. W. Wade-Evans rhwng Imperialaeth a Chenedlaetholdeb Seisnig.[90] Eglura'r wrthgyferbyniaeth rhwng y ddau gysyniad hwn, meddai Millward, y cyfuniad o ramantiaeth a delfrydiaeth a geir yn nhriniaeth Beriah o hanes Cymru:

> Offeryn y *pax Britanica* oedd imperialaeth Lloegr a gallai Cymru gadw ei hunan-barch fel cenedl ymreolus a oedd yn rhan anrhydeddus o ymerodraeth ddaionus, fydeang, ac a gyfrannai'n anrhydeddus at ei llwyddiant. O'r hyn lleiaf, dyna'r weledigaeth ac y mae'n eglur fod Beriah . . . am groniclo'r weledigaeth mewn arwrgerdd fawr ar ffurf cyfres o ddramâu hanesyddol. Arwr yr epig hon oedd y genedl Gymreig a'i brwydr ddi-baid am ryddid oddi wrth orthrwm ym mhob oes.[91]

Dyna'r weledigaeth a ymgorfforwyd yn nrama hanes gyntaf Beriah, *Chwareu-gan Owain Glyndŵr*, a seiliwyd ar nofel Saesneg ar yr un pwnc a oedd yn fuddugol mewn cystadleuaeth yn Eisteddfod Caerdydd y flwyddyn flaenorol.[92] Hawliodd Beriah mai 'yn null Shakespeare' y cyfansoddodd ef ei 'chwareu-gan' ond er iddo adeiladu ei ddrama ar sail y tyndra rhwng Glyndŵr a Bolingbroke ar y naill law a Bolingbroke a'i fab ar y llall, nid cymeriadau Shakespeare oedd ei greadigaethau ef o bell ffordd. Lle mae portreadau Shakespeare yn gyfan gwbl gaeth i ofynion y digwydd hanesyddol, y mae Beriah yn eu plygu i ofynion cynllun sy'n annibynnol ar hanes. Wrth wreiddyn *Owain Glyndŵr* cawn gynllun tebyg yn y bôn i'r hyn a welir mewn dramâu fel *Stori'r Streic* ac *Arthur Wyn y Bugail* a nifer o ddramâu eraill a berfformiwyd ar hyd a lled Cymru tan dridegau'r ugeinfed ganrif. Hen gecryn o frenin yw Harri IV, tebyg i'r stiwardiaid cas a hunanol sy'n bygwth y Cymry ffyddlon yn y dramâu hynny. Os mai ei swyddogaeth ef yn y ddrama yw i ymgorffori'r elfen gas a phechadurus sy'n bygwth Cymru yn ei pherthynas â Lloegr, rôl ei fab yw dangos nad yw'r berthynas honno o'i hanfod yn llwgr. Felly cedwir brenhiniaeth Lloegr ei hun uwchben terfysgoedd hanes y cyfnod, yn wobr deg i ddisgynyddion Glyndŵr – nid ei etifeddion o ran gwaed, ond o ran ffyddlondeb i'r egwyddorion Rhyddfrydol y mae Cymru'n eu hymgorffori unwaith iddi gael ei phuro o hunanoldeb a brad. Felly y mae Glyndŵr yn proffwydo ar ei wely angau, yng ngolygfa olaf y ddrama:

> Am Gymru, fu yn gorwedd c'yd mewn gwaed,
> Yn cael ei llorio gan y Saeson ffyrnig,
> Ei thal a ddaw, cyn sicred â bod dwr
> Yn Hafren heddyw! Un o'i phlant ga' fod
> Yn frenin Lloegr, eistedd ga' ar sedd
> Y Bolingbroke wnaeth gymaint niwed in'.
> O lin ach Arthur bydd, ond nid i mi'r
> Anrhydedd o'i genhedlu, ond i ti,
> I ti Syr Rhys! Ffyddlonaf 'mhlith ffyddloniaid.
> Ie, i ti'r anrhydedd o genhedlu
> Y teyrn, a ddwg holl Gymru a holl Loegr
> Yn un, yn gryf, yn fawr, gyfoethog, rydd![93]

Mewn ffordd, teyrnged i Shakespeare oedd y ddrama hanes Gymraeg fel y'i lluniwyd gan Beriah; ac y mae hynny'n tanlinellu'r ffaith fod drama a llenyddiaeth Saesneg yn rhan annatod o'r fframwaith imperialaidd y credai Rhyddfrydwyr o'i genhedlaeth ef y gellid meithrin Cymreictod y tu mewn iddo. Tynn E. G. Millward sylw at y ffordd yr oedd adnabydd-iaeth o weithiau Shakespeare wedi ei hannog y tu mewn i'r sefydliad eisteddfodol o ganol y ganrif ymlaen:

Mor gynnar â 1849 gwobrwywyd Pedr Mostyn, y gŵr a gollfarnodd Twm o'r Nant flynyddoedd wedyn, am drosi rhan o *King Henry IV* i'r Gymraeg. Enillodd yr unig ymgeisydd David Griffiths, gyda chyfieithiad o *Hamlet* yn Eisteddfod Genedlaethol Llandudno yn 1864. Yn Eisteddfod Genedlaethol Lerpwl 1884, cystadlodd un ar ddeg ar drosi *King Lear* i'r Gymraeg (yr oedd Pedr Mostyn yn un o'r beirniaid) ac enillwyd gan y Parch. O. N. Jones, Pwllheli. Cyfieithodd Jonathan Reynolds (Nathan Dyfed) *King Lear* a *Macbeth* a chyfieithodd ei fab, Llywarch Reynolds, beth o *Julius Caesar* ar gyfer cystadleuaeth yn Eisteddfod Llanymddyfri, 1872.[94]

Yn ddiau, credai'r cenedlaethau o feirdd a gweinidogion a osodai'r cystadlaethau hyn ac a ymatebodd iddynt, fod cymathu'r Gymraeg â phrif nodweddion y diwylliant Seisnig yn ei chryfhau. Ond gellid dadlau, o'n persbectif ni, o leiaf, fod y deyrnged barhaus honno cystal â derbyn y gwerthoedd a gynrychiolwyd gan brif ddramodydd Lloegr yn rhan hanfodol o'r diwylliant a'r hunaniaeth Gymreig. Yn sicr, y mae'r defnydd a wnaethpwyd o Shakespeare gan Morien yn y ddadl am Gwmni Trefriw yn tystio i'r ffaith fod y ddyneiddiaeth Shakespearaidd yn medru gweithio fel gwrthbwys i werthoedd traddodiadol y diwylliant Anghydffurfiol ei hun. Yr hyn a'i trawodd ef yn fwyaf gwarthus yn ymddygiad dynion fel Dr John Hughes oedd y ffaith eu bod yn ceisio atal y Cymry rhag cyrraedd ucheldiroedd y diwylliant dyneiddiol a ymgorfforwyd yn nramâu'r *Bard*:

> It is with something of amusement young Wales will learn that the Cymmanfa of the Welsh Calvinistic Methodists . . . gravely passed a resolution condemning the reintroduction of the Cymric drama into Wales. Think of a few obscure individuals – well meaning, no doubt, but mistaken – on one side of the question and Shakespeare on the other! Think of an assemblage of ministers at this time of day gravely tabooing an art hallowed by that high priest of humanity, the Bard of Avon! Imagine a lot of prejudiced individuals condemning in a grave religious conclave, the exercise of one of the most interesting instincts implanted in the human soul![95]

Bu diddordeb cryf yng ngweithiau Shakespeare yn elfen gyffredin rhwng Beriah a dynion ifainc ardal Llanberis, a sefydlodd eu cwmni i berfformio ei ddrama. Barn Gwynfor oedd mai dylanwad Shakespeare ar y bobl hynny oedd yn gyfrifol am y gystadleuaeth am ddrama yn ei ddull ef. Rhoddwyd y wobr o ddeg punt a enillwyd gan Beriah yn Eisteddfod Llanberis, meddai Gwynfor, gan Tom Jones, 'Compton House', ond dychwelwyd yr arian iddo wedyn gan y cwmni a ffurfiwyd o blith aelodau'r pwyllgor drama. Y cwestiwn a gododd iddo ef o ganlyniad oedd, beth a barodd i'r pwyllgor hwnnw ofyn am ddrama yn null Shakespeare?

O holi, cefais wybod y trigai yn yr ardal yr adeg honno amryw o ddynion ieuanc deallus a darllengar, a bod cylchoedd ohonynt yn arfer cwrdd i drin a dadlau pynciau'r dydd a phynciau eraill yn y gweithdai, y siopau, a chabanau'r chwareli, a bod bri ar ddarllen llyfrau, megis Addysg Chambers, Y Gwyddoniadur a Gweithiau Shakespeare. Dywedwyd wrthyf gan un o'r cwmni mai Shakespeare oedd popeth ar un adeg; adroddid darnau maith o'i weithiau yn y gweithdy neu'r caban ar awr ginio ac oriau eraill. Tybed ai ffrwyth yr edmygedd hwn o brifardd y byd a barodd i'r pwyllgor ofyn am ddrama yn null Shakespeare?[96]

Dadleuodd E. G. Millward mai'r lle anrhydeddus a roddwyd i ddramâu Shakespeare gan y cwmnïau Saesneg a grwydrai Gymru yn y blynydd-oedd hynny a boblogeiddiodd y ddrama ymhlith y Cymry. Yn ddiau, y mae'r dadleuon cyfoes am y theatr yn awgrymu bod perfformiadau a welwyd ym mhrif theatrau trefi Lloegr yn oes y rheilffyrdd newydd yn ffactor pwysig yng nghefndir y Mudiad Drama. Ond ni phrawf hynny fod dylanwad Shakespeare ar y naill law, neu'r ddrama hanes ar y llall, yn esbonio datblygiad y Mudiad Drama o 1880 ymlaen. Os oedd Gwynfor yn iawn i ddweud bod yr edmygedd cyffredinol o Shakespeare yn cyflyru hogiau pwyllgor eisteddfodol Llanberis i ofyn am ddrama yn null ei ddramâu ef, nid yw hynny yn profi mai dylanwad Shakespeare ynddo'i hun a symbylodd eu dymuniad i gael drama 'i'w chwarae' a hynny, 'gyda golygfeydd priodol, gwisgoedd addas, a'r gofynion eraill sy'n angenrheidiol i lwyfannu drama'. Yr oedd diwylliant y gweithdai a'r cabanau chwareli yn ardal Llanberis tua 1880 fel y'i disgrifiodd yn eithaf tebyg i eiddo teilwriaid yr Wyddgrug, genhedlaeth cyn hynny, lle clywodd Daniel Owen ddarlleniadau o weithiau Dickens, Thackeray a George Eliot. Sylwn fod y diwylliant hwnnw'n naturiol Gymraeg ac eto'n ddwyieithog a bod gan y ddau grŵp duedd i efelychu yn eu hiaith gyntaf yr hyn yr oeddynt yn ei ddarganfod drwy gyfrwng yr ail. Y gwahaniaeth rhyngddynt yw'r ysfa i berfformio y mae Gwynfor yn sylwi arni ymhlith gweithwyr darllengar yr wythdegau. Yr ysfa honno a symbylodd y gystadleuaeth yr ymatebodd Beriah iddi, gan roi genedig-aeth i'r ddrama hanes.

Cyfeiriodd Gwynfor ar achlysur arall at yr effaith a gafodd perfform-iad o ddrama hanesyddol T. Gwynn Jones, *Dafydd ap Gruffydd* (1904) ar hogiau Caernarfon:

I recollect seeing two boys with wooden daggers imitating the combat between Bleddyn and Gruffydd (wherein Bleddyn overcomes Gruffydd) with the result that one of the lads was seen stretched in the mire hissing out the last sentence of the Drama – 'Bydded frad am frad ynteu'.[97]

Tystia hynny i'r ffaith fod yr arferiad o chwarae drama wedi ei hen sefydlu ymhlith y Cymry erbyn troad y ganrif a hefyd i'r ffaith fod perfformiadau o'r dramâu hanes wedi cyfrannu'n fawr at y broses honno. I brofi hynny nid oes eisiau ond sylwi ar yr argraff a wnaethpwyd gan y perfformiad cyntaf o *Llywelyn Ein Llyw Olaf* yn Sgiwen, Mawrth 1884.[98] Ar y llaw arall y mae'n amlwg nad dramâu Beriah nac ychwaith y ddrama hanes fel y cyfryw oedd prif gyfrwng y broses honno. Ar y cyfan yr oedd y dramâu hanesyddol yn amhosibl i'r grwpiau drama newydd oherwydd nifer y cymeriadau a'r newidiadau o ran lleoliad, heb sôn am gostau gwisgoedd a golygfeydd. Sylwn fod *Glyndŵr* wedi cyflwyno problemau i gwmni Llanberis, a orfodwyd, yn ôl O. Llew Owain, i adael pum golygfa gyflawn allan o'u cynhyrchiad hwythau.

Ganwyd y ddrama hanes y tu mewn i'r gorlan eisteddfodol a methodd erioed â thorri'n rhydd ohoni, er gwaethaf ymdrechion Beriah a'r croeso brwd a roddwyd iddo gan ddynion fel Lloyd George. '[Y] mae'r Eisteddfod Genedlaethol ers blynyddoedd bellach', meddai T. Gwynn Jones yn 1908, 'yn cynnig gwobr bron bob blwyddyn am ddrama, y rhan amlaf ar ryw destun o hanes Cymru . . . ond, hyd y gwn i, ni cheisiwyd eu chwareu hyd yma.' Y gwir yw fod y ffordd y datblygodd y Mudiad Drama yn y cyfnod a ddilynodd y perfformiad o *Glyndŵr* yn Llanberis yn tystio'n glir i'r ffaith fod rhamantiaeth ddelfrydiaethol Beriah yn bell o fod yn gydnaws â meddylfryd hogiau'r ddrama newydd. Anwadal ac ysbeidiol oedd y gweithgarwch yn y blynyddoedd cynnar. Hyd yn oed ar ôl ymddangosiad *Rhys Lewis* a'r addasiadau a wnaethpwyd gan gwmni Gwrtheyrn a Chwmni Trefriw, pan ddaeth yn hollol amlwg fod diddordeb enfawr yn y ddrama yn codi ym mhobman yng Nghymru, yr oedd y datblygiad yn anghyson. Ni fu'r cwmni a sefydlwyd yn Llanberis, er enghraifft, yn perffomio'n gyson ar hyd y cyfnod rhwng 1880 ac 1890. Fe'i adsefydlwyd deirgwaith yn y blynyddoedd hynny, y trydydd tro i gyflwyno addasiad o *Enoc Huws* gan chwarelwr ifanc a aeth ymlaen wedyn i gyfieithu *Tŷ Dol* Ibsen i'r Gymraeg.

Ceir cipolwg ar yr hyn oedd yn digwydd yn gyffredinol yn y cyfnod hwnnw o ganlyniad i ffrae a ddigwyddodd ymhlith aelodau o Gwmni Drama Glanogwen rywbryd yn ystod haf y flwyddyn 1887. Yn dilyn rhyw 'annealltwriaeth' ymhlith aelodau'r cwmni, ynglŷn â pherchnogaeth rhywfaint o setiau a brynwyd ar goel oddi wrth siopwr lleol, bu'n rhaid ymddangos yn llys mân-ddyledion Bangor ym mis Medi 1887. O ganlyniad cawn dystiolaeth eglur o'r modd y sefydlwyd y cwmni gan bymtheg o aelodau, 'i'r amcan o roddi allan wahanol chwareuaethau, yr elw i fynd er budd tlodion y gymdogaeth'.[99] Un o'r aelodau hyn oedd Thomas Evan Roberts, High Street, Bethesda, a hysbysodd ei gyfeillion ei fod wedi ysgrifennu drama Gymraeg o'r enw *Dy Nerth*. Y canlyniad fu, 'i'r cwmni ei chymeryd i'w pherfformio', er na ddigwyddodd hynny cyn iddynt gweryla ac i'r awdur gymryd deunydd y setiau iddo'i hun.

Fe dystia hanes y cwmni anffodus hwn i'r ffordd yr ymledai'r Mudiad Drama yng Nghymru o'r dechrau oll. Mudiad cymdeithas ddigymell ydoedd, yn hollol annibynnol ar unrhyw fudiad llenyddol. Os oedd 'hogiau drama' Llanberis yn weithwyr cymharol gyfyng eu hamgylchiadau, y mae'n bwysig sylwi mai perchentywyr parchus oedd aelodau Cwmni Glanogwen, yr oedd ysgolfeistr y pentref yn fodlon siarad drostynt yn y llys. Ni phetrusodd cyn derbyn cyfrifoldeb am y swm o saith bunt ar hugain a phedwar swllt ar ddeg, a hynny, y mae'n dra thebyg, oherwydd ei fod yn hyderus y byddai'r fenter yn talu'n dda. I dlodion y plwyf yr âi'r elw, fel arfer, ond byddai'n anodd credu mai amdanynt hwy y meddyliai Thomas Roberts, pan eisteddodd i gyfansoddi drama Gymraeg gyda'r bwriad o'i chyflwyno i'r cwmni i'w chwarae.

Byddai'n ddiddorol cael cip ar destun y ddrama honno, *Dy Nerth*, ond y peth pwysicaf amdani yn y cyd-destun hwn yw'r ffaith iddi gael ei chyfansoddi yn rhan o fwrlwm cymdeithasol a oedd yn codi'n ddigymell mewn trefi a phentrefi ar hyd y wlad yn y cyfnod hwnnw.

Erbyn 1894, pan alwodd O. M. Edwards o gadair Eisteddfod Genedlaethol Caernarfon am neilltuo un noson ar gyfer drama, 'a gyfleai i'r Cymry hanes eu gwlad, ac un a sugnai ei nerth o deimladau crefyddol Cymru',[100] yr oedd yr arferiad o gynnal perfformiad dramayddol wedi ei hen sefydlu yn y cymunedau Cymraeg. Ar ôl Cwmni Llanberis (1880), cafwyd Cwmni Barlwyd, Ffestiniog (1885) a Chwmni Trefriw (1886), heb sôn am berfformiadau grwpiau mewn sefydliadau addysgiadol, fel myfyrwyr Coleg Diwinyddol y Bala a berfformiodd addasiadau o nofelau Daniel Owen, drwy'r wythdegau. Sylwodd Gwynfor fod yna leihad yn y gweithgarwch ar ôl 1886: 'A few companies were formed, but after a short time, they ceased to exist, and it appeared as if the first enthusiasm for the movement was dwindling.'[101] Un rheswm am hynny, awgrymodd ef, oedd prinder dramâu newydd. Ar y dechrau yr oedd y cwmnïau newydd wedi gafael yn neunydd crai eu cyflwyniadau ble bynnag yr oedd modd dod o hyd iddo – ambell ddrama hanes, nofelau Daniel Owen, Gwilym Hiraethog, neu Mrs Henry Ward. Ond ymron o'r dechrau yr oedd gweithgarwch y cwmnïau yn symbylu cyw-ddramodwyr newydd o blith aelodau a chefnogwyr y grwpiau eu hunain.

Parhaodd hynny i fod yn nodwedd ar y mudiad drama ar hyd ei oes a pharhaodd ymdrechion y dramodwyr pentrefol hefyd i fod yn destun beirniadaeth lem a gwawd. Serch hynny, y pwynt pwysig yw fod y mudiad drama'n cynhyrchu'i ddeunydd ei hun o'r dyddiau cynnar. Yn y cyd-destun hwnnw gellir gweld mai dyn a gafodd ei gario gan y Mudiad Drama oedd Beriah. Yn fuan iawn datblygodd y mudiad newydd nerth digonol i symbylu ymateb creadigol gan ddynion iau na Beriah a dangosodd y gwaith a gynhyrchodd ganddynt naws ac ysbryd gwahanol iawn i eiddo'i ddramâu hanes ef.

Y ddrama newydd

Erbyn 1908 yr oedd T. Gwynn Jones yn gwrthgyferbynnu dramâu hanes a symbylwyd gan y cystadlaethau eisteddfodol â dramâu newydd ar sail bywyd beunyddiol Cymru'r oes honno y dymunai ef eu gweld ar lwyfannau pentrefi Cymru: 'Y peth a roddai y siawns orau i'r Ddrama lwyddo,' mynnai ef, 'a fyddai cael dramadau ar fywyd heddyw, wedi eu llunio fel y gellid eu chware heb gostau mawrion a chydag ychydig o gymeriadau.'[102] Pwysigrwydd y datganiad hwnnw yw'r ffaith ei fod yn cysylltu cyfansoddi drama â'r cysyniad o'i pherfformio – ac nid hynny'n unig, ond gyda'r syniad o'i pherfformio gan bobl ifainc gyffredin Cymru. Yr oedd hi'n dra phosibl, meddai T. Gwynn Jones, na fyddai'r bobl ifainc hynny'n medru cystadlu â chwaraewyr proffesiynol dinasoedd Lloegr, mwy nag yr oedd aelodau Cwmni Trefriw yn medru gwneud. Ond ni raid iddynt wneud hynny, ond yn hytrach gystadlu â '[Ph]ethau salaf y llwyfan Seisnig', sef cynnyrch y theatrau teithiol!

> Onid all dramadyddion Cymru ysgrifennu gwell pethau, ac onid all bechgyn a genethod y siopau eu chwarae o leiaf cystal ag y mae'r cwmnïau crwydr yn chware eu sothach, gwell iddynt roddi'r goreu iddi rhag blaen. Ond fe allant; ac yn sicr byddai eu cefnogi, yn hytrach na'u condemnio fel pe baet yn yr un dosbarth â llawer o'r cwmnïau crwydr Seisnig, yn wasanaeth i rinwedd a moes. A dyma'r olwg y mae llawer o wŷr da yn ei chymeryd ar y peth.[103]

Gyda'r geiriau hyn y mae'n amlwg fod y rhod wedi troi yn ymwybod y Cymry. Nid ymwrthod â theatr fel y cyfryw rhag ofn y byddai'n llygru moesau'r werin oedd bwriad T. Gwynn Jones, ond disodli theatr Seisnig gan theatr Gymraeg a ddathlai foesau'r werin honno.

Teimlai T. Gwynn Jones fod elfennau'r theatr Gymraeg honno'n graddol ddod at ei gilydd gyda chynyrchiadau dramâu fel *Y Bardd a'r Cerddor* a *Hirnos a Gwawr* a chyda gweithgareddau cyson myfyrwyr y Bala a Choleg Diwinyddol Aberystwyth. Rhaid cydnabod bod prinder testunau addas yn dal yn broblem i'r theatr newydd am rai blynydd-oedd. Diddorol yw sylwi ar hirhoedledd testunau fel *Ivor Pugh neu y Meddyg Llwyddiannus* gan Llwch Arian, a ymddangosodd gyntaf yn *Cyfaill yr Aelwyd* yn 1886.[104]

Ac eithrio *Llywelyn* Beriah, dyma'r unig un o'r 'chwareuaethau' a gyhoeddwyd yn *Cyfaill yr Aelwyd* a oedd yn addas i'w chwarae o gwbl ac fe'i chwaraewyd, felly, am flynyddoedd, er gwaethaf y ffaith ei bod yn gymysgfa ryfeddol o felodrama a hurtrwydd. Heblaw am y ffaith fod y ddrama yn fydryddol, y mae'n eithaf tebyg i gynnyrch cyffredin llwyfan y theatr boblogaidd yn Lloegr a'r theatrau crwydrol. Gosodir y gweithgarwch rywle yng Nghymru yn y flwyddyn 1798. Y prif gymeriad yw meddyg ifanc, sy'n gwella Nelly Wyn, merch bonheddwr lleol, ac yn cwympo mewn cariad â hi. Ymddengys ar y dechrau fod ei gariad yn ofer, er bod Nelly yn ymateb yn ffafriol iddo, oherwydd bod ei thad wedi ei haddo i ddyn ifanc arall, o'r enw Deiniol Owen. Ond cyn bo hir cyflwynir dyn ifanc arall, sy'n hawlio'r un enw, a menyw sy'n datgelu nad Deiniol Owen mo'r ymgeisydd am law Nelly, ond ei gŵr hi, sef Owen Meredydd, sydd hefyd yn bennaeth criw o ladron ysgeler sydd wedi bod yn weithgar yn yr ardal. Dan yr amgylchiadau nid oes gan dad Nelly wrthwynebiad bellach i'r briodas, ac y mae'n cyhoeddi i'r byd: 'Yn mhen tri mis, os byddwn byw, / Bydd Nelly Wynn yn Nelly Puw!' Ar ôl hynny nid oes dim yn weddill ond cyhoeddi priodas Susan Wood a Bill Turner, lladron diwygiedig, drwy gyfrwng dihareb Gymraeg: 'Gwir yw, well dau nag un' – a daw'r llen i lawr wrth iddynt gofleidio!

Gan ystyried bod *Dr Ivor Pugh* ymhlith y dramâu gwannaf sydd erioed wedi cyrraedd y llwyfan, y mae'n syndod o beth iddi gael ei chwarae mor aml yn ystod y degawd a hanner o 1885. Dyma'r ddrama gyntaf a berfformiwyd gan Gwmni Pwllheli y bu Gwynfor yn aelod blaengar ohono o 1892 ymlaen, ac fe'i ceir, hefyd, yn *repertoire* un o gwmnïau mwyaf gweithgar y Gogledd, sef Cwmni'r Ddraig Goch, a sefydlwyd ym Mhenmaenmawr yn 1897. Diddorol yw sylwi ar y dramâu eraill a gyflwynwyd gan y cwmni hwn, sef, addasiad o *Caban F'Ewythr Twm*, cyfieithiad o *East Lynne* a'r *Bardd a'r Cerddor* gan Elphin (Robert Arthur Griffith, 1860–1936).

Tystia'r rhestr honno i ddau beth, sef prinder y math o destunau y galwodd T. Gwynn Jones amdanynt, 'ar fywyd heddyw', a chryfder yr ysfa berfformiadol a symbylodd weithgarwch y cwmnïau a sefydlwyd gan Gymry ifainc ym mhob man drwy Gymru yn y cyfnod hwnnw. Oherwydd y cynhyrchwyd sawl un o'r dramâu newydd gogyfer â grwpiau lleol, cyn iddynt gael eu cyhoeddi, y mae'n anodd bod yn bendant wrth eu dyddio. Ond dyna wraidd eu pwysigrwydd, sef eu bod yn ganlyniad i ymdrech ar ran yr awduron – yn aml iawn yr un bobl a sefydlodd y grwpiau – i ymateb i ofynion y grwpiau hynny. Felly, er enghraifft, cyfansoddwyd dramâu J. Tywi Jones 'ar gais pobl ieuainc y Glais' ac ysgrifennodd y Parch. Robert Parry, Llanrug ar gyfer Cyfrinfa Temlwyr Da.

Yn y degawd rhwng 1895 a 1905 yr ysgrifennwyd y dramâu a sefydlodd batrwm yr hyn a alwyd gan Dafydd Glyn Jones 'yr hen ddrama'. Yn y cyd-destun hwn, fel y dadleuwyd uchod, gellir rhoi gormod o bwyslais ar yr addasiadau o *Rhys Lewis* a nofelau eraill Daniel Owen. Er pwysigrwydd y rheiny, nid oeddynt yn cynnig patrwm a efelychwyd gan awduron eraill. Gellir dweud rhywbeth tebyg hefyd am waith David Evans, Cilfynydd, *Jac y Bachgen Drwg* (1888) ac *Owen Llwyd y Bachgen Da* (1889), sy'n seiliedig ar egwyddor foeswersol nad oes a wnelo â'r math ar wrthdaro sy'n nodwedd o'r dramâu a gyfansoddwyd yn y nawdegau.

Ar wahân i *Hirnos a Gwawr* mae rhestr y dramâu hynny yn cynnwys:

Y Bardd a'r Cerddor, gan Elphin;

Aelwyd Angharad, gan Llew Tegid (Lewis David Jones, 1851–1928) a John Lloyd Williams (1854–1945);

Y Rhaff Deirgainc, neu Guto Medi Mechnar, ei dad a'i daid, gan Frederick Davies;

Stori'r Streic, gan Beriah Evans;

Helynt Hen Aelwyd neu Helbul Taid a Nain, gan Richard Williams, Manceinion (brawd J. Lloyd Williams);

Yr Hen a'r Newydd, neu Farn a'i Buchedd, gan Gwynfor;

Arthur Wyn y Bugail, gan Gwilym Rhug (W. E. Williams, Caernarfon – mab-yng-nghyfraith Beriah Evans).

Gwelir yn y dramâu hyn elfennau'r 'hen ddrama' yn dod at ei gilydd, er gwaethaf gwahaniaethau o ran adeiladwaith a phwyslais. Y mae'n debyg mai dymuniad i ddychanu digwyddiadau cysylltiedig â'r Eisteddfod Genedlaethol a symbylodd *Y Bardd a'r Cerddor*, ac nad oedd y gystadleuaeth rhwng John Handel Jones a'r Parchedig William Lloyd am law Gwenllian Pugh ond dyfais yn y bôn i gynnal y dychan hwnnw. Ni wna Elphin unrhyw ymdrech i ddramateiddio'r broses fewnol sy'n arwain at benderfyniad Gwenllian i ddewis y bardd rhagor na'r cerddor, ond nid achosodd hynny eiliad o siom i'r rheiny a berfformiodd ei ddrama, oherwydd cymerir y dewis yn ganiataol ar ei hyd . Y mae cywair cymdeithasol tra diddorol i'r gweithgarwch. Drama ddwyieithog yw hi, gyda'r cymeriadau sy'n ennyn cydymdeimlad y gynulleidfa – yn arbennig Gwenllian, sy'n ferch i fasnachwr sydd wedi ymddeol i fyw 'ar ei foddion' – ar y ffin rhwng y ddwy iaith a'r ddau ddiwylliant. Diddorol yw sylwi bod Elphin wedi gafael ar un elfen gyffredin i'r traddodiad, sef y gomedi sy'n codi o'r caru rhwng morwyn ddiserch Gwenllian, Mari, a Robin Roberts, y saer. Y maent hwy, gyda'r chwarelwyr sy'n trafod yr helynt eisteddfodol, yn cynrychioli un grŵp o gymeriadau, y mae eu Cymreictod a'u hagweddau a'u moesau gwerinol ymhlith eu prif nodweddion. Ceir grŵp arall o gymeriadau sy'n dueddol i siarad Saesneg, oherwydd eu bod yn rhannu snobyddiaeth a hunan-dyb, a hwn yn cynnwys John Handel Jones, yr ymgeisydd aflwyddiannus. Yn y trydydd grŵp ceir y prif gymeriadau, Gwenllian a William Lloyd, sy'n dod at ei gilydd yn rhinwedd y ffaith eu bod yn rhannu cyfuniad o ffyddlondeb tuag at yr hen foesau Cymreig a sensitifrwydd tuag at y perygl o blwyfoldeb ac eithafiaeth ddifesur sy'n codi mewn helyntion eisteddfodol yn rhy aml.

Y mae is-deitl *Aelwyd Angharad* yn dangos ei bod hefyd yn ymwneud â cherddoriaeth a'r pethau Cymreig, er o safbwynt gwahanol i *Y Bardd a'r Cerddor* – sef, 'Hwyrnos lawen Llwyngwern: chwaraegan, yn dangos dull ac arferion bywyd gwledig Cymru fu'. Yr aelwyd sy'n ganolog i'r ddrama yw eiddo'r Fodryb Angharad, Llwyngwern, sy'n ymhyfrydu yn yr hen draddodiadau Cymreig ac sy'n cynnal nosweithiau llawen lle y mae ei chydnabod yn cael cyfle i'w rhannu gyda hi. Y mae dwyieithrwydd yn ffactor o bwysigrwydd ar aelwyd Angharad, oherwydd y mae'r ychydig o dyndra dramataidd sy'n perthyn iddi'n codi rhwng y cymeriadau sy'n gwerthfawrogi'r diwylliant Cymreig a'r rheiny sydd wedi eu rhwystro rhag gwneud hynny gan eu snobyddiaeth Seisnigaidd. Fe ddechreua gyda chyfarfyddiad ar yr heol – o flaen y llenni, yn ôl y cyfarwyddiadau llwyfan – rhwng Mary Prydderch, Gaynor Pugh a Sioned Pry:

Sioned: How d'ye do, Gaynor? Sut y daru i chi *enjoyio'r* Party neithiwr, Mary?
Mary: Yn *first class;* 'n toedd o'n splendid, Janet?
Sioned: P'rai o'r *games* oedd gore gynnoch chi?
Mary: R own i'n leicio'r 'Proverbs' a 'What is my thought like?' . . .
Gaynor: A dyna'r chwareu gawsoch chwi, aië? Rhyw bethau crachfonheddig a hanner Seisnig fel yna! Yr oedd difyrion Nosweithiau Llawen yr Hen Gymry yn llawer gwell na'r rheina.
Sioned: Beth wydden' nhw, hen greaduriaid *ignorant* felly, am *parties a games.* Yntê, Mary?

Erbyn diwedd y chwareugan – prin y gellir ei galw'n ddrama – y mae Sioned wedi ei hargyhoeddi parthed gwerth y diwylliant Cymreig ac wedi derbyn gwahoddiad i ddod yn ôl oddi wrth Fodryb Angharad, ar yr amod ei bod hi'n dysgu siarad Cymraeg heb y geiriau mawr Saesneg. Oherwydd, medd y Fodryb: 'Os na fyddwn ni yn bur i'n hiaith a'n gwlad, beth feddylia cenhedloedd eraill o honom?'

Y mae canu'n elfen bwysig yn yr unig ddrama a ysgrifennodd Beriah Evans a oedd yn seiliedig ar sefyllfa gyfoes, sef *Stori'r Streic*, nid yn unig oherwydd bod un o'r prif gymeriadau'n cynnal cyngherddau crwydrol i godi arian at gronfa'r streic, ond am fod y streicwyr a holl drigolion y pentref yn torri allan i ganu ar unrhyw eiliad o dyndra neu argyfwng trwy gydol y ddrama. Fel Catrin Hiraethog, y mae Mavis y Fronfraith gystal cantores ag unrhyw Jenny Lind, ond y mae'r is-gymeriadau hefyd, fel y carwyr, John Hughes a Gwen, yn caru drwy gyfrwng caneuon ac y mae'r streicwyr, funudau ar ôl iddynt fygwth boddi *manager* y gweithiau, yn dangos eu gwir ddiniweidrwydd wrth ganu'r emyn, 'O Arglwydd Dduw Rhagluniaeth' yn y coed ar eu ffordd adref.

Yn y byd 'Cymreig' a gyflwynir yn *Stori'r Streic* cymerir yn ganiataol fod yna uniad perffaith rhwng Anghydffurfiaeth draddodiadol a'r diwylliant eisteddfodol newydd – yn y capel ac mewn cystadlaethau eisteddfodol y mae Mavis a'r gweithwyr wedi darganfod ac wedi hyfforddi'u lleisiau. Ond y mae yna elfen arall i'r cyfuniad cysyniadol sy'n sail i'r ddrama, sef yr ideoleg Ryddfrydol y dywed K. O. Morgan sydd yn cymryd yn ganiataol gytgord cymdeithasol: 'a co-operative ethic to unite middle-class enterprise and working-class solidarity, always infused by the democratic memories of the world of 1868'.[105] Os oedd sail i'r ideoleg hon yn y byd go iawn erioed, y mae'r hanesydd yn pwys-leisio ei bod yn prysur ddiflannu erbyn diwedd y nawdegau:

> The abolition of Mabon's Day after the six-months coal stoppage of 1889 . . . marked the end of an era in the coalfield in which the values of Welshness, of non-conformity, of class harmony and identification with the valley community would be rapidly eroded by new imperatives of class struggle and industrial conflict. Ethical priorities would be supplanted by economic, and Mabon's world brought crashing down.[106]

Serch hynny, y mae'r byd a gyflwynir yn nrama Beriah yn un y byddai Mabon yn gysurus iawn ynddo. Fel yn *Rhys Lewis*, y mae streic yma'n ganlyniad i ymyrraeth *manager* anghyfiawn ac anghymreig rhwng y gweithwyr a'r perchennog. Wedi'i gyflyru gan gelwyddau'r *manager*, sydd wedi'i ddisgrifio yn rhestr y cymeriadau fel 'tad y drwg', y mae Tom Wynn yn gwrthod gwrando ar gŵynion y dynion cyn iddynt ddychwelyd i'r gwaith ac yn gwahardd eu cynrychiolwyr rhag dychwelyd o gwbl. Dyna pam y mae'r streicwyr yn troi at Mavis, i godi arian i'w cronfa a'u galluogi felly i wrthsefyll yr anghyfiawnder. Tra bod Mavis i ffwrdd y mae Symonds yn gorfodi Mr Davies, cyflogwr gŵr Mavis, i'w ddiswyddo ac y mae eu babi yn marw. Gyda'i synhwyrau wedi'u drysu, deil Mavis i gredu bod y babi'n fyw. Yn ystod yr angladd clyw Tom Wynn am yr amgylchiadau a phenderfyna archwilio ymddygiad Symonds. Yn ystod y broses hon, daw tystiolaeth glir o ddrygioni Symonds i olau dydd, tynn ef lawddryll yn erbyn y tystion a chael ei lusgo i'r carchar gan yr heddlu sydd wedi bod yn aros yn yr esgyll. Ar ôl hynny geilw Wynn ar ei weithwyr, gan gynnig telerau teg iddynt ar yr amod y bydd yr hen Gruffydd Ellis, ymgorfforiad o'r ethig Anghydffurfiol, yn gweithredu fel *manager* o hynny ymlaen. Ond druan ohono, nid yw'n cael byw i dderbyn y cynnig, gan fod adferiad y cytgord cymdeithasol yn arwydd iddo ymadael â'r byd hwn, fel Simeon gynt:

> Gruffydd Ellis (*yn codi ei law at ei dalcen, yn siglo ar ei draed*).
>
> Mr Wynn (*yn neidio ato ac yn gosod ei fraich amdano a'i ddal rhag cwympo*): Gruffydd Ellis, beth sy'n bod?
>
> Gruffydd Ellis (*yn agor ei lygaid. Ei ben yn pwyso ar ysgwydd Mr Wynn. Yn codi ei law tua'r nef*): Yn awr . . . y gollyngi . . . dy was . . . mewn tangnefedd (*yn syrthio yn farw ym mreichiau Mr Wynn*).
>
> Mr Wynn: Mae Gruffydd Ellis wedi marw gyda bod y streic ar ben!

Wrth i'r llenni ddisgyn ar yr olygfa olaf hon, clywir lleisiau'r côr y tu ôl iddynt yn canu un o emynau cynharaf y Methodistiaid, 'Oll yn eu gynau gwynion . . . Yn dod i'r lan o'r bedd'.

Er mai yn *Stori'r Streic* y cawn yr enghraifft fwyaf amlwg o'r cyfuniad o syniadau sy'n sail i holl ddramâu'r cyfnod hwn, y mae drama Beriah yn annodweddiadol o ran cywair. Comedi yw'r cywair llywodraethol yn nrama'r nawdegau, er bod elfennau o felodrama yn ddigon cyffredin. Ac y mae'n anodd osgoi'r casgliad fod hynny oherwydd nad oedd neb a oedd ynghlwm â'r theatr newydd hon yn teimlo ei bod yn ymwneud ag unrhyw argyfwng. Y mae'n bur eironig, felly, fod y theatr sy'n tyfu y tu mewn i'r gymuned Gymraeg yn yr union gyfnod pan oedd seiliau'r byd hwnnw'n prysur ddadfeilio, yn dathlu trawsnewidiad didramgwydd o'r hen fyd Cymreig i'r byd dwyieithog newydd.

Dyna a geir yn un o ddramâu mwyaf poblogaidd y cyfnod, *Helynt Hen Aelwyd: neu Helbul Taid a Nain*, gan Richard Williams, drama a gyfansoddwyd rywbryd tua 1895. Symbyliad gweithgarwch y ddrama hon yw'r gwrthdrawiad rhwng yr hen bobl a'r ifainc, sy'n fwy trawiadol am fod y dramodydd wedi penderfynu diddymu'r genhedlaeth a fyddai wedi cyfryngu rhyngddynt. Y mae rhieni Marian ac Arthur, felly, wedi marw, gan adael iddynt gael eu magu gan eu taid a'u nain, Tomos Jones, amaethwr cyffredin, cul ei syniadau, a Mali ei wraig, sy'n meddu ar syniadau mwy goleuedig. Yr un yw ffynhonnell y gomedi yma ag yn *Helyntion Bywyd Hen Deiliwr* Hiraethog, lle'r adroddir hanes hen ŵr yr Hafod Uchaf sy'n dychryn wrth glywed am yfed te. Bwgan Tomos Jones yw arferion y bobl ifainc, ac yn arbennig eu cyfarfodydd canu. Y mae'r hen ŵr hefyd wedi cymryd yn erbyn Emrys, cariad Marian, oherwydd iddo gael yr argraff ei fod yn yfwr ac yn ffermwr anniben. Dyna brif sylwedd y ddrama, felly, sef cael yr hen ŵr i dderbyn Emrys yn ŵr i Marian a dysgu bod sol-ffa'n gyfrwng i'r bobl ifainc feistroli hen ganeuon y Cymry. Ar hyd y ffordd y mae Arthur hefyd yn cael newyddion da, oherwydd fod bonheddwr lleol, William Ffoulkes, wedi cynnig talu iddo fynd i'r ysgol ramadeg. Erbyn diwedd y ddrama, y mae Tomos Jones wedi ei argyhoeddi'n llwyr gan ganu Emrys nad yw'r byd newydd yn bygwth yr hen arferion Cymreig:

> Taid (Yn codi, gan daro ei ffon yn y llawr). Wel dỳn; reit dda'n wir . . .
> Mae'n dda gen i dy glywad di'n canu hen betha Cymreig, wel di. Cofia di,
> 'rwan, beth bynnag ydi'r ffasiwn newydd yma o ganu, paid ti ag anghofio
> petha gora yr hen Gymry, yn enwedig canu hefo'r tannau. Canwch y
> mhlant i, o waelod y'ch calon. Canwch yn y bore, canwch gyda'r nos,
> canwch nes bydd y gwartheg yn dawnsio wrth'u godro, a'r wedd yn
> gwehyru chwerthin wrth weithio, ac ar fachlud haul bywyd eich nain a fi,
> fel hyn, mi ddown i edrach am danoch chi, i gael 'panad o dê hefo chi, ac i
> fwynhau eich cân a'ch cwmni.

Yn Eisteddfod Genedlaethol Llundain, 1909, cynigiwyd gwobr am y tro cyntaf am ddrama fer a oedd yn disgrifio 'Bywyd Cymreig yr oes hon', a'r buddugol oedd Gwynfor, gyda *Yr Hen a'r Newydd, neu Farn a'i Buchedd*. Y beirniad oedd Elphin, a roddodd yn ei feirniadaeth ddiffiniad cryno o'r gwrthdaro a oedd yn sail nid i ddrama Gwynfor yn unig, ond i holl gynnyrch y Mudiad Drama yn y cyfnod cyntaf:

> Llwyddodd yr ymgeisydd hwn i roi disgrifiad digon tarawiadol o'r
> cyfnewid a welir ar fywyd meddyliol yng Nghymru, ar y naill law yr hen

ragfarnau yn caethiwo'r ysbryd a gorthrymu'r teimladau, ar y llall syched am wybodaeth ac ymchwil am y gwirionedd yn peri i'r plant wrthryfela yn erbyn eu tadau.[107]

Dyma'r gwrthdaro rhwng Calfiniaeth a Dyneiddiaeth sy'n datblygu'n ddramataidd yn y cyfnod nesaf, yng ngweithiau W. J. Gruffydd, J. O Francis, R. G. Berry a D. T. Davies, ond y mae ymhlyg yn y Mudiad Drama o'r dechrau. Gan ddweud hynny, rhaid cofnodi'r ffaith nad yw'r gwrthdaro a welir yn nramâu'r blynyddoedd cyn 1911 yn arwain at wrthryfel. Cymerir yn ganiataol yng ngweithiau Elphin, Richard Williams, Frederick Davies, ac ati, y bydd y cysylltiadau naturiol rhwng y cenedlaethau hen ac ifanc yn ddigon cryf i ganiatáu trawsnewidiad esmwyth. Y mae hynny'n wir hefyd am ddrama Gwynfor. Cynrychiolir yr hen fyd yn *Yr Hen a'r Newydd* gan yr hen ffermwr, Robert Lloyd, sy'n gwrthod derbyn y berthynas rhwng ei ferch ac Arthur Owen, athro ysgol, sydd newydd raddio'n B.A. a B.Sc. ac sy'n ymgeisydd am ddarlithyddiaeth brifysgol. Oherwydd bod Arthur wedi cyhoeddi nifer o erthyglau sy'n dadlau achos diwinyddiaeth fodernaidd, y mae Robert Lloyd yn ei wahardd rhag dod i'r tŷ ac yn ceisio perswadio'i ferch i dderbyn y Parchedig Osborn Edwards, sy'n cynllwynio yn erbyn Arthur. Daw uchafbwynt y gwrthdaro wrth i Edwards ddatgan bod yr eglwys wedi penderfynu diarddel Arthur, wrth iddo gyrraedd i gyhoeddi'r newyddion ei fod wedi ei benodi i'r swydd. Ceisia Robert Lloyd daflu Arthur allan o'r tŷ, ond wrth iddo godi ei ffon yn ei erbyn, dyma'r hen weinidog, William Williams, tad i ferch y mae Osborn wedi ei chanlyn o'r blaen, yn dod i mewn gyda newyddion sy'n newid meddwl yr hen ŵr yn gyfan gwbl:

> William Williams: Wel nid Arthur Owen yw yr un i'w gicio, Robart Lloyd, er fod yma un a haeddai hynny (*trydd at Edwards*), Osborn Edwards! (*Tyr i wylo. Pawb yn edrych yn syn.*) . . . Mi fûm hefo'r doctor, Robert Lloyd, ac mi ddeydodd y gwir wrthyf – (*distawrwydd*) . . . Arhoswch, Osborn Edwards! Y chi ddylai gael eich cicio allan o Eglwys a thŷ –
>
> Edwards: (*yn grynedig*)– Y fi, Mr Williams –
>
> William Williams: Y chi. Y chi. Dylasech fod wedi priodi fy merch i! (*Syrth mewn llewyg . . .*).

Dyna ddigon i argyhoeddi hen ŵr y Hendre nad oes a wnelo moesoldeb â diwinyddiaeth. Try at Arthur a gofyn maddeuant: '[H]wyrach mai ti sydd yn dy le; dwn i ddim . . . Rwyt ti yn ddyn, a deyd y lleia, ac yr ydw i yn teimlo ar y ngwaetha fod yn rhaid i mi ymddiried ynot ti.'

Ychydig a glywir am ferched Cymraeg yn beichiogi yng nghynnyrch y Mudiad Drama cyn nac ar ôl drama Gwynfor, ond o sawl safbwynt arall y mae'n nodweddiadol o gynnyrch yr holl gyfnod rhwng 1895 a 1925. Ar ôl 1910 y mae yna newid amlwg o ran naws a chyfeiriad y feirniadaeth gymdeithasol, mewn dramâu fel *Beddau'r Proffwydi, Change*, ac *Ephraim Harris*. Ar y llaw arall, y mae'r hen batrwm yn parhau, fwy neu lai heb ei newid, mewn dramâu fel *Trem yn Ôl* gan Gwynfor (1920), *Troion yr Yrfa* (1918), *Endaf y Gwladgarwr* (1912), a *Maesymeillion* (1918), D. J. Davies. Yn wir, sylwodd rhai sylwebyddion cyfoes fod yna fethiant i ddatblygu themâu sylfaenol y ddrama, hyd yn oed ar ôl y Rhyfel Mawr. Y gwir yw mai ychydig o ddatblygiad a fu yn theatr y Mudiad Drama ar hyd ei oes. Tra bod pob agwedd ar fywyd Cymru'n newid, tra bod seiliau cymdeithasol ac economeg y cymunedau a wasanaethwyd gan y theatr honno'n cael eu llwyr ddinistrio, parheid ag arferion a dathliadau a sefydlwyd cyn troad y ganrif. Wrth edrych ar y theatr a ddatblygwyd yn wythdegau a nawdegau'r bedwaredd ganrif ar bymtheg, gwelwn fod iddi swyddogaeth go bendant, fel dathliad o drawsnewidiad rhwng yr hen Gymru Galfinaidd a'r wlad newydd, hyderus yn rhinwedd addysg ddwyieithog a chynnydd cymdeithasol. Er nad oes amheuaeth na ddigwyddodd y trawsnewidiad hwnnw, nid y trawsnewidiad hanesyddol a gyflwynwyd yn y dramâu newydd. Gellid dadlau, a dweud y gwir, mai canlyniad i ddymuniad i beidio â thrin y trawsnewid fel proses – rhaid iddo fod yn broses fewnol ac yn un raddol – oedd y penderfyniad i greu'r theatr newydd yn y bôn. Gan mai gwrthdaro allanol a datrysiad sydyn a geir yn y ddrama a grëwyd yn y theatr honno a chomedi sentimental yn lle'r drasiedi gymdeithasol oedd yn digwydd yn y byd go iawn.

Nodiadau

1 'Saunders Lewis a thraddodiad y ddrama Gymraeg', *Llwyfan [:] Cylchgrawn Theatr Cymru*, Rhif 9, Gaeaf 1973, t. 1.
2 Yn ei lyfr arloesol, *Hanes y Ddrama yng Nghymru 1850–1943*, a gyhoeddwyd ar ran Cyngor yr Eisteddfod Genedlaethol yn 1948.
3 'Y Ddrama 1913–1936 (1)', *Barn*, Awst 1985, Rhif 271, t. 295.
4 'Gwir gychwyn y busnes drama 'ma', *Llwyfan[:] Cylchgrawn Theatr Cymru*, Rhif 8, Gwanwyn/Haf 1973, t. 5.
5 *Loc. cit.*, t. 3.
6 *Codi'r Llen* (1998), t. xiii.
7 Thomas Owen Jones (Gwynfor), 'Cychwyn y Ddrama yng Nghymru', *Western Mail*, 23 Awst, 1932, t. 9.

8 J. Kitchener Davies, 'Yr Eisteddfod a'r Ddrama', *Heddiw*, V, Rhif 4, Awst 1939, t. 170.

9 Ibid.

10 'Y Ddrama 1913–1936 (1)', *Barn*, Awst 1985, Rhif 271, t. 295.

11 K. Morgan, *Rebirth of a Nation: A History of Modern Wales* (Rhydychen, 2002); t. 94.

12 R. M. Jones, *Llên Cymru a Chrefydd[:]Diben y Llenor* (Abertawe: 1977), t. 499.

13 *Ffydd ac Argyfwng Cenedl [:] Hanes Crefydd yng Nghymru 1890–1914* (Abertawe, 1981), t. 18.

14 R. Tudur Jones, 'Rhyddiaith Grefyddol Y Bedwaredd Ganrif ar Bymtheg', *Y Traddodiad Rhyddiaith*, gol. G. Bowen (Caerdydd: 1970), t. 318.

15 *Ffydd ac Argyfwng Cenedl [:] Hanes Crefydd yng Nghymru 1890–1914*, t. 17.

16 Gwneir y pwynt hwn yn effeithiol gan E. G. Millward, sy'n dyfynnu datganiad Lewis Edwards mai ei ddiben blaenaf wrth drin *Faust* 'oedd rhoddi hanes Margaret o flaen merched Cymry'. Gweler 'O'r Llyfr i'r Llwyfan: Beriah Gwynfe Evans a'r Ddrama Gymraeg', *Ysgrifau Beirniadol*, gol. J. E. Caerwyn Williams, XLV, (1988), t. 205.

17 *Hegel's Aesthetics Lectures on Fine Art*, cyf. T. M. Knox (Rhydychen, 1998), II, 1159.

18 Yn y cyd-destun hwn diddorol yw sylwi ar dueddiad cyffredin dramodwyr i leoli gweithgarwch eu dramâu ryw genhedlaeth neu ddwy cyn y cyfnod cyfoes, er bod hynny'n aml yn arwain at elfen o anachronistiaeth. Gweler, er enghraifft, *Helynt Hen Aelwyd* gan Richard Williams; a *Beddau'r Proffwydi*, gan W J. Gruffydd.

19 Yn *Codi'r Llen* (Llandysul, 1998).

20 W. J. Griffith, 'Antur y Ddrama', yn *Storïau'r Henllys Fawr* (Llandysul, 1938), t. 72.

21 'Hen Ddramâu, Hen Lwyfannau', *Llwyfannau Lleol*, gol. H. W. Davies (Llandysul, 2000), t. 10.

22 'Saunders Lewis a thraddodiad y ddrama Gymraeg', *Llwyfan [:] Cylchgrawn Theatr Cymru*, Rhif 9, Gaeaf 1973, t. 5.

23 *A Memorandum on the Recent Drama Movement in North Wales*, wedi ei ysgrifennu ar wahoddiad Comisiwn ar yr Iaith Gymraeg, 1926.

24 Gweler O. Llew Owain, *Hanes y Ddrama yng Nghymru* (1948), 78.

25 Gweler isod.

26 'Saunders Lewis a thraddodiad y ddrama Gymraeg', t. 1.

27 Yr oedd Sam Noakes yn aelod o deulu o actorion a rheolwyr theatr a deithiai yn Ne Cymru drwy gydol y blynyddoedd hyn. Ei frawd ef, J. E. Noakes, perchennog theatr deithiol 'Y Seren' a beintiodd y golygfeydd gogyfer â'r perfformiad cyntaf o *Llywelyn ein Llyw Olaf* Beriah yn Sgiwen ym mis Mawrth 1884.

28 *Western Mail*, 13 Ebrill, 1881, t. 2.

29 *Tarian y Gweithwyr*, 21 Ebrill, 1881, t. 5.

30 *Loc. cit*, t. 4.

31 *Western Mail*, 27 Ebrill, 1881, t. 4.

32 *Tarian y Gweithwyr*, 5 Mai, 1881, t. 3.

33 *Tarian y Gweithwyr*, 2 Mehefin, 1881, t. 3.

34 *Tarian y Gweithwyr*, 14 Ebrill, 1881, t. 5.

[35] 'Saunders Lewis a thraddodiad y ddrama Gymraeg', *Llwyfan*, Rhif 9, Gaeaf 1973, t. 6.

[36] Gweler W. J. Griffith, 'Antur y Ddrama', *Storïau'r Henllys Fawr* (Dinbych: 1938), tt. 77–107. Dyfynnir yma o Dafydd Glyn Jones, 'Saunders Lewis a thraddodiad y ddrama Gymraeg', yn *Llwyfan* Rhif 9, Gaeaf 1973, t. 6.

[37] *Y Traethodydd*, VI, Hydref 1850, tt. 507–17.

[38] Dangosodd y cyfrifiad crefyddol a gynhaliwyd yn 1851 fod wyth deg y cant o addolwyr Cymru yn mynychu capeli Anghydffurfiol.

[39] Gweler ymdriniaeth Edward Matthews â hanes yr hen Galfin, Thomas Robert, a fyddai'n credu 'bod rhyw rinwedd anhraethol mewn hanner peint'. Er bod Thomas yn ormod o Galfin, meddai Matthews, i gredu bod cwrw'n medru estyn oes, eto i gyd, fe'i gwelai'n anodd iawn derbyn nad oedd y ddiod yn 'cynorthwyo dyn i ymlwybro trwy fyd anhawdd'. *George Heycock a'i Amserau* (Abertawe, d.d.), 85.

[40] R. M. Jones, *Llên Cymru a Chrefydd [:] Diben y Llenor* (Abertawe, 1977), t. 499.

[41] *Hunangofiant Rhys Lewis Gweinidog Bethel*, gol. E. G. Millward (Caerdydd, 1993), t. 59.

[42] *Loc. cit.*, t. 501.

[43] *Aelwyd F'Ewythr Robert: neu Hanes Caban f'Ewythr Tomos* (Dinbych, 1853), t. 497.

[44] *Cyfrinach yr Aelwyd*, Cyfres y Ceinion IV (Lerpwl, 1878), t. 51.

[45] Ibid.

[46] Mewn ysgrif goffa i Wrtheyrn a gyhoeddwyd yn *Y Seren a'r Chronicl*, 8 Chwefror, 1915, tadogwyd yr addasiad hwn arno ef, gydag addasiadau o'r *Dreflan* a *F'Ewythr Robert* (o *Aelwyd F'Ewythr Robert*, Hiraethog – gweler isod).

[47] 'Daniel Owen ar y Llwyfan', *Llên Cymru*, X (1968–9), 59–69 a 'Gwir gychwyn y busnes drama 'ma'. *Llwyfan* Rhif 8, Gwanwyn/Haf 1973, tt.5–8. Gweler hefyd, D. R. Davies, 'Dau Gwmni Drama a *Rhys Lewis*', *Y Llenor*, XXX (1951), 83–9.

[48] 'Hunangofiant Rhys Lewis', *Y Seren*, Chwefror 27, 1886, t.3.

[49] Ni ddywed Gwrandäwr ryw lawer am y cymeriad hwn, heblaw awgrymu ei fod wedi ei gyflwyno 'er mwyn gwneyd y lleill yn fwy effeithiol'. Ibid.

[50] *Seren y Bala*, 21 Chwefror, 1886.

[51] Cyhoeddwyd *Enoc Huws* yn *Y Cymro*, rhwng 22 Mai, 1890 a 4 Mehefin, 1891. Rhaid bod Daniel Owen yn ddigon hapus parthed addasiad Gwrtheyrn, oherwydd rhoddodd ganiatâd iddo droi at *Y Dreflan* y flwyddyn ganlynol. Rhoddwyd cyflwyniad i'r addasiad hwnnw yn Y Bala, 18 Chwefror, 1887 ac fe'i cofrestrwyd yn Llundain fel gwaith y nofelydd ei hun (26 Chwefror, 1887), fel ag i sicrhau'r hawlfraint iddo ef.

[52] 28 Gorffennaf, 1886, t. 5.

[53] Er enghraifft, bu'r cwmni yn y Guildhall, Caernarfon, 29 a 30 Tachwedd, 1886; Market Hall, Penygroes, 1 Rhagfyr; Neuadd y Dref, Caergybi, 22 Chwefror, 1887; Neuadd y Dref Llangefni, 24 Chwefror; Neuadd y Dref Llannerchymedd, 25 Chwefror; Assembly Rooms, Amlwch, 26 Chwefror; Neuadd Tywyn, Beaumaris, 28 Chwefror. Erbyn mis Ebrill 1887 roeddynt yn Lerpwl (Neuadd Hope, 20 a 21 Ebrill) ac yn Bootle (Bawnsfield Hall, 22 a 23 Ebrill). Gan ystyried hynny gellid disgwyl iddynt fod wedi derbyn yr un methiant ym Merthyr!

54 26 Mawrth, 1887, t. 4.

55 Gweler *Hanes y Ddrama Gymreig* (Bangor, 1915), tt. 7–13.

56 Yn ôl Ap Glaslyn cyfarwyddwyd y cwmni gan J. Bryn Roberts 'i drosglwyddo y copi ysgrifenedig i'r *Stationer's Hall'*. Ychwanegodd, 'Felly y gwnaed', ond ymddengys o'r gofrestr nad oedd hynny'n wir. Gweler T. J. Williams, *loc. cit.*, tt. 10–11.

57 Llythyr at John Thomas, 27 Great Darkgate St., Aberystwyth, dyddiedig 28 Chwefror, 1887. NLW MSS 3292E. Gan ystyried yr ymateb hwn, braidd yn eironig yw sylwi mai perfformiad gan Gwmni Trefriw oedd gan Mr Thomas mewn meddwl! Gweler *The Cambrian News and Welsh Farmers' Gazette*, 8 Ebrill, 1887, t. 8, lle'r adolygwyd perfformiad a roddwyd yn yr Assembly Rooms, nos Fawrth a nos Fercher o'r wythnos flaenorol. Cofrestrwyd *Y Dreflan* fel drama ar 26 Chwefror, 1887, yn enw Daniel Owen, er mai Griffith Roberts a wnaeth yr addasiad, a berffformiwyd gan fyfyrwyr y Coleg Diwinyddol, 18 Chwefror, 1887. Rhaid mai dyna'r perfformiad oedd gan Ap Glaslyn mewn golwg pan ddywedodd fod Cwmni Trefriw wedi darganfod ar ôl dychwelyd o'u taith i'r De, 'fod drama *Rhys Lewis* mewn bri a mawrhad *yn y Bala*, ac yn cael ei hyrwyddo yn mlaen mewn rhan gan rai o arweinwyr y *Cyfundeb Methodistaidd* yn y lle'. Llythyr at T. J. Williams, dyddiedig 17 Ebrill, 1914; gweler *Hanes y Ddrama Gymreig* (Bangor, 1915), t. 12.

58 26 Mawrth, 1887.

59 Cynhaliwyd Cyfarfod Misol Sir y Fflint yn Llannerchymor, Ebrill 4, 1887. Gweler adroddiad *Y Faner*, 20 Ebrill, 1887, t. 14. Cynhaliwyd Cymdeithasfa Corwen Ebrill 26, 27, 28. Gweler adroddiad *Y Goleuad*, 30 Ebrill, 1887, tt. 5–6 a Mai 7, tt. 6–7.

60 Gweler Owen Thomas, *Cofiant y Parchedig John Jones, Talsarn mewn cysylltiad â Hanes Duwinyddiaeth a Phregethu Cymru* (Wrecsam, 1874), tt. 257–8 a tt. 581–2.

61 Parthed y bêl-droed, gweler adroddiad *Y Drysorfa* o drafodaethau yng nghyfarfod y pregethwyr yng Nghorwen. 'Dywedid fod rhai pregethwyr tuag Arfon i'w gweled mewn *cricket* a *football matches*, nid yn unig fel edrychwyr, ond hefyd yn cymryd rhan yn y chwarae . . . [O]s oes yn Arfon, neu ryw le arall, bregethwyr . . . i'w gweld yng nghynnulliadau, neu mewn rhyw fodd yn gynnorthwy i'r "clybiau" llygredig sydd gan segurwyr ac oferwyr y wlad yn ein trefi a'n pentrefi, gellid yn ddibetrus ysgrifennu ICHABOD ar bulpudau y cyfryw ddynion.' *Y Drysorfa*, LVII (1887), Rhif 680, t. 230.

62 'The Cymmanfa at Corwen and the Welsh Drama. What the Ministers Said.', *Western Mail*, 13 Mai, 1887, t. 2.

63 Ibid, 'Calvinistic Ministers and the Welsh Drama. Important Proceedings at the Cymmanfa', *Western Mail*, 9 Mai, 1887, t. 2.

64 *Y Genedl Gymreig*, 24 Tachwedd, 1886, t. 4.

65 'Dinbych. Perfformiad o *Rhys Lewis*', *Y Goleuad*, 26 Mawrth, 1887, t. 11.

66 '*Rhys Lewis* yn Hope Hall, Liverpool', *Y Goleuad*, 30 Ebrill, 1887, t. 11.

67 Ibid.

68 Gwnaethpwyd y feirniadaeth hon gan awdur 'Nodion o Lerpwl' a ysgrifennodd ar anturiaethau Cwmni Trefriw yn Lerpwl. Bu'n feirniadol o'r cwmni am eu perfformiad a hefyd am ddefnyddio byrddau hysbysebu'r capeli i'w hysbysebu ond yr oedd ganddo ymholiad brathog iawn i'r lliaws o ddiaconiaid

yn y cynulliadau: 'Caniatewch i mi ofyn iddynt, a ydynt wedi ennill rhyw gymaint at eu dylanwad a'u defnyddioldeb i gyflawni eu dyletswyddau trwy roddi eu presenoldeb ynddynt[?]' *Y Goleuad*, 30 Ebrill, 1887, t. 9.

69 *Y Goleuad*, 30 Ebrill, 1887, t. 5.

70 Ibid.

71 'Cymdeithasfa Corwen, 7 Mai, 1887, t. 8: 'Ond y meddwl am wneyd *perfformio Rhys Lewis* yn fater i'r Gymdeithasfa! Yn sicr y mae yn rhaid fod gan rai o'n cyfeillion olygiadau hynod o isel am urddas y Sasiwn, onide ni fuasent byth yn meddwl am y fath beth.'

72 John Owen (Ap Glaslyn, 1857–1934). Bu'n aelod o gwmni Carl Rosa ac o gwmni Llanberis, yn adroddwr a chanwr enwog. Ef a gyfansoddodd y darn enwog, 'Ble'r aeth yr Amen?' Yn ôl D. R. Davies, bu Ap Glaslyn yn weinidog gyda'r Methodistiaid mewn sawl tref yn y de, cyn ymsefydlu fel bugail Moriah, Llanbradach.

73 *Y Drysorfa*, LVII (Mai 1887), t. 170.

74 'Y Perfformiad Diweddar o *Rhys Lewis* yn Ninbych', *Y Goleuad*, 21 Mai, 1887, t. 9.

75 Yn ôl y catalog, cafodd yr addasiad hwn ei argraffu gan M. Lawrence, Caerfyrddin, rywbryd ar ôl 1890. Nid ymddengys mai dyma sail cyflwyniadau Cwmni Trefriw, yn ôl y dystiolaeth a geir yn yr adolygiadau. Erys y posibilrwydd mai'r un yw ag addasiad Gwrtheyrn, ond ar hyn o bryd y mae'n amhosibl dweud nad y fersiwn hwnnw oedd testun Trefriw!

76 'Saunders Lewis a thraddodiad y ddrama Gymraeg', *Llwyfan*, Rhif 9, Gaeaf 1973, t. 3.

77 Rhagair i *Ddrama Rhys Lewis* (Wrecsam, 1909).

78 'Rhys Lewis', *Y Genedl Gymreig*, 31 Mawrth, 1886, t. 7.

79 Ibid., t. 4.

80 O'r safbwynt Calfinaidd, 'drwg diobaith' oedd unrhyw galon ddynol nad oedd wedi ei meddalu gan effeithiau iachusol Gras. Ymddengys mai swyddogaeth wreiddiol Wil yn *Rhys Lewis* oedd amlygu'r ddysgeidiaeth honno ond bod yr awdur wedi newid ei feddwl amdano, gan ganiatáu iddo ddianc rhag ei dynged. Erbyn iddo ysgrifennu *Enoc Huws* yr oedd gafael y ddysgeidiaeth Galfinaidd arno wedi ei llacio, gan adael Wil yn rhydd i amlygu rhinwedd y ddynol natur yn ddidramgwydd. Ond wrth iddynt newid swyddogaeth Wil yn eu haddasiadau, dangosodd Gwrtheyrn a J. M. Edwards, eu bod yn ansensitif i bwysigrwydd y ddysgeidiaeth Galfinaidd yn y nofel.

81 'Y Ddrama 1913–1936 (1)', *Barn*, Rhif 271, Awst 1985, t. 264.

82 *Y Beirniad*, I (1911), tt. 214–17.

83 Ibid., t. 217.

84 Gweler O. Llew Owain, *loc. cit.*, t. 44.

85 *Cyfaill yr Aelwyd*, II (1882), t. 28.

86 *Cyfaill yr Aelwyd* VI (1886), t. 112.

87 *Loc. cit.*, t. 147.

88 Cyhoeddwyd y llyfr ar Lloyd George yn Saesneg gyntaf (heb ddyddiad) ac yna mewn fersiwn Cymraeg (1919).

89 'O'r Llyfr i'r Llwyfan: Beriah Gwynfe Evans a'r Ddrama Gymraeg', *Ysgrifau Beirniadol*, XIV, gol. J. E. Caerwyn Williams (1988), 218.

90 Hynny yw, yn *Papers for Thinking Welshmen* (1907). Gweler Millward, *loc. cit.*

[91] *Loc. cit.*, 219.
[92] Dyna Eisteddfod Deheubarth Cymru, a gynhaliwyd ym Mharc Cathau, Medi 3–4, 1879. Ni fu'r gystadleuaeth, a gynigiwyd gan y *Western Mail*, yn rhan o raglen swyddogol yr Eisteddfod. Gofynwyd am 'Prize Stories' yn Saesneg, gyda gwobr gyntaf o £25 a medal aur. Llew Llwyfo oedd y beirniad a rhoddodd y wobr i Beriah a gyflwynodd *Bronwen: A Historical Tale of Owen Glyndwr*, dan y ffugenw A. Vychan. Yn ôl y beirniad roedd stori Beriah yn gampwaith: 'It is an approach to Sir Walter Scott's historical romances and the publication of it will amply repay the enterprising givers of the prize. It is almost incredible that such a lengthy, artistic romance could have been so carefully and beautifully written in such a short time. Gweler *Western Mail*, 5 Medi 1879, .t. 3.
[93] *Chwaraeu-gan Owain Glyndwr*, V, 2.
[94] *Loc. cit.*, tt. 204–5.
[95] *Western Mail*, 9 Mai, 1887, t. 2.
[96] 'Cychwyn y Ddrama yng Nghymru', *South Wales News*, 23 Awst, 1932, t. 9.
[97] *A Memorandum on the Recent Drama Movement in North Wales*, t. 2.
[98] Gan ddweud hynny, rhaid sylwi bod Beriah ei hun yn gyfrifol am y rhan fwyaf o'r sylwebaeth ffafriol a ymddangosodd yn y wasg. Gweler, e.e., 'Llywelyn Ein Llyw Olaf. Y Perfformiad Cyhoeddus Cyntaf', *Cyfaill yr Aelwyd*, IV (1884), tt. 188–90.
[99] *Y Genedl Gymreig*, 21 Medi, 1887, t. 5.
[100] Gwnaethpwyd sylwadau O. M. Edwards mewn araith a roddodd fel Cadeirydd mewn cyngerdd yn Eisteddfod Genedlaethol Caernarfon, 11 Gorffennaf, 1894. Gweler *Cofnodion a Chyfansoddiadau Eisteddfod Genedlaethol Caernarfon*, gol. E. Vincent Evans (Lerpwl, 1895), tt. xxxi–ii
[101] *A Memorandum*, t. 2.
[102] 'Cipdrem ar Hanes y Cyfnodolion Cymraeg yn ystod y Chwarter Canrif Diweddaf', *Y Geninen: Cylchgrawn Cenedlaethol*, Cyf. XXVI, Rhif 1, Ionawr 1908, t. 13.
[103] Ibid, tt. 13–14.
[104] *Cyfaill yr Aelwyd*, VI (1886).
[105] *Rebirth of a Nation*, t. 53.
[106] Ibid., t. 73.
[107] *Cofnodion a Chyfansoddiadau buddugol Eisteddfod Llundain*, 1909, gol. E. Vincent Evans (Llundain: 1910). Rhan II, t. 108.

2

1911–1922

Erbyn diwedd degawd cyntaf y ganrif newydd yr oedd yn amlwg i
bawb fod y Mudiad Drama wedi cydio yng Nghymru. Yn ôl 'Glan y
Gors', a ysgrifennai yn *Y Darian* yn 1913, yr oedd yr ysfa i berfformio
drama yn gyffredin ar hyd y wlad:

> Ceir ugeiniau o gwmnïau ar hyd a lled Cymru yn chwarae dramodau i
> bortreadu rhyw ffurf ar feddwl a chymeriad y genedl . . . Gyda brwd-
> frydedd y Cymro mae argoelion i'r mudiad ddyfod yn llewyrchus, a
> dweyd y lleiaf, ac hawlio sylw a pharch y werin Gymreig.[1]

Yn awyrgylch optimistaidd y blynyddoedd cyn i'r Rhyfel dorri allan
ym mis Awst 1914, tueddai sylwebyddion i gysylltu'r llwyddiant
ysgubol hwn â'r ddyneiddiaeth newydd a oedd erbyn hynny yn
effeithio ar bob agwedd ar fywyd y Cymry. 'Thanks to the widened
outlook of the last three decades (and no discerning mind is mistaken as
to its future meaning)', meddai D. Edwin Davies yn *Wales*, 'Wales is on the
mental threshold of a new continent of promise and achievment.'[2] Wrth
ysgrifennu yn yr un cylchgrawn yn 1913 cytunodd W. A. Humphreys
fod ysbryd newydd ar gerdded yn y wlad, ysbryd a ystyriai yn ganlyn-
iad i'r mudiad addysg:

> Since the day when, with the sweeping enthusiasm of the Celt, Wales
> instituted her University and her County Schools, her interests are
> gradually becoming wider and her ideals broader. Philosophy, literature,
> and politics now lay claim to the attention of her sons, and their claims do
> not pass unheeded. The old school, though it realised its impotence,
> regarded this secularisation of the public taste with an air of suspicion and
> disapproval. There was some outcry, some fierce denunciation at times;

but the new generation, reinforced year by year from the University and the secondary schools, is making steady headway. And its triumph is to be welcomed, not deplored, for, surely, a broader outlook on life is not going to make us a nation of sceptics. We realise as we scarcely did before that religion and theology are fundamentally different things, and as widely apart as the north is from the south. They are not so closely related nor so interdependent on one another as we were inclined to believe. Theology we have at last relegated to its proper place among the sciences.[3]

Nid anghofiai neb yn y cyfnod hwn y ddadl a gyflwynodd Lloyd George am y tro cyntaf o lwyfan Eisteddfod Genedlaethol Caernarfon yn 1894, sef bod angen datblygu drama a fyddai'n gyfrwng i fywyd llawn cenedl y Cymry. Cymerwyd yn ganiataol gan lawer y byddai'r ddrama genedlaethol newydd hon, fel mynegiant o athroniaeth y genhedlaeth addysgiedig newydd, yn ddrama feirniadol – beirniadol, hynny yw, o ragrith a hunanfodlonrwydd yr hen Gymru sych-grefyddol. Felly J. O. Francis, un o'r blaenaf ymhlith y dynion newydd, a ddisgwyliai am ddrama genedlaethol newydd a fyddai'n edrych yn hyderus tuag at ddyfodol newydd i'r wlad:

> It is interesting to inquire whence this sudden enthusiasm for drama has arisen. In the first place, there is a real impulse of Nationalism in the blood of the rising generation, and Nationalism has always been a driving force in drama . . . In the second place, young Welshmen have been nurtured in a system of popular education, which, in spite of many defects, has given them something of the culture to whose fulness later generations may attain. From this new culture arises, or should arise, a new perspective, in which young Wales may set itself in new proportions against the background of the world. Its nationalism, therefore, must be something better than mere self-satisfaction. It will not be content to stand before perspiring multitudes in the fond hope that, because it shouts 'Cymru am byth', Wales will of necessity live for ever. The nature of the origins of this young Nationalism makes it critical. It is doubtful of the function of the drum in the nation's destiny. It reverences the best in all that has gone before, but it will not forge the past into shackles to impede the present. It is working out its own valuations, and, if it is true to itself, must judge by different standards from those which justly expressed the temper of a time of different ideals.[4]

Erbyn hyn y mae'n amhosibl peidio â sylwi ar freuder seiliau'r feirniadaeth yr oedd Francis mor hyderus yn ei chylch. Rhaid cofio mai Williams Brynsiencyn, prif swyddog recriwtio'r fyddin Brydeinig yng Nghymru a safodd wrth ochr Lloyd George a Llywelyn Williams i groesawu'r ddrama genedlaethol i Gaerdydd bedwar mis cyn i'r rhyfel

dorri allan. Fe ddarganfuwyd yn gyflym ar ôl y rhyfel nad oedd athron-
iaeth y genhedlaeth newydd yn offeryn digonol i ddadansoddi problemau'r
byd newydd. Y gwir yw fod gynnau mawrion y beirniaid newydd yn
wynebu tua'r gorffennol yn hytrach na'r dyfodol. Cynnyrch oedd i fudiad
na fu ganddo erioed y gallu i esgor ar ddrama genedlaethol.

Serch hynny, ar y pryd yr oedd yr addewid yn ymddangos yn un y
gellid adeiladu arno. Dyna oedd sail gobeithion Howard de Walden,
Owen Roscomyl a'r bwrdeiswyr pwyllog a lanwai'r pwyllgorau a groes-
awodd y Theatr Genedlaethol i drefi a dinasoedd de Cymru cyn ac ar ôl
y Rhyfel Mawr. Er gwaethaf dadl Francis fod cysylltiad hanfodol rhwng
cenedlaetholdeb a drama – cysylltiad yr oedd eraill yn awyddus i wadu
ei fodolaeth – y mae'n hawdd dadlau nad oedd cysylltiad hanfodol rhwng
y ddrama newydd a'r mudiad i sefydlu Theatr Genedlaethol.

Y gwir yw fod gweithgarwch prysur y cyfnod rhwng 1911 a 1922 yn
llawer mwy cymhleth nag yr oedd yn ymddangos ar y pryd. Tueddai
sylwebyddion cyfoes i ddehongli digwyddiadau'r cyfnod cyn Awst 1914
fel tystiolaeth i ddatblygiad cryf a chyson mudiad drama cenedlaethol.
Y gred gyffredin y pryd hwnnw oedd fod y ddrama yng Nghymru wedi
cydio yn nychymyg y werin bobl, wedi torri'n rhydd o hualau rhagfarn
grefyddol ac yn prysur gynhyrchu corff o waith a fyddai'n bwydo enaid
y genedl gyfan drwy gyfrwng Theatr Genedlaethol broffesiynol. Y dystiol-
aeth y seilid y gred honno arni oedd ymddangosiad cyd-ddigwydd-
iadol *Beddau'r Proffwydi* (1913) a gweithiau J. O. Francis, D. T. Davies ac
R. G. Berry, a enillodd y gwobrau a gynigwyd gan yr Arglwydd Howard
de Walden yn 1912 a 1913. Ymddangosai y dramâu hyn ar y pryd fel
dilyniant naturiol i weithgarwch y cyfnod cynt ac fe'u croesawyd fel
deunydd crai mudiad y Theatr Genedlaethol a oedd yn dod at ei gilydd
i fodloni uchelgais bwrdeiswyr a gwleidyddion Rhyddfrydol.

Yna daeth y Rhyfel Mawr, a oedd o safbwynt y Mudiad Drama mor
ymddangosiadol ddibwys! Y disgwyliad cyffredin yn 1918–19, wrth i'r
dynion ifainc ddychwelyd, oedd y gallent ailafael yn y dasg o adeiladu'r
theatr newydd yn yr union le y'i gadawyd yn 1914. A gellid maddau i
sylwebyddion cyfoes am gymryd sefydlu Gŵyl Ddrama Abertawe yn
1919 fel rhan o'r ymgyrch gyffredinol i godi safonau perfformiadol fel
datblygiad naturiol o weithgarwch y blynyddoedd cynt. Felly hefyd
ymgyrch Cymmrodorion Caerdydd, yn 1921–2, y gellid ei dehongli fel
datblygiad ar ymgyrch wreiddiol de Walden saith mlynedd cyn hynny.

Ond erbyn 1922 yr oedd seiliau'r dehongliad hwnnw yn dechrau
gwegian. Yn y lle cyntaf ni welwyd y cynnyrch cyson y gellid bod wedi
ei ddisgwyl oddi wrth y dramodwyr newydd. Methodd J. O. Francis,

R. G. Berry a D. T. Davies ag addasu nac ymestyn i amgylchiadau'r byd newydd a groesawyd ar ôl y rhyfel. Parhaodd yr ymgyrch i godi safonau actio a chynhyrchu a oedd ynghlwm wrth ymgyrch de Walden cyn y Rhyfel, wrth i D. T. Davies, Saunders Lewis a Kate Roberts ymdrechu i osod canllawiau celfyddydol i'r mudiad. Ond bu gwrthymateb chwyrn i'r ymgyrch esthetig honno, a ddangosodd fod ffrydiau gwahanol y tu mewn i'r mudiad, heb fod dolennau cyswllt parhaol rhyngddynt. Methiant fu Theatr Genedlaethol y Cymmrodorion yn 1922 a dangosodd y methiant hwnnw nad oedd modd rhwymo'r elfennau a'r pleidiau gwahanol at ei gilydd mewn mudiad a chanddo achos cyffredin.

Y prif reswm dros gymryd y flwyddyn 1922 fel diwedd cyfnod yn hanes y mudiad drama yw'r ffaith mai yn y flwyddyn honno y cefnodd Saunders Lewis ar yr ymgyrch i greu theatr yng Nghymru, gan honni na fyddai theatr o safon yn bosibl cyn i Gymru ennill hunanlywodraeth, honiad a arweiniodd at dorri'r gynghrair rhyngddo a D. T. Davies. Yr oedd y naill wedi ymgyrchu i agor maes y ddrama Gymraeg i ddylanwadau deallusol rhyngwladol tra oedd y llall wedi ymdrechu i greu drama ddeallusol, syniadaethol ar sail gwaith dramodwyr newydd y cyfnod cyn y Rhyfel. Gyda hynny gadawyd cynrychiolwyr plaid arall ym meddiant y maes, dynion y gallent hawlio eu bod yn berchen ar y mudiad drama gwerinol, y mudiad drama go iawn. Saif J. Tywi Jones, golygydd *Y Darian* fel prif amddiffynnydd y mudiad hwn, yn erbyn estheteg a ystyriai ef yn estron i Gymru ac a fygythiai amharu ar ei hamcanion go iawn.

Y Gynnen Grefyddol

Ni ddiflannodd y gwrthwynebiad i'r theatr ar sail crefydd a moesoldeb, er bod O. M. Edwards a Williams Brynsiencyn wedi siarad o'i phlaid, ond newidiodd naws y ddadl yn sylfaenol erbyn 1910. Parhaodd ceidwadwyr crefyddol i fynegi beirniadaeth o'r theatr fel sefydliad ar egwyddorion tebyg iawn i'r hyn a ddadleuwyd yn erbyn y sinemâu newydd a oedd yn ymledu ar draws y cymoedd. Ond erbyn 1910 yr oedd cefnogaeth i'r ddrama Gymraeg yn arf yn nwylo'r eglwysi yn erbyn y byd yn gyffredinol. Cyfeiriodd y Parch. J. Tywi Jones, er enghraifft, yng Ngorffennaf 1914, at bregeth gan y Parch W. Morris, Treorci, a fynegodd y ddadl gyffredin fod mynychu'r theatr yn difetha'r pleser a gâi pobl ifainc ym moddion gras a'i bod yn llygru'u moesau. Ymatebodd golygydd *Y Darian* i'r dadleuon hyn yn llawn hyder fel Cristion ac fel bugail Ymneilltuol, gan apelio at brofiad pobl ifainc ei eglwys ef ei hun:

Nid oedd fy mhobl ieuainc i fwy na mi fy hun pan yn ieuanc yn gwahaniaethu rhwng y gwych ac y gwael ar y llwyfan. Gwyddent hwy fod y rhan fwyaf o fynychwyr y chwaraedy yn mynd i weled pob math o chwarae, nid er mwyn derbyn argraffiadau da, ond, a sylwch ar hyn, Syr, i wledda ar yr awgrymiadau o anfoesoldeb a welid ar y llwyfan. Tystient fod llawer yn ymbleseru pan welent, neu pan glywent rywbeth a awgrymai aflendid. Nid oedd y rhai hynny yn blino ar siarad am bethau felly ar ôl eu gweled. Ac yn awr, yr wyf gyda phob difrifwch, ac mewn llawn ystyriaeth o'm cyfrifoldeb yn gwneud y gosodiad hwn: **Mai yr eglwysi sydd yn gyfrifol am feithrin mewn pobl ieuainc chwaeth at yr aflan a'r amhûr.** Cofier nid wyf yn awgrymu fod pob eglwys yn llygredig, nac fod unrhyw eglwys yn swyddogol yn dysgu aflendid . . . Digon yw dweyd yn awr fod crefyddwyr Cymru wedi paratoi eu plant i ymbleseru ym mhethau gwaelaf, aflanaf, y llwyfan Seisnig, a gallaf brofi hynny i'r carn. O ran hynny nid oes eisiau i unrhyw un ystyriol ond agor ei lygaid, ac y mae'r trychineb ofnadwy yn hylldremio i'w wyneb.[5]

Wrth gyfeirio at amgylchiadau'r byd cyfoes, nad oedd modd i'r capeli ymneilltuol eu cau allan o gwbl, gyda sinemâu ar gornel pob stryd, yr oedd y dramodydd yn medru troi dadleuon y gwrthwynebwyr yn eu herbyn. Ategwyd ei ddadl gan sawl sylwebydd cyfoes, na ellid eu cynnwys yn yr un blaid weinidogaethol â golygydd *Y Darian*. Dyna J. D. Williams, er enghraifft, golygydd y *Cambrian Daily Leader*, a rybuddiodd bobl yr eglwysi rhag byw mewn paradwys ffŵl:

> We have to recognise facts. And the first is that the theatre has entered into Welsh life, that it cannot be banished out of it. Not only the towns have acquired the theatre habit. There is no centre of any pretensions in South Wales without its permanent theatre, or without visits from a travelling booth. It is the class of dramatic fare provided at these which makes many of us eager for a new dramatic standard – for a Welsh national drama. We are deadly tired of the stupid musical revue, of sex plays, of sensational melo-drama. We believe that Wales should have something better, that the theatre is prostituted by much that occupies the stage today . . . We want to make it respectable – not a place in competition with the pulpit (for that it can never be) but a place in which the youth and age of Wales can see portrayed in dramatic form those forces which are working silently throughout the country.[6]

Os oedd diwylliant Seisnig, masnachol yn ennill tir fesul diwrnod ar hyd a lled de Cymru, onid mewn diwylliant Cymraeg ac mewn drama Gymraeg y ceid yr unig amddiffyniad yn ei erbyn?

Hyd at y Rhyfel o leiaf clywyd llais croch ambell hen geidwadwr crefyddol. Ceir enghreifftiau godidog yn y *Cambrian Daily Leader* ym

Mehefin 1914, o ganlyniad i gyfarfod o fyddigions Abertawe a drefnwyd gan y dirprwy faer, Mr Aeron Thomas, i groesawu Cwmni Cenedlaethol de Walden i'r dref. Cododd yn gyntaf 'Patriotic Welshman' i faentumio, 'No useful purpose can be served by the Welsh drama in the future life of the nation'.[7] Ar ei ôl ef daeth 'Unpatriotic Welshman' i ddadlau nad oedd drama namyn 'Relic of an uncivilised past'.[8] Yna fe gododd 'Real Welshman' ei lais i amddiffyn y ddrama yn erbyn y gwrthwynebwyr hyn,[9] ond yn y cyfamser fe aeth y dathliadau swyddogol yn eu blaen – gyda disgrifiadau manwl iawn yn y papurau Cymraeg a Saesneg o wisgoedd y boneddigesau a wnaeth ymgynnull i glywed areithiau Mr Granville Barker a'r Arglwydd Howard de Walden.

Mewn perthynas â chrefydd, yr oedd gwahaniaeth sylfaenol rhwng diwedd y bedwaredd ganrif ar bymtheg a dechrau'r ugeinfed. Erbyn 1910 yr oedd dynion fel J. Tywi Jones yn medru dadlau mai y tu mewn i brif ffrwd y gymuned Ymneilltuol yr oeddynt yn amddiffyn drama Gymraeg a theatr Gymraeg, yn hytrach nag fel grŵp lleiafrifol, cymharol ymylol. Serch hynny, parhai anghytundeb y tu mewn i'r gymuned fwyafrifol honno ynglŷn â'r ffordd y porteadwyd crefydd yn y Gymru oedd ohoni. Y pwnc dadleuol oedd, i ba raddau y gellid ymosod ar ragrith, hunan-oldeb a phechadurusrwydd y tu mewn i'r eglwysi heb fod yn euog o ddibrisio crefydd Ymneilltuol yn gyfan gwbl. Gan ystyried yr ymosodiad yn *Beddau'r Proffwydi* ar ragrith y blaenoriaid sy'n pleidleisio dros ddiarddel Emrys, nid yw'n fawr o syndod fod rhai sylwebyddion cyfoes yn anghysurus. Fe fynegwyd hynny hyd yn oed yn *The Welsh Outlook*, cylchgrawn a ymladdodd yn ddewr dros achos y ddrama Gymraeg a Theatr Gymraeg Genedlaethol drwy gydol y cyfnod rhwng 1913 a 1922. Ar ôl canmol W. J. Gruffydd am ei gyfraniad at adeiladu'r ddrama gened-laethol, dywed E.E.:

There still remains the question of the attitude which the Welsh dramatist is going to take up towards many of the institutions of the country. In this connection it should be remembered that the Welsh Drama is at present in its infancy, and there will be more likelihood of sturdy growth on its part if it appeals to the sympathy of all classes. This it will not do, if institutions which have played a great part in the life of the country are subjected to crude and unsympathetic attack. The dramatist may, and probably must use his work as the medium of protest against things which he abhors, but the Welsh dramatist of the future will have a better chance of being able to do so if the dramatist of today introduces a certain element of moderation into his protest. The dramatist is undoubtedly entitled to use his plays as a protest, but the public is entitled to ask that the protest shall be against fact, not fancy. He may, if he will, make his protest through the medium of caricature, but he should not base his protest upon caricature. These remarks are not perhaps strictly relevant to a review of *Beddau'r Proffwydi* which contains nothing of an unfair or offensive character, but one cannot help feeling that Mr Gruffydd has allowed his portraits of one set of Deacons to be lacking in faithfulness in order that they may be made the objects of his satire. There is the less justification for this in that there is ample material for the dramatic element in a contract between the past and the present – and still more the future – even of the 'Sêt Fawr' which shall be based on truer and more faithful portraits than some of those given us in *Beddau'r Proffwydi*.[10]

Y mae yna elfen o anghysondeb yn y datganiad hwn, gan fod ei awdur yn mynnu mynegi beirniadaeth y mae'n cyfaddef ei hun nad yw'n berthnasol i'r testun. Ceir yr un anghysondeb trwy gydol y dadleuon, yn arbennig yn y cyfraniadau pwysig a wnaethpwyd gan J. Tywi Jones yn ei ddadansoddiadau o *Change* a *Ble Ma Fa?* a *The Poacher*. Ar y llaw arall, diddorol yw sylwi ar yr elfen o letchwithdod y mae J. O. Francis yn cyfaddef ei fod yn ei phrofi, wrth edrych yn ôl ym Mehefin 1919 ar y dramâu a gynhyrchwyd cyn y Rhyfel. Cyhyd ag yr oedd y dramodwyr ifainc yn cwestiynu unrhyw beth, meddai Francis y pryd hwnnw, 'it was the sovereignty of an organisation, not the basis of a faith'. Symbolau o'r gyfundrefn Anghydffurfiol oedd blaenoriaid y dramâu, tra bod y gweinidogion ifainc yn ymgorffori ysbryd y grefydd ryddfrydol newydd. Yn ddiau yr oedd y ddadl honno'n ddigon teg ynddi ei hun, ond gorfodwyd Francis i gyfaddef nad oedd yn ddadl yr oedd ei hangen ar Gymru grefyddol y cyfnod. Pan gyflwynwyd *Beddau'r Proffwydi* yn Llundain, dangosodd ymateb y capeli – a'r diaconiaid eu hunain – eu bod wedi dysgu'r bregeth yn barod:

> The play was our heaviest gun against authority – and we found it produced, financed, and loudly applauded by a body in which nine men out of ten might one day be giving out the announcements. What is a poor playwright to do when, having written a part that is a furious attack on the deacons, the deacons come forward and earnestly beg the privilege of acting in it?[11]

Erbyn hyn y mae'n hawdd gweld bod elfen o amherthnasedd yn y dadleuon hyn, gan nad oedd blaenoriaid atgas y ddrama newydd yn greaduriaid o'r byd cyfoes o gwbl. Fel *Beddau'r Proffwydi*, dramâu wedi eu gosod rhwng ugain a thrigain o flynyddoedd yn ôl yw'r dramâu newydd hyn. Ac eithrio ambell ddrama fel *Change*, nid gwrthdaro'r byd presennol a gyflwynwyd yn y dramâu hyn, ond rhyw wrthdaro mytholegol tebyg i'r gwrthdaro anachronistaidd rhwng Bob Lewis a'i fam. Ond anghof-iwyd hynny yn nadleuon y blynyddoedd rhwng 1910 a 1922, oherwydd yr hyn a fynegwyd drwyddynt oedd gwrthdaro arall – a hwnnw'n wrthdaro cymdeithasol a ddatblygodd y tu mewn i'r grwpiau a oedd yn cefnogi'r ddrama Gymraeg yn y dyddiau cynnar.

Pentref a Phrifysgol – dwy agwedd ar y ddrama Gymraeg

O 1911 ymlaen gellir gwahaniaethu rhwng dwy agwedd wahanol at y ddrama Gymraeg, er bod llawer yn gyffredin rhyngddynt – sef yr agwedd o brotest angerddol a ymgorfforir yn *Beddau'r Proffwydi* ar y naill law a'r agwedd ymlaciedig, hunanfoddhaus, a geir mewn dramâu fel *Dic Siôn Dafydd* ac *Eluned Gwyn Owen*, gan J. Tywi Jones ar y llall. Gellir hefyd wahaniaethu rhwng dau grŵp a feddai ar syniadau gwahanol iawn ynglŷn ag amcanion y ddrama Gymraeg. Y grŵp cyntaf oedd y dynion ifainc, cynnyrch yr ysgolion newydd a ystyriai'r ddrama'n gyfrwng i feirniadaeth ddelfrydiaethol yr oeddynt wedi ei datblygu yn y colegau. 'Ni ellir llai na sylwi', meddai Kitchener Davies, 'gymaint yw dylanwad addysg golegol ar y mudiad.'[12] Credai Saunders Lewis fod bodolaeth y ddrama ei hun yn ganlyniad i ymdrech fwriadol y deallusion ifainc, yn hytrach na'r werin bobl:

> It was rather the deliberate work of the young 'intellectuals', the school-masters and the ex-students of universities. And the drama rose less from their desire for a new form of art and pleasure than from their need of an organ through which they might utter their impatience and disgust at the unseemliness of our times. The theatre becomes the platform of revolt, and nearly all the Welsh plays bear standards of rebellion.[13]

Oherwydd y cysylltiad hwn fe rybuddiodd un sylwebydd yn erbyn gwthio'r Mudiad Drama a'r syniad o theatr genedlaethol yn ormodol, gan nad oedd wedi cael cyfle i wreiddio yn ddwfn ym mhridd y genedl. Gwelai Hesgin fod ymddangosiad y dramâu newydd yn ganlyniad i symudiad sylfaenol yn niwylliant Cymru o'r capel i'r coleg a'r ysgol:

> Ennillir prif wobryon yr Eisteddfod gan fechgyn y colegau a'r ysgolion canolradd. Nid yw cystadleuaethau y gadair a'r goron genedlaethol yn *glose preserves* pregethwyr Sentars fel y byddent . . . Mae ôl y cyfnewidiad i'w weld ar natur – a phris – y Llyfrau gyhoeddir yng Nghymru heddiw . . . Ac nid oes gan lawer o garedigion llen Cymru ormod o bres fel rheol. Peth arall, nid ydynt wedi eu haddysgu i werthfawrogi cynhyrchion y beirdd diweddar

yma – *they haven't been educated up to it*. Felly mae gennyf fi ofn mai tipyn yn *artificial* ydyw'r brwdfrydedd ynglyn â'r symudiad dramayddol yma.[14]

Ymateb yr oedd Hesgin i elfen o gwffio gwleidyddol a welodd ef yn y gefnogaeth a roddwyd i'r mudiad gan Lloyd George, Williams Brynsiencyn, Owen Roscomyl a Llywelyn Williams, 'yn amgylchu tir a môr i chwilio am gefnogwyr . . . ymysg dosbarthiadau o bobl sydd yn wrthwyneb[us] i'r ddrama ymhob gwlad wareiddiedig'. Er nad oes modd gwadu bod elfen o wirionedd yn yr hyn a ddywedodd am y newidiadau sylfaenol a oedd ar droed yng Nghymru, rhaid cydnabod hefyd fod y capel yn cadw gafael go gadarn ar y mudiad drama ar hyd y blynyddoedd hyn a bod a wnelo'r ffaith honno â'i lwyddiant a'i barhad – ac â'i wendid a'i ddarfodedigaeth fel mudiad celfyddydol deinamig hefyd!

Y gwir am y cyfnod rhwng 1911 a 1922 yw mai mewn cymdeithasau drama cysylltiedig ar y cyfan â'r capeli y perfformiwyd gweithiau'r dramodwyr hen a newydd. Dywedodd Elphin yn groyw yn Eisteddfod Genedlaethol y Fenni yn 1913: 'The only real progress that we have yet made in the development of the Welsh drama has been due to the efforts of amateur companies of young men and women in our industrial villages.'[15] Dywedodd hynny chwe mis ar ôl perfformiad cyntaf *Beddau'r Proffwydi* gan Gymdeithas Gymraeg myfyrwyr Coleg Prifysgol De Cymru ym mis Mawrth 1913. Er pwysiced y datblygiad hwnnw, ac er trymed dylanwad y ddrama honno ar ddatblygiad theatr yn y degawd hwnnw, rhaid sylwi mai gweithiau fel *Aelwyd Angharad* ac *Ar y Groesffordd* oedd yn cadw teyrngarwch y cannoedd o grwpiau drama a oedd yn bodoli ar hyd a lled Cymru. A'r prif reswm am hynny oedd mai ffordd o amddiffyn yr iaith a'r diwylliant Cymraeg oedd drama i lawer o'r dynion a oedd yn gyfrifol am y grwpiau hynny, yn hytrach na ffurf gelfyddydol y dylid ei hyrwyddo er mwyn dibenion esthetig.

Ysgrifennai J. Tywi Jones yn huawdl iawn am weithgarwch y grwpiau lleol, gan ddadlau mai trwyddynt hwy y deuai mudiad drama iachus i Gymru yn hytrach na thrwy ymdrechion Howard de Walden a chefnogwyr theatr broffesiynol:

> Gwell i Gymru na'r symudiad hwn sydd a chymaint o son am dano fyddai cael rhyw ffordd i feithrin yr ysbryd dramodol a ffynna eisoes braidd ymhob pentref o bwys trwy'r wlad. Y mae'n anhygoel y llafur a'r drafferth yr â'r cwmniodd hyn iddynt i osod i fyny lwyfan a llenni mewn lleoedd bychain anawdd er mwyn medru chwarae drama. Nis oes iddynt nac enw nac elw iddynt eu hunain. Rhyw achos da fel rheol ga'r elw a hwythau'r drafferth a'r helbul a'r mwynhad.[16]

Gwyddai Tywi Jones o'i brofiad ei hun yr hyn a gydnabuwyd yn gyffredinol yn y blynyddoedd hynny, sef mai er mwyn yr iaith Gymraeg ac oherwydd ei chysylltiad â diwylliant a chrefydd Cymru yr oedd y rhan fwyaf o arweinwyr y grwpiau'n gweithredu. Rhydd gipolwg byw iawn ar y cyd-destun y ffurfiwyd cymaint o grwpiau drama y capeli ynddo wrth esbonio sut y daeth ef ei hun i gyfansoddi drama:

> Un noson clywais fod Drama Gymraeg i'w chwarae mewn pentref cyfagos, ac aethum i'w gweled. Dychwelwn ymhlith nifer of bobl ieuainc fy Eglwys, hwythau hefyd wedi bod yn yr un lle. Yr oeddem oll wedi mwynhau'r chwarae. A chan fy mod wedi arfer bod yn rhydd ac yn agored â'm pobl ieuainc, fel un ohonynt hwythau yn union [nid] oeddynt yn petruso dweyd eu meddyliau yn ddigêl wrthyf. Ni cheisiasant gadw oddi wrthyf yr hyn a wyddwn yn barod, sef eu bod ar adegau yn mynychu'r 'theatre'. Ni chuddiais oddi wrthynt hwythau fy mod innau pan yn fachgen yn eu mynychu hefyd, ac o hyd yn achlysurol os clywn fod rhywbeth a theilyngdod neilltuol ynddo ar y llwyfan. Y pethau diweddaf a welais oedd *Arwydd y Groes* (Wilson Barrett), *Androcles a'r Llew* (Bernard Shaw) a *Little Miss Llywelyn*. . . .
>   Y peth aeth at fy nghalon yn fwy na dim arall y noson hon, ac a agorodd fyd o obeithion o flaen fy llygaid, oedd mynegiad fy mhobl ieuainc o'u syndod fod pob drama Gymraeg a welsent yn hollol rydd oddi wrth awgrymiadau o anfoesoldeb ac aflendid eto, eu bod mor ddiddorol a difyr a dim a welsent. Yr oeddent yn awr yn awyddus i ddysgu drama eu hunain, a gofynnent i mi os ymgymerwn a dysgu *Rhys Lewis* iddynt. Gwyddwn mai gormod camp iddynt yr adeg honno fyddai dysgu drama o'r fath, a dywedais wrthynt y gwnawn rywbeth gwell na hynny, sef ysgrifennu drama fach a atebai yn well i rai yn dechreu. Dyna ddechreu drama sydd wedi ei chwarae erbyn hyn gan ugeiniau o gwmnïoedd yn Ne a Gogledd. Cefais, ag eithrio un neu ddau ohonynt, o eglwys o lai na chant o nifer, gwmni o ryw ddwsin o bobl ieuainc a phlant, i ddod at ei gilydd noson neu ddwy bob wythnos am dros chwe mis o amser i ddysgu drama, heblaw fod nifer dda bob nos o allanolion yn dod i'n gweled yn ymarfer. Ni lygrwyd neb, ni wnaed niwed i neb yno.[17]

Y mae'r hanesyn hwn yn ddadlennol iawn yng nghyd-destun y ddadl a ddatblygodd wedyn rhwng J. Tywi Jones ar y naill law a D. T. Davies a Saunders Lewis ar y llall, gan ei fod yn dangos mor wahanol oedd ei symbyliad ef fel dramodydd i'w symbyliad hwythau. Ond yn y cyd-destun presennol y mae'n bwysig oherwydd y mae'n agor ffenestr ar fyd sy'n bell iawn o'r Brifysgol a hyd yn oed yr ysgol ganolradd. Pa gyfartaledd o bobl ifainc eglwysi Aberdâr a oedd yn disgwyl parhau â'u haddysg, a pha gyfartaledd oedd yn bwriadu dilyn eu tadau i'r pyllau glo a'r gweithiau haearn – lle bwriwyd gwreiddiau addysg eu bugeiliaid? Yn ddiau, gydag amser fe aeth addysg uwch yn fwy o ystrydeb ym mywyd y dosbarth gweithiol yng nghymoedd Cymru, ond gwyddai dynion fel Tywi Jones, a oedd wedi dringo o'r gwaith dur i goleg y Bedyddwyr ym Mangor, mai cyfrwng addysg hollbwysig oedd y ddrama yn anad dim – cyfrwng addysg Gymraeg a chrefyddol mewn byd Seisnig a seciwlar.

Nid oes amheuaeth na fu datblygiad y cymdeithasau drama i raddau helaeth yn annibynnol ar ddatblygiad diddordeb yn y ddrama yn y colegau Prifysgol o 1905 ymlaen. Rhaid cydnabod hefyd fod parhad y mudiad drama yn annibynnol ar y mudiad a fwydwyd gan gyfoeth yr Arglwydd Howard de Walden a'r grwpiau eraill a fu'n bleidiol i ddatblygiad theatr genedlaethol yng Nghymru. Fe all mai un o brif swyddogaethau'r dramâu newydd oedd gweithredu fel dolen gyswllt rhwng y ddau fudiad arall, eu dal at ei gilydd dros dro a chreu rhith o undod rhwng grymoedd nad oedd dim cysylltiad hanfodol rhyngddynt.

Dramâu'r Traddodiad

Nid yw'n ormodiaith dweud bod traddodiad y ddrama Gymraeg wedi ei sefydlu yn gadarn sawl blwyddyn cyn i *Beddau'r Proffwydi* gael ei pherfformio gyntaf, nos Fercher, 12 Mawrth, 1913. Mewn erthygl gan J. J. Williams o swyddfa Cymdeithas Cymru Fydd, Lerpwl ceir prawf go drawiadol fod priodoleddau'r hyn a alwyd wedyn 'yr hen ddrama Gymraeg' yn ystrydebau hyd yn oed cyn y Rhyfel Mawr. Ei amcan ef oedd sefydlu canllawiau a safonau celfyddydol i gorff o ddramâu a ystyriai yn ddiffygiol iawn o ran perthnasedd a chywirdeb.

Ni ddylai'r dramodydd Cymraeg, meddai Williams, ei gyfyngu ei hun i gymeriadau stoc y traddodiad:

> Nid yw cymeriadau Cymreig wedi eu cyfyngu i Stiward trahaus y plâs, barwnig estronol yr ystâd, blaenor Phariseaidd gyda'r Ymneilltuwyr, neu laslanc wedi colli ei Gymraeg ar ôl treulio mis neu ddau yn Lloegr. Ac eto y rhai hyn yw cymeriadau poblogaidd ein dramodwyr. Mae Stiwart stâd yn neilltuol boblogaidd fel gwrthrych portread, ac yn ein hatgoffa am ddisgrifiad Jerome o'r 'dyhiryn' ym melodrama Lloegr. Yn gyffredin Ysgotyn trahaus fydd y stiwart – nid ydym yn magu yr hil yng Nghymru! Fel rheol ei brofedigaeth yw syrthio mewn cariad â merch un o'i denantiaid . Ac er cael ei wrthod gyda dirmyg, deil i'w charu gyda'r fath angerdd fel y penderfyna fanteisio ar bob cynllun ac ystryw i'w hennill . . . Trydd deulu'r ferch o'r ffarm y bywient ynddi ers cenedlaethau . . . Yn ei

eiddgarwch, bydd y stiwart bron yn ddieithriad wedi twyllo ei feistr o
gannoedd o bunnau er gallu dianc gyda'r ferch . . . a chan fod y dramodwr
a'i lygad ar ddiweddglo hapus, rhed y llen i lawr ar hwsmon Ty Coch ym
mreichiau ei anwylferch![18]

Pe bai'r patrwm hwn o ddrama wedi ei ddisodli erbyn 1914, gan ddrama
newydd wedi ei llunio ar sail gwaith Gruffydd a graddedigion ifainc
Colegau Prifysgol Cymru, byddai hynny wedi cryfhau'r disgwyliad
mai datblygu oedd y ddrama Gymraeg ar gynllun organig. Ond y gwir
oedd, na ddisodlwyd hyd yn oed y stiward o Sgotyn cas yn y dramâu a
gynhyrchwyd ar ôl y Rhyfel. Y mae'r cyfuniad o hen gymeriadau stoc,
adeiledd llac a chynlluniau ystrydebol i'w gweld ar ôl y Rhyfel, fel o'i
flaen, mewn cyfres o ddramâu a oedd mor boblogaidd gyda'r cwmnïau
pentrefol ag yr oeddynt yn gas gan y beirniaid soffistigedig.

Y mae'r dramâu a gynhyrchwyd ar yr hen batrwm rhwng 1912 a 1922
ac a berfformiwyd yn aml yng Nghymru ymhell y tu hwnt i'r flwyddyn
honno, yn cynnwys rhai gan R. D. Owen (*Endaf y Gwladgarwr*, 1912),
Gwynfor (*Trem yn Ôl*, 1913 ac *Y Briodas Ddirgel*, 1915), J. Tywi Jones,
(*Eluned Gwyn Owen*, 1918) a *Jac Martin neu Bobl Llandderwydd* (1913),
gyda gweithiau gan Ada Edwards (*Serch Hudol*, 1913), W. Glynfab Williams
(*Troion yr Yrfa*, 1918), D. Derwenydd Morgan (*Llwybrau Anrhydedd*, 1915
a *Cyfrinach y Cybydd*, 1921), a'r Parch. Arthur Morris, (*Arthur Wyn yr
Hafod*, 1922). Y mae'n ddiddorol sylwi bod y gwaith o gyfansoddi'r
dramâu hyn wedi parhau drwy gydol y Rhyfel. Ysgrifennwyd rhai er
mwyn hybu'r achos, gan godi arian ar gyfer y bechgyn yn Fflandrys –
yn sicr ni theimlwyd bod y Rhyfel ynddo ei hun yn rhywbeth a oedd yn
ymwneud â'r broses o gwbl.

Erbyn 1919 yr oedd parhad y broses o gyfansoddi a pherfformio'r
dramâu hyn yn ennyn dicter y rheiny a oedd am godi safonau'r theatr
yng Nghymru ac yn ystod y trafodaethau canolwyd llawer o'r feirniad-
aeth ar waith D. J. Davies, Pontrhydygroes, *Maesymeillion*, a enillodd y
wobr am ddrama yn Eisteddfod Genedlaethol Castell-Nedd, yn 1918.
Rhaid cyfaddef yn blwmp ac yn blaen, mai rhyw gybolfa o ddrama yw
hon – ond yn ddigon nodweddiadol o'r rhelyw o ran hynny! Rhydd yr
argraff iddi gael ei hysgrifennu gan rywun a oedd yn rhannu barn 'fy
nghyfaill Williams', sef bod cyfansoddi drama 'cyn hawsed â chau adwy
cerrig'. Y prif gymeriadau yw Jones, Maesymeillion, cynghorydd sir,
ffermwr a blaenor Phariseaidd; Catrin, ei wraig; John, ei fab; Gwladys,
ei ferch; a'i chariad, Tom y Saer, mab i weddw dlawd Tŷ'n y Cwm. Ymwna
gweithgarwch y ddwy act gyntaf yn bennaf â charwriaeth Gwladys a

Thom, cariad y mae ei thad hi'n ei wrthwynebu oherwydd bod tad Tom wedi bod yn y carchar flynyddoedd ynghynt, a gyda chanlyniadau'r ffaith fod gwas y fferm wedi gwerthu ceffyl â chast ynddo i'r gweinidog newydd. Ond y digwyddiad pwysicaf yw cweryl rhwng Tomos a John oherwydd iddo yntau ddychwelyd adref ar ôl ffair Glangors yn feddw gaib. Y rheswm am hyn yw'r ffaith fod Ann, merch Shani Fach, chwaer Tom y Saer, wedi marw o siom o ganlyniad i'r ffaith fod Tomos yn gwrthod cais John i'w phriodi. Y gwir yw fod y pâr yn briod yn barod a dyna pam ei bod hi'n feichiog – ond ni chaiff na Tomos na'r gynulleidfa wybod hynny tan ddiwedd y ddrama!

Erbyn diwedd yr ail act y mae Tom wedi mynd i Lundain, lle daw yn adeiladwr llwyddiannus a chwrdd ymhen pum mlynedd â John, mab Maesymeillion, yn ei garpiau ac yn gaeth i'r ddiod. Wrth iddynt sgwrsio, dyma blismon yn ymddangos, i gyhuddo John o ddwyn pâr o esgidiau, ond gan ei fod yntau'n Gymro glân gloyw o Sir Aberteifi, try'r peth allan yn iawn. Â John gyda Tom, i ddechrau bywyd newydd ar y ddeallrtwriaeth ei fod yn rhoi'r gorau i'r ddiod ac yn dychwelyd i Faesymeillion, 'yn ddyn da ac yn gysur i'ch tad a'ch mam yn eu henaint'.[19]

Egyr Act IV gyda John yn ôl ar aelwyd ei deulu dan ffugenw, heb gael ei adnabod gan neb tan y daw yr hen Shani i'r tŷ, wedi drysu yn ei synhwyrau, a'i adnabod yn syth. Erbyn hynny, diolch i'r drefn, y mae John wedi cael sgwrs hir gyda'i dad, gan ddwyn pwysau mawr ar ei gydwybod gyda chymorth sawl cyfeiriad at yr ysgrythurau. Felly pan adawa Shani'r gath allan o'r cwd y mae Tomos yn ymuno â'i wraig a'i ferch i groesawu'r mab afradlon adref:

Shani (*yn adnabod John y mab*): Ha! Johnny; rwy i yn eich adnabod chwithau, Johnny: p'le buoch ch'i. Johnny bach? P'le mae Ann gennych ch'i? O Johnny, eich tad a'i lladdodd hi! Gwelwch ch'i e', Johnny? Eich tad wnaeth y drwg i gyd

Jones: Y Nefoedd a faddeuo i mi! – John, fy mab! (*Yn rhoi ei ben i lawr ar y bwrdd.*) (*Catrin a Gwladys yn neidio i gofleidio John.*)

Catrin: O, John annwyl! 'roedd rhywbeth yn dweyd wrthyf mai John ni oeddet ti. P'le buost ti cyhyd, y machgen mowr i! (*Gwladys yn arwain Shani Fach allan i'r parlwr.*)

John: Mam annwyl! Maddeuwch i mi, mam, am yr holl ofid a berais i chwi. 'Nhad, siglwch law! 'Gawn ni gladdu'r gorffennol?

Jones: John, John, feddyliais i erioed mai fel hyn y gwelwn di yn dod yn ôl. 'Roeddwn wedi meddwl ar hyd y blynyddoedd mai yn dy garpiau y do'it. Ond dyma ti yn fachgen respectabl – crefyddol hefyd. Sigla law fy machgen! Sigla law![20]

Ar ôl hynny nid oes angen dim ond croesawu Tom i'r tŷ, sicrhau ei fod yn achub mantais ar y maddeuant cyffredinol a derbyn bendith Tomos ar ei briodas â Gwladys. Daw'r ddrama i ben wedyn gyda chyffes lawn ac edifarhad parod yr hen Pharisead yn ôl yr hen draddodiad Ymneilltuol:

> Jones: . . . Y Nefoedd a faddeuo i mi! Pechais! Pechais! A fedri faddeu i mi, Catrin, fe ngwraig annwyl? Arnaf i 'roedd y bai fod dy fywyd wedi bod yn ofid cyhyd! John, fy mab, maddeu i mi! Maddeu i mi! – os gelli di! Fi fu yn achos i ti fynd i'r wlad bell! Gwladys, fy merch annwyl, oni bae dy fod di yn gallach na fi, gallwn fod wedi dy dinistrio dithau hefyd! A thithau, Tom y Saer, 'chredwn i ddim fod yna ddim daioni ynot. Maddeu i mi, 'machgen i! – Rwyf wedi bod yn ddall. Rwyf wedi ymddwyn fel cythraul, a minnau yn credu fy mod yn sant!

Y Ddrama Newydd

Pe bai *Maesymeillion* wedi ymddangos yn y flwyddyn 1913, y mae'n annhebyg y byddai wedi denu sylw arbennig, heb sôn am y feirniadaeth lem y cyfeiriwyd tuag ati gan D. T. Davies a Saunders Lewis. Ond y peth bron yn anghredadwy amdani yw'r ffaith iddi gael ei hystyried yn haeddiannol o brif wobr yr Eisteddfod Genedlaethol a hynny yn y flwyddyn 1918. O'n safbwynt ni heddiw fe ymddengys braidd yn anhygoel fod y fath gymysgedd o ystrydebau amherthnasol wedi cael ei ystyried yn gelfyddyd gan y cymunedau Cymraeg ym mlwyddyn olaf y Rhyfel Mawr yr oedd ei effeithiau ar y cymunedau hynny ac ar eu diwylliant yn ddim llai na dinistriol. Ni chytunai pawb ei bod yn haeddu gwobr yr Eisteddfod Genedlaethol ond ni chafodd ei beirniadu ganddynt hwy ar sail ei hamherthnasedd i fywyd y cymunedau Cymraeg.

Ni all neb sydd wedi darllen disgrifiad Saunders Lewis o brofiad y milwr cyffredin yn ffosydd Fflandrys gredu y byddai'n bosibl i'r rhai o'u plith a oedd yn ddigon ffodus i'w oroesi ddychwelyd i Gymru gan ddisgwyl byw yn yr un ffordd ag y buont yn byw cyn y Rhyfel.[21] Ond y gwir yw na welir olion y profiad echrydus hwnnw yng ngwaith Saunders Lewis, hyd yn oed, am ddegawdau wedyn. Nid oes olion ohono yn *The Eve of St John*, er enghraifft, nac yn *Gwaed yr Uchelwr*, fwy nag ym *Maesymeillion*.

Diddorol yw darllen geiriau'r beirniad a wobrwyodd y ddrama honno yn Eisteddfod Castell-Nedd – neb llai nag un o'r dramodwyr newydd, R. G. Berry:

Prif amcan yr ymgeisydd hwn yw dynoethi culni, ffug a thwyll mewn cylchoedd crefyddol ac enwadol. Yng Ngogledd Ceredigion y lleolir y ddrama. Ceir portread cryf a byw o Tomos Jones, Blaenor Soar, Pharisead hunan-gyfiawn, didrugaredd, a fynnai aberthu ei fab ei hun ar allor cydwybodolrwydd. Mae'r ddrama wedi ei chynllunio'n fedrus, a chedwir y diddordeb i fyny o'r dechrau tan y diwedd. Daw beiau a rhinweddau y Cymro yn amlwg yn y cymeriadau. Ceir yma liaws o ddywediadau gafaelgar, werth eu dodi ar gof . . . Dangosir pob parch at wir grefydd, ond ni arbedir rhagrith, hoced, hunanoldeb, a'r ysbryd cul anfaddeugar na all oddef annibyniaeth barn. Drama iach yw hon, a byddai llawer credadyn yng Nghymru ar ei ennill o'i darllen neu ei gweled ar y llwyfan.[22]

Y mae'n ddiddorol fod Berry'n gallu canmol 'cynllunio medrus' D. J. Davies, gan mai oherwydd diffyg cynllun a threfn y beirniadwyd *Maesymeillion* gan D. T. Davies a Saunders Lewis. Ond y peth sy'n wirioneddol drawiadol am feirniadaeth Berry yw'r ffaith ei fod yn canmol gwaith D. J. Davies yn yr union dermau a ddefnyddiwyd gan feirniaid eraill wrth groesawu ei weithiau ef ei hun a'r graddedigion prifysgol eraill y credid eu bod yn cyflwyno chwyldro yn y theatr Gymraeg rhwng 1912 a 1914. Yr hyn a wêl ef ym *Maesymeillion* yw'r union feirniadaeth o'r hen gulni a'r hen gapelyddiaeth a fwydodd y dramâu newydd ac y mae presenoldeb yr elfen honno yn ddigon i'w ddallu i'r gwahaniaethau rhwng dramâu fel *Beddau'r Proffwydi* ar y naill law a'r hyn a gydnabuwyd gan eraill fel cynnyrch dramodwyr y pentrefi ar y llall.

Fe all mai dyna oedd yr allwedd i'r cyfnod rhwng 1911–22 lle y mae datblygiad y ddrama Gymraeg yn y cwestiwn. Yn ddiau y mae'r ddrama a gynhyrchwyd gogyfer â'r grwpiau pentrefol gan weinidogion y capeli ac athrawon yr ysgolion lleol yn parhau ar hyd y cyfnod a drama yw honno sy'n dathlu'r cyfnewid rhwng yr hen fyd mytholegol a'r Gymru gyfoes. Denodd llwyddiant a chryfder cynyddol y traddodiad hwnnw sylw grwpiau cymdeithasol gwahanol – ac yn enwedig y rheiny a welodd theatr Gymraeg yn gyfrwng i genedlaetholdeb, naill ai'n wleidyddol neu'n ddiwylliannol. Ac yn y cyd-destun hwnnw, a'r ddrama'n bwnc llosg ynddi ei hun oherwydd y defnydd y credid y gellid ei wneud ohoni, dyma'r dramodwyr newydd yn ymddangos. Ond er eu bod yn do â theithi deallusol gwahanol i'r dasg o ddatblygu'r ddrama Gymraeg, yr oeddynt yn gaeth i ganllawiau'r un traddodiad yn y bôn. Fe'u croesawyd ar y pryd fel dilynwyr Ibsen, apostolion efengyl gymdeithasol newydd. Y gwir yw, nid Ibsen oedd eu meistr, ond Daniel Owen, a methiant oedd eu hymdrech o ganlyniad i chwyldroi'r traddodiad a'i addasu'n gyfrwng i athroniaeth newydd.

Beddau'r Proffwydi

Y mae'n eironig mai'r un oedd cymhellion W. J. Gruffydd wrth iddo gyfansoddi *Beddau'r Proffwydi* ag eiddo J. Tywi Jones wrth gyfansoddi *Dic Sion Dafydd*, hynny yw, i fodloni angen pobl ifainc am ddrama Gymraeg. Ysgrifennodd ar gais Cymdeithas Gymraeg Coleg Prifysgol Caerdydd lle y'i cyflogwyd ef yn ddarlithydd ers 1906, a hynny ar gyfer actorion dibrofiad. Ond wrth gwrs fe ysgrifennai fel llenor a oedd wedi datblygu barn soffistigedig am swyddogaeth celfyddyd yn y Gymru oedd ohoni ac yn benodol am swyddogaeth y ddrama. Yr oedd ym-ddangosiad erthygl gan Gruffydd dan y teitl, 'Drama i Gymru', yn rhifyn cyntaf cylchgrawn yr Athro John Morris-Jones, *Y Beirniad*, yn ddatganiad o bwys ynddo'i hun, y gellid yn hawdd dweud ei fod yn agor cyfnod newydd. Gwrthymateb oedd yr erthygl honno i ddat-ganiad gwag Lloyd George, 'Mae'n rhaid i Gymru gael drama!', i'r pasiant ffug-genedlaethol a gynhaliwyd yng Nghaerdydd yn 1909 ac i'r cyflwyniad mwy diweddar o fersiwn diwygiedig drama Beriah Evans, *Glyndŵr: Tywysog Cymru* i ddathlu arwisgiad y tywysog newydd yng Nghaernarfon ym mis Gorffennaf, 1911. Ymhen rhai misoedd adolyg-odd Gruffydd ddrama Beriah yn *Y Beirniad*, gan ei chydraddoli â melo-drama waelaf y llwyfan Seisnig: 'Y mae Cymru yn rhy oleu, a'i barn yn rhy addfed i'r felodrama Seisnig, ac i'r ddrama hon.'[23] Ar y llaw arall, meddai Gruffydd, nid oedd y broses o aeddfedu wedi cyrraedd y pwynt pan fyddai'n caniatáu datblygiad drama Gymraeg iachus. Dim ond pan fyddai bywyd cyhoeddus Cymru wedi ymlanhau ac wedi ymburo, meddai, y deuai'r ddrama i'r wlad. Dim ond pan fyddo ei 'meddwl a'i hiaith yn ddigon glân a gofalus i ysgubo ymaith yn dragwyddol fân ganonau y "Pinky-dinkies" neis, neis, sydd mor feirn-iadol heddyw.'

Beirniadaeth gyffredin iawn a wnaethpwyd ar *Beddau'r Proffwydi* ers y dyddiau cynnar yw y byddai'n well drama pe bai ynddi lai o W. J. Gruffydd ei hun. Y mae sawl sylwebydd wedi cyfeirio at briodoledd y ffaith mai Gruffydd ei hun a chwaraeodd Emrys. Dull arall yw hynny o awgrymu bod *Beddau'r Proffwydi* yn fwy o fyfyrdod nag o ddrama, ond gan ystyried dadleuon Gruffydd am gyflwr y wlad a gwir gymhelliad drama iachus, beth arall y gellid ei ddisgwyl ganddo? Dychan yw, fel yr awgrymir gan y teitl, wedi ei gyfeirio at ragrith y rhai yng Nghymru a oedd yn debyg i'r Phariseaid y mae'r Iesu yn dweud bod eu gwrth-wynebiad iddo ef ei hun yn debyg i wrthwynebiad eu tadau i'r hen broffwydi (Matthew 23, 28–39). Y mae sawl darllenydd wedi gweld yr awgrym fod Gruffydd am i ni feddwl am Emrys fel yr Iesu yn anffodus iawn, gan mor hunandybus ac anaeddfed ydyw.

Ceir awgrym mai Emrys yw canolbwynt y ddrama yn yr epigraff y mae Gruffydd yn ei ddyfynnu o stori gan Balzac a ddefnyddiwyd wedyn gan Saunders Lewis fel sail i'w ddrama ef, *Y Cyrnol Chabert*. Ymwna'r darn hwn â dadansoddiad Balzac o ddirywiad Chabert dan ddylanwad cyfres o brofiadau anffodus. Yr awgrym a geir ynddo yw fod Gruffydd yntau yn ymddiddori yn yr union broses o ddirywiad yn Emrys dan ddylanwad rhagrith ei gymdogion. Gellid meddwl bod Gruffydd yn gweld cyfatebiaeth rhwng y ffordd y mae Chabert wedi ei lethu gan ail enghraifft o iselder hunanol ei wraig a'r modd y mae Emrys yn derbyn ei wrthodiad gan yr Agnes Vaughan snobyddlyd yn syth ar ôl i swyddogion y capel ei ddiarddel. Ond os felly, rhaid cydnabod na lwyddodd i wneud y broses honno'n gredadwy, oherwydd ni ddatblygodd perthynas rhwng y ddau yn yr act gyntaf. Awgrymir hefyd fod Emrys yn penderfynu mynd i'r diawl ar ddiwedd yr ail act nid oherwydd ei fod yn amharchu'r sefydliad crefyddol ond oherwydd fod ei ddiarddeliad yn symbylu dadrithiad chwerw a siom – rhyw fath ar bwdu ysbrydol yn wrthymateb i ragrith a snobyddiaeth y Gymru gyfoes! Ond fel y mae sawl beirniad wedi sylwi, nid yw Emrys yr act gyntaf namyn dyn ifanc, hunandybus sy'n credu bod ganddo rywbeth mwy sylweddol i'w ddweud ac i'w wneud nag y mae ei allu'n ei gyfiawnhau. Nid oes gennym dystiolaeth fod gan y cymeriad hwn y gallu i deimlo unrhyw beth yn ddwfn, boed yn ddiarddeliad, boed yn wrthodiad gan ferch!

Y gwir yw fod dwy act gyntaf *Beddau'r Proffwydi* yn perthyn i'r hyn y mae Dafydd Glyn Jones yn ei alw yn draddodiad y ddrama Gymraeg. Y prif wahaniaeth rhwng yr hyn y mae Gruffydd yn ei gyflwyno yma a'r hyn a geir yn nramâu eraill y traddodiad yw'r ffaith fod Emrys yn llai o broffwyd na'r rhelyw o arwyr ifainc sy'n dioddef cam ac sy'n goroesi i gynrychioli'r werin bobl ac achos Ymneilltuaeth Ryddfrydol yn erbyn stiwardiaid a phersoniaid. Fe ddioddefodd Arthur Wyn y Bugail, er enghraifft, waeth cam nag Emrys, heb betruso am eiliad, am ei fod yn gadarn ei gred yn y ffaith fod Rhagluniaeth fawr y Nef yn amddiffyn cyfiawnder ymhob man ac o hyd yng ngwlad y menyg gwynion. Yr hyn sy'n wahanol am Emrys yw ei fod, fel Chabert, wedi ei lethu gan y driniaeth annheg y mae'n ei derbyn gan yr ustusiaid, y blaenoriaid a'r snoben benchwiban, Agnes Vaughan, oherwydd yr hyn y mae'n ei ddweud am Gymru.

Nid oedd modd i'r dramodydd wreiddio dadrithiad Emrys yn yr hyn a gyflwynir yn nwy act gyntaf y ddrama oherwydd ni chynhwyswyd y profiad hwnnw y tu mewn i'r traddodiad. Dyfais ddramataidd oedd dadrithiad yr arwr ifanc, a oedd yn gyfrwng iddo ef dorri allan o'r traddodiad hwnnw, gan geisio dod i ymrafael â rhywbeth nad oedd llenyddiaeth ymneilltuol Cymru yn ei gydnabod o gwbl, sef bodolaeth drygioni, anhap a chreulondeb y tu mewn i'r cymunedau Cymraeg. Ceir cipolwg ar y pethau hyn yn *Y Dreflan*, ond awgrymir yno mai pethau y tu allan i'r gorlan ymneilltuol ydynt. Prif wendid gwaith Daniel Owen yw ei anallu i gydnabod bod y drygioni sy'n difetha bywydau Mari Lewis a'i gŵr yn rhan o natur pobl ymhobman. Y mae'r gwir 'natur ddynol' yn cynnwys cymhellion James Lewis a'i frawd, a'r pethau y mae Abel Hughes yn rhybuddio Rhys rhag eu cyfaddef i neb, yn ogystal â drygioni diniwed Wil Bryan.

Dyna, y mae'n debyg, y rheswm am y newid syfrdanol o ran cywair dramayddol rhwng ail a thrydedd act *Beddau'r Proffwydi*. Rhaid i Gruffydd ddarganfod modd o archwilio agwedd ar brofiad nad oedd modd iddo ei chydnabod heb ymadael â thir 'y ddrama Gymraeg', sef proses graddol a dinistriol o ddirywiad moesol. Yr unig gyfrwng a gydnabyddir y tu mewn i draddodiad llenyddol ymneilltuol yw diota. Cydnabyddir hynny hyd yn oed yma, yn hanes trist mam Ann, y mae'r sgweier di-deimlad yn ei hannog i yfed. Ond nid yw anghymedroldeb yn ffactor yn nirywiad Emrys. Aiff ef i'r diawl mewn siom a diflastod oherwydd realiti'r byd Cymreig lle mae'n cael ei fagu gan rieni diniwed i gredu bod addysg a pharchusrwydd yn gyfystyr â chyfiawnder a daioni.

O'i gymharu â Balzac, sy'n fodlon olrhain pob cam yn nirywiad moesol a ffisiolegol Chabert, gwelir bod Gruffydd yn barod i gyfaddawdu. Fe achubir Emrys rhag y chwerwder sy'n dinistrio Chabert gan y forwyn, Ann, sy'n dangos iddo'r hyn a orwedd islaw'r cymhellion drwg – a chan ei allu i gydnabod tristwch y drygioni sy'n rhan annatod o'r ffordd y mae'r byd yn symud. Felly y mae'n maddau i'r rhai sydd wedi ei siomi ef, gan gydnabod eu siom hwythau a derbyn y cariad a gynigir iddo ganddi hi.

A dyna ddiwedd hanes y ddau a dweud y gwir. Wrth iddynt ddarganfod bod y gallu i garu'n gryfach na siom a chwerwder, y mae cariadon Gruffydd yn rhydd i ddiflannu i'r byd newydd, fel cariadon Keats ar ddiwedd *The Eve of Saint Agnes*. Ond rhaid wrth bedwaredd act yn y traddodiad ymneilltuol nad oedd Gruffydd yn medru dianc rhag ei hualau. Os na ddaw'r proffwyd yn ôl i achub yr hen bobl ddiniwed, beth a ddywedir am y diwylliant Cymraeg y mae diniweidrwydd y werin ymneilltuol yn hanfodol iddo? Felly daw Ann ac Emrys yn ôl, i achub ffydd yr hen bobl, ac i drin yr ardd Gymreig yn null Candide Voltaire.

Cafodd Gruffydd hyd i fodd o sicrhau'r canlyniad hwn mewn dramâu fel *Helyntion Teulu'r Hafod* a *Helbulion Taid a Nain*, gan ddefnyddio ystrydebau dramataidd a welid yn ddoniol o afrealistig hyd yn oed yn 1913. Dychwel Emrys yn ddigon cyfoethog ar ôl gweithio'n galed yn America am bedair blynedd, heb i'w rieni ei adnabod ac mewn pryd i achub ei hen gartref. Dychwel hefyd at ei blentyndod, a diwylliant yr hen, hen bobl a'u crefydd ddigwestiwn:

> Mali Owen: O mi ddoist adre, Emrys bach, o'r ysgol? Wyt ti am fynd i'r seiat heno?
>
> Emrys: Ydw, nain.
>
> Mali Owen: (*yn estyn afal*): Dyma afal i ti am ddysgu dy adnod. Dwad i, ngwas i, er mwyn i dy nain i chlywed hi.
>
> Emrys (*Yn sefyll ar ganol y llawr*): 'Gwyn eu byd y rhai addfwyn, canys hwy a etifeddant y ddaear.'

Nid yw hwn, efallai, yr un â'r felodrama Seisnig yr oedd Gruffydd wedi ymosod arni, ond melodrama ydyw, wedi'r cyfan, sy'n tanseilio effaith unrhyw feirniadaeth athronyddol a gyflwynir yn y ddrama. Y mae hyn gystal â chau pen mwdwl anorffenedig nad oedd y beirniad yn ddigon gonest nac yn ddigon treiddgar i ymdopi ag ef.

Change

Fel y dywed Hywel Teifi Edwards, nid oes amheuaeth na fu gan J. O. Francis a D. T. Davies, a fu'n gyd-fyfyrwyr yng Ngholeg Prifysgol Aberystwyth, gryn ddiddordeb ym myd y ddrama ymhell cyn i Thomas Evelyn Scott-Ellis, yr Arglwydd Howard de Walden ddod i fyw i Gymru yn 1912 ac ymroi fel noddwr hael i'r Mudiad Drama newydd. Tra'u bod yn gyd-fyfyrwyr yn Aberystwyth ac yn gyfeillion yn Llundain, bu'r ddau ddyn ifanc yn prysur ymwneud â'r ddrama rhwng 1908 a 1912, fel aelodau o'r Ystwyth Dramatic Club.[24] Gan ystyried mor brydlon yr ymatebodd Francis i gyhoeddiad de Walden yn gynnar yn 1912 o wobr o ganpunt am ddrama yn ymwneud â bywyd Cymru, gellid credu bod ei ddrama *Change: A Glamorgan Play in Four Acts* eisoes ar y gweill. Y mae'n debyg mai prif gymhelliad Francis i'w hysgrifennu oedd terfysg streiciau'r glowyr yn y Rhondda, 1910–1911 ac yn fwy uniongyrchol, y digwyddiad yn ystod streic gweithwyr y rheilffordd yn Llanelli yn 1911, pan saethwyd dau streiciwr yn farw gan filwyr.

Cytuna'r hanesydd, K. O. Morgan, mai un o'r prif resymau am y gwrthdaro anarferol rhwng 1908 a 1914 oedd yr hyn y mae Francis yn adeiladu'r ddrama o'i gwmpas, sef, 'the element of generational change'.[25] Derbyniwyd *Change* gan lawer sylwebydd cyfoes fel dadansoddiad cywir o'r elfen o wrthdaro a welwyd y tu mewn i'r cymunedau Cymraeg wrth i'r hen agweddau crefyddol a fu'n sail i Faboniaeth y cyfnod cynt ildio i ymosodiad y Sosialaeth Seisnigaidd newydd. Ar y llaw arall, rhaid sylwi mai fersiwn yw'r gwrthdaro hwn o'r gwrthdaro mytholegol a fu'n elfen sylfaenol yn y ddrama Gymraeg o'r dechrau – elfen a etifeddwyd hefyd oddi wrth nofelwyr y cyfnod cynt. I ryw raddau y mae'n fesur o radicaliaeth *Beddau'r Proffwydi* o'i chymharu â *Change* mai at feirniadaeth faterol Balzac y mae'r naill ddramodydd yn cyfeirio'i sylw tra bod y llall yn troi at ramantiaeth Ceiriog: 'Ar arferion Cymru gynt / Newid ddaeth o rod i rod; / Mae cenhedlaeth wedi mynd, / A chenhedlaeth wedi dod.'

Mynegwyd barn gyffredinol y gynulleidfa ym mherfformiad cyntaf y ddrama yng Nghymru gan olygydd y *Cambrian Daily Leader*, J. D. Williams, a'i gwelai'n ddigwyddiad arwyddocaol am ei bod yn disgrifio, 'a stage in Welsh life through which we are now passing – a change in outlook and sentiment which is destined to leave lasting marks upon the nation'.[26] Dyma'r union newid sylweddol y cyfeiriwyd ato gan R. Tudur Jones, y 'chwalfa fawr' yn ffydd y genedl, ys dywed Bobi Jones. Yn nhermau crefydd, dyma newid o Galfiniaeth gaeth at foderniaeth lac a oedd yn cuddio i ryw raddau y ffaith fod crefydd Ymneilltuol yn colli gafael ar ddychymyg y werin bobl. Agweddau eraill ar y broses hon oedd symudiad cyffredinol o'r wlad i'r trefi diwydiannol ac oddi wrth y rhyddfrydiaeth wleidyddol a enillodd frwydr fawr 1868 i sosialaeth, a hynny ynghlwm wrth symudiad oddi wrth y Gymraeg at y Saesneg.

Teimlai J. D. Williams fod *Change* yn ddrama fawr, er yn anwadal o safbwynt crefft ddramayddol, am ei bod yn portreadu rhywfaint o'r tyndra a oedd ynghlwm wrth fywyd beunyddiol ymhobman yn y cymunedau Cymreig:

> The greatest tribute one can pay to it is to make the candid confession that, hardened in play-going though one may be, the emotional end of the Second Act moved one to tears – moved one to tears because one saw beyond the walls of the theatre into very many homes in which the drama of *Change* was the very stuff of life. And *Change* is significant, and has a message, because it ought to make the younger men, the impatient innovators, understand a little better the point of view of the older men, fixed in their conventions, immoveable in their traditions. Its message put in the forcible language of its Cockney character, is to the impatient

fashioners of change that, 'Yer'll see another pack of youngsters torking of things yer don't undertand and maikin ell's delaite of wot ye set most store by.' It is the unending tragedy.

O'i disgrifio fel hyn, trasiedi'r hen genhedlaeth yw *Change*, ond go brin y mae'r dehongliad hwn yn bosibl, o sylwi bod gwrthdaro y tu mewn i'r genhedlaeth honno, rhwng John Price ac Isaac Pugh, y ddau yn flaenoriaid yn yr un capel. O'r ddau hyn, y mae Isaac yn derbyn newid wrth gydnabod y rheidrwydd i addasu crefydd i ofynion y byd o'i gwmpas. Cred Price, ar y llaw arall, mai anghyfnewidiol yw'r egwyddorion crefyddol yr adeiladwyd y capeli Ymneilltuol arnynt.

Y mae'n amlwg o'r ffordd y mae Francis yn cyflwyno'r gwrthdrawiad rhwng y ddau ddyn hyn ei fod yn cydymdeimlo â'r hen flaenor Calfinaidd yn hytrach na'r modernydd, gan ei fod yn cysylltu moderniaeth ddiwinyddol Pugh â rhagrith. Ffurf ar barchusrwydd yw crefydd Isaac Pugh, na fydd diffyg gallu deallusol ei fab byth yn bygwth y ffydd sy'n sicrhau ei fywoliaeth.

Pe bai Francis wedi medru mynd at wreiddyn y problemau y mae'n eu cyflwyno yn ei ddrama, y mae'n bosibl y byddai wedi darganfod deunydd crai y drasiedi Ibsenaidd. Yn nramâu Ibsen cyflwynir gwrthdaro rhwng cymeriadau yng nghyd-destun yr adeileddau seicolegol sy'n cyflyru'u hymddygiad. Ond yn *Change* cyflwynodd Francis wrthdaro, heb ei esbonio. Y mae'n eironig mai wrth fynnu dadansoddiadau unigol y mae Ibsen yn cyrraedd yr elfen o gyffredinolrwydd sy'n hanfodol i drasiedi. Yr oedd Francis ar y llaw arall, yn methu ag osgoi melodrama, oherwydd ei fod yn fodlon â'r elfen o gyffredinolrwydd enghreifftiol, heb y dadansoddi.

Ar y cyfan yr oedd sylwebyddion yn fodlon â'r ffordd y cyflwynodd Francis y gwrthdaro sylfaenol. Cafwyd rhywfaint o anghytuno yng ngholofnau'r *Welsh Outlook* rhwng yr Athro Gilbert Norwood, a feirniadodd y defnydd a wnaethpwyd o'r Cockney, Sam Thatcher, a'r Athro H. J. Fleure. Mynnodd Norwood, mai cymeriad anorganaidd oedd Thatcher, oherwydd nad oedd yn effeithio ar ddatblygiad nac ar ddatrysiad y cynllun digwyddiadol ac oherwydd hynny na ellid ystyried ei sylwebaeth ar y digwyddiadau'n rhan hanfodol o'r ddrama.[27]

Yr oedd gan J. Tywi Jones feirniadaeth fwy treiddgar ar y sefyllfa deuluol a gyflwynwyd yn y ddrama. Yn y lle cyntaf derbyniodd ef *Change* fel cyfraniad gwerthfawr i'r ddrama Gymraeg, ond newidiodd ei agwedd ar ôl y Rhyfel, pan oedd yn hallt iawn ei feirniadaeth ar agwedd Francis ac ar effaith y ddrama. Tra oedd mwyafrif helaeth y sylwebyddion cyfoes yn cymryd bod y gwrthdaro rhwng y tad a'r meibion yn *Change* yn ganlyniad i nifer o newidiadau anochel, tueddai golygydd *Y Darian* i'w weld o safbwynt un a oedd yn ffyddlon i egwyddorion crefyddol Ymneilltuol. Cydymdeimlai ef, felly, â'r hen löwr o dad a oedd wedi gweithio at ei esgyrn er mwyn addysgu ei feibion. Ystyriai John Henry yn llwgr ac yn anonest am roi'r gorau i'r weinidogaeth heb drafod ei amheuon gyda'r tad a oedd wedi aberthu cymaint er mwyn ennill manteision addysg iddo ef. Ystyriodd ymddygiad Lewis, y mab hynaf, yn waeth byth, gan iddo fynegi dicter a gwawd tuag at ei dad o'r dechrau. A oes ryfedd, y mae'n gofyn i ddarllenwyr *Y Darian*, fod John Price yn ddig at ei feibion?

> Dyma'r trychineb – gweithiasai'r tad yn galed mewn amser ac allan o amser, aberthodd yn ddirwgnach lawer o gysuron y gallasai fod wedi eu mwynhau i roddi addysg i'w feibion, a dyna'r meibion hynny'n edliw iddo ei fod wedi gwneud eu cartref yn uffern iddynt! Nis gellid cael gwell portread o anniolchgarwch y rhai a gynrychiolir gan y bechgyn hyn i'r rhai yr aethont i mewn i'w llafur hwynt . . . Y mae'n dda gennym weled digon o nerth cymeriad John Price, er cryfed apeliadau tyner ei briod, i beri nas gallai ei feibion ei ddioddef yntau.[28]

Y mae un o sylwadau J. Tywi Jones, yn hynod ddiddorol o safbwynt hanesyddol. Derbynia mai cynrychiolydd teg o fywyd crefyddol mewn oes sydd yn mynd heibio yw John Price, ond dywed mai ei brofiad ef fel gweinidog yng Nghymru yw fod hen grefyddwyr o'i gydnabod ef yn dueddol iawn o addasu i'r math o newid sy'n digwydd yn eu teuluoedd:

> Rhaid i mi ddweyd hyn, sef nad ydym wedi digwydd cwrdd â thad o fath John Price yng Nghymru yn ei ymddygiad at ei blant . . . Gwyddom am nifer o fechgyn yn ein gwlad a grwydrasant can belled a bechgyn John Price oddiwrth hen safleoedd, ond eu rhieni yn eu hesgusodi yn selog ac yn ymffrostio ynddynt. Braidd na theimlwn weithiau fod tuedd yn rhieni Cymru i fynd yn rhy bell yn y cyfeiriad hwn.

Nid oes raid, wrth gwrs, i ddrama fod yn hanesyddol fanwl – y mae'n ddigon i gyflwyno enghraifft unigol a allai fod yn wir. Ond gan dderbyn hynny, y mae sylwadau'r cyn-weithiwr, y gweinidog a'r golygydd yn ein hatgoffa mai'r hyn sydd gennym yn John Price yw blaenor di-gyfaddawd y traddodiad llenyddol, yn hytrach na chynrychiolydd o bob blaenor cydwybodol cyfoes yn y Gymru oedd ohoni yn y flwyddyn 1914.

Fe all fod dyn fel John Price wedi bodoli, wrth gwrs, dyn y mae ei fab hynaf yn ei gasáu ac yn barod i godi ei ddwrn yn ei erbyn ac y mae ei ail fab yn ei fradychu. Os felly, onid yw ei sefyllfa yn gofyn am esboniad; ac yn arbennig felly os oes trydydd mab sy'n caru ei dad a'i frodyr? Dyna fyddai wedi tynnu sylw Ibsen – nid y gwrthdaro dramataidd yn unig, ond ei seiliau ym modolaeth y cymeriadau ac yn y berthynas rhyngddynt. Dyna y mae Francis yn ei osgoi'n gyfan gwbl, oherwydd byddai cynnig dadansoddiad o gymhlethdod seicolegol y teulu argyfyng-us wedi tynnu sylw'n llwyr oddi wrth eu gwerth enghreifftiol.

Y gwir yw fod Francis yn trin ei gymeriadau fel teganau. Y mae hyn yn arbennig o wir am Gwilym, nad yw'n caniatáu iddo unrhyw allu i weithredu yn y byd o'i gwmpas. Yr awgrym yw, wrth gwrs, mai dim ond yn rhinwedd ei salwch a'i ddiymadferthedd y mae Gwilym yn meddu ar y gallu i fod yn gymhedrol. Y mae ei farwolaeth yn ganlyniad i'r cymedroldeb hwnnw, gan ei fod yn ei ymarfer wrth geisio dwyn perswâd ar Lewis wrth i'w frawd annerch y streicwyr. Ond dyfais ydyw, y mae'r dramodydd yn ei ddefnyddio yn y lle cyntaf i glorianu'i gwrth-daro rhwng ei dad a'i frodyr, ac yn ail i ddod â'r gwrthdaro hwnnw i ben mewn modd sy'n caniatáu iddo gadw'r ddysgl yn wastad o ran cydymdeimlad y gynulleidfa â'r naill ochr a'r llall. Y mae marwolaeth Gwilym yn caniatáu i Francis roi pen ar fwdwl y ddrama heb ddatrys dim.

Dyfais arall yw symud pwyslais y ddrama yn raddol at y fam, sydd wedi bod yn hollol oddefol ar ei hyd. Y mae'n ddiddorol sylwi i'r ddyfais honno lwyddo i argyhoeddi cynulleidfaoedd cyfoes mai sefyllfa gwraig John Price oedd gwir ganolbwynt y ddrama. Felly yr Athro Gilbert Norwood, a oedd yn fawr ei werthfawrogiad o berfformiad Rhuamah Rhys fel Gwen Price pan lwyfannwyd *Change* yng Nghaerdydd:

The contrast between the old generation and the new, which forms the main theme of this drama, is here treated well indeed, yet with no extraordinary power. But the contrast between man and woman, between the father with his memories and prejudices, the sons with their hopes and opinions, on the one side, and the mother with neither prejudices nor opinions, but only blind eternal instincts, on the other . . . raised the whole performance to the height of a great dramatic event.[29]

Ond y gwir yw mai pathos melodrama a geir yn *Change*, yn hytrach na dwyster trasig *Riders to the Sea* gan Synge. Y broblem yw – er mwyn creu'r *tableau* goddefol y mae'n medru ei ddefnyddio i orffen y ddrama, y mae Francis yn gwyrdroi prif ffrwd seicolegol y ddrama fel y mae'n ei datblygu at ddiwedd y drydedd act.

O ran hynny, y mae'n anodd peidio â theimlo bod y gwrthdaro enghreifftiol a gyflwynir yn *Change* wedi dod i ben gyda marwolaeth Gwilym. Nid yw'r gwrthdaro newydd sy'n angenrheidiol er mwyn am-ddifadu'r fam o'i phlentyn olaf yn dilyn yr hyn yr ydym yn ei wybod am y cymeriadau cyn hynny. Nid wyf yn awgrymu nad yw'r modd y mae Francis yn cyflwyno John Price a Lewis yn y drydedd act yn naturiol ac yn effeithiol. Fe all y byddai tad a mab yn ymateb i farwolaeth y bachgen arall yr oeddynt yn ei garu trwy gyfeirio dicter a chasineb tuag at ei gilydd. Ond pe bai hynny wedi digwydd ni fyddai'r dicter hwnnw wedi ei esbonio gan Galfiniaeth draddodiadol y naill na Sosialaeth genhadol y llall. Byddai rhyw esboniad arall yn eisiau – rhywbeth a fyddai'n denu holl sylw dramodydd Ibsenaidd a chanddo ddiddordeb ysol yn y cysyllt-iad rhwng y byd syniadaethol a chymhellion isaf y natur ddynol. Nid oes gan Francis y diddordeb hwnnw. Perthyn i reng is o ddramodwyr y mae gwrthdaro treisiol rhwng unigolion yn cynnig cyfle i wau patrymau syniadaethol ag iddynt werth affeithiol – mewn gair, melodrama.

Ephraim Harris

Wrth adolygu wythnos y ddrama Gymraeg yn Abertawe yng ngholofnau'r *Cambrian Daily Leader* yn 1919, ceisiodd Saunders Lewis sefydlu fframwaith beirniadaeth newydd y gellid mesur gwir werth celfyddydol y ddrama newydd y tu mewn iddo. Ac yn ôl safonau'r feirniadaeth honno, er llymed ei farn ar weithiau fel *Maesymeillion*, cydnabu *Ephraim Harris* fel 'a work of genius', 'something which has not a relative importance . . . but a separate and independent value – an interest for its own sake and by its own right'.[30] Ar sail y datganiad a roddwyd yn Abertawe gan gwmni Dan Mathews, cydnabu'r beirniad fod *Ephraim Harris* yr un peth 'actual and absolute' a oedd yn sicrhau dyfodol y ddrama Gymraeg:

> As emphatically as I may, I desire to salute a work of genius, and for me the full beginning of Welsh drama dates from last night's performance of this play by Mr Dan Mathews's company.

'*Ephraim Harris*,' meddai Saunders Lewis, 'belongs to a different category from everything else of the week, and from the author's other work as well.'[31] Cydnabu bod y ddrama un act, *Ble Ma Fa?* wedi ei seilio ar syniad dramataidd clir a phendant:

> [T]he author's purpose is to raise this widow's chair by the fire of a dark kitchen into a tribunal seat, before which the cold believers, with their definite unemotional dogmas, come, are probed, shuffle in unease, have their armour pierced and torn, and pass away, themselves bruised and shamed.[32]

Ond teimlai fod y thema dda ddramataidd hon wedi ei difetha yn *Ble Ma Fa?*, tra bod *Ephraim Harris* yn ymgorffori'r ddisgyblaeth ddychmygus nad yw'n perthyn ond i'r dramodydd sydd hefyd yn wir gelfyddwr:

> The play had a complete unity and efficiency of structure. There was no superfluous passage, nothing to cloud the march of the plot to a fully conceived conclusion. The strength of its conception revealed the working of a virile intellect, a shaping power that showed a writer with an instinct for the drama. Mr. Davies has a masculine intelligence; a temper sardonic and even a little sinister, a clearsighted wit and irony. Above all, he is an artist, gifted with a shaping, creating, restraining will.[33]

Y mae'n anodd peidio â drwgdybio bod a wnelo'r ganmoliaeth eithafol hon â'r angen a deimlai Saunders Lewis ar y pryd am linyn mesur celfyddydol y medrai ei ddefnyddio i sefydlu safonau beirniadol digonol i'r mudiad newydd. Y mae'n ddiddorol sylwi, hefyd, fod a wnelo hyn â'r broses o ddatblygu'r weledigaeth wrth-ramantaidd a amlygir yn ei ddrama gyntaf ef, *The Eve of Saint John* (1921). Ar y llaw arall, dengys hefyd pa mor bell oedd gan Saunders Lewis i deithio yn y cyfnod hwnnw cyn cyrraedd y weledigaeth feirniadol a oedd yn sail i *Gwaed Yr Uchelwyr*. Ceir yn y ddrama honno, o'r diwedd, ymwybyddiaeth o fethiant deallusol sylfaenol a rannai D. T. Davies gyda J. O. Francis a dramodwyr eraill y traddodiad, ac a'u hataliodd rhag symud y tu hwnt i felodrama sentimental y cyfnod.

O'i chymharu â *Beddau'r Proffwydi* ar y naill law, a *Change* ar y llall, y mae *Ephraim Harris* yn llawer nes at batrwm y ddrama Ibsenaidd, gan ei bod yn canolbwyntio'r sylw'n gyfan gwbl ar broses seicolegol yn hytrach na digwyddiad allanol. Fel y dywed yr Athro Norwood yn ei adolygiad ar y perfformiad yng Nghaerdydd yn 1914, ceir yn *Ephraim Harris* 'the history of a soul, the inner life of the spirit, with no reference at all to the external world, except in so far as it confines and limits the activities of the spirit'. Y mae'r crynodeb a roddir o'r plot gan Norwood yn pwysleisio'r un elfen o gynildeb a disgyblaeth y mae Saunders Lewis yn ei chanmol:

> The plot may be given in a few words. A young man, believing fiercely in all the Calvinistic austerities which had such a hold upon Wales at the beginning of the last century, thinks himself the father of an illegitimate child, but is prevented, against the promptings of his own conscience, from making a public confession to the church. The years pass by, and he, deservedly gaining the confidence and respect of his church, is made a deacon and becomes noted for his strictness as a disciplinarian. But throughout all his life, he sees in his misfortunes – the death of his young children, the madness of his mother, and the marriage of his only daughter to a notorious 'sinner' – the hand of God punishing him for the evil deed of his youth. At the end of the play, he finds that he has been deceived, and that he never had an illegitmate child.[34]

Heb sylweddoli hynny, gwnaeth Norwood bwynt pwysig yma, wrth gyfeirio at ddechrau'r bedwaredd ganrif ar bymtheg fel yr adeg pan oedd disgyblaeth eglwysig gaeth yn arferiad, yn hytrach nag at ddiwedd y ganrif honno. Y ddisgyblaeth honno, wedi ei hymarfer yn erbyn aelod a gerddodd adref drwy nos Sadwrn a bore Sul i gyrraedd gwely angau ei wraig a yrrodd Gwilym Hiraethog i ymadael â'r Hen Gorff a sefydlu capel annibynnol yn nauddegau'r ganrif. Ymhell cyn yr wythdegau, yr oedd y teimlad wedi ymledu nad oedd 'crefydd na dynoliaeth' yn y fath ddisgyblaeth ffurfiol. Felly, pan gyfeiriodd Morien at y ffaith y dylasai Cymdeithasfa Corwen fod wedi diarddel aelodau Cwmni Trefriw o ran cysondeb fe'i gwnaeth yn y wybodaeth sicr na fyddent yn gwneud hynny.

Yr hyn na sylwodd Norwood arno, wrth gyfeirio at y ddisgyblaeth eglwysig sy'n sylfaen i *Ephraim Harris*, yw'r ffaith fod y ddrama wedi ei lleoli mewn cyfnod llawer yn ddiweddarach. Hynny yw, os ydym yn derbyn bod uchafbwynt a diwedd y ddrama yn digwydd yng nghyfnod presennol y perfformiad a bod y digwyddiadau a gyflwynir rhwng cyfaddefiad Ephraim i'w fam a'i wrthodiad i dderbyn priodas ei unig ferch yn cymryd deg ar hugain o flynyddoedd, rhaid dyddio dechrau'r ddrama tua 1880.

Y mae yna ryw elfen o amwysedd ynghlwm wrth y dyddiad hwnnw, gan fod y cyfuniad o dafodiaith Sir Forgannwg a'r lleoliad gwledig yn awgrymu cyfnod ychydig cyn dyddiad ei chyfansoddi. Rhaid derbyn, felly, y byddai cynulleidfaoedd cyfoes – ac yn arbennig y rheiny a welodd y ddrama yn y cyflwyniad gwreiddiol yn Llundain ac yn yr

Unol Daleithiau – wedi tueddu i'w lleoli mewn cyfnod cynharach. Ond y peth pwysig yw nad â'r byd yr oedd Davies a'i gynulleidfaoedd yn byw ynddo y mae ei ddrama yn ymwneud, ond â'r cyfnewidiad rhwng gorffennol mytholegol y werin Galfinaidd a'r Gymru oleuedig, addysgiedig honno.

Yn ei adolygiad sylwodd Norwood ar rywbeth arall yr oedd Saunders Lewis wedi methu â sylwi arno, sef y ffaith nad yw diwedd y ddrama yn dilyn yn naturiol ac yn anochel ar ddatblygiad y prif ddigwydd. Barn Norwood oedd y dylai *Ephraim Harris* fod wedi bod naill ai'n drasiedi Roegaidd neu'n ddrama Gristnogol, ond fod Davies wedi ceisio cyfaddawdu rhwng y ddau bosibilrwydd dan ddylanwad ei gynulleidfa:

> For some reason the play . . . ends happily, a *non sequitur* which . . . is a very serious blemish upon the work. The stately development of the motive, which cannot be too highly praised, points inevitably to a tragic ending, and the spectator with any feeling for dramatic fitness is literally shocked by the feebleness of the ending. For this we are inclined to blame, not the author, but the unwillingness of an audience, whether Welsh or English, to witness the final ruin of a noble life; an unwillingness which makes the lot of the conscientious dramatist a particularly hard one.[35]

Gan ei fod yn edmygu athrylith y dramodydd gymaint, y mae'n hawdd gweld pam y byddai'r Athro Norwood yn dymuno maddau iddo, rywsut neu'i gilydd, y trosedd celfyddydol y mae'n ei weld yn y ddrama. Serch hynny, nid oes tystiolaeth fod Davies yn ymwybodol o unrhyw anghysondeb yn y ffordd y strwythurodd gynllun sylfaenol ei ddrama.

Y cwestiwn sylfaenol mewn perthynas â'r ddrama yw a yw'r dröedigaeth y mae Ephraim yn ei phrofi'n dilyn o ganlyniad i'w gymeriad a'i amgylchiadau. Rhaid cyfaddef bod Davies wedi llwyddo i gyflwyno'r broses seicolegol mewn modd naturiol. Cyflwyna Ephraim i ni fel gwir fab ei dad, y blaenor gonest a chyson, sy'n byw yn ôl rheolau caeth y gyfundrefn Fethodistaidd. Y mae Ephraim wedi mewnoli'r gyfundrefn honno, sy'n golygu ei fod yn profi teimlad o annigonolrwydd ac euogrwydd wrth dderbyn dadl ei fam y dylai guddio ei bechod ei hun er mwyn cadw yr achos crefyddol rhag gwarth. Ac wrth iddo blygu i'r iau a derbyn cyfrifoldeb dros y ddisgyblaeth gyfundrefnol y mae wedi dianc ohoni ei hun, dioddefa Ephraim salwch meddyliol y dyn cryf. Wrth iddo gwrdd â phrofedigaethau, gan golli dau fab bach ac yna'i wraig wrth iddi roi genedigaeth i ferch, y mae Ephraim yn mynd i gredu bod y cwbl a ddigwydd iddo'n gosb gan Dduw. Pan gwrddwn ag ef ar ddechrau'r ail act y mae ar fin derbyn y newyddion fod ei ferch, y mae wedi ei magu'n gaeth iawn yn ôl ei weledigaeth wyrdroëdig grefyddol ei hun, wedi ffurfio perthynas â bachgen o'r ardal ac yn barod i'w herio ef wrth ymadael â'i chartref i'w briodi.

Dyma'r argyfwng y mae Dinah Morris yn achub mantais arno er mwyn creu argyfwng seicolegol yn Ephraim a'i arwain i wrthryfela yn erbyn ei argyhoeddiad gwyrdroëdig. Y mae llawer y gellid ei ddweud am rôl Dinah yn y ddrama. Y mae'n ddiddorol i'w chymharu hi â chymeriad fel Gregers Werle yn *Hwyaden Wyllt* Ibsen. Y mae ef, hefyd, yn ymyrryd â datblygiad digwydd y ddrama, drwy ddwyn pwysedd ar gymeriadau eraill. Ond tra ei fod ef yn rhan o'r digwydd, wedi ei symbylu gan yr un seicoleg â'r cymeriadau eraill, nid felly Dinah. Er ei bod hi'n dylanwadu ar yr hyn sy'n digwydd yn y ddrama, nid yw hi'n rhan o'r digwydd hwnnw. Saif rhwng y cymeriadau eraill a'r gynulleidfa, sy'n graddol ddod i'w derbyn fel awdurdod moesol yn rhinwedd y ffaith ei bod hi'n esgymun gan y gymuned sy'n byw dan gysgod disgyblaeth y capel. Heb ymyrraeth Dinah ni fyddai modd i Ephraim brofi tröedigaeth a chael rhyddid rhag hualau'r gorffennol – a dyna ddigon ynddo'i hun i ddangos bod D. J. Davies yn euog o drin digwydd y ddrama er mwyn sicrhau ei fod yn aros y tu mewn i'r traddodiad comedïol yn hytrach na throi'r ddrama'n drasiedi.

Y mae'r gymhariaeth rhwng gwaith Davies ac eiddo Ibsen yn ddiddorol o safbwynt arall. Sail y chwyldro a gyflwynodd Ibsen yn saithdegau'r bedwaredd ganrif ar bymtheg oedd ei dechneg o greu argyfwng drama-taidd a oedd yn cwblhau proses lawer hwy na'r hyn a gyflwynwyd yn y ddrama. Felly yn *Y Dychweledigion*, y mae'r ddrama yn dechrau gyda pharatoadau Mrs Alving ar gyfer dychweliad ei mab, ac yn gorffen yn hwyrach yr un noson wrth iddo suddo i'r cyflwr o ddiymadferthedd y mae wedi pledio arni i'w achub ohono wrth ei ladd. Y mae'r gynulleidfa yn dehongli digwyddiadau'r diwrnodau hyn yng ngoleuni'r cyfnod hwy, sef y pum mlynedd ar hugain rhwng priodas Mrs Alving â thad Oswald a'r presennol. Felly wrth i'r ddrama ddiweddu, gyda'r fam yn sefyll dros gorff ei mab anymwybodol, gwêl y gynulleidfa wir ystyr y dychweledigion – gweddillion credoau'r gorffennol y mae hi erbyn hyn yn eu gwadu, heb allu dianc rhag canlyniadau ei hymlyniad wrthynt yn nyddiau ei hieuenctid.

Fe allai Davies fod wedi mabwysiadu cynllun Ibsen, gan ddechrau *Ephraim Harris* gyda pharatoadau gogyfer â gwrthodiad Morfudd i briodi Mr Jones, y gweinidog. Fe allai wedyn fod wedi gweithio cyfeiriadau at ddigwyddiadau'r blynyddoedd cynt i mewn i'r digwydd, fel y gwnaeth Ibsen yn achos *Y Dychweledigion* a dramâu eraill. Buasai cyfiawnhau rôl

Dinah ychydig yn fwy anodd, efallai, ond byddai holl ganolbwynt y ddrama ar y berthynas rhwng y tad a'r ferch, sy'n wir drobwynt y sefyllfa seicolegol.

Ond dewisodd adeiladu ei ddrama mewn modd sy'n tynnu sylw rhag gwir bwysigrwydd y trobwynt hwn – ac oddi wrth brif wendid ei ddehongliad o'r digwydd y mae'n ei drin. Y mae'r ffaith fod Morfudd yn dewis Griff Pugh, bachgen digon diniwed, naturiol a heini o'i gymharu â'r gweinidog, Mr Jones, yn brif amod achubiaeth ei thad. Ond ni chynigir unrhyw esboniad o allu rhyfeddol Morfudd i wneud y dewis iachus hwnnw drosti ei hun. Dengys hanes ei modryb, Martha, y dynged sy'n gyffredin i ferched sydd wedi eu magu mewn teuluoedd tra pharchus a phwysig – ni lwydda Martha i ddod o hyd i na phren na bachgen cymwys cyn ei bod hi'n rhy hwyr. Fe allai hi fod wedi bod yn gymorth i'w nith yn ystod ei magwraeth er mwyn ei hachub rhag yr un dynged, ond ychydig a wneir o'r posibilrwydd hwnnw yn y ddrama. A chan ystyried naws a chyfeiriad y fagwraeth y mae Morfudd wedi ei derbyn dan ddwylo ei thad, sy'n ei defnyddio fel tarian yn erbyn yr Arglwydd dialgar, y mae'n anodd gweld sut y gallai hi fod wedi ei hachub yn groeniach rhag yr un niwed a dderbyniodd Ephraim dan ddwylo Enoch, ei dad yntau.

Ond cofiwn y pwynt a wnaeth yr Athro Norwood, mai drama un cymeriad yw *Ephraim Harris*. Nid yw'r cymeriadau eraill, meddai ef, namyn 'tangible symbols of those cosmic reactions against which the spirit struggles'.[36] Dyna a ddylasent fod, ond yn anffodus teimlai'r dramodydd ei fod yn gorfod eu defnyddio, nid yn unig i ddylanwadu ar y broses fewnol o'r tu allan, ond hefyd i ymyrryd â hi i sicrhau ei fod wedi ei datrys mewn modd boddhaol. Rhaid oedd achub Ephraim, costied a gostio, oherwydd pe bai ei hanes ef wedi diweddu mewn diflastod a chwerwder ni fyddai wedi bod yn ddelwedd o gyfnewidiad o'r hen i'r newydd. Wrth ddianc rhag hualau haearnaidd ei seicosis ef ei hun, y mae Ephraim yn croesi trothwy'r byd newydd y mae Davies a'r cynulleidfaoedd a welodd ei ddrama yng Nghaerdydd ac Abertawe yn byw ynddo. Pe na bai Ephraim wedi llwyddo i wneud hynny efallai y byddai'r ddrama'n haeddu hyd yn oed y clod a roddodd Saunders Lewis iddi, ond ni fyddai wedi cyflawni amcan yr awdur.

Ar y Groesffordd

Un o'r gweinidogion newydd oedd R. G. Berry, a addysgwyd yng Ngholeg Bala–Bangor ac yna yng Ngholeg Prifysgol Gogledd Cymru, ac felly yn gynnyrch i'r grefydd Anghydffurfiol newydd y disgrifiodd yr Athro T. J. Morgan hi fel y 'grefydd normal' yn hytrach na'r 'grefydd eithafol "achub-enaid"' oedd yn prysur fynd heibio.[37] Yn ôl yr Athro Morgan cydnabu W. J. Gruffydd Berry fel un a oedd yn rhannu'r un feirniadaeth gignoeth o grefydd gapelyddol y cyfnod – yr un mor feirniadol, meddai, 'â Charadoc Evans ei hun, ond fod y feirniadaeth yn ymhlyg a rhwng y llinellau yn hytrach na thrwy ymosodiad agored'. Serch hynny, credai T. J. Morgan, na rannai Berry nac 'ansawdd gignoeth-gynhyrfus' Gruffydd, na thuedd D. T. Davies at feirniadaeth gymdeithasol ddifrifol. Storïwr a pherfformiwr oedd, yn bennaf, ac er ei fod yn rhwym o fod yn rhyw gymaint o feirniad 'yn y dull o lunio a chyflwyno'i stori', dihangodd rhag y duedd unllygeidiog sy'n britho gwaith dramodwyr eraill y cyfnod.[38]

Er ei fod yn rhannu'r un deunydd ac yn amlwg yn perthyn i'r un traddodiad, saif Berry ar wahân i ddramodwyr newydd y cyfnod cyn y Rhyfel Mawr am iddo lwyddo i greu rhywbeth mwy tebyg i gomedi gymdeithasol y traddodiad Ewropeaidd nag sydd yn eu gweithiau nhw. Mae'n trin yr un elfennau yn ei ddramâu â D. T. Davies ac W. J. Gruffydd ar y naill law a J. Tywi Jones a Gwynfor ar y llall, ond y mae'n eu cyfuno mewn ffordd wahanol. Fel hyn y dywed T. J. Morgan am *Ar y Groesffordd*:

> Ceir gweinidog ifanc . . . yn rhoi cynnig ar 'achub' merch i sgamp o botsier, a'r sgamp ei hun o ran hynny, sef tad a'i ferch yn byw yn gwbl ar wahân i gymdeithas barchus y capel, ac yn wrthodedig fel gwahanglwyfion y cyfnodau cynnar. Mae'r syniad yn gwbl nodweddiadol o'r cyfnod, am fod gwahaniaeth hollol ddiametrig rhwng safbwynt a gwerthoedd y gweinidog ifanc a rhagfarn y gymdeithas barchus: a byddai'n hawdd iawn beri i belydrau'r Testament Newydd dywynnu ar y gweinidog ifanc sy'n gyfaill pechaduriaid a phublicanod a rhoi'r eglwys yn safle'r phariseaid. Mae rhyfwaint o'r cyferbyniad yma yn hanfod yn y syniad, hynny yw, yn y weithred o lunio'r broblem; ond nid yw ffordd Berry o ddatblygu'r stori yn dilyn llinellau brwydr rhwng hen ac ifanc, rhwng golau a thywyllwch, rhwng tosturi a rhagfarn.[39]

Fe allai'r Parchedig Eifion Harris, gweinidog Seilo, fod wedi chwarae yr un rôl yn union â'r Parchedig Daniel Roberts, gweinidog newydd Salem, yn *Ble Ma Fa?*. Yr un gwrthdrawiad sylfaenol a geir yn y ddwy ddrama, rhwng blaenoriaid sy'n gweithredu yn ôl mân lythyren rheoliadau'r cyfundeb a gweinidogion ifainc sy'n dibynnu ar air Duw. Fe fyddai'r bregeth a rydd Eifion i flaenoriaid Seilo wrth iddo ateb yr holiad – a yw Nel Davies yn bwysicach yn ei olwg na bod yn weinidog yr Efengyl? –

wedi rhyngu bodd Dinah Morris o *Ephraim Harris* a Huw Bennet o *Beddau'r Proffwydi*:

> Gweinidog yr Efengyl ar bobl Seilo ydw i ac nid gweinidog Seilo ar yr Efengyl – mae'r Efengyl yn fwy na Seilo, yn anfeidrol fwy, ond mae perig i ddyn feddwl weithiau fod Eglwys Seilo yn fwy ac yn gallach na'r Efengyl.
> . . .
> Eglwys Seilo, sef y bobl sy'n dod yngyd i'r capel – y nhw sy'n dweyd, os ydynt yn dweyd, nad ydi Nel Davis ddim yn ffit i fod yn wraig i weinidog Seilo; dydi'r Efengyl ddim yn dweyd hynny – yr Efengyl fel rwyf fi'n ei deall. Rhagfarn pobl Seilo yn erbyn Nel Davis sydd o dan y gwrthwynebiad yma i mi ei phriodi.[40]

Y mae Eifion rywfaint yn wahanol i'r rhelyw yn rhinwedd ei gryfder, ei ymarfer corfforol a'i barodrwydd i wrthsefyll ac i ddychwelyd ergyd os bydd angen. Y mae'n wahanol, hefyd, yn ei allu i dderbyn dyn er ei fod yn ymwrthod â'i weithred, yn ei swildod diymhongar ym mhresenoldeb merch ddieithr ac yn ei dreiddgarwch, sy'n ei alluogi i ddeall ac i dderbyn ymateb chwerw ei chwaer i'r berthynas â Nel. Eto i gyd, y mae'n amlwg ei fod yn perthyn i ddosbarth gweinidogion ifainc, addysgiedig y grefydd newydd a'i brif rinwedd a'i brif swyddogaeth ddramataidd yw i hawlio breintiau'r grefydd honno yn y byd sydd ohoni.

Gan ddweud hynny, rhaid ychwanegu nad yw'r byd a gyflwynir yn *Ar y Groesffordd* yn union yr un â'r byd a geir yn nramâu eraill y cyfnod. Nid bod Berry yn ymwneud yn uniongyrchol â'r union fyd a welai o'i gwmpas yng Ngwaelod y Garth yn y blynyddoedd cyn y Rhyfel Mawr. Er na ddywedir dim yn y ddrama i awgrymu nad yw'n ymwneud â'r cyfnod cyfoes, egyr *Ar y Groesffordd* yn y gweithdy saer a sefydlwyd yn y traddodiad llenyddol ers dyddiau F'Ewyrth Robert. Fe allai'r aelwyd honno fod wedi cyfateb rywbryd i sefydliad hanesyddol – yn ôl yn y dyddiau pan ddysgodd Daniel Owen ei grefft, efallai, yng ngweithdy Angell Jones, ond gwerth mythologol sy'n perthyn i weithdy Jared Jones, tebyg iawn i weithdy Hywel y Gof a welir yn *Trem yn Ôl* (1913), gan Gwynfor – a hwnnw wedi ei leoli 'yngylch hanner can mlynedd yn ôl'.

Ar aelwyd F'Ewyrth Robert, yr oedd sylwedd y drafodaeth yn ddifrifol, er bod yna elfen go gref o gomedi, ond comedi'n unig a geir ar aelwyd Jared. Canolir y drafodaeth a gyfyd ymhlith y blaenoriaid yno ar y berthynas rhwng y byd a'r betws Anghydffurfiol – a ddylai'r crydd o flaenor a Rhyddfrydwr wneud esgidiau i'r Eglwyswr o Dori? Neu yn y ffordd y'i cyflwynir i Eifion Harris ar ôl iddo yntau ddod i mewn, a fyddai St Paul fod wedi gwneud pabell i anffyddiwr a oedd yn elyn i Dduw? Y mae Eifion yn datrys y mater yn awdurdodol, fel y byddid yn disgwyl gan weinidog mewn drama: 'Basa, greda i, ac mi fasa wedyn yn mynd at y dyn i'r *tent* i geisio gwneud gwell dyn ohono fo.'[41] A dyna gyfle iddo ef gyflwyno cais i'w flaenoriaid a hwythau i gyd wedi ymgasglu'n gyfleus yng ngweithdy Jared, sef, a ydynt yn fodlon iddo ef, fel gweinidog newydd, ymweld â phawb yn y gymdogaeth nad ydynt yn aelodau eglwysig, i'w gwahodd i'r capel.

O safbwynt crefyddol ni fyddai'r cais mor ddiniwed y pryd hwnnw ag y mae'n ymddangos erbyn hyn. Troes un o frwydrau mawr y Gyfundrefn Fethodistaidd o gwmpas yr un cwestiwn ryw hanner can mlynedd cyn hynny – brwydr a enillwyd gan ddynion fel John Jones, Talsarn – a dyma gam cyntaf ar hyd y llwybr tuag at y grefydd newydd o'r hen grefydd Galfinaidd a fynnai oruchafiaeth gras achubol Duw yn achubiaeth dyn. Y mae'r cwestiwn ynddo ei hun, felly, yn faen prawf o safle crefyddol dyn, hyd yn oed yn 1913!

Ond gan ystyried hynny, diddorol yw sylwi nad oes gan hen flaenoriaid *Ar y Groesffordd* wrthwynebiad i gais y gweinidog ar sail diwinyddiaeth. Dengys Ifan y crydd rywfaint o anfodlonrwydd ar sail ei Ryddfrydiaeth: 'mi rydw i'n leicio gadael i ddynion fod at eu dewisiad, heb ddim gorfodaeth yn y busnes o gwbl'.[42] Ond wrth i Eifion esbonio na fyddai gorfodaeth ar neb, dim ond rhyw ddangos parch a diddordeb o'i ran ef fel gweinidog yr Efengyl, y mae'r drafodaeth yn dirywio i gellwair am amharodrwydd eu cymdogion i dalu dyledion.

Mewn ffordd, gellid trin yr olygfa gyntaf hon yn y gweithdy fel cyflwyniad i'r ddrama go iawn, am nad oes dim byd yn digwydd sy'n effeithio ar y prif weithgarwch. Ei hunig bwysigrwydd mewn perthynas â'r gweithgarwch hwnnw yw ei bod yn symbylu'r ymweliad a welir yn yr olygfa nesaf a'r cyfarfod cyntaf rhwng Eifion a Nel. Ar y llaw arall, o safbwynt y gynulleidfa, y mae'r holl drafodaeth gomedïol rhwng y blaenoriaid yn drothwy y mae'n rhaid iddynt ei groesi cyn mynd i mewn i fyd y ddrama go iawn. Y mae'n sefydlu cywair, felly, ac yn cyflwyno byd cymdeithasol lle nad yw'r cwestiynau crefyddol o wir bwys, er bod y byd hwnnw wedi ei drefnu o gwmpas sefydliad crefyddol.

Awgrymaf mai'r groesffordd a gyflwynir yn y ddrama hon yw'r groesffordd y mae'r holl gymunedau Anghydffurfiol yn ei hwynebu – neu wedi ei hwynebu – yn negawd cyntaf yr ugeinfed ganrif. Wrth gwrs y groesffordd y cyfeirir ati yn y ddrama ei hun yw honno sy'n sefyll rhwng y ddau lwybr gwahanol y mae chwaer Eifion yn eu disgrifio iddo – y llwybr y rhoddodd ei rieni tlawd a duwiol eu hunig fab arno ac a arweiniodd at ei swydd yn Seilo, a'r llall a agorir iddo oherwydd iddo gwympo mewn cariad â Nel Davies, nad yw blaenoriaid Seilo yn ei derbyn fel gwraig addas i weinidog. Gwna Eifion y dewis iawn, wrth gwrs, ond nid oes raid iddo ddewis rhwng ei swydd yn Seilo a Nel, yn gyntaf oherwydd iddi hi ei wrthod ef, ac yn ail oherwydd bod y blaenoriaid yn newid eu meddwl amdani.

O ystyried hynny y mae'n ddiddorol gofyn beth a symbylodd Berry i lywio'r ddrama hon. Nid oes amheuaeth parthed y penderfyniad y bydd Eifion ei hun yn ei wneud o'r olygfa gyntaf ymlaen. Dyma ddyn sy'n dangos cryfder meddwl, ffydd grefyddol ddi-sigl a hyder yn y ffydd honno. Pe bai ef wedi gorfod dewis rhwng cariad a pharchusrwydd byddai hi'n ddrama dra gwahanol, wrth gwrs, ond gan ei fod yn boblogaidd ac yn effeithiol fel pregethwr ac fel gweinidog y mae'n annhebyg y byddai wedi dioddef yn hir cyn cael galwad arall. Y mae'r ffaith iddo dderbyn sawl galwad cyn diwedd y ddrama, a'r rheiny oddi wrth eglwysi dinesig cryf, yn brawf o hynny. Yr unig beth a allai fod wedi llcthu Eifion fyddai priodi Nel a gorfod derbyn ei thad. Ond fe achubir ef rhag y dynged honno gan giperiaid y Plas!

Gellid dadlau mai'r unig beth sy'n digwydd yn y ddrama hon yw fod cymuned Seilo, a gynrychiolir gan y blaenoriaid a chan Marged, chwaer Eifion, yn newid ei meddwl am Nel. Nid yw hynny'n digwydd yn y ddrama, ond oddi ar y llwyfan, yn ystod y flwyddyn y mae hi'n hyfforddi fel nyrs yn Llundain. Ac nid yw hynny yn mynegi unrhyw newid sylweddol, gan ei fod yn dibynnu ar y darganfyddiad ei bod hi'n perthyn i'r sgweier a'r ffaith ei bod yn cael addysg a gwareiddiad yn y ddinas fawr.

Beth, ynteu, sydd yn newid o ganlyniad i weithgarwch y ddrama hon? Dim byd o ran seicoleg y cymeriadau neu werthoedd moesol a chrefyddol y gymuned, heblaw am rywfaint o ostyngeiddrwydd sy'n ganlyniad i deimlad anesmwyth y blaenoriaid iddynt gymryd cam gwag wrth wrthwynebu'r briodas. Y mae newid, ar y llaw arall, yn agwedd y gynulleidfa, i'r graddau eu bod wedi dysgu meddwl mewn ffordd wahanol am y gymuned fytholegol Gymraeg, sy'n gwarantu gwerthoedd y gymuned newydd y maent yn byw ynddi. Wrth wylio *Ar y Groesffordd*, yr hyn y mae'r gynulleidfa Gymraeg yn ei brofi yw newid yn y persbectif traddodiadol. Ar y dechrau cyflwynir iddynt y cyferbyniad arferol rhwng y blaenoriaid hen ffasiwn, gwledig a'r gweinidog ifanc, goleuedig. Yna cyferfydd â merch ifanc, ddiniwed, sy'n arddel yr un grefydd naturiol â Gito *Ble Ma Fa?*, wrth addoli Duw yn sŵn y coed a'r adar. Gwelant hithau yn gyfuniad o ddiymadferthedd a chryfder mewn perthynas â'i thad, yntau'n cynrychioli'r hyn a gydnabuwyd yn draddodiadol y tu mewn i'r gymuned grefyddol fel yr hen 'natur' wyllt ddigyfaddawd na dderbynia ei dofi gan y Gair. Eifion yw'r ddolen ddynol sy'n cyfiawnhau'r cysylltiad rhwng y cipolygon cyferbyniol hyn. Ef hefyd sy'n dal agweddau gwahanol yr olygfa nesaf wrth ei gilydd – chwery ran ganolog yn y ddadl ddiwinyddol gyda'i chwaer, yn y sgwrs gyda'r blaenoriaid yn y parlwr tra bod Dic Betsi yn gwaedu i farwolaeth yn y gegin, ac yna ef sy'n gyfrwng i'r datganiad a wna Nel, wrth iddi ddangos i'r byd arucheledd enaid dyn mewn cyflwr naturiol, heb ei wenwyno gan na rhagrith na diod.

O'r pwynt hwnnw ymlaen y mae rôl Eifion yn newid. Ac yn wir, pan ddaw Mr Blackwell i mewn i swcro Nel, y mae holl naws y ddrama'n newid. Dyma Sgweier y traddodiad, Tori rhonc ac Eglwyswr, ansicr ei Gymraeg, ond yn fonheddwr ac yn Gristion ymarferol, sy'n datgelu iddo amddiffyn yr hen Dic Betsi ar hyd y blynyddoedd, o dosturi tuag at yr enaid coll a'i fod yn barod nawr i roi hyfforddiant ac addysg i'r ferch amddifad.

Dyma newid syfrdanol i fframwaith y ddrama newydd – cymherwch Mr Blackwell â sgweier cas *Beddau'r Proffwydi*, er enghraifft, sy'n llygru pawb o'i gwmpas ac yn caru ei ffesantod yn fwy nag unrhyw enaid byw! Gellid dadlau y dylai'r ddrama fod wedi gorffen ar y pwynt hwn, gan nad yw'r hyn sy'n weddill yn dilyn yn anochel yr hyn sy'n digwydd cyn hynny. Ond y gwir yw fod y rôl newydd, anhraddodiadol a roddir i Mr Blackwell yn ddatblygiad sy'n angenrheidiol er mwyn cwblhau'r ddrama yn y cywair comedïol. Ac y mae hynny ynddo'i hun yn hanfodol bwysig oherwydd nid yw Berry yn ymddiddori yn sefyllfa'r cariadon fel y cyfryw, dim ond fel cyfrwng yn unig i'r hyn sy'n digwydd wedyn, sef dychwelyd i weithdy'r traddodiad.

Nid amcan sylfaenol Berry yw newid ei gymeriadau, ond i newid y ffordd y mae ei gynulleidfa – y gymuned Gymraeg sydd ohoni – yn meddwl amdani ei hun mewn perthynas â'r byd y tu hwnt iddi. Anodd peidio â dyfalu i ba raddau yr oedd sefyllfa'r gymuned grefyddol yng Ngwaelod y Garth yr oedd ef yn gyfrifol amdani yn pwyso ar ddychymyg y dramodydd – pentref bach ar gyrion Caerdydd, ar gyrion Cymru Seisnigaidd yr ugeinfed ganrif, yn cadw ei Chymreictod dim ond oherwydd yr afon a lifai rhyngddi a'r byd newydd. Ta waeth am hynny, diddorol yw sylwi ar safle neilltuol Berry ymhlith dramodwyr newydd y cyfnod hwnnw a'i gyfraniad at y cyfrwng newydd. Dengys ymwybyddiaeth lai anesmwyth, lai beirniadol nag eiddo Gruffydd, Davies, neu Francis, hyd yn oed, er ei fod yntau'n rhannu'r un duedd at sentimentaliaeth. A dengys agwedd fwy adeiladol at y gymuned Gymraeg y mae am i'w gynulleidfa ei gweld yn rhan o fyd ehangach sy'n rhannu llawer o'r un gwerthoedd. Er nad beirniad cymdeithasol mo awdur *Ar y Groesffordd*, fel y dywed T. J. Morgan, y mae cymaint mwy ganddo i'w ddweud am y gymdeithas Gymraeg na'r dramodwyr newydd eraill.

Drama Genedlaethol / Theatr Genedlaethol

Y mae'n anodd amcangyfrif pwysigrwydd nawdd yr Arglwydd de Walden yn y cyfnod cyn y Rhyfel. Fe'i rhoddodd yn gyntaf i *Change* J. O. Francis ac wedyn fe'i rhannwyd rhwng *Ar y Groesffordd* R. G. Berry a *Ble Ma Fa?*, *Y Dieithryn* ac *Ephraim Harris* D. T. Davies. Ynghyd â *Beddau'r Proffwydi* derbyniwyd y dramâu hyn yn gyffredinol fel dechreuad y ddrama Gymraeg hirddisgwyliedig ac yn sail i'r Theatr Genedlaethol y bu Lloyd George yn galw amdani gyhyd. Y mae'n bosibl y byddai dramâu Davies a Francis wedi gweld golau dydd rywbryd yn y cyfnod hwn beth bynnag, gan iddynt ymwneud â'r ddrama am rai blynyddoedd, ers eu dyddiau yn Aberystwyth. Ond y mae'n anodd peidio â chredu bod a wnelo nawdd de Walden â'r ffaith iddynt ymddangos mor ddirybudd gyda'i gilydd dros gyfnod mor fyr. Rhaid derbyn, felly, fod de Walden yn gyfrifol i ryw raddau am y cyd-ddigwyddiad a ystyriwyd ar y pryd yn ffenomen ddiwylliannol bwysig iawn.

Yr ail gyfraniad o bwys a wnaeth de Walden yn y blynyddoedd hyn oedd penderfynu sefydlu cwmni y cyfeiriwyd ato'n gyffredinol fel Cwmni Cenedlaethol, a fyddai'n medru codi proffil y corff newydd o ddramâu ar draws y wlad. Ar ôl gwobrwyo *Change* gobeithiai de Walden logi theatrau yn ninasoedd de Cymru lle y gallasai fod wedi ei chyflwyno. Methiant fu'r ymdrech honno, oherwydd nad oedd rheolwyr y theatrau hynny yn fodlon ymgymryd â drama Gymreig. Cyflwynwyd *Change*, felly, am y tro cyntaf yn yr Haymarket Theatre, Rhagfyr 7–9, 1913.

Rhaid mai'r profiad hwnnw a berswadiodd de Walden mai sefydlu cwmni newydd oedd yr unig fodd i symud ymlaen gyda'i brosiect. Penodwyd Ted Hopcyn, cynhyrchydd o Ferthyr, i baratoi grŵp o actorion a fyddai'n cyflwyno rhaglen a oedd yn cynnwys *Pont Orewyn* de Walden ei hun, a gweithiau gan J. O. Francis, D. T. Davies ac R. G. Berry. Cychwynnwyd yr ymgyrch yn y New Theatre, Caerdydd, Mai 11–16, 1914, cyn symud ymlaen i Abertawe, Merthyr, Llanelli, Aberystwyth a

Llandrindod. Rhwystrwyd teithiau arfaethedig i drefi eraill yn ne a gogledd Cymru gan y rhyfel.

Croesawyd y prosiect yn frwd iawn yn Abertawe, lle y paratowyd ar ei gyfer gan lu o swyddogion a boneddigion mewn cyfres o gyfarfodydd cyhoeddus. Y digwyddiad yng Nghaerdydd, serch hynny, oedd uchaf-bwynt y daith, oherwydd cefnogaeth Canghellor y Trysorlys, David Lloyd George, Llywelyn Williams, Williams Brynsiencyn, y masnachwyr James Howell a John Lewis, Ardalydd Bute a'i deulu a Maer a Maeres y ddinas. Un mesur o bwysigrwydd gwleidyddol ymweliad Lloyd George, oedd ymddangosiad wyth o *suffragettes* a daflwyd allan, fel y dywed Hywel Teifi Edwards, 'gan "bouncers" o dras'.[43] Ar ôl y perfformiad o *Change* traddododd Lloyd George araith, gan ddiolch i 'the brilliant author of the play', a rhoddodd gyfweliad, gan groesawu dyfodiad drama gened-laethol i'r wlad. Drannoeth, dan y teitl 'Mr Lloyd George and the Welsh Drama', tanlinellodd golygydd y *Western Mail* arwyddocâd y digwyddiad:

> Mr Lloyd George's presence at the New Theatre, Cardiff, last night was very gratifying to the members of the Welsh National Drama Company. His presence was welcome, in the first place, as an act of personal patronage on the part of a distinguished Welshman: it was of greater interest, however, from the fact that Mr Lloyd George represents a section of the Welsh public, a social and religious section, which has hitherto looked askance at the drama and held aloof from the theatre. His presence at the performance last night will help substantially in bringing into line those whom he may be regarded as representing. It will help them to see that the Welsh drama should be encouraged as an important form of national literature, and that the Welsh stage should be encouraged as an important form of national art.[44]

Yr oedd gan de Walden, felly, bob rheswm i fod yn fodlon â llwyddiant yr ymgyrch, er gwaethaf prinder cynulleidfa gogyfer â rhai o'r perfform-iadau Cymraeg a chwynion cyson am safon iaith rhai o'r perfformwyr.

Ar y llaw arall cafwyd gwrthymateb go bendant gan Beriah Gwynfe Evans, a ystyriodd holl gynllun de Walden yn gamgymeriad. Parchai Beriah amcanion de Walden – 'the encouragement of Welsh National Drama' – ond credai mai cam gwag oedd yr ymdrech i sefydlu theatr genedlaethol, broffesiynol, ddinesig, oherwydd, 'Any national movement . . . which ignores the existence and the needs of village and country life is foredoomed to failure'.[45] Ni chredai Beriah y gallai ymgyrch i greu cwmni cenedlaethol lwyddo ond ar seiliau'r math ar rwydwaith o gwmnïau gwledig yr oedd am i de Walden sylwi ar eu bodolaeth yng Nghymru:

I am probably well within the mark when saying that there are at least a hundred dramatic societies in Wales rehearsing Welsh plays. I know I am within the mark when I say that well over a hundred such societies have, from time to time, performed one or other of my own plays. Within a radius of a dozen miles in Glamorganshire alone there have been held, within the past two or three months, public dramatic competitions, in each of which the number of entries was so large that matinée performances had to be added to the original programme, and even then the week's competition had to be extended to a fortnight.[46]

Yn hytrach nag anfon ei gwmni teithiol o gwmpas y wlad, yr oedd Beriah am i de Walden annog a chynorthwyo'r cwmnïau bychain gwledig, trwy ddarparu ar eu cyfer gynlluniau yn dangos sut i greu llwyfan mewn ysgoldy neu neuadd, sicrhau cyflenwad o wisgoedd, golygfeydd a phosteri a thrwy sefydlu cronfa i ddarparu grantiau gogyfer ag adeiladu neuaddau addas i berfformiadau theatraidd ym mhob pentref trwy'r wlad.

Adleisiwyd dadleuon Beriah gan J. Tywi Jones yn *Y Darian*, wrth iddo sylwebu ar araith a roddwyd gan de Walden yn ystod Wythnos Ddrama Gymraeg Abertawe, yn Hydref 1919:

> Yr oedd yn dda gennym ei glywed ef yn dweyd nad oedd yn credu mewn chwareudy mawr cenedlaethol. Credai ef, er hynny, mewn Cwmni Cenedlaethol yn mynd o le i le i roi esiampl o actio, ond nid ydym ni yn credu yn hynny ychwaith. Nid ydym yn credu i'r Cwmni Cenedlaethol pan oedd mewn bod wneud nemor dim tuag at boblogeiddio'r ddrama yng Nghymru . . . Y gwir yw yr oedd ein cymoedd wedi eu britho gan gwmnioedd drama flynyddoedd cyn i'r Cwmni cenedlaethol ddod i fod, a'r rhai hynny yn chwarae wrth eu pleser fel mae'r adar yn canu yn y coed, ac y mae'r ddrama wedi ei gloewi a'i pherffeithio i'w stâd bresennol drwy fod cwmnioedd yn ymegnio, yn barnu ei gilydd, yn dysgu oddi wrth ei gilydd, gan osgoi diffygion ac efelychu rhagoriaethau ei gilydd.[47]

Drama bentref oedd drama Cymru, meddai J. T. Jones, ac yn debyg o aros felly am dymor go hir: 'Ymhell bo'r dydd y bydd y ddrama yng Nghymru wedi mynd yn ffynhonnell elw i na chwmni chwaraedy na chwmni o chwaraewyr'.

Yn ddiau yr oedd Beriah a Thywi Jones yn llygaid eu lle wrth fynnu mai gwir Theatr Genedlaethol Cymru oedd theatr y cwmnïau bychain a oedd wrthi'n brysur ar hyd y flwyddyn yn paratoi gogyfer â'r 'eisteddfodau' drama a ymestynnai ar hyd cymoedd y wlad, bron mor gyflym â'r sinemâu newydd yn y blynyddoedd cyn y Rhyfel. Y flwyddyn 1913 a welodd ddatblygiad disymwth y mudiad newydd hwn. Y flwyddyn honno penderfynodd Pwyllgor Eisteddfod Genedlaethol Bangor gyflwyno cystadleuaeth actio am y tro cyntaf. Er i'r eisteddfod honno gael ei gohirio tan 1915, oherwydd y Rhyfel, cynhaliwyd y profion rhwng Tachwedd 1913 a Mawrth 1914. Ar yr un pryd cynhaliwyd Eisteddfod Ddrama yn Aberdâr rhwng Hydref 20 a 30, 1913, a groesawyd gan *Y Darian* fel 'cychwyniad newydd' yn hanes y ddrama Gymraeg. Bu'r digwyddiad hwnnw yn llwyddiant digamsyniol ac fe'i hefelychwyd yn ddiymdroi gan lu o drefi ar hyd a lled y wlad. Ymhen blwyddyn sefydlwyd y cwrdd cystadleuol yn un o brif ddigwyddiadau diwylliannol y wlad.

Cynigodd pedwar ar bymtheg o gwmnïau o ardaloedd Arfon, Dinbych, Môn, Meirion a Morgannwg yn yr Eisteddfod Genedlaethol, gyda *Beddau'r Proffwydi* (pedair gwaith), *Serch Hudol* (Ada Edwards), *Llys Helyg* (Heilyn), *Endaf y Gwladgarwr* (R. D. Owen; ddwywaith), *Helyntion Teulu'r Hafod, Y Deffroad* (J. T. Edwards), *Dic Siôn Dafydd* (J. Tywi Jones), *Rhys Lewis* (ddwywaith), *Y Bardd a'r Cerddor* (Elphin), *Asgre Lân* (R. G. Berry), *Enoc Huws, Jac y Bachgen Drwg* (Dafydd Evans), *a Stori'r Streic* (Beriah Evans). Cymysgedd tebyg iawn a gafwyd yn Aberdâr, sef *Jac y Bachgen Drwg* ac *Owen Llwyd, y Bachgen Da* (Dafydd Evans), *Stori'r Streic* (ddwywaith), *Enoc Huws, Cyfoeth ynte Cymeriad* (Grace Thomas), *Eluned Gwyn Owen* (J. Tywi Jones), ac *Asgre Lân*.

Ymhen blwyddyn ar ôl i'r Rhyfel ddod i ben ffurfiwyd Cymdeithas Ddrama Abertawe a dechreuwyd yr wythnosau drama, a gynhaliwyd gyntaf yn Neuadd Albert, Abertawe ac o 1923 yn y Grand. Cyfyngwyd y gystadleuaeth gyntaf i ddalgylch o bymtheng milltir o Abertawe a derbyniwyd saith cwmni iddi: Cwmni'r Drindod, Pontarddulais (*Asgre Lân*); Capel Als, Llanelli (*Noson o Farrug, Y Pwyllgor* a *Ble Ma Fa?*); Cwmni Gwauncaegurwen (*Aeres Maesyfelin*); Cwmni'r Tabernacl, Treforus (*Y Briodas Ddirgel*, Gwynfor); Cwmni Dan Mathews, Pontarddulais (*Ephraim Harris*); Cwmni Plasmarl (*Ar y Groesffordd*); Cwmni Siloh, Pontarddulais (*Maesymeillion*). Cwmni Dan Mathews a enillodd y wobr gyntaf, gyda Chwmni Gwauncaegurwen yn ail.

Croesawyd ymgyrch pwyllgor Cymdeithas Ddrama Abertawe yn frwd o'r dechrau fel mynegiant o aeddfedrwydd y Mudiad Drama yng Nghymru ac fel addewid o'r tyfiant a'r datblygiad oedd i ddod. Ar ôl gweld *Asgre Lân*, nos Lun, ysgrifennodd Thomas Davies (Awstin) yn ei golofn Gymraeg yn y *Cambrian Daily Leader*:

Gallaf yn ddibetrus longyfarch pwyllgor mudiad y Ddrama Gymreig yn Abertawe ar lwyddiant perfformiad cyntaf 'yr wythnos fawr' gystadleuol yn yr Albert Hall. Cafwyd cynnulliad rhagorol, er nad oedd y neuadd yn orlawn, ac os yw addewidion y noson gyntaf yn debyg o gael eu cyflawni yn yr hyn sydd i ganlyn, bob nos a phrynhawn dydd Iau, gellir croniclo, nid adfywiad, ond gwir enedigaeth, mudiad a rydd ynni ac asbri a chynnydd ym mywyd ac osgo a gweithgarwch cefnogwyr 'Ein Hiaith, ein Gwlad a'n Cenedl'.[48]

Erbyn prynhawn dydd Iau yr oedd de Walden ei hun yn bresennol ac yn addo pethau mawr i'r dyfodol ar sail yr hyn a oedd wedi ei gyflawni yn Abertawe. Yn ei araith Saesneg cyfeiriodd de Walden at ei ymweliad diweddar â'r dref, yng nghwmni Granville Barker, pan anogodd ddilyn-wyr y ddrama i'w meithrin. Erbyn hyn, meddai de Walden, 'He was certain that there were great things to come in connection with the move-ment'.[49]

Wrth edrych yn ôl ar ddigwyddiadau'r wythnos yr oedd golygydd y *Cambrian Daily Leader* hefyd yn llawn hyder ym mhotensial y dadeni a welai yn digwydd yn y pentrefi o'i gwmpas, gyda mudiad drama pur a glân, wedi ei drwytho yn y cenedlaetholdeb gorau:

> Almost every village within a radius of fifty miles of Swansea has now its drama company. It is a renaissance which has no association with the theatre as such, although it is invevitable that the drama must return to the theatre as its home. But it will be a theatre of notable ideals, having little in common with the theatre such as London knows it . . . As we see it, the drama movement in Wales is concerned in itself with the serious issues of life; and long may it continue to do so.[50]

Ar yr un pryd nid oedd y golygydd yn fodlon gadael i'r achlysur fynd heibio heb gyhoeddi rhybudd difrifol. Ei bwynt ef oedd fod llwyddiant arbrawf Abertawe ynddo'i hun yn brawf o'r gwaith a oedd heb ei gyf-lawni, ac yn arbennig o'r angen i ddatblygu yn y gynulleidfa Gymreig y gallu i wahaniaethu rhwng y da a'r gwael:

> We have to create in Wales a standard of criticism, and that standard cannot be fixed too high if we are to get the best out of our young playwrights. We must regard their productions just, for instance, as the critics deal with the new productions upon the English stage, for it is only by that means that we shall weed out the incompetents and foster the growth of a drama that will be artistic, and worthy to stand by the classics of other nations. Frankly, much of the drama that is given this name in Wales today is worthless, and before we can pride ourselves upon the emergence of a real dramatic movement

in Wales we shall have to establish a well-informed and strong school of criticism.

Dyma un o'r ergydion cyntaf mewn brwydr feirniadol a fu, o safbwynt hanes y Mudiad Drama, y canlyniad pwysicaf i sefydlu Wythnos Ddrama Abertawe. Amddiffyn ei hun yr oedd golygydd y *Leader* yn erbyn beirniadaeth golygydd *Y Darian*, ac ar yr un pryd amddiffyn gohebydd ifanc yr oedd J. Tywi Jones wedi ei alw i gyfrif oherwydd ei adolygiadau ar berfformiadau'r wythnos.

Y gohebydd hwnnw, wrth gwrs, oedd J. Saunders Lewis, a oedd newydd raddio o Brifysgol Lerpwl, a heb fod yn rhy brysur gyda'i draethawd MA i fynd ati o ddifrif i fesur cynyrchiadau'r wythnos â llinyn beirniadaeth 'gelfyddydol'. Cytunodd fod yr Wythnos Ddrama yn llwyddiant sylweddol o sawl safbwynt:

> Success of a kind there has undoubtedly been. There has been a great revival of enthusiasm for our Welsh languge and literature: a rally also of Welsh-speaking and Welsh-thinking people, gathered for no controversial purpose, nor even for a violent assertion of faith, but simply for delight in a form of art that mirrors for us our life and manners, and allows us to enjoy the spectacle of our own existence. And this is a kind of success. There is also the success of a movement. An effort to restore to us an art-form that had been a century dead, an effort begun some years back, often impeded, and for five years of war all but destroyed, has shown this week that it retains its vitality . . . The movement has 'arrived'. Henceforth it is a thing to reckon.[51]

Ond llwyddiant eilradd oedd y llwyddiant hwnnw, meddai Saunders Lewis, o'i gymharu â llwyddiant y sinema nad oedd eto, er gwaethaf ei boblogrwydd, yn gyfrwng i fynegiant, yn gyfrwng celfyddyd. Yr oedd llwyddiant celfyddydol, o'i gymharu â'r llwyddiant eilradd a gyhoeddwyd yn Abertawe, meddai, yn dibynnu ar y gallu i gynhyrchu gwaith a oedd yn ymgorffori 'a complete unity and efficiency of structure'. Tra bod bodolaeth *Ephraim Harris* yn gwarantu diogelwch dyfodol y ddrama Gymraeg, mynnai Saunders Lewis, ni welid dramodydd mawr nes y byddai yng Nghymru gynulleidfa ddeallus, 'demanding good work and able to recognise it'.

Ac eithrio *Ephraim Harris*, nid oedd Saunders Lewis yn credu bod y gwaith a lwyfannwyd yn Abertawe yn ymgorffori'r ddisgyblaeth feddyliol yr oedd yn chwilio amdani. '*Asgre Lân*,' meddai, 'is merely a series of episodes and jokes strung together and every now and then some phase of a story, a plot, peeps out and links to some other phase, just as it would in an English review.'[52] Nid oedd *Noson o Farrug* yn ddim ond 'an attempt at a play without ideas'. A'r hyn a achosodd iddo bryderu am ddyfodol y ddrama Gymraeg, er gwaethaf llwyddiant *Ephraim Harris*, oedd cyflwr y gynulleidfa nad oedd yn medru gwahaniaethu rhwng y naill a'r llall.

Dwy Ysgol Ddrama

Cyn iddo ysgrifennu ei arolwg o ddigwyddiadau Abertawe, rhaid bod Saunders Lewis yn ymwybodol ei fod yn procio brwydr, oherwydd wrth iddo rybuddio yn yr erthygl honno yn erbyn peryglon y ddrama bentref, yr oedd yn ymosod yn uniongyrchol ar J. Tywi Jones. Yr oedd hwn yn bwynt pwysig i Saunders Lewis, oherwydd iddo gytuno i ryw raddau â'r rheiny a wrthwynebodd ymdrech de Walden i sefydlu cwmni trefol, proffesiynol, gan ddadlau ei hun mai ym mhentrefi Cymru yr oedd gwir gartref y ddrama. Ar yr un pryd yr oedd yn ddrwgdybus iawn o'r syniad mai drama bentref y dylai'r ddrama Gymraeg fod. Credai ef mai dechrau celfyddyd yn unig oedd y gyfundrefn bentrefol a ystyriai J. Tywi Jones yn gynsail i ddatblygiad iachus y ddrama: 'it is clear that these things, belong to a preliminary stage, that they must be mastered and that many of our companies have left them behind.'[53]

Ymatebodd J. Tywi Jones yn uniongyrchol i'r dadleuon hyn ac wrth wneud hynny, dyna ddechrau dadl gyhoeddus rhyngddo ef ar y naill law a Saunders Lewis a D. T. Davies ar y llall, sy'n amlygu'r anghytundeb sylfaenol a oedd yn llawn arwyddocâd mewn perthynas â datblygiad mudiad y ddrama Gymraeg. Dechreuodd y ddadl hon mewn modd go waraidd, gyda datganiad gan olygydd *Y Darian* ei fod yn cytuno â'r beirniad academaidd ar sawl pwnc. Ond hyd yn oed ar y dechrau cyfeddyf mai fel eryrod yn chwilio prae yr ystyriai ef y beirniaid drama!

> Doniol iawn yw osgo'r beirniaid at y ddrama Gymraeg y dyddiau hyn.
> Maent fel eryrod yn ceisio celain . . . Peidied neb â gwrando ar y beirniaid.
> Nid ydynt hwy wedi gwneud dim ond beirniadu – y peth hawddaf yn y byd.
> Gwyddom mai dipyn yn rhyfedd y teimlai rhai o honoch yn Abertawe pan
> glywech nad oedd y ddrama oedd genych ond sothach a chwithau wedi
> cael cymaint mwynhad gyd a hi. Nid oes dim a chwaraewyd yng Nghymru
> hyd yn hyn o ddim gwerth . . . Ein barn ni yw hyn – mae'r dramodau sydd
> gennych yn ateb y diben i'r dim, ac y mae athrawon a phregethwyr mor
> gymmwys â neb i ysgrifennu drama.[54]

Erbyn Chwefror 1920 yr oedd y ddadl yn poethi, gyda J. Tywi Jones yn ymateb i awgrym haerllug golygydd y *Camrian Daily Leader* nad drama gweindogion ac athrawon oedd ei hangen yng Nghymru'r ugeinfed ganrif. O'r pwynt hwnnw ymlaen defnyddiodd *Y Darian* fel arf amddiffynnol yn erbyn yr hyn a ystyriai ef yn ymosodiad ar hanfod y Mudiad Drama.

Bwydwyd dicter Tywi Jones gan nodyn bach golygyddol yn rhifyn Ebrill y *Welsh Outlook* yn beio'r hyn yr oedd y golygydd yn ei ddisgrifio fel 'unavailing controversy' ar ddramodwyr y pentref, a dylai, meddai, fod wedi bod yn ddiolchgar, 'for the contribution from the city workshop'![55] Tua'r un pryd cyhoeddodd J. O. Francis erthygl yn yr un cyfnodolyn, a ysgrifennodd yn ddiau mewn ymdrech ddigon diniwed at hiwmor, ar sail y gwahanol bersbectif rhwng y de a'r gogledd. Chwiliodd Francis am esboniad ar y tristwch a welai ef ar wynebau trigolion y gogledd – heblaw am amodau economaidd a diffyg traul – a dod o hyd iddo yn yr hyn a ddisgrifiodd yn 'tea-debauchery'. Pam na ddylai Caradoc Evans, gofynnodd, ychwanegu at ddyled pobl Cymru iddo wrth ysgrifennu fersiwn Cymraeg o nofel Ffrangeg Zola, *L'Assomoir*, 'putting tannin where Zola put acohol?'[56]

Y mae'n debyg i'r cyfeiriad anffodus hwn symbylu cyfnewid disymwth yn y ffordd y meddyliai J. Tywi Jones am yr hyn a oedd yn digwydd yn y byd o'i gwmpas. Dyna'r gath o'r cwd, meddai, gan gyplysu'r dadleuon am gelfyddyd a drama â'r ymosodiad ar y diwylliant Cymraeg Anghydffurfiol a gafwyd yng ngwaith Caradoc Evans. Er ei fod ef ei hun wedi ysgrifennu'n wrthrychol iawn am ddramâu Francis, ryw saith mlynedd ynghynt, methodd o'r pwynt hwn ymlaen â gwahaniaethu rhwng Francis a Charadoc Evans ei hun. Cymeriadau o'r un nodwedd yn hollol, meddai, oedd eiddo *Change* a *My People*. A mynnai na allai drama a oedd yn cyflwyno cymeriadau fel hynny fynegi'r 'doethineb sydd oddiuchod', dyweded a ddywedo am ei werth fel 'dramatic art'.

Dyma'r gath allan o'r cwd yn wir! Teimlodd D. T. Davies ei bod yn ddyletswydd arno i amddiffyn, nid yn unig ei gydweithiwr, J. O. Francis, ond y ddadl hollbwysig yr oedd ef ei hun yn ei chyflwyno wrth feirniadu cystadlaethau drama, sef y dylid dewis drama yn ôl ei gwerth celfyddydol – dadl yr oedd Tywi Jones yn ei gwrthod yn chwyrn. Cymerodd gyfle i ymateb yn ddiflewyn ar dafod i'r gymhariaeth rhwng Francis a Charadoc Evans wrth adolygu cystadleuaeth ddrama Cilfynydd yn y *Western Mail*: 'A remark of that kind . . . has its origins in the blind prejudice which always retards true national development.'[57] A dilynodd hynny gyda llythyr i'r *Darian* ei hun, lle gofynnodd am ofod yn y papur i brofi pedwar gosodiad am ddaliadau'r golygydd:

(1) Fod gennych syniadau anghywir am le a diben drama ym mywyd a dywylliant cenedl.

(2) Fod eich rhesymeg ynglŷn â tharddiad y ddrama o'r eglwys yn hollol wallus, boed hynny yn ffaith neu beidio.

(3) Eich bod, er nad yn dibrisio yr ochr gelfyddydol i'r ddrama yn uniongyrchol mewn geiriau, yn esgeuluso rhoddi y pwyslais dyladwy iddi ac felly yn camarwain rhan fawr o'r werin fu, hyd yn hyn, heb fantais i amgyffred a gwerthfawrogi y math yma o gelf.

(4) Fod eich ymosodiad ar weithiau Mr J. O. Francis a'ch methiant i'w werthfawrogi yn deillaw o'r diffyg nodir yn (1) a (3).

Ymatebodd *Y Darian* i'r sylwadau a wnaethpwyd yn y *Western Mail* hyd yn oed cyn i'w lythyr ymddangos yn y papur hwnnw. Erbyn iddo ysgrifennu eto, 18 Mawrth, 1920, yr oedd Tywi Jones wedi taranu ddwywaith, mewn erthyglau hir dan y teitl, 'Y Camwri a Wneir â Chymru yn Enw Celf'. Gan ystyried beth yr oedd D. T. Davies wedi ei ddweud yn y cyfamser mewn ysgrif ar y gystadleuaeth yn y Cymer, fe ellid bod wedi maddau i awdur *Dic Siôn Dafydd* am deimlo'n bur biwis erbyn hyn. Hynny yw, fod drama J. Tywi Jones yn pwysleisio ynddi ei hun yr angen am ddramâu gwell:

> It was written by the Rev. J. Tywi Jones with the best of intentions – that of finding a useful social outlet for the exuberance of the young people of his church some years ago – and has, doubtless, served the purpose the author had in view, but its production today is not in the best interests of the movement. The aspiring young writers alluded to above should understand clearly that *Dic Siôn Dafydd*, however sound its sentiments may be, is an example of how not to write a play . . . I would suggest to the author that on the exhaustion of the present edition, he should re-cast the whole play, so as to make it conform as far as possible, with the principles and practice of modern technique.[58]

Ta waeth, rhoddwyd digonedd o ddeunydd yn yr hyn a ysgrifennodd J. Tywi Jones am y ddrama yn gyffredinol i beri i D. T. Davies ymosod eto (8 Ebrill, 1920), gan fynnu esboniadau gan y golygydd ar ddau osodiad a wnaeth mewn gwahanol erthyglau o'i eiddo:

(1) 'Y gwir yw y mae gennym ddwy ysgol o ddramodwyr, ac amcan y cyngor a nodwyd yw dyrchafu gwaith un ysgol a diystyrru gwaith y llall.'

(2) 'Dylent gofio bod ysgol o ddramodwyr heddyw a garai ladd dylanwad yr eglwysi.'

Gwn y canita eich gwroldeb moesol i chwi brofi yr uchod. Pwy ydyw dramodwyr yr ysgol a nodwch? Enwch y dramodau.[59]

Fe ellid bod wedi beirniadu J. Tywi Jones am ddiffyg cyfartaledd, efallai, ond nid am ddiffyg gwroldeb moesol! Daeth yn ôl yn brydlon gyda'r atebion y gofynnwyd amdanynt a chyda sylwadau go bigog ar yr holl drafodaeth a elwid gan olygydd y *Welsh Outlook* yn ymgecru di-fudd. I argyhoeddi D. T. Davies, meddai, ei fod yn gwybod rhyfaint o leiaf, cynigiodd ddiffiniad o 'aesthetic truth' fel 'y gwirionedd fel y cyflwynir ef i ni mewn drama, nofel, cerflun . . . gan feddwl a fedr ganfod yng nghhynyrfiadau a chyfnewidiadau bywyd y prif egwyddorion sydd yn ysgogi pethau'. Ac ar sail y maen prawf hwnnw, mynnai na ellid cyfiawn-hau drama fel *Change*, nad oedd hi'n cynnig ond 'snapshot' ar wyneb bywyd Cymru. Yna try'n ddiymdroi i ateb y cwestiynau a roddwyd iddo:

> Heb amlhau geiriau, dywedwn wrth Mr D. T. Davies mai'r ddwy ysgol o ddramodwyr yw'r Ysgol Wrth-biwritanaidd, a gynrychiolir gan J. O. Francis, a Mr D. T. Davies ei hun; ac os eangir y cylch i gynnwys ffug-chwedleuaeth, rhoddwn Mr Caradoc Evans yn yr un ysgol. Y drwg a'r anhygar a geir ar yr wyneb bob amser gan yr ysgol hon. Y llall yw'r Ysgol Resymol neu'r Ysgol Eangfrydig, a gynrychiolir gan y Parch. R. G. Berry ac eraill a welant beth daioni yn ogystal a drwg ym mywyd crefyddol Cymru.[60]

Aeth golygydd *Y Darian* yn ei flaen i feirniadu'r beirniaid am beth amser, gan godi ei bastwn yn erbyn Saunders Lewis am gollfarnu R. G. Berry ac yn erbyn 'pen pren y *Welsh Outlook*' am 'gamliwio'r drafodaeth'. Cyfrannodd sylwadau manwl a synhwyrol hefyd i'r drafodaeth a ddilynodd gyhoeddi cyfieithiad T. Gwynn Jones o *Dychweledigion* Ibsen.[61] Ond gyda'i ddatganiad croyw mewn perthynas â'r ddwy ysgol, dyna ddiwedd ar y ddadl gyda D. T. Davies. Erbyn hynny y mae'n debyg fod y gwahaniaethau rhyngddynt yn ddigon eglur i ganiatáu i'r naill a'r llall droi at faterion gwahanol!

Drama Gelf a Drama Gymraeg

Y mae'n ddiddorol sylwi na pharhaodd yr holl ymgecru cyhoeddus hwnnw ond am ryw flwyddyn ac fe ymddengys iddo ddiweddu mewn cadoediad gwirfoddol ar ran cefnogwyr celfyddyd. Fe allai fod a wnelo hynny â'r ffaith na ddatblygodd y ddrama gelfyddydol y bu cymaint sôn amdani ar ôl y Rhyfel. Tra na lwyddodd y graddedigion ifainc – heb fod mor ifainc erbyn hynny, chwaith – i barhau i ddatblygu'u celfyddyd, aeth y Mudiad Drama o nerth i nerth, gyda chystadlaethau drama ymhob cwr o'r wlad, a'r rhan fwyaf ohonynt yn flynyddol. A dyna, efallai, a roddodd daw ar ddadleuon cefnogwyr y ddrama newydd, oherwydd canlyniad eu dadleuon hwythau, dan amodau'r cystadlu beunyddiol hwnnw, oedd i danseilio Cymreictod y mudiad.

Un o brif ddadleuon D. T. Davies, nad oedd J. Tywi Jones yn ei deall o gwbl, oedd mai'r ddrama orau a ddylai gael ei dewis gan y grwpiau gogyfer â chystadlu. Ni chredai golygydd *Y Darian*, a ystyriai'r Mudiad Drama yn bennaf fel arf i amddiffyn y diwylliant Cymreig, fod dim o'i le ar yr enghraifft a ddyfynnodd Davies o Gymdeithas Ddrama Bethleham (Porth) yn cyflwyno *Dic Shon Dafydd* yn y Cymer am y pymthegfed tro. Ond i Davies ei hun yr oedd y ffaith nad oedd Cymdeithas Bethlehem erioed wedi cyflwyno un ddrama arall gystal ag awgrymu ei bod yn methu â deall ysbryd y mudiad.

Sut bynnag, o safbwynt D. T. Davies a Saunders Lewis, yr oedd pethau'n datblygu mewn modd chwithig iawn erbyn 1920, fel y cafodd eu dadleuon ddylanwad ar y rheiny a fu'n gyfrifol am drefnu'r grwpiau gogyfer â chystadlu. Yn raddol sylweddolwyd bod safon dramâu Saesneg y cyfnod gymaint yn uwch o ran adeiledd ac amrywiaeth lleoliad a chymeriadu fel mai doeth oedd eu dewis hwythau o flaen dramâu Cymraeg. Gwelwyd canlyniad y ffenomen yn drawiadol eglur yn achos Cystadleuaeth Ddramodol Dowlais, lle dadleuodd y beirniaid, Kate Roberts, D. R. Roberts a J. Seymour Rees yn 1922 fod dewis drama'n hanfodol bwysig i lwyddiant grŵp:

> Dymunwn fel beirniaid fwrw awgrym i bawb sydd yn gweithio o blaid y ddrama yng Nghymru. Mynned pob cwmni y cyfansoddiad goreu posibl i'w berfformio. Y farn gyffredin yw y dylid dechrau gyrfa cwmni ieuanc gydag unrhyw fath ar ddrama. Y gwir noeth yw i ormod o ddynion anllythrennog yn y grefft gydio yn y gwaith o gyfansoddi dramâu. A chwi yn wallus mewn *technique*, ni cheir ond yr annibendod mwyaf truenus. Tybiwn i'r dydd ddyfod yn hanes drama Cymru pryd y dylid arfer gofal mawr cyn ymgymryd â chyhoeddi a pherfformio cyfansoddiad ar lun dadl.[62]

Gellid meddwl y byddai'r beirniad wedi oedi am eiliad cyn cyhoeddi datganiad mor ysgubol, o sylwi mai dim ond pedair o'r wyth drama a gloriannwyd ganddynt oedd yn ddramâu Cymraeg. Cafwyd *Ddoe a Heddyw* D. R. Jones, *Ar y Groesffordd, Cyfrinach y Cybydd* Gwernydd Morgan ac *Y Llwfryn*, Brinley Jones ochr yn ochr â *Change, The Middleman* a *The Hypocrites*, gan Henry Arthur Jones. A'r olaf o'r rhain, wedi ei chyflwyno gan Gwmni'r Maerdy, a gariodd y dydd; dywedodd y beirniaid amdanynt: 'This was a very powerful company who had an admirable drama to display their histrionic talents.'

Gobaith y beirniaid hyn oedd y byddai'r ffaith mai'r ddrama Saesneg a orfu yn annog y cwmnïau Cymraeg i ymdrechu'n galetach:

> The fact that we, three ardent Welsh adjudicators, have as our final selection two parties who have acted English plays in this competition will, we hope, be a call to Welsh dramatists to fulfil the demands that Welsh acting talent clearly is now equal to making upon them.

Yn y Dowlais, o leiaf, ni wireddwyd hynny, oherwydd ymhen chwe blynedd yr oedd pwyllgor y gystadleuaeth wedi penderfynu gwahardd cyflwyniadau Cymraeg yn gyfan gwbl, gan ddewis beirniaid uniaith Saesneg. Go brin y gellid dadlau mai agwedd y beirniaid Cymraeg yn y dauddegau cynnar oedd yn bennaf gyfrifol am hynny. Ond ar yr un pryd, ni ellir osgoi'r casgliad fod y pwyslais ar safonau perfformiadol y tu mewn i'r mudiad Cymraeg yn gwanhau'r achos. Tra bo'r mudiad Cymraeg wedi ymrannu yn erbyn ei gilydd, methiant fyddai'r ymdrech i sefydlu safonau cyffredin. Nid oedd hynny'n golygu bod y Mudiad Drama ar drai, oherwydd datganodd J. Ellis Williams yn groyw yn yr union flwyddyn, benllanw y ddrama yng Nghymru.[63] Ymdrechodd ef a sawl dramodydd arall yn y cyfnod nesaf i ddatblygu'r mudiad, gan dynnu'r gwahanol elfennau at ei gilydd. Ond methiant fu'r ymdrechion hynny, a gwelir hadau'r methiant hwnnw yn glir yn y rhwygiadau a ymddangosodd yn y blynyddoedd rhwng 1918 a 1922.

Theatr Genedlaethol Cymmrodorion Caerdydd

Erbyn Mai 1921 yr oedd Saunders Lewis wedi ei benodi yn llyfrgellydd gwledig Sir Forgannwg ac wedi ymsefydlu yng Nghaerdydd, yn ddigon agos i D. T. Davies, a oedd wedi dychwelyd o'r Rhyfel i weithio fel Arolygydd Ysgolion. Bu'r ddau yn flaenllaw yn ymgyrch Cymdeithas y Cymmrodorion yng Nghaerdydd i sefydlu Theatr Genedlaethol yn y brifddinas. Y cam cyntaf a wnaethpwyd gan y Cymmrodorion oedd cynnal cystadleuaeth ysgrifennu drama, gyda Llywelyn Williams yn feirniad, ond ni chafwyd y llwyddiant a gafwyd saith mlynedd cyn hynny.

Fel un a feirniadodd weithiau'r 'ysgol newydd' cyn y Rhyfel, dywedodd Llywelyn Williams ei fod wedi disgwyl mwynhau llawer awr ddedwydd wrth eu darllen, ond fe'i siomwyd yn fawr, a hynny oherwydd yr union anfedrusrwydd yr oedd D. T. Davies a Saunders Lewis wedi cwyno andano:

> [R]haid i mi gyfaddef mai baich ar fy ysbryd a'm hamynedd oedd dirwyn drwy'r dramodau hyn. Ffaeledd mawr yr ymgeiswyr yw nad oes ganddynt ddirnadaeth am *Technique* y ddrama. Gosodant ddau neu dri o'r *dramatis personae* mewn cadeiriau ar y llwyfan – oblegid mae'n debyg fod yn rhaid i bob Cymro a Chymraes eistedd cyn siarad – ac yna siaradant yn ddi ben draw am bethau a phersonau nad yw'r darllenydd yn malio botwm corn andanynt.[64]

Er gwaethaf hynny yr oedd Llywelyn Williams yn ddigon bodlon i roi gwobr o hanner canpunt i D. T. Davies am *Branwen* a phum punt ar hugain i D. R. Williams (golygydd *Y Drych*, Utica) am *Iawn a Orfydd* ac i Brinley Jones am *Dewis Gweinidog*, ar y ddealltwriaeth na ellid perfformio'r naill na'r llall, 'heb ddiwygio llawer arnynt'.

Efallai bod a wnelo'r farn honno â'r ffaith na ddewiswyd un o ddramâu'r gystadleuaeth gogyfer â pherfformiad cyntaf y Cwmni Genedlaethol newydd y bu'r Cymmrodorion yn brysur yn ei sefydlu yn gynnar yn y flwyddyn newydd. D. T. Davies oedd darllenydd y cwmni hwn, gyda Saunders Lewis a'r enwog Dan Mathews, Pontarddulais, yn cydweithio fel rheolwyr llwyfan. Buont wrthi'n casglu actorion erbyn mis Chwefror ac yn ymarfer erbyn mis Mawrth, er gwaethaf y ffaith nad oedd yr unig actores dda yn medru siarad Cymraeg yn rhugl. Cafwyd anawsterau hefyd wrth logi neuadd, cyn sicrhau caniatâd i ddefnyddio Neuadd y Ddinas, lle rhoddwyd y perfformiad cyntaf, nos Sadwrn, 13 Mai, 1922.

Ni wyddys faint o gyfrifoldeb a roddwyd i Dan Mathews gogyfer â llwyfannu'r ddwy ddrama a gyflwynwyd y noson honno, sef *Y Dieithryn*, D. T. Davies a *Gwaed yr Uchelwyr*, er y gellid tybio bod swyddogion y cwmni yn ymddiried iddo'r dasg o baratoi'r actorion dibrofiad. Ta waeth am hynny, ysgrifennodd Saunders Lewis at ei gariad, Margaret Gilcriest, mai ef oedd yn gyfrifol am gynhyrchu *Gwaed yr Uchelwyr* a'r canlyniad oedd i'r ddrama honno gael ei llwyfannu mewn modd go chwyldroadol. Ers rhai misoedd bu'r dramodydd a'r beirniad yn ysgrifennu am ddulliau llwyfannu, gan ddadlau mai arwyddlun yw llwyfan drama yn hytrach na chynrychiolaeth uniongyrchol o'r byd sydd ohoni: 'Hynny yw, y mae'n rhaid i'r celfwr drwy'r llygaid a'r glust egluro pethau na welodd llygaid ac na chlywodd clust.'[65] Fe rannai D. T. Davies y gred honno i ryw raddau, gan ei fod ef yn arfer annog y grwpiau drama y cloriannodd eu gwaith yn gyson i gadw mewn cof mai rhywbeth gweledol oedd perfformiad drama. Wrth feirniadu cystadleuaeth y Cymer, fis Mawrth 1920, aeth mor bell ag awgrymu y gellid dysgu gwers o wylio cynnyrch y sinema:

> The producer should remember that a play is meant for the eye as well as for the ear, and he would do well to study certain aspects of movement and grouping from some of the better cinema productions, where the art, short of certain features (generally of exaggeration) that are unnecessary in spoken drama, can furnish him with many useful hints. If he wishes to study composition on a higher plane, let him consider paintings by some of the masters, e.g. that remarkable group in Rembrandt's 'Study in Anatomy' or Holman Hunt's 'Christ in the Synagogue'.[66]

Serch hynny, yr oedd dadl Saunders Lewis yn mynd lawer ymhellach ac yn ymwrthod yn llwyr â'r 'wirioneddoliaeth' a welodd yn rhemp drwy'r theatr Gymraeg benbaladr ac â'r fateroliaeth y credai ei bod y tu ôl iddi.

Gwelir natur yr anghydfod a oedd yn datblygu rhwng y ddau yn sylwadau Saunders Lewis ar gyfarwyddiadau llwyfan D. T. Davies gogyfer ag act gyntaf *Ephraim Harris*, a oedd, meddai, yn ei atgoffa o restr arwerthiant: 'A medd Mr Davies yn groyw, "Dyna'r lleiafaint angenrheidiol at bwrpas y ddrama", a meddaf finnau – dyna ormod o'r hanner.'[67] Dadlau dros symlrwydd yr oedd Saunders Lewis, yn amod i'r harddwch yr ymdrechai ymarferolwyr newydd y theatr Ffrengig i'w hadfer. Perthynai'r symlrwydd a'r harddwch hwnnw, meddai, i theatr awyr agored Twm o'r Nant a oedd wedi ei halltudio o Gymru ers hynny gan realaeth gonfensiynol y Mudiad Drama.

Y tu ôl i'r holl ddadleuon am sut i drefnu llwyfan a gyhoeddodd Saunders Lewis yn y cyfnod hwn, ac y ceisiodd ei wireddu yn ei gyflwyniad o *Gwaed yr Uchelwyr* yng Nghaerdydd, yr oedd ymgyrch fwy radical o lawer, a effeithiodd ar bob agwedd ar ei waith yn y cyfnod hwnnw, sef ymgyrch yn erbyn y dyneiddiwch yr oedd holl fudiad y ddrama Gymraeg yn ei ymgorffori hyd hynny. A dyna sail y gwahaniaeth rhyngddo ef a D. T. Davies, a amlygwyd yn ei adolygiad ef o ddrama Gymraeg gyntaf Saunders Lewis.

Yn *The Eve of St John* gweithiodd Saunders Lewis drwy ei ramantiaeth gynnar, yr union ramantiaeth a ddenodd Megan yn y ddrama honno i ddewis y crwydryn blêr o flaen y llipryn o ffermwr cefnog. Ni chaiff Megan, druan, brofi rhyddid y mynydd a'r rhostir y mae Nora J. M. Synge yn dianc iddo ar ddiwedd *The Shadow of the Glen*. Erys Megan ar ddiwedd *The Eve of St John*, wedi rhewi mewn diflastod di-rith wrth glywed geiriau olaf ei darpar garwr: 'I'll be moving now, and a deal of thanks to you. For it's my wife will be waiting me these many hours . . . in the loft is above the Vicar's stable.'[68]

Yr un wrthramantiaeth a geir yn *Gwaed yr Uchelwyr*, wedi ei datblygu ymhellach o ganlyniad i astudiaeth drylwyr o weithiau Maurice Barrès ac yn arbennig ei *Collette Baudoche*. Uchafbwynt y ddrama yw gwrthodiad Luned i briodi Arthur, oherwydd y byddai hynny gystal â chyfaddawdu â materoliaeth ac amddifadu'r werin o'r esiampl a ymgorfforir yn hanes ei theulu o'r rhai a fedr sefyll ar egwyddor yn erbyn grym y byd. Methodd D. T. Davies â stumogi'r hyn a awgrymwyd gan hynny. '*Gwaed yr Uchelwyr* is a very good play,' meddai, 'and would have been excellent but for one outstanding blemish.'[69] A'r mefl hwnnw, wrth gwrs, oedd yr union benderfyniad y mae'r holl ddrama yn arwain tuag ato. Ceisiai Davies awgrymu mai methiant technegol oedd yn gyfrifol am y gwendid, ond ni lwyddodd i ddychmygu ond dau reswm am hynny, ac nid oedd yn barod i dderbyn y naill na'r llall – sef naill ai bod y dramodydd wedi ymyrryd yn bwrpasol â dilyniant seicolegol y ddrama, neu iddo fethu â deall arwyddocâd y sefyllfa a grewyd ganddo ef ei hun. Cyfaddefodd fod datblygiad y ddrama'n hollol gyson: 'The action in the first two acts and for a portion of the third has been brilliantly conceived.' Ond methodd â derbyn bod uchafbwynt y gweithgarwch hwnnw yn ddilyniant naturiol iddo a hynny oherwydd, 'There is no valid reason under sun, moon or stars, why Luned should reject Arthur'.

Ni ellir derbyn yr hyn a ysgrifennodd Saunders Lewis ei hun at Margaret Gilcriest am dderbyniad *Gwaed yr Uchelwyr*: 'It was killed right away, and all the critics sent up a howl of fierce contempt and execration of my masterpiece.'[70] Ymddangosodd adolygiad canmoliaethus iawn ar dudalen flaen *Y Darian*, er enghraifft, a dywedodd adolygydd *Y Brython* ei bod, 'yn ddiddadl', yn 'un o'r dramodau goreu a gyhoeddwyd eto yng Nghymru'.[71] Cafwyd sylw craff iawn, hefyd, yn y *Cambrian Daily Leader*, lle nodwyd bod rhywbeth go sylweddol y tu ôl i'r holl ymgecru:

> Mr Saunders Lewis has created a storm with his *Gwaed yr Uchelwyr*, which, whilst being unanimous, is of a sudden violence that makes one cautious, especially when one remembers the stuff that has been accepted with toleration and even praise. The howls of a mob that will applaud *Beddau'r Proffwydi* should be music in any artist's ear.[72]

Canolwyd y feirniadaeth a leisiwyd yn ystod y storm honno ar anystwythder y cymeriadau ac ar yr ymdrech a wnaeth y dramodydd i greu iaith a fyddai'n adlewyrchu rhywfaint o naws y cyfnod y lleolwyd y ddrama ynddo tra ar yr un pryd yn caniatáu trafodaeth lafar gymhleth ac urddasol. 'The main charges,' yn ôl adolygydd y *Cambrian*, oedd 'tediousness, bloodlessness and pedantry.' Yr oedd ef, y mae'n debyg, yn cofio sylw John Phillips yn y *Western Mail*, am Arthur, 'who, if he had a grain of blood-red love which characterises life and great literature, would have swept the grammatical Luned off her medieval vocabulary and her noble ancestry'.[73] Yr awgrym, y mae'n debyg, yw na cheir na bywyd na llenyddiaeth lle nad oes tueddiadau rhamantaidd!

Nid yw'r modd y derbyniwyd *Gwaed yr Uchelwyr* yn sail dros gredu mai dyna pam y cefnodd Saunders Lewis ar y ddrama y bu mor brysur gyda hi er ei ddyddiau yn Lerpwl. Heblaw am y ffaith fod yna reswm digonol i deimlo bod yna gefnogaeth i'w ymgyrch i newid naws a chyfeiriad y Mudiad Drama, rhaid ei fod wedi disgwyl rhywfaint o'r beirniadu a dderbyniodd – a hynny oddi wrth sylwebyddion a ddangosodd eisoes ei fod yn dirmygu eu barn. Efallai y ceir rhywfaint o esboniad yn yr elfen o anghysondeb a welir yn y ddrama. Cofiwn mor llym oedd beirniadaeth Saunders Lewis ar undonedd dramâu'r traddodiad Cymraeg y bu'n fwy beirniadol ohonynt na neb a oedd wedi dibrisio Cymru yn Saesneg:

> Ond mewn difrif, ni fedraf fi yn fy myw dderbyn eu tystiolaeth. Y maent un ac oll yn rhy gyson. Pan ystyriom eu cymeriadau, eu pregethwyr a'u blaenoriaid diddiwedd, teimlwn nad mewn bywyd y cafwyd y patrwm ohonynt, ond mewn dramâu eraill ac yn nofelau Daniel Owen. Nid darlunio'r byd a welsant y mae'r dramodwyr, eithr cofio a ddywedodd eraill wrthynt am y byd. Pe cyfrifem boblogaeth y ddrama Gymraeg, caem fod un Cymro o bob pump yn bregethwr, a dau yn flaenoriaid ac yn ddynion drwg. Tybed ai cywir hynny?[74]

Diddorol yw sylwi ar absenoldeb y plismon, y tirfeddiannwr difater, y stiward anghyfiawn o Ysgotyn, y cipar o Gymro a'r gweision fferm digrif o'r rhestr hon, gan fod ganddynt gystal hawl i'w lleoedd â'r gweinidog ifanc, rhyddfrydol a'r Pharisead o flaenor. Ni fu beirniaid ar y pryd yn araf i sylwi ar yr hyn a barodd i Ddafydd Glyn Jones awgrymu mai fel parodi ar y ddrama draddodiadol y bwriadwyd *Gwaed yr Uchelwyr*, sef bod ei chynllun yn dibynnu ar bedwar o'r pum cymeriad stoc hynny yn chwarae eu rolau arferol. Gellid dadlau, wrth gwrs, mai dim ond oddi mewn i'r traddodiad y gallasai Saunders Lewis fod wedi ei wyrdroi. Ond y mae'n anodd gweld y gallai'r dramodydd ifanc fod wedi bwriadu creu'r ymateb a gafodd, gyda'r naill blaid yn cymryd ei waith fel enghraifft o ddrama draddodiadol wael a'r llall fel drama draddodiadol dda a oedd rywfodd yn methu yn ei phrif amcan.

Gellid priodoli penderfyniad Saunders Lewis i gefnu ar y ddrama ar ôl *Gwaed yr Uchelwyr* i brysurdeb ofnadwy ei fywyd gwleidyddol ar ôl sefydlu'r Blaid Genedlaethol yn 1925. Ond fe allai hanes cyfansoddi *Blodeuwedd* fwrw goleuni ar ei sefyllfa yn y cyfnod hwnnw hefyd. Dechreuodd ar y ddrama honno'n wreiddiol yn Chwefor 1922, gyda'r bwriad o'i chwblhau ymhen chwe mis a'i chyflwyno ar lwyfan y Cwmni Genedlaethol. Erbyn Hydref y flwyddyn honno yr oedd wedi ei benodi'n ddarlithydd yn Adran y Gymraeg, Abertawe. Ni orffennwyd act gyntaf y ddrama erbyn hynny ac nid oedd Saunders Lewis wedi penderfynu a ddylai orffen yr ail act neu beidio cyn i'r gyntaf gael ei chyhoeddi yn *Y Llenor* yng Ngorffennaf 1923. Gan iddo ddweud wrth Kate Roberts fod ei benderfyniad i barhau â'r ddrama yn dibynnu ar dderbyniad yr act gyntaf honno, rhaid cymryd ei fod yn ddigon bodlon â hi o ran hynny, oherwydd fe gyhoeddodd yr ail act yn *Y Llenor* ddwy flynedd yn ddiweddarach a hynny tua'r cyfnod pan sefydlwyd y Blaid Genedlaethol.

Yr hyn a ddigwyddodd i *Blodeuwedd*, felly, rhwng 1922 a 1925 oedd proses raddol o'i datgysylltu oddi wrth y llwyfan. Erbyn 1925 y cyfan oedd ar ôl o ddrama a fwriadwyd fel cyfrwng i ddod â barddoniaeth a harddwch chwedloniaeth yn ôl i lwyfan theatr Cymru oedd dwy act o ddrama bur lenyddol. Y mae'n amlwg fod y darlithydd ifanc wedi colli diddordeb mewn prosiect a gredai unwaith oedd yn ymarferol ac yn gyffrous, sef y prosiect i ailgyfeirio'r Mudiad Drama trwy gyfrwng Theatr Genedlaethol.

Erbyn hynny yr oedd rhywbeth tebyg iawn wedi digwydd i Kate Roberts hefyd. Cofier iddi hithau rannu'r un prosiect i raddau. Fel dramodydd y dechreuodd ar ei gyrfa lenyddol, gan ennill y drydedd a'r olaf o gystadlaethau de Walden gyda'r ddrama *Y Fam*. Ysgrifennodd y ddrama un act honno ar y cyd â Betty Eynon Davies, cyd-athrawes â hi yn Aberdâr, a chydweithiodd â hi drachefn ynghyd â Margaret Price wrth gyfansoddi drama un act arall, 'comedi o Gwm Tawe', *Y Canpunt*. Er yn gyfoes o ran eu lleoliad, dramâu yw'r rhain sydd yn perthyn i draddodiad y gomedi Gymraeg, a'u tafodiaith yn gyfrwng i'r union ddychan yn erbyn snobyddiaeth a Seisnigrwydd a sefydlwyd yn *Y Bardd a'r Cerddor*, ddegawdau ynghynt.

Yn ddiau, fe ellid dadlau mai yn y straeon a ysgrifennodd Kate Roberts rhwng 1923 a 1937 y deuir o hyd i'r gynrychiolaeth fwyaf cyflawn o brofiad y Cymry Cymraeg yn y cyfnod tyngedfennol hwnnw. Ni cheir

yno ond ymateb anuniongyrchol i holl helyntion cymdeithasol ac econom-
aidd blynyddoedd y dirywiad enbyd, ond ymateb y dychymyg ydyw,
sy'n cofnodi artaith synwyrusrwydd y llenor. Ni chafwyd dim o hynny
yn y dramâu a ysgrifennodd hi yn Aberdâr; y mae eu hamherthnasedd
i'r hyn a oedd yn digwydd dan wyneb bywyd y Cymry Cymraeg yn y
blynyddoedd ar ôl y Rhyfel Mawr yn neilltuol drawiadol o'u cymharu
â'r dramâu a wobrwyodd de Walden saith mlynedd cyn hynny! Dim
ond wrth iddi ymwrthod â'r ddrama y daeth Kate Roberts o hyd i'w
llais ei hun. Fe geir amrywiaeth cywair yn y ddrama honno, rhwng 1911
a 1922, rhwng y lleddf a'r llon, ond yr un yw'r prosiect sylfaenol, sef
dathliad cyfnewid a brofwyd, rywbryd yn y gorffennol, rhwng yr
hen a'r newydd. Dyna sy'n sail i sentimentaleiddiwch *Maesymeillion* a
Change, er gwaethaf y gwahaniaethau rhyngddynt y bu cymaint sôn
amdanynt gan J. Tywi Jones a D. T. Davies – a Kate Roberts hefyd o'i
hystyried fel beirniad drama! Ond os oedd *Traed mewn Cyffion* yn edrych
yn ôl, yr oedd yn edrych yn ôl ar golled a oedd yn fyw ym mhresenol-
deb y llenor, profiad personol yr oedd hi'n medru ei rannu â holl
genhedlaeth ei darllenwyr.

Nodiadau

[1]   13 Medi, t. 1.
[2]   *Wales* I, 3, Gorffennaf 1911, t. 139.
[3]   *Wales*, III, 1, Ionawr 1913, t. 22.
[4]   *Wales*, X, No. 31, Tachwedd 1913, t. 6
[5]   *Y Darian*, 2 Gorffennaf 1914, t. 4.
[6]   *Cambrian Daily Leader*, 10 Mehefin, 1914, t. 4.
[7]   *Cambrian Daily Leader*, 17 Mehefin, 1914, t. 4.
[8]   *Loc. cit.*, 22 Mehefin, 1914, t. 6.
[9]   *Loc. cit.*, 30 Mehefin, 1914, t. 4.
[10] *Welsh Outlook*, Ionawr 1914, t. 29.
[11] *Welsh Outlook*, Mehefin 1919, t. 159.
[12] *Heddiw*, V, Rhif 4, t. 173.
[13] *Cambrian Daily Leader*, 2 Hydef, 1919, t. 3.
[14] *Y Brython*, 2 Gorffennaf, 1914, t. 3.
[15] 'The Prospects of the Welsh Drama', papur a draddodwyd yn Eisteddfod
       Genedlaethol y Fenni, 4 Awst, 1913; *Transactions of the Honourable Society of
       the Cymmrodorion* (1914), t. 136.
[16] *Y Darian*, 18 Mehefin, 1914, t. 4.
[17] *Y Darian*, 2 Gorffennaf, 1914, t. 4.
[18] *Y Brython*, 6 Awst, 1914, t. 4.
[19] *Maesymeillion*; Drama Fuddugol Eisteddfod Castell-Nedd, 1918, t. 32.
[20] *Loc. cit.*, t. 39.

21 Gweler 'Profiad Cymro yn y Fyddin', *Y Cymro*, 23 Gorffennaf, 1917, tt. 4 a 30 Gorffennaf, t. 7.
22 *Cofnodion a Chyfansoddiadau Eisteddfod Genedlaethol Castell Nedd*, 1918, gol. E. Vincent Evans (Lerpwl: 1919), t. 67.
23 *Y Beirniad*, I, Mehefin 1911, t. 217.
24 Hywel Teifi Edwards, 'Wythnos yn Hanes y Ddrama yng Nghymru', *Codi'r Hen Wlad yn ei Hôl* (Llandysul: 1989), t. 301.
25 *Rebirth of a Nation*, t. 148.
26 *Cambrian Daily Leader*, 30 Mehefin, 1914, t. 2.
27 *Welsh Outlook*, Mehefin 1914, t. 273. Gweler hefyd Gorffennaf 1914, t. 331; a Medi 1914, t. 410.
28 *Y Darian*, 11 Mehefin, 1914, t. 4.
29 *Welsh Outlook*, Mehefin 1914, t. 273.
30 *Cambrian Daily Leader*, 24 Hydref 1919, t. 5.
31 *Cambrian Daily Leader*, 25 Hydref 1919, t. 4.
32 *Cambrian Daily Leader*, 22 Hydref 1919, t. 4.
33 *Cambrian Daily Leader*, 24 Hydref t. 5.
34 *Welsh Outlook*, Mehefin 1914, t. 273.
35 *Loc. cit.*, t. 274.
36 *Loc. cit.*, t. 273.
37 *Ysgrifau Beirniadol*, I, (1965), ll. 14–15.
38 *Loc. cit.*, t. 19.
39 *Loc. cit.*, t. 20.
40 *Ar y Groesffordd*, Welsh Drama Series 9 (Llundain, Samuel French: d.d.), t. 55.
41 *Loc. cit.*, t. 15.
42 *Loc. cit.*, t. 16.
43 Hywel Teifi Edwards, *loc. cit.*, t. 307.
44 *Western Mail*, 16 Mai 1914, t. 7.
45 *Wales*, Mawrth 1914, t. 45.
46 *Loc. cit.*, t. 47.
47 *Y Darian*, 30 Hydref 1919, t. 1.
48 *Cambrian Daily Leader*, 21 Hydref 1919, t. 5.
49 *Cambrian Daily Leader*, 24 Hydref 1919, t. 1.
50 25 Hydref, 1919, t.4.
51 *Cambrian Daily Leader*, 25 Hydref 1919, t. 4.
52 *Cambrian Daily Leader*, 21 Hydref 1919, t.4.
53 'The Present State of Welsh Drama', *Welsh Outlook*, Mehefin 1919, t. 303.
54 *Y Darian*, 11 Rhagfyr 1919, t. 4.
55 *Welsh Outlook*, Ebrill 1920, t. 84.
56 *Welsh Outlook*, Ionawr 1920, t. 17.
57 *Western Mail*, 3 Mawrth 1920, t. 8.
58 *Western Mail*, 17 Mawrth 1920, t. 10.
59 *Y Darian*, 8 Ebrill 1920, t. 6.
60 *Y Darian*, 15 Ebrill 1920, t. 5.
61 Gweler *Y Darian*, 27 Mai, t. 4; 3 Mehefin, t. 4; 10, t. 3 & 17, t. 7.
62 *Y Brython*, 19 Hydref 1922, t. 4.
63 *Y Brython*, 7 Gorffennaf 1927, t. 5.
64 *Y Brython*, 29 Medi 1921, t. 3.

[65] *Y Darian*, 20 Mai 1920, t. 2.
[66] *Western Mail*, 18 Mawrth 1920, t. 8.
[67] *Y Darian*, 27 Mai, 1920, t. 1.
[68] Gweler *Dramâu Saunders Lewis*, gol. I. Williams, I (Caerdydd: 1996), t. 31.
[69] *Welsh Outlook*, Tachwedd 1922, t. 272.
[70] Sunday, the fifth after Easter: *Saunders Lewis Letters to Margaret Gilcriest*, gol. Mair Jones et al., (Caerdydd, 1993), t. 486.
[71] 18 Mai 1922, t. 4.
[72] 17 Mai 1922, t. 5.
[73] *Western Mail*, 15 Mai 1922, t. 6.
[74] *Y Darian*, 2 Mehefin 1921, t. 2.

3

1923–1940

Y peth cyntaf sy'n taro sylwebydd y Mudiad Drama yn y cyfnod rhwng y ddau ryfel byd yw parhad ei boblogrwydd a dyfalbarhad ei ddilynwyr. Yr oedd yr hyn a ddywedwyd gan olygydd *Y Faner* yn 1925 yn dal yn wir yn y dyddiau tywyll pan oedd y wlad yn paratoi gogyfer â'r rhyfel nesaf: 'Nid oes unrhyw argoel bod poblogrwydd y ddrama yn treio yng Nghymru; darllenom o wythnos i wythnos am gwmnïau pentref a thref yn chwarae yn y fan a'r fan.'[1] Os oedd ugeiniau o gwmnïau wrthi'n gyson ar hyd a lled Cymru ar ôl y Rhyfel Mawr, yr oeddynt yn gannoedd erbyn y tridegau. Yn ôl Rhys Puw, er enghraifft, rhaid 'bod pum cant o leiaf o gwmnïau drama yng Nghymru' erbyn 1930, gyda chwmnïau bron ymhob ardal a chwmwd, ac weithiau gymaint â thri neu bedwar mewn pentrefi unigol.[2] Bedair blynedd yn ddiweddarach datganodd sylwebydd yn Aberdâr fod y ddrama wedi llwyr ddisodli'r gân yn ei gwm genedigol: 'Yr hyn oedd y Gân dri ugain mlynedd yn ôl yw'r Ddrama heddiw. Mae yn y Cwm fwy na chwmni am bob nos o'r wythnos am fis.'[3]

Ond fel yn nyddiau cynnar y mudiad, yr oedd cryn bryder ynglŷn ag anwadalwch y gweithgarwch hwn o safbwynt safonau actio, lefel deall-twriaeth y gynulleidfa a sylwedd y deunydd a gyflwynid. Fel y dywedodd *Y Faner*:

> Ond y mae'n hen bryd i'r cwmnïau hyn wybod bod llawer ohonynt yn actio pethau salw dychrynllyd, a thrwy hynny, yn lle cefnogi'r ddrama, yn ei llindagu hyd eithaf sicrwydd. Y mae'n naturiol disgwyl ychydig anaeddfedrwydd gyda phopeth newydd, ond nid yw'r ddrama bellach mor ddieithr â hynny yng Nghymru. Onid yw'r cwmnïau hyn yn gwybod y rhagor rhwng y gwych a'r gwael mewn drama, dylent fynd at y sawl a ŵyr a chymryd eu dysgu ganddynt.[4]

Yn y bôn dyma'r ddadl a gyflwynasid gan D. T. Davies a Saunders Lewis yn y blynyddoedd ar ôl y Rhyfel, sef mai celfyddyd yw drama a'i bod felly yn rhan o fywyd cenedl y dylid ei pharchu a'i datblygu gyda gofal, yn hytrach na dyfais y gellid ei haddasu at amcanion eraill.

Gwelwyd ar hyd y blynyddoedd rhwng 1923 a 1940, felly, nifer o ymdrechion gan grwpiau gwahanol – ac weithiau gan bleidiau gwrth-wynebus i'w gilydd – i godi safonau perfformio ac actio, i ddarparu hyfforddiant ac i wella amodau perfformio. Bwydodd rhai o'r rheiny yr ymgyrch i sefydlu Theatr Genedlaethol fel cyfrwng i arddangos gwir nodweddion y ddrama fel celfyddyd, yn ogystal â'r ymgyrch i sefydlu Undeb Cenedlaethol a fyddai'n cydlynu pob agwedd ar weithgarwch drama ar hyd a lled y wlad. Ond erbyn diwedd y cyfnod, a'r Undeb a'r Chwaraedy Cenedlaethol wedi'u dryllio ar greigiau'r anghydfod ieith-yddol, yr oedd hi'n amlwg i bawb a oedd yn ymddiddori yn y theatr yng Nghymru fod cryn bellter rhwng y sawl a fynnai flaenoriaeth i fuddiannau celfyddydol mewn theatr Gymreig a'r sawl na ddymunai wahaniaethu rhwng diwylliant a'r iaith a oedd yn gyfrwng iddo.

I ryw raddau gellid beio'r naill blaid a'r llall am fethu â chydnabod gwir ffynhonnell cryfder y Mudiad Drama fel y bu ar hyd ei oes – a dyna hefyd oedd gwraidd ei brif wendid – sef y ffaith ei fod yn parhau'n fudiad amddiff-ynnol. Ni olygai hynny nad oedd y mudiad yn datblygu. Un datblygiad go amlwg a welwyd oedd lleihau dylanwad y capeli, ond wrth gwrs bu'r broses hon yn rhan o'r broses ehangach o seciwlareiddio'r cymunedau Cymraeg a'u diwylliant. Os oedd y rhan fwyaf o'r grwpiau yn 1922 yn grwpiau capel, erbyn 1939 yr oeddynt yn grwpiau ardal a phentref. Gwelwyd newid arall ar hyd y cyfnod, hefyd, o ran agweddau'r grwpiau. Erbyn diwedd y cyfnod yr oedd safon addysg gyffredinol yn uwch a chafwyd ymwybyddiaeth fwy soffistigedig o natur a swyddogaeth theatr. I'r graddau hynny gellid dweud bod yr ymdrech a drefnwyd gan Undeb y Ddrama Gymreig, Undeb Drama Gymraeg y Gogledd, Mudiad Addysg y Gweithwyr, ynghyd â grwpiau a sefydliadau eraill, i addysgu'r Cymry am dechnegau actio a chyflwyno wedi dwyn ffrwyth. Wrth i'r blynyddoedd fynd heibio, newidiwyd y drefn o gynhyrchu drama hefyd, gyda llai o bwyslais ar 'ddysgu' a mwy ar 'astudio' testun. Ar yr un pryd yr oedd tuedd, o leiaf yn y grwpiau mwyaf safonol, i'r arweinydd o wein-idog ildio'i le i'r cyfarwyddwr o athro. Canlyniad yr holl ddatblygiadau hyn oedd fod statws a swyddogaeth y perfformiad drama wedi newid mor sylweddol fel y gellid canfod arwyddion o newid mwy sylweddol byth. Yr eironi oedd mai'r hyn yr oedd ei angen er mwyn caniatáu'r newid hwnnw, oedd chwalu seiliau'r mudiad unwaith ac am byth.

Ond ar ddechrau'r cyfnod daliai llais J. Tywi Jones i amddiffyn yn groch gwmnïau distadl y capeli yn erbyn dadleuon dynion fel Clydach Thomas, un o actorion mwyaf blaengar Cymdeithas Ddrama Gymraeg Abertawe, ac olynydd i'r Athro Ernest Hughes a fu'n gyfarwyddwr arni. Daliai Tywi Jones i gredu mai cyfryngau 'i gadw'r hen iaith yn fyw'[5] oedd y cwmnïau drama ac y dylid gwerthfawrogi'u hymdrechion fel sylfaen ymdrechion celfyddydol uwch. Yn ei swydd fel cyfarwyddwr Cymdeithas Abertawe yr oedd Clydach wedi ymosod ar waith y cwmnïau bychain a oedd yn chwarae pethau 'a elwid yn ddramâu . . . rai nad oeddynt yn addas i'w roddi ar unrhyw lwyfan, ac nid oedd y tal a godid am eu perfformio yn ddim ond ffordd o gael arian trwy dwyll'[6] – beirniadaeth dra chyffredin gan gyfeillion y ddrama ar hyd y blynyddoedd. Y mae ymateb golygydd *Y Darian* yn ddiddorol, nid yn unig oherwydd ei fod yn siarad dros y cwmnïau distadl – trwch cefnogwyr y mudiad mewn unrhyw gyfnod – ond am ei fod yn tynnu'r llinell mor eglur rhwng gwahanol haenau'r mudiad:

> Yn awr, y mae Clydach Thomas yn byw mewn tŷ hardd a chysurus ar le amlwg ac yr ydym yn sïwr mai ef a fyddai'r olaf i fynd i lawr i'r gwaelodion yng Nghlydach a chicio'r rhai sydd yno am eu bod yn medru byw'n gysurus mewn tŷ to gwellt. Hynny yn ein tyb ni ydyw ymddygiad rhai o 'bendefigion' y Ddrama Gymreig. Y mae bywyd hardd ym mythynnod Cymru yn ogystal ag yn eu plasau. Ewch chi bobl fawr ymlaen a'ch gwaith yn y **theatres** yn y trefi mawr ond gadewch lonydd i'r pentrefi i'w difyrru eu hunain yn eu ffordd eu hunain. Wrth gwrs, nid atebai eu defnyddiau hwy ar lwyfan y 'Grand', a byddai eich defnyddiau chwithau yr un mor anaddas ar lawer llwyfan bychan yn y pentrefi.[7]

Er nad oedd cyfiawnhad i'r gwrthgyferbyniad syml hwn ar sail cymdeithaseg, pery yn wir fod seiliau cymdeithasol i'r gwrthgyferbyniad rhwng agweddau J. Tywi Jones a Chlydach Thomas y gellid ei briodoli i'r gwrthgyferbyniad rhwng tref a phentref. Un o'r ffactorau cymdeithasol pwysicaf a oedd yn effeithio ar ddiwylliant Cymru yn y cyfnod rhwng y ddau ryfel oedd y ffaith fod y Gymraeg yn colli gafael ar werin bobl yr ardaloedd diwydiannol trefol. Gwelir effaith y broses honno yn nhynged *Tarian y Gweithwyr* ei hun, yr oedd ei gylchrediad yn lleihau yn gyson o'i gymharu â lleihad nifer y siaradwyr Cymraeg yng nghymoedd diwydiannol Morgannwg a Gwent nes iddo orfod rhoi'r ffidil yn y to yn y flwyddyn 1934. Ffactor arall o gryn bwysigrwydd oedd y ffaith fod mwy na chwarter o dir Cymru wedi newid dwylo rhwng 1918 a 1922, wrth i berchnogion yr hen stadau fanteisio ar brisiau uchel i symud mewn i'r farchnad stoc.[8] Canlyniad y broses honno oedd cryfhau'r strwythur cymdeithasol a gynhaliai'r iaith a'r diwylliant Cymraeg yng nghefn gwlad – yr union ddiwylliant yr oedd y cwmnïau drama erbyn hynny'n rhan annatod ohono.

Ni fu theatr y Mudiad Drama erioed yn theatr werinol, ond yr oedd o'r dechrau wedi mynegi diwylliant a hawliai awdurdod hen werin uniaith y fytholeg Ryddfrydol. Parhaodd yn wir drwy'r cyfnod rhwng y ddau ryfel, bod y fytholeg honno'n ganolog i'r diwylliant Cymraeg ac i'r ddrama fel rhan annatod ohono. O safbwynt hynny diddorol yw sylwi ar y berthynas a ddatblygodd rhwng yr eisteddfod a'r ddrama. Er bod gan y Mudiad Drama ei gylch eisteddfodol priodol ei hun yn y cystadlaethau drama, mynnai dilynwyr y mudiad le dilys iddo hefyd yn yr ŵyl genedlaethol o 1915 ymlaen. A gwelwyd ar hyd y cyfnod yr un tyndra rhwng drama o'i hystyried fel celfyddyd hunangynhaliol ac fel cynrychiolaeth o'r diwylliant eisteddfodol a welwyd mewn perthynas â barddoniaeth. Yr un fu tynged *Y Sant* yn Nhreorci yn 1928 a *Chwm Glo* yng Nghastell-Nedd yn 1934. Newidiwyd hynny erbyn Eisteddfod Genedlaethol Llanelli, yn 1962, pan gynigiwyd cystadleuaeth ysgrifennu adolygiad ar *Excelsior* Saunders Lewis, ond dyna un o arwyddion y newid mawr a oedd wedi digwydd yn y ffordd y meddyliai pobl yr eisteddfod am swyddogaeth y ddrama Gymraeg ar ôl prawf y tri llanc a datblygiad y cyfryngau darlledu ar ôl yr Ail Ryfel Byd.

Y peth mwyaf syfrdanol am hynt y ddrama Gymraeg yn y cyfnod rhwng 1922 a 1934 yw na heriodd neb y tu mewn i'r gymuned Gymraeg y cysyniad o ddrama a ffurfiwyd gyda dechreuad y mudiad ei hun. Er gwaethaf y radicaliaeth a hawliwyd ar ran dramodwyr ifainc 1912–1914, Gruffydd, Davies, Francis a Berry, nid oedd y feirniadaeth a gynigiwyd ganddynt yn radical o gwbl. Derbyniwyd dyneiddiaeth eu dramâu yn ddidrafferth hyd yn oed gan y blaenoriaid a dderbyniodd eu hergydion. Addasu'r fytholeg sylfaenol a wnaethant, yn hytrach na chynnig gweledigaeth o gymdeithas newydd. Ac ar ôl y Rhyfel, pan oedd y byd wedi newid er eu gwaethaf, cyfaddefasant eu diymadferthedd, naill ai'n uniongyrchol, fel D. T. Davies, neu'n anuniongyrchol, wrth rygnu ymlaen yn yr un rhigol, fel J. O. Francis. Ymdrechai sawl un o'r dynion newydd, fel J. Eddie Parry a J. Ellis Williams, i gynhyrchu deunydd newydd i fwydo chwant y cwmnïau mwy uchelgeisiol. Llwyddodd Idwal Jones i ryw raddau yn ei ymdrech i ddatblygu'r traddodiad, a chynigiodd Matthew Williams weledigaeth lem, ddychanus, a'i caniataodd bron i dorri allan o fframwaith y traddodiad. Ond cyn *Cwm Glo* ac *Y Brodyr*, nid ymddangosai fod neb yn ymwybodol fod angen torri cwys newydd o gwbl. Felly, er gwaethaf galarnadau lu ac addewidion heb eu gwireddu, parhai dilynwyr y mudiad i ddisgwyl datblygiad y ddrama ei hun.

Yr argraff o theatr Gymraeg y cyfnod rhwng y ddau ryfel sy'n aros yn y meddwl, felly, yw un o weithgarwch hynod brysur a chymhleth, cymysgedd rhyfedd o uchelgais gelfyddydol ac ymarferion hollol fecanyddol, ymwybod soffistigedig o ddatblygiadau rhyngwladol a diniweidrwydd cyfyngedig. Gwelir yn y theatr ei hun sawl lefel a chylch, rhai ohonynt bron yn gyfan gwbl ynysedig oddi wrth ei gilydd, a sawl grŵp yr oedd y berthynas rhyngddynt yn newid o hyd wrth iddynt ddigwydd cydweithio mewn achos cyffredin neu ymladd am ddylanwad a grym. Parhaodd y theatr a grewyd gan y Mudiad Drama yn theatr amatur a ystyriai'r cyflwyniad dramatig yn ddefod ddiwyll-iannol amddiffynnol. Ar yr un pryd yr oedd llawer o blith yr amaturiaid hyn yn benderfynol o wella safonau ym mhob agwedd ar weithgarwch theatraidd. Derbyniodd rhai o'r rheiny gystadlu fel modd i sicrhau'r gwelliannau angenrheidiol, o leiaf nes iddi ddod yn glir fod cystadlu'n gyfrwng i Seisnigeiddio'r mudiad. Ar y llaw arall, yr oedd rhai a wrthod odd gystadlu, gan fynnu rhyddid i ddewis a hamdden i ymarfer dramâu er mwyn cyrraedd amcanion celfyddyd – yn eu plith aelodau Cymdeithas Ddrama Gymraeg Abertawe a Chwaraewyr Coleg y Gogledd, ym Mangor. Yr oedd aelodau'r grwpiau hyn yn barod i gyfaddawdu mewn sawl ffordd er mwyn celfyddyd, er tynnu ar eu pennau ddicter y rheiny a ystyriai fod cyflwyno cyfieithiadau yn lle dramâu Cymraeg yn frad tuag at yr iaith.

Ymhlith y bobl a oedd yn weithgar yn y mudiad drama yn ystod y blynyddoedd hyn yr oedd yna rai o gefndiroedd cymdeithasol tra gwahanol – dynion fel Dan Mathews, Pontarddulais, Y Parch. E. , sefydlydd Theatr Fach Trecynon, J. J. Williams Bethesda, a oedd yn ddiflino fel cyfarwyddwr a darlithydd, Cynan, J. Ellis Williams, ysgol-feistr a dramodydd a sefydlodd ei gwmni ei hun er gwaethaf gwg yr awdurdod addysg, Gwynfor, J. Tywi Jones, Conrad Davies, Haydn Davies, yr Athro Ernest Hughes, Clydach Thomas a Mary Hughes, ac ati. Am flynyddoedd parhaodd yr Arglwydd Howard de Walden yn ffyddlon i'r achos – er efallai nad am yn union yr un rheswm!

Yr hyn a dynnodd yr holl unigolion hyn at ei gilydd oedd yr amcan cyffredin o wau un mudiad drama a fyddai'n rhan werthfawr o ddiwyll-iant y wlad. Ar yr un pryd fe'u rhannwyd gan sawl gwahaniaeth barn a phwyslais. Cytunai llawer ohonynt mai eu priod genhadaeth oedd addysgu'r werin bobl, trwch cefnogwyr theatr amatur Gymraeg, a'u codi i ymwybyddiaeth uwch. Ond yr oeddynt yn anghytuno â'i gilydd mewn perthynas â dau bwynt sylfaenol. Y cyntaf o'r ddau a'r pwysicaf, a chwalodd bob ymdrech i gydweithio ar lefel genedlaethol, oedd cwestiwn yr iaith, a ymgorfforwyd yn y ddadl am y dewis rhwng Theatr Gymraeg a Theatr Gymreig. Yr ail, a oedd yn llai amlwg ac yn llai syml, ond yn ddigon problematig ar hyd y cyfnod hwn ac ar ôl hynny, oedd y cwestiwn, a ddylai theatr Cymru fod yn theatr wasgaredig neu'n theatr drefol – yr un oedd y cwestiwn hwnnw yn y bôn â'r cwestiwn ai theatr amatur neu theatr broffesiynol oedd y theatr Gymraeg, yn y ganrif honno neu mewn unrhyw ganrif arall!

Drama yr Achosion Da

Os oedd y ddrama yng Nghymru, fel y'i disgrifiwyd hi gan Caerwyn yn 1931, 'yn ofnadwy o "gatchin"', yr oedd canlyniadau'r haint yn anwadal iawn. O ran mwyafrif y cwmnïau a oedd yn ymddangos yn 'y naill ardal ar ôl y llall', barn Caerwyn oedd mai 'amherffaith ac amrwd' oedd eu cynhyrchion.[9] Barn gyffredin sylwebyddion o ddiwedd y Rhyfel ymlaen oedd mai siomedig oedd hynt y ddrama er gwaethaf prysurdeb a phoblogrwydd y mudiad ar y lefel isaf, o leiaf, er y cydnabuwyd yn gyffredinol lwyddiannau'r cwmnïau a'r cymdeithasau a oedd yn ymdrechu i godi safonau. Yn ôl disgrifiad T. O. Phillips, Maesteg, un o'r cyfarwyddwyr mwyaf llwyddiannus, yr oedd y cwmnïau drama eu hunain yn ymrannu yn dri grŵp gwahanol. Ar y brig gwelwyd y rheiny a alwodd ef, 'o ddiffyg enw gwell', yn gwmnïau cystadleuaeth, 'a rodd-odd fri ar safon'. Yn ail, cafwyd grwpiau lleol gweddol anturus a oedd yn dangos eu bod yn deall eu cynulleidfa a'u cyfyngiadau hwythau drwy ganolbwyntio ar chwarae dramâu digrif. Ac yn drydydd, cafwyd trwch y cwmnïau distadl, 'a fyn chwarae un-act yn bennaf, a hynny heb falio rhyw lawer am grefft'.[10]

Nid oedd aelodau'r ail a'r trydydd grŵp hyn yn uchelgeisiol o ran celfyddyd, ond yn fodlon iawn â chanlyniad eu hymdrechion os oeddynt yn llwyddo i greu adloniant iddynt eu hunain a'u cydnabod a chodi rhywfaint o arian at achosion da ar yr un pryd. Y mae papurau cened-laethol a lleol ar hyd y blynyddoedd cyn 1914 yn llawn adroddiadau parchus iawn o'u campau. Beirniadwyd yr adroddiadau hyn fel sebon gan lawer o sylwebyddion, ond dengys patrwm y cofnodion mai fel digwyddiad cymdeithasol y'u hystyriwyd yn gyffredinol. Y mae'r disgrifiad a roddwyd gan D. R. Davies, cyfaill ymroddedig y ddrama, o ymdrechion Cwmni Bethel yr Annibynwyr a Chwmni Carmel y

Methodistiaid yn Nhrecynon, ym mis Ebrill, 1928, yn nodweddiadol o
gannoedd o rai tebyg. Y dramâu a gyflwynwyd oedd *Maesymeillion* a
John a Jams (gan Brinley Jones), dewis digon arwyddocaol, gan eu bod ill
dwy yn enghreifftiau o gynnyrch mwyaf ystrydebol y mudiad. Profodd
y ddau berfformiad, meddai'r adolygydd, fod yna ddigon o dalent actio
yn Nhrecynon:

> Ar wahân i ychydig frychau a gwendidau a ellir yn hawdd eu gwella,
> rhoddodd cwmni Bethel berffformiad da . . . Ni welsom well perffformiad o
> *John a Jams* na'r un a roddodd Cwmni Drama Carmel. Aethant i mewn i
> ysbryd y ddrama, ac esgyn o gam i gam i gryn berffeithrwydd yn y
> diwedd . . . Ymhyfrydwn yn nhalent ddramaol capeli Trecynon, a chredwn
> mai anodd a fyddai cael milltir sgwâr arall yng Nghymru lle y chwaraewyd
> mwy o ddramâu Cymraeg yn ddiweddar . . . Yr ydym yn ffyddiog fod
> gwleddoedd o'n blaen ym myd drama yn Nhrecynon am flynyddoedd
> lawer.[11]

Ni ellid cyhuddo D. R. Davies o fod mor anghymedrol ei werth-
fawrogiad ag ambell ohebydd y credai Alltwen y dylid ei gosbi 'am ei
druth sebonllyd yn y papurau', ond y mae ei weld ef yn cyfeirio at
ymdrechion grwpiau lleol fel hyn yn nhermau perffeithrwydd yn tan-
linellu'r hyn a ystyrid gan sylwebyddion eraill yn broblem fawr.

Ychydig o Gymry Cymraeg a fyddai wedi ategu barn eithafol D. Clydach
Thomas mai 'puteinio' celfyddyd y dylent fod yn ei gwasanaethu yr
oedd y grwpiau lleol a berfformiai ddramâu i godi arian at achosion da.[12]
Ond rhannwyd yr amheuon a awgrymwyd gan y cwestiwn a ofynnodd
Alltwen yn *Y Brython* yn 1932 gan lawer: 'A oes gennym ormod o
gwmnïau drama?' Deallai Alltwen gystal â J. Tywi Jones fod gweith-
garwch y grwpiau hyn yn 'rhan o waith cymdeithasol yr eglwys', a
hybai'r ddrama 'er mwyn "rhoi rhywbeth i'w wneud i'r bobl ifainc"',
ond credai fod lluosogi cwmnïau yn ôl lluosogrwydd enwadau'n arwain
at 'anurdd[o] y chwarae gan anwastadrwydd truenus':

> Fy ofn yw mai drwg mawr i fudiad y ddrama yng Nghymru yw gweled
> dau, tri neu bedwar cwmni mewn pentref, neu ardal wledig, yn ôl rhifedi'r
> sefydliadau enwadol a ddigwydd fod yno. Tra'n croesawu cefnogaeth y
> capel i'r ddrama, hyderwn, er hynny, na thybia'r capel fod yn
> ddyletswydd arno sefydlu cwmni drama fel sefydlu seiat, a phob aelod o'r
> cwmni i fod yn aelod o'r capel.[13]

Yr un ddrwgdybiaeth o'r capeli a fynegwyd yn y cwestiwn a gyflwyn-
odd Meirion Lloyd Jones i sylw J. Ellis Williams wrth iddo draethu ar

gyflwr y ddrama yng Nghymru yn 1927: 'Ameu yr ydwyf, Syr, fod y capeli wedi nawddogi y ddrama er mwyn ei chadw yn ei lle a chlipio dipyn ar ei hadenydd.'[14] Ateb cymhedrol a gwrthrychol a gafwyd i'r cwestiwn gan y dramodydd o ysgolfeistr, a ddadleuai nad yr eglwys '*fel eglwys*' oedd ar fai am gyflwr y ddrama, 'ond yr eglwys fel *cymdeithas*'. Paham, gofynnodd ef, y dechreuodd yr eglwysi ymddiddori yn y ddrama? Ac yr oedd ei ateb yn un y gallai J. Tywi Jones ei hun fod wedi ei ategu:

> I'm tyb i, rhywbeth fel hyn a ddigwyddodd: Daw gweinidog ifanc i eglwys: gwêl fod angen rhywbeth mwy diddorol na chwrdd gweddi a seiat i ddenu'r bobl ifainc: cred ef, os medr eu cael at ei gilydd (waeth beth fo'r amcan), y medr fanteisio ar eu cwmni i ennyn eu diddordeb at bethau'r capel. Ac wedi'r cwbl, chwarae teg iddo! Gwn am ddegau o weddiwyr cyhoeddus na chymerent ran yn yr un gwasanaeth o gwbl nes i'r gweinidog eu hudo o'u cragen â phart mewn drama.[15]

Ond cytunai J. Ellis Williams, er gwaethaf hynny, â'r feirniadaeth o weithgarwch y cwmnïau a wnaethpwyd gan lu o sylwebyddion cyfoes, sef bod ymddiried y ddrama Gymraeg i bwyllgorau eglwys '*fel cymdeithas*' a adlewyrchai bob math ar ystyriaeth gymdeithasol, 'yn lladd ei llwyddiant':

> Heddyw y mae naw o bob deg cwmni drama Cymreig o dan nawdd ryw eglwys nei'i gilydd. Yn aml, pwyllgor o aelodau'r eglwys a fydd yn rheoli'r cwmni hwn. Gŵyr pawb ohonom sut beth ydyw 'pwyllgor eglwys'. Y rhai awyddus yn hytrach na'r rhai teilwng a geir yn aelodau ohono. Gwyddom sut y dewisir ef. I fod yn berffaith deg, ceir ynddo o leiaf rai a ŵyr rywbeth am ddrama. Eithr yn lle gadael i'r rhain drefnu'r gwaith yn ôl eu profiad a'u doethineb eu hunain, fe gŵyd hwn-a-hwn i awgrymu 'Rydan ni wedi bod ar ôl Mrs Pansne Jones yn aml iawn i fenthyg clustoga a phethau felly at berfformio drama ac rydw-i yn cynnig i bod hi yn aelod ar y pwyllgor. Dewisir wraig y clustogau'n unfryd. Ond ust! Dacw Mrs Opragles Hughes yn ysgyrnygu danedd yng ngornel ei sêt! Hawyr iach, rhaid peidio â'i digio hi o bawb! A hithau ar y pwyllgor. Toc, sylweddolir gan rywun nad oes gynrychiolaeth o'r sêt fawr ar y pwyllgor. Dewisir dau flaenor – rhag ffafrio'n un o'r ddau deulu. O dipyn i beth, ychwanegir at yr ychydig a ŵyr rhywbeth am y ddrama lu dirifedi na ŵyr y nesaf peth i ddim. Gofynnir i'r pwyllgor hwn ddewis drama, ethol cwmni, a pharatoi'r holl waith. Ac ym mhopeth, y rhai uchaf eu llais ymhob eisteddiad o'r pwyllgor yw Mrs Pansne Jones & Co., Unlimited.

Rhaid bod y gomedi ddifrifol hon wedi ei pherfformio dro ar ôl tro ar hyd Cymru yn y blynyddoedd hynny, fwy neu lai yn y dull y'i

cyflwynwyd gan Ganhwyllfab yn hanes 'Y Ddrama Fawr' gan gwmni
Pont yr Helfa ym mhentref Bryn Picil yn y flwyddyn 1928. Try'r stori o
gwmpas dewis o blith amryw wahoddiadau i berfformio'r ddrama
fawr, *Noson y Ddrycin*:

> Sgrifennai un ar ran bwyllgor ei gapel – 'yr elw at dynnu'r dyled', etc., fel
> pob amser; un arall dros Gymdeithas y Nyrsus, ac un dros achos teilwng,
> gan obeithio na fyddai telerau'r cwmni'n rhy galed. Un arall drachefn er
> mwyn 'clirio dyled cyrn y band', gan nodi amryw welliannau a gymerasai
> le yn ddiweddar yn ei ardal, megis yn gyntaf – 'y seindorf arian'; neuadd
> eang a hwylus …; goleuni trydanol a'r holl fanteision a berthynai iddo, ac
> ambell o bethau teilwng ein sylw fel cwmni drama o fri.[16]

Yn naturiol ddigon, dewisir pentref Bryn Picil, sy'n ymffrostio ym
meddiant golau trydan a chyfleusterau eraill a fydd yn caniatáu i
gwmni Pant yr Helfa, dan ei gyfarwyddwr, Sheridan James, gyrraedd
uchelfannau'r gelfyddyd. Ond erbyn cyrraedd Bryn Picil, darganfyddir,
'Dim goleu, dim lle i roi goleu, pob dim yn chwith ar gyfer llwyfan,
digon o drydan a dim chwaith' a diwedd yr helynt yw cynddeiriogi'r
cyfarwyddwr a dileu'r perfformiad.

   Y farn gyffredin ar hyd y cyfnod oedd fod problemau difrifol ynghlwm
wrth y Mudiad Drama a'i llesteiriodd rhag datblygu. Beth bynnag am y
problemau a wynebwyd gan y cwmnïau mwyaf, meddai J. J. Williams,
a hwythau'r un yn y bôn ag a wynebwyd gan gwmnïau drama ar hyd
Ewrop, yr oedd cwmnïau bychain pentrefol Cymraeg yn wynebu an-
fanteision neilltuol a oedd yn llesteirio'u datblygiad:

(1) Bydd yn rhaid perfformio mewn ysgol fechan ag anghyfleus.

(2) Ni fydd yn honno yn aml na nwy na thrydan.

(3) Bydd problem 'scenery' yn un tra gwahanol i'r hyn a fyddai pe
    chwareuid mewn theatr.

(4) Nid hawdd fydd cael cyfarwyddwr.

(5) Cyfyng bydd y maes i ddewis perfformwyr ohono.

Ymddengys hwn yn eithaf syml ond y gwir ydyw eu bod yn anawsterau
nad ydym fymryn nes i'w datrys nag oeddem ddeng mlynedd yn ôl. Mae
hualau confensiwn y theatr yn baglu y cyfarwyddwr. Benthycant olygfeydd
a'r rheiny yn aml yn rhai tra amhriodol. Gweddnewidiant y perfformwyr,
a hynny'n fynych heb na medr nac amcan. Gwisgir y cymeriadau mewn
dillad benthyg dolurus i'r llygad. A gweir y pethau hyn oherwydd y dyb
bod yn rhaid wrth 'scenery', 'make-up' a 'get-up'. Ar y llaw arall nid wyf
wedi gweled gymaint ag un cwmni gwledig wedi amcanu goleuo'r llwyfan

yn briodol – wedi gwneuthur arbrofion gyda chanhwyllau, er enghraifft. Nid wyf yn gwybod am un cwmni a ddechreuodd waith y gaeaf drwy sylweddoli y perfformid ar ddiwedd y tymor mewn ystafell ysgol, a bod hynny'n gofyn am syniadau newydd a gwreiddiol ar broblem 'scenery'. Ychydig iawn o gwmnïau sydd wedi sylweddoli bod perthynas cydrhwng nerth goleuni'r llwyfan, lleoliad y goleuadau a maint yr adeilad ar un llaw, a pha drwch o baent a fydd eisiau i weddnewid y cymeriadau ar y llaw arall. Mewn gair, mae'r ddrama yng Nghymru yn dioddef oddi wrth ddiffyg syniadau newydd a gwreiddiol i roddi bywyd ynddi.[17]

Y broblem yn y bôn, lle yr oedd y theatr amatur yn y cwestiwn oedd mai eilbeth oedd y ddrama, a'r symbyliad cymdeithasol bron bob amser yn flaenaf. Ceir darlun eglur iawn o'r sefyllfa gan un o'r dramodwyr mwyaf dyfal, a oedd wedi sefydlu ei gwmni ef ei hun, er mwyn sicrhau rhywfaint o safon i'r cynyrchiadau. Dadleuai rhai fod yr achosion elusennol yn sugno gwaed y Mudiad Drama,[18] ond cyfaddefodd J. Ellis Williams fod cyfarwyddwyr y cwmnïau'n dibynnu ar ymdrechion cefnogwyr yr achosion da er mwyn cael cynulleidfa o gwbl. Tra bod y werin bobl yn heidio i'r sinemâu newydd ac i'r dafarn, yr oedd angen dwyn perswâd arnynt i'w denu i'r neuadd i wylio drama:

> Gwn wrth gwrs, fod ein neuaddau pentref yn llawn pan berfformir dramâu ynddynt, ond stori arall yw hynny. Pan gyflogir cwmnïau drama i'n cynorthwyo i ysgafnhau baich ein dyledion, bydd y cynulleidfaoedd yn sathru traed ei gilydd, ond teyrnged yw hynny, nid i'r afael sydd gan y Ddrama Gymraeg arnom, ond yn hytrach i ddycnwch di-droi-draw y sawl a fu o ddrws i ddrws yn gwerthu tocynnau. Os temtir rhywun i fyned ar daith trwy Gymru gyda chwmni drama – gan ddibynnu'n gyfan gwbl ar y dulliau cyffredin o'i hysbysebu – a chan hyderu y daw'r bobl i'r perfformiadau yr union fel yr ânt i'r sinema – hynny yw heb eu hannog, a heb eu cymell i gefnogi rhyw achos da neu'i gilydd trwy brynu tocynnau – y mae'n well iddo ymbwyllo, onide fe gaiff wir achos i edifarhau.[19]

Nid oedd dim gwarant, chwaith, o'u hymddygiad ar ôl iddynt gyrraedd. Y mae cwynion ar hyd y cyfnod am ymddygiad unigolion anystywallt yn y gynulleidfa Gymraeg. Dyfynnwyd uchod ddisgrifiad Gwynfor o berfformiad o *Castell Martin* D. T. Davies yn Sir Ddinbych mewn hen gapel a'r ffenestri i gyd dan goed lle rhoddwyd cyflwyniad boddhaol er gwaethaf yr anawsterau – 'although the farm-labourers who occupied the back of the premises amused themselves by throwing barley and oat grains at the young ladies in the audience as well as at the adjudicator'.[20] Nid mai llanciau cefn gwlad biau'r bai i gyd. Ceir beirniadaeth o'r cynulleidfaoedd parchus yn y Grand, yn Abertawe ac yn yr Eisteddfod Genedlaethol yn Nhreorci yn 1928, pan gwynodd un gohebydd i'r *Darian* am y twrw annioddefol a wnaethpwyd gan rai wrth fynd a dod ar hyd y perfformiad a'r sisial parhaus gan eraill, 'yn tybied ei fod yn bwysig iddynt hwy ddywed eu barn am y naill beth a'r llall fel yr ai'r chwarae ymlaen'.[21] Gwaeth byth oedd y cyhuddiad cyffredin nad oedd cynulleidfaoedd Cymraeg yn medru synhwyro naws perfformiad neu ddrama neilltuol. Nid oedd D. Haydn Davies, Maerdy, gŵr a chanddo gryn brofiad yn y maes, yn taflu'r bai'n gyfan gwbl ar y cynulleidfaoedd, am eu bod wedi eu bwydo ar hyd y blynyddoedd â 'p[h]ethau sâl iawn yn dwyn yr enw "Comedi Cymraeg"' a'u bod felly wedi datblygu chwaeth isel iawn. Ar y llaw arall, fe ystyriai ef fod diffyg dealltwriaeth y cynulleidfaoedd arferol yn dreth drom ar actorion:

> Mae gan rai gwmnïau profiadol straeon digri iawn am helyntion chwarae i gynulliadau oedd heb ddeall y ddrama na'r actio, trasiedi weithiau yn troi yn ffars wrth groesi'r footlights, ac ambell gomedi wych yn cael ei derbyn, nid gyda chwerthin iachus, ond distawrwydd llethol. Mae hwn yn dreth drom ar yr amatur, yn fwy felly na'r actor proffesedig.[22]

Siaradai D. Haydn Davies, J. Ellis Williams a'r llu o sylwebyddion tebyg nid ar ran y cwmnïau bychain – y cwmnïau distadl, chwedl J. Tywi Jones – nac yn eu herbyn. Yn aml iawn ceir elfen o siom neu ddiflastod yn eu beirniadaeth, am nad oedd y mudiad yn datblygu fel yr oeddynt am iddo wneud. Nid oes tystiolaeth o'r diflastod hwnnw y tu mewn i haenau is y mudiad, gan y gweinyddesau siop a'r athrawesau a gyhuddwyd gan rai o greu eu wardrob ar gyfer y flwyddyn o wisgoedd a brynwyd i'r rhannau a chwaraewyd ganddynt, neu gan y gweinidogion y bu'r cwmni drama'n fodd i glosio at eu pobl ifainc, neu gan garedigion yr iaith a'i gwelai'n fodd i wella tipyn ar Gymraeg cenhedlaeth a oedd yn prysur ei cholli. Ar yr un pryd rhaid cofio hefyd na chyfeiriwyd y beirniadaethau lu ar arddull actio, amrydedd llwyfannu a chwaeth isel o'r tu allan i'r mudiad chwaith, ond oddi mewn iddo. Wrth ddarlithio i gynulleidfaoedd yn Lerpwl, fel wrth gyfarwyddo myfyrwyr Bangor, neu feirniadu cystadleuaeth ddrama cefn gwlad, credai dynion fel J. J. Williams eu bod yn rhan o'r un mudiad y dymunent ei ddatblygu. Fe gadwyd undod y mudiad drama Cymraeg ar hyd y blynyddoedd hyn – a dyna wreiddyn ei gryfder a'i anallu i ddatblygu fel y dymunai ei gyfeillion iddo wneud.

Cymdeithas Ddrama y Ddraig Goch ar achlysur perfformiad o *Beddau'r Proffwydi* (Casgliad D. R. Davies, Llyfrgell Genedlaethol Cymru (LlGC)). Mae sylfaenydd y cwmni, Gwynfor, ar ben chwith y rhes flaen.

Cwmni Dan Mathews, Pontarddulais, gyda Mathews ei hun yng nghanol y grŵp (Casgliad D. R. Davies, LlGC).

TOWN HALL, DENBIGH.

ENORMOUS EISTEDDFOD ATTRACTION!!!

TO-NIGHT (Friday, Aug. 10)

First Visit of the Celebrated   *1924*

Dan Mathews' Dramatic Co.

The Only Undefeated Company in Wales.

Winners at Mold National Eisteddfod 1923

also Winners at the Carnarvon National Eisteddfod 1921

WILL PLAY

EPHRAIM HARRIS

(J. T. Davies)

under the personal direction of Mr. Dan Mathews—" The Martin Harvey of Wales'
—Gold Medallist in all Competitions.   Three times ' National ' Winner in
Elocution.

DOORS OPEN AT 7-30.   TO COMMENCE AT 8 p.m

Prices : Balcony Seats, 1/10 ; Front Seats, 1/3
Unreserved (Very limited no.), 9d. (INCLUDING TAX.)

Dewch yn llu!   Hufen Doniau Cymru!

Barnodd Tom Parry fod cynhyrchiad Cwmni Dan Mathews o *Ephraim Harris* yn
Ninbych, 1924, mor awdurdodol fel na fyddai'n bosib i neb arall ymgymryd â'r
ddrama am flynyddoedd wedyn (poster o Gasgliad D. R. Davies, LlGC).

Cymdeithas y Cwmni Drama Cenedlaethol y tu allan i Neuadd y Dref, Caerdydd, 13 Mai 1922 (*South Wales Daily News*; LlGC). Saif Saunders Lewis ar ben chwith y rhes gefn.

Robert Griffith Berry (1869–1945).
Rhaglen Cymdeithas Ddrama Abertawe.

John Oswald Francis (1882–1956).
Rhaglen Cymdeithas Ddrama Abertawe.

William John Gruffydd (1881–1954).
Rhaglen Cymdeithas Ddrama Abertawe.

Chwaraewyr *Y Pwyllgor* yn Wythnos Ddrama Abertawe (*Y Darian*, 8 Mai 1924; LlGC).
O'r chwith i'r dde ar waelod y llun gwelir yr Athro Ernest Hughes a'r dramodydd D. T. Davies.

Modryb Angharad a'i phlant; cast perfformiad *Aelwyd Angharad* yn Lerpwl 1913 (*Y Brython*, LlGC).

Modryb Angharad a'i phlant; cast perfformiad *Aelwyd Angharad* yn Rhuthun 1938 (*Y Brython*; LlGC).

Cystadlu

Prin oedd y pynciau trafod a gysylltid â chynnydd y mudiad drama a enynnai deimladau cryfach na'r elfen o gystadlu. Bu cystadlu'n ffactor pwysig yn hanes y Mudiad Drama ymron o'r dechrau. O 1914, pan drefnwyd 'Eisteddfod Ddrama' gyntaf Aberdâr, ymestynnodd yr wythnosau cystadleuol drwy Gymru gyfan – er eu bod yn fwy poblogaidd yn nhrefi a phentrefi diwydiannol y de nag yn y gogledd. Parhaodd eu poblogrwydd, hefyd, ar hyd y cyfnod rhwng y ddau ryfel byd, a hynny, fe ymddengys, yn rhannol oherwydd dyfodiad y cerbyd modur! Dyna a ddatganodd Euroswydd, o leiaf, yn ei golofn wythnosol yn *Y Faner*, Rhagfyr 1935:

> Y mae'n wythnos ddrama yn rhywle neu'i gilydd drwy'r wlad yr wythnosau hyn. Fel hyn y bydd aml sefydliad yn cael deupen y llinyn ynghyd, canys y mae trefnu wythnos o'r fath yn llai trafferthus nag i'r ardal fynd ati a gwneuthur rhywbeth ei hun. Y canlyniad yw bod gennym yng Nghymru rai cwmnïau nad ydynt yn gwneuthur fawr o ddim arall. Drwy gymorth y modur gellir mynd a dod i bob cwr o'r wlad yr un dydd.[23]

Yn ddiau, un o'r symbyliadau cryfaf y tu ôl i barhad yr wythnosau cystadleuol oedd y symbyliad ariannol hwnnw, y credai rhai ei fod yn llesteirio cynnydd y ddrama yng Nghymru. Felly Dyfnallt, a ddywedodd: 'There is no more debasing influence in the whole movement than that vile institution – the drama competition.'[24] Yr oedd yr elfen gystadleuol, meddai Dyfnallt, yn gwenwyno'r holl fudiad a dylid ei diddymu.

Nid Dyfnallt oedd yr unig un a ddrwgdybiai'r symbyliad ariannol, o bell ffordd. Rhybuddiodd T. O. Phillips, Maesteg, hefyd, 'rhag i gochl Mamon syrthio'n rhy drwm ar fudiad y ddrama, a chyfaddawdu â chwaeth boblogaidd y cyhoedd'. Caniatáu'r ysbryd masnachol, meddai Phillips, a oedd yn peryglu cystadlaethau'r eisteddfod hyd yn oed, am ei fod yn gyfrifol am y ffaith mai dim ond un cwmni o'r de a ddangosodd ei wrhydri ar lwyfan y Genedlaethol yng Nghaernarfon yn 1935.[25]

Serch hynny, fe welai D. R. Davies, ochr arall i'r geiniog, er ei fod yn barod iawn i gydnabod pwysigrwydd y symbyliad ariannol yn hanes y mudiad:

> Yn hytrach na chael ein cyfrif yn afresymol ddall, yr ydym yn rhwym o gyfaddef bod aml Gystadleuaeth Ddrama wedi ei geni o awydd am

wneuthur arian, yn yr un modd â'r mwyafrif o'r Eisteddfodau bychain hynny sy'n paratoi rhaglenni mor wael. Yn wir, y mae'n amheus gennym a ydyw yr Eisteddfod Genedlaethol ei hun yn hollol rydd o'r bai hwn. Gwyddom, er hynny, am gystadlaethau a fu'n fethiant ariannol ar y dechrau am eu bod hefyd yn fethiant o ran ansawdd y dramâu a chwareuid ynddynt. Gan fod llwyddiant y gystadleuaeth yn ariannol yn dibynnu ar y bobl a ddaw i wrando, a chan fod torfeydd mawr y flwyddyn hon wedi eu gweld yn ein gwahanol neuaddau, a chan fod llwyddiant y cwbl wedi dibynnu yn hollol ar safon y ddrama a bortreadid drwy'r wythnosau yma, y mae'n amlwg bod gennym bellach y gwrandawyr angen-rheidiol ym myd y ddrama.[26]

Mynnai D. R. Davies mai'r symbyliad i gystadlu ar ran y cwmnïau oedd yr un dyhead celfyddydol a yrrai'r bardd i gyfansoddi awdl neu gywydd i'r Eisteddfod Genedlaethol, pa gymhelliad bynnag a fyddai'n symbylu'r pwyllgorau a drefnai'r cystadlaethau! Y gystadleuaeth ddrama, meddai, yn anad dim arall, a ddihunodd werin bobl Cymru yn ddramayddol.

Boed a fo am hynny, yr oedd gan feirniaid yr wythnosau drama gyhuddiad mwy difrifol o lawer, sef bod y ffaith mai eu hamcan oedd i wneud arian oedd yn achosi i bwyllgorau ddisodli'r dramâu Cymraeg er mwyn sicrhau cynulleidfaoedd mwy. Erbyn 1935 yr oedd Kate Roberts wedi dysgu gwers mewn perthynas â'r cystadlaethau, gan sylweddoli eu bod yn peryglu llwyddiant y ddrama Gymraeg ac oes yr iaith ei hun:

> Ar ôl y rhyfel, dechreuwyd cael wythnos o gystadlu – mewn dramâu Cymraeg, cofier. Ond byr fu hoedl yr wythnos ddrama Gymraeg. Y peth nesaf a gafwyd oedd cael wythnos ddrama, a hanner y dramâu yn Gymraeg a hanner yn Saesneg, a dyna ddechrau'r diwedd. Mae lleoedd lle y bu hyn unwaith, yn cael wythnos o ddramâu Saesneg yn unig, erbyn hyn. Dyma'r peth mwyaf trychinebus a ddaeth i Gymru erioed; trychineb i'w drama a thrychineb i'w ddiwylliant. Bywyd Lloegr a bortreadir, ac iaith Lloegr a ddefnyddir; ie, a dulliau Lloegr o gynhyrchu drama a ddynwaredir. Ac mae'r holl beth mor ddieithr i'n gwlad â changarŵs.[27]

Sylwyd mewn pennod arall ar ganlyniad y broses hon mewn lleoedd mawr diwydiannol fel Dowlais, lle cynhaliwyd cystadlaethau tra enwog, ond fe'i gwelir yn gyson ymhob man drwy dde Cymru ar hyd y cyfnod. Y mae Cwmaman yn enghraifft, lle trefnwyd wythnos gystad-leuol ym Mawrth, 1927, gyda thair drama Gymraeg, *Gwas y Derlwyn* (gan J. P. Walters), *Y Ddraenen Wen*, a'r *Boncyff* (gan Brinley Jones) a thair yn Saesneg: *Conflict, A Bill of Divorcement*, a *John Glade's Honour*.

Canmolwyd effeithiolrwydd y pwyllgor a chyfleusterau'r neuadd gan *Y Darian*, a oedd yn croesawu'n dwymgalon y penderfyniad i drefnu chwe drama Gymraeg y flwyddyn nesaf:

> Llongyfarchwn y pwyllgor ar lwyddiant y gystadleuaeth gyntaf, yn arbennig pan ddeallwn eu bod yn edrych ymlaen yn eiddgar am wythnos o ddramâu Cymraeg i gyd y tro nesaf. Ardal Gymreig yw Dyffryn Aman, y plant yn chwarae yn Gymraeg, ar y ffyrdd a'r meysydd, a'r bobl ifainc yn ymgomio a charu yn Gymreig, ac ysbryd hen werin llên a cherdd a chrefydd Sir Gâr yn llanw'r dyffryn. Ymlaen yr elech gydag ysbryd Owen Dafydd ac eraill i fynnu Cymru'n Gymru Rydd.[28]

Chwarae teg i'r *Darian*, rhaid ei bod yn dechrau colli ffydd yn nyfodol Cymreig y cymoedd wrth i nifer ei thanysgrifwyr ostwng ac wrth iddi orfod cofnodi parhad llif y Saesneg ar hyd y sir. Wele adroddiad ar wythnos ddrama yn Llandybïe a gofnodwyd gan Myfyr Aman yn 1931:

> Perfformiwyd *Yr Alwad* (Brinley Jones) gan gwmni Siloam, Abertawe; *Peg of My Heart* (J. Hartley Manners), gan gwmni Troedyrhiw, Merthyr; *Cyfrinach y Cybydd* can gwmni Gwernydd, Pontardawe; *Pobl yr Ymylon*, gan gwmni M.R., Glanaman; *Man and Superman* (Bernard Shaw), gan Gwmni Garrick, Canol Rhondda, a *The Unknown*, (W. Somerset Maugham), gan gwmni'r Maerdy. Cafwyd beirniadaeth fedrus gan Mr Afan Jones, M.A., Llanelli. Rhannwyd y wobr flaenaf rhwng Cwmni Garrick a'r Maerdy, a dyfarnwyd yr ail wobr i Gwmni Glanaman.[29]

Y flwyddyn ganlynol yn Rhydaman teimlodd y pwyllgor a oedd yn trefnu'n ddigon hyderus i gymryd Poole's Pictorium am yr wythnos ond dim ond un o'r saith cwmni a gyflwynodd ddrama Gymraeg:

> Ymddengys i'r gystadleuaeth fod yn ddigon arbennig i greu awydd ym mhawb i'w chael yn flynyddol. Ymddangosodd beirniadaeth Mr Hannen Swaffer mewn nifer o bapurau, fel nad oes eisiau i mi ei dodi yma. Anffodus, a dweud y lleiaf, mewn lle Cymraeg fel hwn, oedd cael chwech yn Saesneg, a dim ond un yn Gymraeg. Deallaf fod y trefnwyr yn addo y ceir tair yn Gymraeg y tro nesaf . . . Siaradodd Mr D. Clydach Thomas ar waith yr wythnos, a rhoddwyd y feirniadaeth gan Mr Swaffer. Dyfarnwyd y wobr flaenaf i'r Cwmni o'r Barri, a'r ail wobr i'r Cwmni Bryste.[30]

Gan ystyried yr hyn a oedd yn digwydd i'r iaith a'r diwylliant Cymraeg ar hyd y cymoedd yn y blynyddoedd hyn, go brin y gallwn synnu at yr hyn a oedd yn digwydd yn y cystadlaethau drama. Ond ar y pryd nis gwelwyd hyn fel rhan o symudiad hanesyddol anataladwy, ond chwiliwyd am ei achos oddi mewn i'r Mudiad Drama ei hun. Un esboniad go gyffredin amdano oedd prinder dramâu Cymraeg gwerth eu perfformio, ond er bod cryn anniddigrwydd ynghylch safon cynnyrch y dramodwyr Cymraeg, y mae'r dystiolaeth yn awgrymu mai cywir oedd yr awgrym mai er mwyn denu'r dorf ac ennill canmoliaeth y beirniaid y dewiswyd darnau Saesneg gan gwmnïau o Gymry a oedd wedi arfer chwarae yn eu mamiaith.

Dyna a awgrymir gan dyst go ddibynadwy, sef David Davies, arweinydd Cwmni Drama Felin-foel a bigwyd yn ddwys gan gyfeiriad J. Eddie Parry mewn adolygiad ar Wythnos Ddrama Abertawe, 1923, at 'gwmnïau gwlatgar', 'a wthiant sothach o'r America, ac o felo-drama Saesneg arnom i dynnu torf i'w gwrando'.[31] Gan mai Cwmni Felin-foel oedd yr unig gwmni a oedd wrthi ar y pryd yn chwarae drama Americanaidd, prociwyd David Davies i ateb Eddie Parry. Ar ôl protestio ei fod ef wedi gwneud cymaint ag unrhyw Gymro gwlatgar arall dros yr iaith a'r ddrama Gymraeg, dyma arweinydd Cwmni Felin-foel, a oedd wedi chwarae llu o destunau Cymraeg, 'cyn clywed sŵn na sibrwd am rai o'r gwladgarwyr diweddaraf', yn cyfaddef yn blaen mai siom a diflastod oedd y tu ôl i'r penderfyniad i berfformio *The Lion and the Mouse*:

> Y profiad chwerwaf a gafodd Cwmni Felinfoel oedd perfformio un o'r dramâu Cymraeg a nodais mewn rhyw Neuadd yng nghylch Llanelli i dorf o ugain mwy neu lai, llai yn fynych. Profiad tebyg oedd myned i gystadlaethau yn erbyn rhyw gwmni o'r Rhondda yn chwarae drama dda Saesneg, a chael eu curo bob tro. Faint o gwmnïoedd sydd wedi gallu cadw i nofio dan ddyrnod un Cwmni y gellid enwi, sydd wedi curo pob Cwmni a chwaraeai yn eu herbyn yn Gymraeg drwy Ddeheudir Cymru am y ddwy flynedd ddiweddaf? Fe benderfynodd Cwmni Felinfoel fod yn rhaid curo 'yr estron' â'i arfau ei hun. Llwyddwyd i wneud hynny, ac wele gawod o ansoddeiriau cryfion yn disgyn am ein pen am fod mor feiddgar.[32]

Efallai y byddai arweinwyr tebyg i David Davies wedi medru gwrthsefyll y demtasiwn i droi at y Saesneg pe na bai hynny wedi golygu dim byd ond cynulleidfaoedd bychain. Ond sut y gellid disgwyl iddo dderbyn dod yn ail bob tro i gwmni fel Cwmni'r Maerdy a hynny dim ond oherwydd eu bod yn chwarae yn yr iaith fain? Awgrymir yma broblem arall, y cyfeiriwyd ati'n aml, sef fod beirniaid Cymraeg, ac yn eu plith y rhai enwocaf, yn dueddol i wobrwyo'r ddrama yn hytrach na'r chwarae – a'r ddrama honno, bron bob tro yn ddrama Saesneg.

Yr oedd cwyno am y beirniaid yn rhan annatod o'r Mudiad Drama a hynny weithiau am resymau da. Y mae darllen yr adroddiadau am rai o'r cystadlaethau lleol yn ddigon i awgrymu bod yna elfen go sylweddol o wirionedd yn sylwadau coeglyd J. Eddie Parry:

Pan daeth y 'Cystadleuaeth Ddrama' i gymryd lle'r Eisteddfod a'r Basâr, fel cyfrwng i godi capeli, helpu'r tlawd, etc., rhaid wrth reswm oedd cael beirniad, a 'beirniad *chep*'! Pwy yn fwy teilwng a chymwys na'r hen gyfeillion, 'Beirniaid yr Amrywiaeth'. Gwn am un beirniad (?) felly na fu mewn chwaraedy ond unwaith erioed.

Bu'r cyfeillion hyn mewn bri mawr am beth amser, yn un rheswm am mai 'gwneud y peth i dalu' ydoedd prif nod y bobl a'u cyflogasant. Sgrifennwyd ataf i am dair blynedd o'r bron, i feirniadu mewn Wythnos Ddrama yn – ond ni fûm eto. Pregethwr parchus (llenor da) a fu'n gwasanaethu yno; ac er ei fod yn cymryd diddordeb yn y ddrama, druan o'r feirniadaeth a draddodwyd ganddo! Cyfarfûm ag ysgrifennydd yr Wythnos y dydd o'r blaen, ac ebr ef, 'I chi'n gweld, 'roedd – yn dod am lawer llai nag oeddech chi yn ei ofyn.' Atebais innau ef, 'Mae'n syn be gewch chi yn Woolworths'.[33]

Ar y llaw arall, ni chafwyd y beirniaid i gyd yn Woolworths, hyd yn oed yn y dyddiau cynharaf. Yn flaengar ymhlith y llu o feirniaid â chryn brofiad ymarferol o'r llwyfan yr oedd Gwynfor, J. Tywi Jones, J. J. Williams, Bethesda/Birkenhead, Kate Roberts, Caerwyn, Beriah Evans, D. T. Davies a W. J. Gruffydd. Ond, wrth gymharu drama Gymraeg â drama Saesneg, efallai bod rhagfarn ymhlith y beirniaid hynny hyd yn oed. Dyna un esboniad posibl am yr agwedd a awgrymir gan feirniadaeth dyn fel John Herbert Jones, golygydd *Y Brython*, cyfaill ffyddlon i'r ddrama Gymraeg.

Beirniadodd John Herbert wythnos ddrama Llansilin, Sir Dinbych, 1930, mewn dull diymhongar iawn, dan y pennawd, 'Fel yr ymddengys i mi'! Ysgrifennodd gyda hoffter mawr am ardal a gysylltodd â Huw Morys, Morys Kyffin a Glyndŵr, ond rhoddodd y wobr i'r unig gwmni a gystadlodd yn Saesneg, Clwb Celfyddydol Croesoswallt. Yr oedd pedwar o'r pum grŵp Cymraeg wedi cynnig dramâu digon gwan, sef *Y Corn*, J. Ellis Williams; *Y Ferch o Gefn Ydfa*, J. Bonfil Davies; *Maesymeillion*, D. J. Davies; ac *Arthur Wyn yr Hafod*, E. A. Morris. Ond cynigiodd y pumed, Cwmni Godre Berwyn, Penycae, *Pobl yr Ymylon*, a ystyriwyd yn un o ddramâu gorau'r cyfnod. Ond sylwer ar sylwadau agoriadol y beirniad am *The Farmer's Wife*, gan Eden Philpotts:

This comedy, as a composition, attains a higher level of excellence than any of the Welsh dramas staged in this memorable contest, thus giving the Oswestry troupe superior material to draw upon, and a better opportunity to display their varied gifts.[34]

At hynny, meddai John Herbert, yr oedd gan y cwmni well cyfarpar, a oedd yn awgrymu bod ganddynt seiliau ariannol cryfach ac yr oedd y copi argraffedig a roddwyd iddo ef yn dangos ymwybyddiaeth soffistig-edig ar ran y cyfarwyddwr.

O'r pellter hwn amhosibl yw penderfynu pa sail oedd i'r gwahan-iaeth rhwng grwpiau Cymraeg a grwpiau Saesneg o ran safon actio, er ei bod hefyd yn amhosibl peidio â chofio tystiolaeth a roddwyd gan David Davies fod yr un grŵp yn medru ennill yn yr un iaith er eu bod yn colli'n gyson yn y llall. Ond un peth sydd y tu hwnt i amheuaeth yw'r hyn y sylwodd D. R. Davies arno, sef bod beirniaid Cymraeg yn mynnu cloriannu cwmnïau gwahanol yn ôl gwerth y darn a gyflwyn-wyd yn hytrach na barnu safonau'r actio a chynhyrchu:

> Nid oes raid inni ond crybwyll am beth ddigwyddodd mewn cystadleuaeth ychydig amser yn ôl i ddangos sut y lleddir llawer cwmni ifanc yng Nghymru. Dywedodd un o'r beirniaid: 'Nid ydym yn cymryd dewisiad y ddrama i ystyriaeth o gwbl', ond yn nes ymlaen dywedodd, 'ni ddylai fod cystadleuaeth rhwng cwmnïoedd yn chwarae dramâu Cymraeg a rhai Saesneg'.[35]

Gwelwn enghraifft o'r broses hon ym meirniadaeth neb llai nag W. J. Gruffydd, wrth iddo gloriannu campau'r cystadleuwyr yn Nowlais yn 1924. Dyn a ŵyr beth a ddywedodd y beirniad wrth y cwmnïau pan roddodd ei sylwadau manwl, oherwydd y mae'r fersiwn ohonynt a gyhoeddwyd yn *Y Darian* yn ddigon miniog. Beirniadodd Gruffydd y cwmnïau i gyd am eu diffyg disgyblaeth, eu hynganiad o'r Gymraeg ac o'r Saesneg ac am wisgoedd a golygfeydd amhriodol, ond wrth sylwi ar ansicrwydd wrth gadw lle ar y llwyfan ac wrth adrodd yn lle actio, gofynnodd, '[P]aham y mae'n rhaid i'r cwmnïau Cymraeg fod cymaint ar ôl y lleill?' Dyna ddigon, efallai, i wthio'r Cymry i'r gwaelod yn y gystadleuaeth, ond ymddengys fod y penderfyniad wedi ei wneud hyd yn oed cyn i'r cwmnïau ddod gerbron, ar sail y dramâu yr oeddynt wedi eu dewis:

> Yn y lle cyntaf gwneuthum fy ngoreu i farnu'r actio ar ei ben ei hunan, ond nid ydyw hyn mor hawdd ag yr ymddengys. Dewisodd y cwmnïau y darnau Saesneg yn ofalus, ac yr oedd gwneuthur campwaith o actio *Mrs Dane's Defence*, dyweder, yn haws nag actio *Cyfrinach y Fasged Frwyn* yn weddol, am fod y naill yn ddarn teilwng o urddas y ddrama, a'r llall yn hollol ddiwerth fel drama. Am hynny y mae'r cwmnïau yn sicr o ddioddef dan ganlyniadau eu diffyg chwaeth eu hunain os dewisant ddarnau gwael.[36]

Ar ôl dweud hyn cyhoeddodd Gruffydd fuddugoliaeth Trecynon, gyda'r ail wobr i Faerdy a'r gwobrau am yr actorion gorau hefyd i Faerdy. Oni ellid maddau i David Davies ysgyrnygu ei ddannedd wrth ddarllen y feirniadaeth hon – a maddau iddo hefyd yr argyhoeddiad nad am actio y gwobrwywyd Trecynon a Maerdy gymaint ag am gyflwyno *Mrs Dane's Defence* ac *A Bill of Divorcement* yn hytrach na sothach Cymraeg!

Gan ystyried y rhagfarn honno a'r dirywiad cyson yn sefyllfa'r iaith ar hyd y deheudir ac yn rhai rhannau o'r gogledd-ddwyrain yn y blynyddoedd hyn, y mae'n syndod fod y cwmnïau cystadlu (chwedl T. O. Phillips) yn dal eu tir o gwbl. Ond dal ati a wnaethant a'r rhai gorau yn eu plith yn cynnig esiampl i'r rhai gwannaf o ran disgyblaeth ac ymroddiad, yn dangos 'odidoced gwaith y gellir ei gyflawni wrth ymroi yn ddiarbed i grefft'.[37]

Efallai mai'r gair olaf mewn perthynas â'r cystadlu brwd a fu ar hyd y gaeaf yn y cystadlaethau mawr a bach, fel yn yr Eisteddfod Genedlaethol, yw'r hyn a ddywedodd Caerwyn wrth gloriannu cynnyrch wythnos ddrama Glynceiriog yn 1930, sef, 'er cystal rhai o'r dramâu' (a'r tro hwn yr oeddynt i gyd yn ddramâu Cymraeg), 'rhaid addef fod y ddawn i actio yn berffeithiach hyd yn hyn na'r ddawn i lunio drama'. Chwiliodd Caerwyn am safon actio a fyddai'n cyflawni gwir wasanaeth i'r genedl, sef 'actio i beri i dyrfa feddwl yn ddyfnach a rhoddi gweledigaeth gliriach a dyfnach o deithi cymeriad, agweddau ar fywyd, a safbwynt gwahanol o edrych arno' a daeth o hyd i hynny yng nghyflwyniad Cwmni Godre Berwyn o'r union ddrama a ddiystyriwyd gan John Herbert Jones yn Llansilin yr un flwyddyn – *Pobl yr Ymylon*.[38]

'Buddiol iawn fyddai holi ai mantais i gelfyddyd yw cynnal cystadlaethau', meddai D. Haydn Davies, Maerdy, a oedd wedi cystadlu cymaint â neb yng Nghymru – a hynny yn Saesneg ac yn Gymraeg, ond credai ei fod wedi dod ag un fendith fawr i'r mudiad drama:

> [A]eth actorion ati o ddifrif i berfformio eu gwaith ac i dalu sylw manylach o lawer i'r grefft. Yn raddol, ond yn sicr iawn, gwelwn well graen ar y perfformiadau o flwyddyn i flwyddyn, a'r beirniaid hwythau yn ymroi i astudio'u hochr hwythau er gwneuthur sylwadau beirniadol teilwng o'r actio.[39]

Drama a'r Eisteddfod Genedlaethol

Er mai yr un flwyddyn a welodd gychwyn cystadlaethau chwarae drama y tu mewn a thu allan i'r gorlan eisteddfodol, sef 1914, ni wreiddiodd y ddrama yn yr Eisteddfod Genedlaethol fel sefydliad am rai blynyddoedd ar ôl y Rhyfel Mawr. Fel y dywed O. Llew Owain:

> Wedi blynyddoedd lawer o ddifaterwch ac o esgeuluso dyletswydd pwysig, daeth yr Eisteddfod Genedlaethol i mewn i'r orymdaith i geisio adfer y ddrama'n ôl i fywyd y genedl, ac i fagwrfa'r celfau. Un yma ac acw a fu cystadleuon y dramâu yn yr Eisteddfod Genedlaethol hyd oddeutu 1920.[40]

Er bod cystadleuaeth chwarae drama yn Eisteddfod Genedlaethol Bangor yn 1915 (wedi ei gohirio o'r flwyddyn gynt), nis cyflwynwyd eto tan 1921, pan enillodd cwmni enwog Dan Mathews, Pontarddulais, gyda pherfformiad o *Ephraim Harris* yr ystyriwyd ei fod wedi gosod safon barhaol gogyfer â'r ddrama honno. Bu cystadlaethau cyfansoddi yn rhan o'r ymarferion eisteddfodol ar hyd y wlad er 1879, pan enillodd Beriah yn Eisteddfod Gadeiriol Eryri, Llanberis gyda'i ddrama 'yn null Shakespeare' y ffurfiwyd cwmni o blith aelodau'r pwyllgor i'w pherfformio. Cynigiwyd gwobr yn Aberystwyth yn 1916, am ddrama'n sciliedig ar fywyd Cymru wledig ac yng Nghastell-Nedd yn 1918, am ddrama ar fywyd Cymru yn yr ugeinfed ganrif, ond ni fu cystadlu cyson tan ar ôl Eisteddfod y Barri yn 1920, pan ofynnwyd am ddrama, 'yn disgrifio bywyd cyffredin yn Neheudir Cymru yn ystod yr adeg bresennol'.[41]

O ran cystadlu, y mae'r cystadlaethau'n amlhau o 1925 ymlaen. Gosodwyd ail gystadleuaeth am y tro cyntaf ym Mhwllheli yn y flwyddyn honno. Y flwyddyn ganlynol, cynigiodd Pwyllgor Abertawe gystadleuaeth i blant ac yn Nhreorci yn 1928, ar wahân i gystadlaethau'r ddrama hir a'r ddrama fer, cafwyd cystadlaethau ar gyfer plant ysgolion canol ac elfennol. O hynny ymlaen amrywiwyd y nifer o gystadlaethau, ond parhaodd yr elfen o gystadlu yn rhan annatod o fywyd y sefydliad eisteddfodol.

Tebyg fu hanes y gystadleuaeth gyfansoddi. Cynigiwyd ail wobr yn y Barri – am dair drama hanesyddol – ac yng Nghaernarfon – am ddrama ddirwestol – ond yn Rhydaman yn 1922 cynigiwyd pedair: drama hanes am Gymru; tair drama fer i blant; tair drama fer at wasanaeth plant ysgolion elfennol; a thair at wasanaeth ysgolion canolradd. Yn Abertawe (1926) cynigiwyd gwobr am gyfieithu drama am y tro cyntaf, sef *The White-headed Boy* gan Lennox Robinson, ac ar ôl hynny fe aeth cystadlu ar gyfieithu'n beth cyffredin, er nad cyson ychwaith. Datblygiad pwysig arall oedd y trefniant a gyflwynwyd yn Nhreorci yn 1928, pan gynigiwyd gwobr am y cyfieithiad gorau o ddrama James Barrie, *What Every*

Woman Knows (1906), a oedd i'w gyflwyno ar y maes gan gwmni Undeb y Ddrama Gymreig.

Nid oedd y broses o gymathu'r ddrama gyda sefydliad a ddyfeis-iwyd yn bennaf i ddathlu lle cerddoriaeth a llên ym mywyd y genedl yn un esmwyth. Y mae'n debyg fod rhyfaint o ddrwgdybiaeth ar ran cefnogwyr y chwaer gelfyddydau o'r dechrau tan y diwedd – yn ddiau fe'u cyhuddwyd o genfigen tuag at y ddrama ac o geisio amddiffyn eu safle yn yr ŵyl. Gwelwyd yn yr Wyddgrug yn 1923 fod angen gofal arbennig i sicrhau darpariaeth ddigonol i'r ddrama fel y cyfryw. Crewyd amgylchiadau yno a achosodd gryn embaras mewn perthynas â'r gystadleuaeth chwarae drama. Dau gwmni tra enwog a ddaeth drwy'r rhagbrofion a welwyd gan y ddau feirniad, J. Tywi Jones a T. J, Williams, Bangor. Aeth pethau yn dra hwylus nes i'r ddau gwmni gyrraedd y llwyfan yn yr Wyddgrug. Cytunodd y beirniaid eu bod yn gyfartal yn y rhagbrofion ond ar y noson derfynol credai'r beirniad o'r De fod perfformiad cwmni Dan Mathews o *Llanbrynmair* yn well na *Tu Hwnt i'r Llen* gan gwmni Caernarfon. Ar ôl trafodaeth, a chan ystyried yr anaws-terau i'r ddau gwmni – ac yn arbennig i gwmni Caernarfon, a chwaraeodd yn y prynhawn – penderfynwyd anwybyddu'r cyflwyniadau yn yr Wyddgrug a chwympo'n ôl ar yr hyn a gyflwynwyd ganddynt yn y rhagbrofion.

Fe achosodd y penderfyniad hwn gryn ddryswch a chryn feirniad-aeth yn y wasg, yn arbennig oherwydd ar ôl i J. Tywi Jones gyhoeddi yn *Y Darian* yr hyn y credai ef oedd yn cynrychioli barn y ddau feirniad, dyma T. J. Williams yn cyhoeddi ledled Gogledd Cymru mai ei farn ef oedd mai cwmni Caernarfon a ddylasai fod yn fuddugol. Fe gredai rhai, gan gynnwys Caerwyn, mai mater o ragfarn y de yn erbyn rhagfarn y gogledd oedd wrth wreiddyn y mater hwn, er gwaethaf protestiadau Tywi Jones, ond y wers a dynnwyd o'r helynt gan Beriah oedd fod angen i'r eisteddfod gymryd y Mudiad Drama lawer mwy o ddifrif os oedd am osgoi tynnu cywilydd arni hi ei hun. Yr hyn yr oedd cystad-laethau corawl yr eisteddfod wedi ei wneud dros gerddoriaeth yng Nghymru, fe ddylai wneud, mynnai Beriah dros y ddrama:

> The presentation of Welsh drama deserves to be as seriously treated as Welsh choral singing. Mold shows us how not to do it. The competition was held in a small hall, which would not accommodate half the people who would like to witness the play. The performance was timed to take place in the hall at the same time as the crowning of the bard in the pavilion. The arrangements were such that all the scenes in the play *Llanbrynmair* had to be presented in drawing room surroundings, and Dan

Mathews's company had to appeal to the lively imagination of the audience to picture a kitchen grate when represented by a chair on which the pot porridge was supposed to be boiling. The adjudicators were expected to decide which was the better of two companies, performing respectively plays of . . . wholly different character . . . What would the music world of Wales say if, in the chief choral competition, each choir were allowed to sing a chorus of its own selection, and how would the adjudicators come out of the test? This is not the way to promote the Welsh drama movement. Under conditions existing at Mold there could be no effective check upon these wholly unsuitable arrangements, and the local committee had no one to warn, guide, or advise them. If the Eisteddfod is to be of any real service to the Welsh drama movement, all this must be changed. . . .[42]

Mewn perthynas ag un o'r pwyntiau hyn, parhaodd cefnogwyr y mudiad drama i rannu barn wahanol, sef yr awgrym y dylai pob cwmni chwarae'r un ddrama, yn hytrach na chyflwyno testun o'i ddewis ei hun. Ar y cyfan parhaodd pwyllgorau lleol i ganiatáu dewis rhydd, er y cafwyd nifer o gynigion i'w cyfyngu i ddewis oddi ar restr gyfyngedig.

Barn Beriah oedd y dylasai'r Eisteddfod fod wedi penodi Bwrdd y Ddrama Gymraeg ar batrwm tebyg i'r byrddau Celfyddyd a Cherddoriaeth, ond nis derbyniwyd gan Gyngor yr Orsedd. Serch hynny, o 1923 ymlaen gwelir pwyllgorau lleol yn ymdrechu i argyhoeddi'r werin Gymraeg a'r cwmnïau cystadleuol fod ganddynt gyfleusterau digonol ar gyfer y ddrama. Cawn Robert Stephens, ysgrifennydd Eisteddfod Genedlaethol Pont-y-pŵl, er enghraifft, yn ysgrifennu i'r wasg, fis Mawrth 1924, i adolygu'r ddarpariaeth gogyfer â'r gystadleuaeth chwarae drama mewn gwahanol eisteddfodau. 'O anghenraid', meddai Stephens, cafwyd anghyfartalwch rhwng gwahanol eisteddfodau, am fod rhaid i bwyllgorau, 'wneud y gorau o'r hyn sydd ganddynt'. O'u cymharu ag amgylchiadau yn Rhydaman (1922), lle llwyfannwyd y dramâu mewn pebyll, yr oedd y 'chwaraedy bychan clyd' a gynigiwyd yn yr Wyddgrug, yn well, meddai Stephens, ond addawodd well eto i gystadleuwyr Pont-y-pŵl:

> Pan ddaw y ddau oreu i Bontypwl cant chwaraedy eang, a ddeil dros 800 yn gyfforddus, ystafell wedi ei hadeiladu ar ffurf Theatr. Ni raid disgwyl yn rhibyn hir y tu allan i'r drysau agor, oherwydd gellir sicrhau sedd ymlaen llaw. Mae ynddi lwyfan a digon o le i symud arni.[43]

Yr oedd gan ddilynwyr y mudiad drama bob rheswm i gwyno am y cyfleusterau a ddarparwyd mewn gwahanol eisteddfodau ar hyd y cyfnod hwn, ond gwelwyd derbyniad y ddrama i'r mudiad eisteddfodol yn graddol wella o hyd. Gwelwyd pwyllgor Pwllheli yn 1924 yn trefnu eu cystadlaethau er mwyn denu cwmnïau o bob cwr o Gymru ac o bob lefel, gan annog pawb i gyfrannu at yr ymgyrch i hyrwyddo'r ddrama drwy gyfrwng yr eisteddfod:

> Blynyddoedd dadeni'r ddrama yw'r blynyddoedd hyn, ac fe haedda'r Eisteddfod Genedlaethol wrogaeth y genedl am a wnaeth i hyrwyddo y ddrama o ran ei chyfansoddiad a'i phortread. Ceir lliaws o gwmnïau ym mhob sir yn y Dywysogaeth ac ymhlith ein cenedl yn y trefi Seisnig yn amlygu doniau addawol i ddehongli cymeriadau a disgrifio golygfeydd ar y llwyfan, a bydd anturio i faes cystadleuaeth yn yr Eisteddfod Genedlaethol yn rhoddi iddynt nod teilwng ac uchelgais iach, yn foddion i ddatblygu a disgyblu y talent a roed iddynt yn chwanegu at hyfrydwch bywyd, ac yn meithrin cangen a ddichon ddwyn ffrwyth toreithiog. Yn y brif gystadleuaeth caiff cwmnïau cyfoethog eu hadnoddau eu cyfle, ac yn yr ail gystadleuaeth nid oes bentref na ddichon ffurfio cwmni i actio drama fer. Nid ofer ymdrech unrhyw gwmni, canys bydd siawns i bob un gerdded dan y llawryfon, eithr mwy na hynny fe gyflawnant eu rhan i gefnogi y ddrama, hyrwyddo llwyddiant yr ŵyl Genedlaethol, ac adlonni y torfeydd awyddus i'w gwrando a'u gweled.[44]

Nid oedd pawb a oedd yn gysylltiedig â'r mudiad mor sicr ynglŷn â manteision yr ysbryd cystadlu ag aelodau pwyllgor Eisteddfod Pwllheli, hyd yn oed yn 1924. Erbyn Eisteddfod Treorci teimlwyd bod rhaid i'r eisteddfod gymryd cam arall mewn perthynas â'r ddrama. 'Nid oes amheuaeth na wnaeth cystadlu les i'r ddrama yn ystod tymor ei phlentyndod', meddai H. Willow, ar ran pwyllgor yr eisteddfod, 'ond credaf fod yr amser wedi dod i'r ddrama Gymraeg geisio byw fel pob celf arall.'[45] Ystyr hynny yn Nhreorci oedd rhoddi'r adran chwarae drama am y tro cyntaf dan ofal pwyllgor llên yr eisteddfod, a threfnu hanner y rhaglen perfformio 'celf er mwyn celf', gan roi cyfle i gynulleidfaoedd fwynhau'r perfformiadau, 'heb feddwl am rialtwch cipio gwobr'. Canlyniad y penderfyniad hwn oedd trefnu pedwar perfformiad a phedair cystadleuaeth yn neuadd y Parc a'r Dâr. Nos Lun a nos Fawrth cafwyd perfformiadau o gyfieithiad Richard Jones o ddrama J. M. Barrie, *A Wŷr Pob Merch*, gan gwmni dethol Undeb y Ddrama Gymreig, wedi ei chyfarwyddo gan y Parch. E. R. Dennis, Trecynon. Ar ddiwedd yr wythnos yr oedd Chwaraewyr Cwm Rhondda dan gyfarwyddyd D. Haydn Davies, Maerdy, wrthi gyda'r ddrama fuddugol yn y gystadleuaeth gyfansoddi, *Cyfrinach y Môr*, gan J. Eddie Parry. A chan fod fersiwn gwreiddiol y ddrama honno'n rhy fyr, cyflwynwyd hefyd ddrama newydd gan R. G. Berry, *Hen Anian*, 'i godi'r llen', gan Gwmni Gwaelod y Garth, dan gyfarwyddyd E. J. Phillips.

Nid oedd diddymu'r elfen gystadleuol yn rhan o natur y mudiad eisteddfodol ac nid awgrymwyd hynny erioed, ond fel y gweithiwyd y ddrama i mewn i strwythur y mudiad, gwnaethpwyd llawer i'w datblygu mewn cyd-destun ehangach. Erbyn i freuddwyd Beriah gael ei wireddu, gyda sefydlu Bwrdd Drama yr Orsedd, yn 1934, cytunwyd gan lawer fod angen datblygu'r ddrama fel celfyddyd. Fel y dywedodd yr Athro Ernest Hughes ar faes Eisteddfod Genedlaethol Castell-Nedd yn 1934, 'mae angen yng Nghymru heddyw am ddileu'r elfen gystadlu a meithrin cysylltiad amherthnasol ynglŷn â'r ddrama.',[46] gan wrthweithio priodoleddau'r eisteddfod ei hun:

> Nid yw pwyllgorau drama lleol o angenrheidrwydd yn rhagdybio celfyddyd y ddrama – mewn darpariaethau nac mewn gweithgarwch teilwng o'r grefft. Brwdfrydedd lleol, efallai, ond nid celfyddyd. Y mae angen am gyfarwyddyd proffeswrol yng Nghymru, ac y mae'n dda gennyf ddeall bod Bwrdd Drama yr Orsedd wedi ei sefydlu i'r perwyl.

Rhaid cydnabod bod rhyw elfen o eironi yn y ffaith mai gan Ernest Hughes y dechreuodd y ddadl honno dros gelfyddyd y ddrama, ac yng Nghastell-Nedd o bob man, o gofio mai efe oedd un o'r beirniaid a wrthododd wobrwyo *Cwm Glo* yn y gystadleuaeth gyfansoddi oherwydd nad oedd yn addas i'w chwarae! Nid beirniad Woolworths oedd yr Athro Ernest Hughes, na'i gyd-feirniaid ychwaith – sef, D. T. Davies ac R. G. Berry. 'Diddorol yw sylwi', meddai sylwebydd yn *Y Brython*, mai athro coleg, arolygydd ysgolion a dramodydd oedd y beirniaid hyn, ac mai gweinidog gyda'r Methodistiaid oedd y sensor a'i trwyddedodd 'fel teilwng i'w chwarae fel y mae'.[47] Dyna awgrym go bendant fod yna gyfyngiadau i'r amgyffrediad o gelfyddyd a oedd yn gyfredol ymhlith beirniaid yr Eisteddfod.

Gan ddweud hynny, cydnabuwyd yn gyffredinol mai un o brif gyfraniadau'r eisteddfod i'r Mudiad Drama oedd ei bod yn gyfrwng i hyrwyddo datblygiad beirniadaeth gyson a chytbwys yng Nghymru. Fel yr awgrymodd J. Eddie Parry, ni ellid edrych tua'r cystadlaethau trefol a phentrefol i wneud hynny. Heblaw am y ffaith nad oedd safon y feirniadaeth ymhlith prif ystyriaethau'r rheiny a drefnai'r cystadlaethau lleol, nid oedd y beirniaid a weithredai ar y lefel honno'n atebol i neb. Ond fel y gwelwyd ar ôl Eisteddfod Genedlaethol yr Wyddgrug, yr oedd beirniadu yn y Genedlaethol yn fater tra gwahanol. Yr oedd

J. Tywi Jones yn ffigwr o urddas a chryn bwysigrwydd yn y Mudiad Drama, ond fe'i pigwyd yn ddwys gan y drafodaeth gyhoeddus a ddilynodd ei benderfyniad diniwed i anwybyddu'r gystadleuaeth derfynol. A diddorol yw sylwi, na weithredodd y naill na'r llall o feirniaid yr Wyddgrug mewn Eisteddfod Genedlaethol arall!

Gwynfor oedd brenin beirniaid y gystadleuaeth chwarae drama yn y cyfnod cynnar. Gweithredodd ef wyth o weithiau rhwng Eisteddfod Pont-y-pŵl yn 1924 a Bangor, yn 1931. D. Haydn Davies, Maerdy, oedd y ffigwr cyfatebol wedyn, gan ymddangos saith gwaith rhwng 1931 a 1940 (yr Eisteddfod Radio). O gwmpas y ddau ffigwr canolog hyn ymgasglodd nifer o ddynion a feddai ar gryn brofiad ymarferol, megis J. P. Walters, D. Clydach Thomas, J. J. Williams, E. J. Phillips, a nifer o ddramodwyr, megis D. T. Davies, J. E. Parry, Cynan a J. Ellis Williams. Tua diwedd y cyfnod gwelwyd ambell ferch yn eu plith, megis Cassie Davies a Mary Hughes. O ran y berthynas â'r cystadlaethau cyfansoddi galwyd ar nifer mwy lluosog o feirniaid, ond yn amlwg yn eu plith yr oedd dynion fel Beriah Evans, D. T. Davies, Ernest Hughes a J. J. Williams yn y blynyddoedd cynharaf ac E. R. Appleton, Edgar Jones a Cyril Wood ar ôl hynny.

A rhaid cofio, wrth gwrs, fod yr hyn a oedd yn wir am y beirniadu hefyd yn wir am y cystadlu – o leiaf y cystadlu chwarae – sef bod llwyfan yr eisteddfod yn cynnig lle cyhoeddus a gododd uchelgais y gorau ymhlith cwmnïau drama Cymraeg, lle nad oeddynt yn cystadlu yn erbyn cwmnïau a dramâu Saesneg. Yn raddol ac ar hyd y cyfnod, tyfodd awyrgylch soffistigedig o gwmpas y llwyfan cystadleuol. Crewyd cyd-destun lle trafodwyd drama mewn modd eangfrydig, yn agored i ddylanwadau o wledydd eraill. Magodd ysfa gystadleuol yr eisteddfod gwmnïau gwych a enillodd edmygedd pawb ac a ddangosodd i'r werin eisteddfodol fath ar gelfyddyd ddramayddol nas gwelsant yn yr un man arall. Yr oedd cwmni'r enwog Dan Mathews, a enillodd y brif gystadleuaeth rhwng 1922 a 1936, yn amlwg yn eu plith, ac ar ei ôl ef daeth Cwmni Trecynon, Cwmni'r Maerdy, Chwaraewyr Lerpwl, Cwmni King's Cross, Llundain a Chwmni Penmaenmawr.

Yr un methiant cymharol a gysylltwyd â'r Eisteddfod Genedlaethol fel sefydliad oedd y methiant i symbylu'r dramâu mawr y disgwyliwyd amdanynt ar hyd y cyfnod. O bryd i'w gilydd gwobrwywyd dramâu gan J. Eddie Parry, John Ellis Williams, Idwal Jones a Chynan, yr ystyriwyd pob un ohonynt yn eu tro yn feibion darogan y ddrama Gymraeg, ond ataliwyd y wobr mor aml fel y dechreuodd rhai sylwebyddion fwrw bai ar y beirniaid! Ni fu neb yn deilwng o'r brif wobr rhwng 1934 a 1937, er ei bod yn deg nodi mai methiant y beirniaid i wobrwyo *Cwm Glo* oedd yn gyfrifol yn 1934: a methwyd â gwobrwyo wyth allan o ddeunaw o droeon rhwng 1922 a 1940. Canlyniad hyn, fel y sylwodd yr Athro Ernest Hughes, oedd '[f]od nifer y dramâu a chwaraeid yn lleihau, ond fod nifer y cwmnïau yn amlhau'.[48] Ond ni ellid bwrw bai ar yr Eisteddfod Genedlaethol am yr anghyfartaledd hwnnw – dyna a nodweddai'r Mudiad Drama fel y cyfryw yn ystod y blynyddoedd hyn.

'Celf er mwyn Celf'

Un o'r pethau mwyaf rhyfedd am y Mudiad Drama yw'r ffaith nas ystyriwyd mohono, hyd yn oed gan y mwyaf brwdfrydig o'i gefnogwyr, yn ddigonol i'r hyn a ddisgwylid oddi wrtho. Ac eithrio ambell un, fel J. Tywi Jones, a welodd y ddrama Gymraeg yn gyfrwng i sicrhau dyfodol yr iaith, y grefydd Ymneilltuol a'r diwylliant Cymreig, yr oedd cefnogwyr a hyrwyddwyr y mudiad o'r dyddiau cynharaf yn ei weld yn gyfrwng i ddatblygu'r ddrama Gymraeg o safbwynt celfyddydol. Codi safonau oedd y gri o'r dechrau, o'r tu mewn ac o'r tu allan i'r mudiad ei hun. Beirniadwyd yr ymarferion a ddatblygodd y tu mewn i'r mudiad yn gyffredinol, a'r tu mewn i'r eisteddfod, oherwydd eu bod yn hyrwyddo hunanfodlonrwydd, plwyfoldeb a chwaeth isel. Cwynwyd oherwydd bod y cwmnïau bychain yn fodlon chwarae unrhyw sothach, cyhyd â'i fod yn bodloni'r cynulleidfaoedd lleol, a'r cwmnïau mawr, cystadleuol, oherwydd eu bod yn chwarae i'r dorf ac i'r beirniaid anwybodus. Sylwyd bod yna duedd, hyd yn oed ymhlith y cwmnïau a arhosodd yn ffyddlon i'r iaith Gymraeg, i chwarae comedïau ac i osgoi dramâu yr oedd eu difrifoldeb yn cyflwyno sialens.

Credai llawer, felly, fod rhaid i'r mudiad ei drawsffurfio'i hun, gan drosgynnu'i ymarferion cynhenid a bod angen darparu prosiectau arbennig, 'o safon ryngwladol', yng Nghymru ac yn yr iaith Gymraeg er mwyn hwyluso'r broses honno. Dyna gymhelliant y rheiny a weithiai y tu mewn i'r mudiad eisteddfodol, i ddarparu rhaglen o ddrama safonol ar wahân i'r cystadlaethau. Dechreuodd hynny mor gynnar ag Eisteddfod Caernarfon, 1906, pan gynigiwyd gwobr am ddrama y bwriadwyd ei pherfformio yn ystod yr eisteddfod ei hun. Ond cymerwyd y cam sylweddol nesaf yn Abertawe yn 1926, wrth i'r Gymdeithas Ddrama Gymraeg ymgymryd â rhaglen o dair drama yn ystod wythnos yr eisteddfod yn lle ei hwythnos arferol – *Ffordd yr Holl Ddaear*, J. O. Francis,

Tuag adref, K. E. Roberts a'r *Ffon Dafl*, sef y ddrama gan J. Ellis Williams a oedd newydd ennill y gystadleuaeth gyfansoddi.

Ymhen pedair blynedd yr oedd rhaglen debyg i'r hyn a gynigiwyd yn Abertawe yn rhan arferol o raglen pob Eisteddfod Genedlaethol, oherwydd bod pwyllgorau lleol yn cymryd mwy o gyfrifoldeb am y rhaglen ddrama yn gyffredinol. Yn Llanelli yn 1930 cynigiwyd *Y Blodyn Glas*, J. Eddie Parry, *Yr Etifeddiaeth*, Brinley Jones, a'r *Anfarwol Ifan Harris*, Idwal Jones, i bob un gan gwmni wedi ei sefydlu gan y pwyllgor drama. Yn Aberafan yn 1932 rhoddwyd y cyfrifoldeb o raglen o dair drama i gwmnïau lleol. Yr oedd y trefniant yng Nghastell-Nedd yn wahanol, oherwydd ffurfiwyd tri chwmni mewn ardaloedd cyfagos i weithredu dan gyfarwyddwyr wedi eu penodi gan bwyllgor yr eisteddfod. Yna yng Nghaerdydd yn 1938 cafwyd datblygiad uchelgeisiol newydd. Cymerwyd Theatr y Tywysog am yr wythnos, gan neilltuo tair noson i berfformiadau gan gwmni arbennig, dan gyfarwyddyd D. Haydn Davies. Wedi'r perfformiad cyntaf o drosiad T. Gwynn Jones o *Macbeth*, dywedodd gohebydd *Y Brython* ei fod yn gam ymlaen yn hanes y ddrama yng Nghymru, 'yn brofiad gwerthfawr i gynhyrchydd ac actorion a gwrandawyr, ac yn gyfraniad i ddatblygiad yr iaith Gymraeg fel iaith llwyfan'.[49]

Trefnwyd sawl prosiect arbennig arall yn ystod sawl eisteddfod arall o ganlyniad i awgrymiadau gan yr Arglwydd de Walden. Derbyniwyd cynnig ganddo ef gan bwyllgor Eisteddfod Caergybi yn 1927, i ariannu perfformiad o gyfieithiad o ddrama Ibsen, *Yr Ymhonwyr*, wedi ei gyfarwyddo gan y Rwsiad, W. Theodore Komisarevsky, gyda chwmni dethol o actorion. Cafwyd ymateb cymysg i'r fenter. Credai J. Eddie Parry, er enghraifft, fod y perfformiad yn agoriad llygad o safbwynt y potensial o ddefnyddio hanes Cymru fel deunydd crai i ddrama Gymraeg. Ar y llaw arall, gresynai ef oherwydd mai un perfformiad yn unig a roddwyd, gan gyfyngu'r profiad i nifer bach o garedigion y ddrama.[50] Cytunodd Efrydydd, yn *Y Brython*, mai noson fawr yng Nghymru oedd, 'gan na welwyd cyffelyb olygfeydd erioed yma', ond ni chredai ef fod y cynhyrchiad wedi cyrraedd y nod o gyflwyno i'r gynulleidfa Gymraeg safon berfformio anghyfarwydd:

> Gwelwyd mwy o berffeithrwydd mewn cyfartaledd, mewn symudiadau, mewn goslefu, mewn pwysleisio, ac mewn bywyd cyffredinol lawer tro gan gwmnïau cystadleuol heb fod yn yr Eisteddfod Genedlaethol. Nid bychanu'r cwmni a lafuriodd mor galed am fisoedd ydyw hyn, ond dangos nad ydym eto, er yr holl wario, ac er uched y nod a roddwyd, wedi cyrraedd y nod a fwriadwyd, ac nad ydym eto wedi cael ein hanrhegu â'r

esiampl a ddymunwn fel dramawyr yng Nghymru. Cyn belled ag yr oedd cyrraedd nod yn y cwestiwn, siomedig oeddym yn mynd allan o'r babell, a rhwng dau feddwl pa un ai lles neu afles i'r ddrama yng Nghymru a fu'r anturiaeth fawr a'r gwario anghyffredin.[51]

Gwelwyd arbrawf costus arall yn Wrecsam yn 1933, pan drefnwyd perfformiad o ddrama Hoffmansthal, *Jedermann* (1911) mewn cyfieithiad Cymraeg gan T. Gwynn Jones, dan y teitl, *Pobun*. Yr Awstriad, Dr Stephen Hock, a gyfarwyddodd y perfformiad hwnnw ac ef a fu wrthi hefyd gyda drama arall gan Hoffmansthal, a gyfieithwyd gan T. Gwynn Jones fel *Llwyfan y Byd* ac a berfformiwyd yn Lerpwl yn Saesneg ac yn Gymraeg gan gwmnïau a ffurfiwyd gan y Chwaraedy Cenedlaethol yn 1936. Cytunwyd yn gyffredinol fod y ddau arbrawf hyn wedi bod yn llwyddiannus i'r graddau eu bod wedi cyrraedd safon go uchel ac wedi rhoi cyfle i gynulleidfaoedd Cymreig brofi math ar theatr fwy lliwgar a hyblyg nag unrhyw beth a welsant o'r blaen. Ond o ran y cwestiwn sylfaenol, sef a fyddai pasiantau'r Oesoedd Canol o fudd i'r mudiad drama Gymraeg, teimlwyd rhywfaint o ansicrwydd. Mewn perthynas â'r perfformiad o *Pobun* yn Wrecsam, er enghraifft, cyfaddefodd gohebydd *Y Darian* ei fod yn teimlo'n dra dryslyd:

> Mewn difri, pa beth ellir ei ddywed dan y pennawd uchod? Wrth glywed hanes y gost enfawr, a'r paratoi maith, dygn a thrylwyr ar gyfair nos Lun yr Eisteddfod Genedlaethol, disgwyliem rywbeth hynod a dyrchafedig. Ar ôl bod yn y babell orlawn, yn syllu ac yn gwrando, ac yna'n clustfeinio wedyn ar farnau pob math ar bobl, teimlwn na chawsom ein siomi. Profodd *Pobun* yn beth hynod iawn, ac mewn ystyr chwaraeyddol yn beth 'aruchel' hefyd. Eto i gyd, pan yn ceisio meddwl a thraethu barn ar y pwnc, anodd gwybod pa un ai ar ein pen neu ynteu ar ein traed y safwn.[52]

Dramâu Cymraeg, neu ddramâu yn y Gymraeg?

Ymddengys mai'r mwyaf llwyddiannus o'r holl brosiectau arbennig cysylltiedig â'r eisteddfod oedd y digwyddiad a drefnwyd yn Nhreorci yn 1928. Trefnwyd cystadleuaeth am y cyfieithiad gorau o ddrama J. M. Barrie, *What Every Woman Knows*, a enillwyd gan Richard Jones, Tywyn, o blith dau ar bymtheg o gystadleuwyr. Wedyn llwyfannwyd y testun buddugol gan gwmni a drefnwyd gan Undeb y Ddrama Gymreig. Cyfarwyddwyd y perfformiad gan y Parch. E. R. Dennis, arweinydd cwmni theatr Trecynon, a dewiswyd aelodau'r cwmni o blith grwpiau gorau de Cymru, gan gynnwys J. P. Walters, Abertawe, E. J. Phillips, Gwaelod y Garth a D. Haydn Davies, Maerdy. Addawodd D. T. Davies y byddai cynulleidfaoedd yr eisteddfod yn gweld 'cystal os nad gwell, cwmni o Gymry . . . ag a fu erioed gyda'i gilydd ar lwyfan Cymraeg o'r blaen', er na wariwyd 'tair mil o bunnau ar y perfformiad'! Serch hynny, nid amcan y prosiect oedd dyrchafu chwaeth y gynulleidfa ond yn hytrach i gynnig esiampl i ddramodwyr Cymry o grefft a saernïaeth drama. Er mai peth chwithig ydoedd i un a fu'n ysgrifennu ei hun, meddai Davies, rhaid oedd cyfaddef nad oedd y ddrama wedi datblygu 'o ran crefft a dawn, fel y gellid disgwyl'. Derbyniodd ef, felly, ddoeth-ineb pwyllgor Treorci, wrth iddynt drefnu fersiwn Cymraeg o ddrama Saesneg Barrie yn y gobaith y byddai'n symbylu efelychiadau:

> Beth wnawn ni, ynteu, i geisio sefydlu gwell safon i'r ddrama – hyd y gellir sefydlu safon mewn celfyddyd – a cheisio ei chodi i uwch tir? Llawer ym mhob ryw fodd. Beth am gyfieithu rhai o'r dramâu clasur a geir mewn ieithoedd eraill?[53]

O Dreorci ymlaen bu'r gystadleuaeth cyfieithu drama'n beth cyffredin yn yr Eisteddfod Genedlaethol. Gofynnwyd yn Llanelli (1930) am gyfieithiad o rannau o *Midsummer Night's Dream*; ym Mangor yn 1931 bu T. H. Parry-Williams yn beirniadu cystadleuaeth am addasiad o unrhyw ddrama wreiddiol o'r Saesneg; yn Aberafan y flwyddyn ganlynol gosodwyd dwy gystadleuaeth, am ddramâu dwy awr a hanner ac un awr o hyd o unrhyw iaith arall. Bu cystadlaethau hefyd yn 1934, 1935, 1936, 1938 a sicrhaodd fod cyflenwad go gyson o destunau y gellid eu defnyddio gan y grwpiau cystadleuol.

Yn y lle cyntaf yr oedd cymhelliant deublyg y tu ôl i'r datblygiad hwn, sef, (1) yr amcan i ddarparu nifer o destunau o'r safon uchaf posibl y gellid eu cymryd yn fodelau gan ddramodwyr Cymru; a (2) i sefydlu yn y Gymraeg iaith ddramayddol safonol a fyddai'n cynnig drws ymwared rhag y tafodieithoedd y credid eu bod yn cyfyngu ar estyniad syniadaethol y rhelyw o'r dramâu Cymraeg. Yn ddiau, dyna gymhelliant y gwahanol awduron a gyfrannodd gyfieithiadau i Gyfres y Werin, rhwng 1920 a 1927, gan gynnwys H. Elfed Lewis (*Gwilym Tel*, 1924), T. Gwynn Jones (*Y Dychweledigion*, 1920, *Ffawst*, 1922 a *Pobun*, 1933), J. Saunders Lewis (*Doctor er ei Waethaf*, 1924) ac Ifor Leslie Evans (*Y Cybydd*, 1921). Parhaodd diddordeb y llenorion ym mater yr iaith hyd ddiwedd y cyfnod a thu hwnt. Nid cyn 1968 y rhoddwyd terfyn ar y drafodaeth rhwng J. Saunders Lewis ac Ifor Williams a ddechreuodd gyda chyhoeddi *Doctor er ei Waethaf.* Er hynny, gwelir bod cymhelliant newydd y tu ôl i gyfieithiad Ifor Williams o *Tŷ Dol* yn 1926, oherwydd ei fod yn ganlyniad i gais ar ran myfyrwyr Coleg Prifysgol Bangor am ddeunydd i'w lwyfannu. O hynny ymlaen clywyd yn fwyfwy aml am ddeunydd teilwng i'w lwyfannu yn y Gymraeg ac wrth i gyfieithu a llwyfannu cyfieithiadau ddod yn fwy cyffredin fe glywyd hefyd gwynion bod cyfieithiadau'n tanseilio creadigrwydd.

Fel popeth arall yn hanes y Mudiad Drama cyn 1940, gellid dadlau bod problem y cyfieithu'n ganlyniad i boblogrwydd parhaol y mudiad, a hynny am nad oedd y cyflenwad o ddramâu wedi cwrdd â'r gofyn. Nid gwreiddyn y broblem oedd yr ysfa i gyfieithu, ond canlyniad i brinder dramâu Cymraeg o unrhyw safon. Rhoddodd Caerwyn grynodeb trawiadol o'r sefyllfa yn *Y Genedl* yn 1931, gan restru saith pwynt ynglŷn â'r ddrama y credai ef y byddai pawb yn eu derbyn:

1. Fod y ddrama yn haeddu ei lle yn ein llên a'n llwyfannau.
2. Fod y werin yn awyddus amdani ac yn ei chefnogi yn gadarn.
3. Fod y ddawn i actio yn llawer rhagorach na'r ddawn i gyfansoddi a chynhyrchu dramâu.
4. Fod y galw yn llawer mwy na'r cyflenwi.
5. Fod y cyflenwad o ran ansawdd ac i raddau o ran swm yn siomedig.
6. Fod y cwmnïau oherwydd hyn yn gwastraffu eu doniau a'u hamser ar betheuach salw ac annheilwng heb iddynt deilyngdod o ran techneg ac elfennau dramatig.
7. Fod cwmnïau eraill, oherwydd argyhoeddiad o ddiffygion y ddrama Gymraeg, yn trosi dramâu gwledydd eraill i'n hiaith.[54]

Fe gredai Caerwyn fod yna le yn y Mudiad Drama ar gyfer cyfieithiadau ochr yn ochr â thestunau gwreiddiol Cymraeg a bod cyfieithwyr dramâu fel *Tŷ Dol* a *Hedda Gabler* (Thomas Parry, 1930), yn ennill diolch y genedl 'am ddwyn ohonynt orchestion y cewri gerbron'. Ond ni fu iddo ef wynebu problemau parhaol y rheiny a oedd yn dwyn y cyfrifoldeb parhaol o orfod troi at destunau wedi eu cyfieithu o ieithoedd eraill er mwyn sicrhau safon ond a deimlai ar yr un pryd eu bod yn bradychu amcanion priodol y Mudiad Drama.

Cymdeithas y Ddrama Gymraeg, Abertawe

Wynebwyd y broblem hon gan bob cwmni a wrthsafai'r demtasiwn i droi at y ddrama Saesneg, ond yn arbennig gan Gymdeithas Ddrama Gymraeg Abertawe, a enillodd glod ym mhobman am ei dyfalbarhad a'i hymroddiad i achos y ddrama Gymraeg ar hyd y cyfnod o 1919 ymlaen. Ni phetrusodd Cymdeithas Abertawe erioed mewn perthynas â'i chenhadaeth 'i hyrwyddo Mudiad y Ddrama Gymraeg yn nhref Abertawe a'r cylch' a chydnabuwyd ei chyfraniad i'r Mudiad Drama am hynny ar hyd y cyfnod.

Cymeradwywyd Cymdeithas Abertawe hefyd am beidio â chyflawni'r trosedd a enwyd yn y chweched o bwyntiau Caerwyn, gan iddynt lwyddo i sicrhau dramâu o safon ar hyd y blynyddoedd. Ond ar wahân i'r ystyriaeth honno, gellid cymryd hanes y gymdeithas yn y blynydd-oedd rhwng y ddau ryfel fel tystiolaeth ar gyfer pob un arall o'r pwyntiau hynny. Rhoddent le anrhydeddus i'r ddrama Gymraeg, gan hawlio sylw'r cyhoedd iddi mewn tref a ystyrid yn y cyfnod hwnnw yn dref yr oedd y Saesneg yn prysur ennill tir ynddi. A chyda nifer o actorion a ddaeth i fod ymhlith y goreuon yng Nghymru, profasent hefyd ei bod hi'n bosibl cyrraedd safon o ran cyflwyno'r dramâu a lwyfan-asant a oedd yn cymharu yn ffafriol â safon actio yn theatrau *repertory* Lloegr. Ond profai hanes y gymdeithas hefyd bwyntiau eraill Caerwyn, sef bod prinder dybryd o ddramâu Cymraeg y gellid eu chwarae heb ostwng safonau a'u bod, felly, yn gorfod troi at gyfieithiadau.

Gwelwn batrwm amlwg iawn wrth astudio rhaglenni'r gymdeithas o 1923 ymlaen. Y flwyddyn honno cyflwynwyd pedair drama hir – *Castell Martin, Y Ddraenen Wen, Beddau'r Proffwydi* a *Marchogion y Nos* (ail fuddugol yn Rhydaman, 1922) – ond o'r rheiny *Marchogion y Nos* yn unig a oedd yn perthyn i ddramodydd nad oedd wrthi cyn 1914. Yn 1924 cynhwyswyd tri chyfieithiad yn y rhaglen, dau ohonynt yn gyfieithiadau o weithiau gan Gymro, J. O. Francis, ac un, *Doctor er ei Waethaf*, wedi ei drosi o waith Molière gan Saunders Lewis. Cyflwyn-wyd cyfieithiad Saunders Lewis eto y flwyddyn ganlynol, gydag *Y Potsiar* J. O. Francis a *Gwyntoedd Croesion* Francis. Bu'r patrwm yn debyg yn 1926, ac eithrio'r ffaith fod *Ffon Dafl*, J. Ellis Williams, y ddrama fuddugol yn Eisteddfod Abertawe, wedi ei chynnwys. Ond bu datblygiad newydd yn 1927. *Pobl Yr Ymylon* Idwal Jones (1926) oedd y ddrama newydd mewn rhaglen a oedd hefyd yn cynnwys *Castell Martin* a chyfieithiad o *Fy Machgen Gwyn* gan Lennox Robinson. Yr oedd dwy o'r tair drama fer a gyflwynwyd nos Iau a phrynhawn Sadwrn hefyd yn gyfieithiadau, sef, *Adar o'r Unlliw*, J. O. Francis, a *Priodas Anorfod*, wedi ei throsi o Ffrangeg Molière.

Sicrhaodd pwyllgor Cymdeithas Abertawe y byddai unrhyw ddrama newydd, feiddgar, yn cael ei gweld ar lwyfan y Grand. Heblaw am *Pobl yr Ymylon*, a'r *Ffon Dafl*, felly, llwyfannwyd *Yr Anfarwol Ifan Harris* (gan

Idwal Jones, 1927); *Eilunod* a *Points* (J. E. Parry, 1929 a 1934); *Y Pwyllgorddyn* a *Pen y Daith* (J. Ellis Williams, 1931 a 32); *Dirgel Ffyrdd* ac *Yr Oruchwyliaeth Newydd* (Ieuan Griffths, 1935); a *Cwm Glo* (Kitchener Davies, 1935). Ond er gwaethaf eu dyfalbarhad, fe'u gwelsant yn fwy ac yn fwy anodd i gyflawni rhaglen gyflawn o flwyddyn i flwyddyn, gan orfod cwympo'n ôl ar hen ddramâu hoff y gynulleidfa. O ganlyniad fe gafwyd *Pelenni Pitar*, ochr yn ochr â *Ffordd y Menywod*, wedi ei chyfieithu o'r Sbaeneg yn 1930 a'r *Ddraenen Wen*, a'r flwyddyn ganlynol, *Canmlwydd Oed*, wedi ei chyfieithu o'r Sbaeneg gan Mary Hughes, drwy gyfrwng Saesneg Granville Barker.

Gwelwyd yn rhaglen y gymdeithas am y flwyddyn honno raglith gan R. G. Berry a ddenodd gryn dipyn o sylw gan y wasg. Tynnodd Berry sylw at yr anawsterau a grewyd i'r gymdeithas gan brinder dramâu hirion yn y Gymraeg. Ni fuasai'r methiant i wobrwyo drama yn yr Eisteddfod Genedlaethol, meddai Berry, yn fawr o broblem pe bai dramodwyr wrthi y tu allan i fframwaith cystadleuol yr eisteddfod, ond 'ni chafwyd Drama newydd hir o unrhyw safon cr pan gynhaliwyd yr wythnos chwarae deuddeng mis yn ôl' a hynny, er mai 'mawr yw'r croesaw sydd o hyd drwy'r wlad i'r ddrama'. Sylwodd Berry fod yr adnewyddiad a ddigwyddodd ym mywyd y genedl yn y blynyddoedd cyn Rhyfel 1914–18 wedi treio ar ôl y Rhyfel a bod y trai yn parhau o hyd:

> Y canlyniad yw bod mwy o gyfieithu a chwarae ar ddrama Lloegr nag a fu erioed, oblegid oni cheir gwaith cartref teilwng rhaid yw ei gyrchu o'r tu hwnt i glawdd Offa. Hwn yw anhawster Cymdeithas y ddrama yn Abertawe. Cydnabyddir bellach gan bawb mai hon yw'r Gymdeithas a wnaeth fwyaf o waith o bawb yn ein gwlad dros y mudiad; rhoddodd gefnogaeth ac amlygrwydd i ddramawyr Cymraeg, ac y mae drwy'r blynyddoedd yn chwilio am deilyngdod ymhle bynnag y bo, ai ymysg graddedigion ai gŵr di-radd. Ond beth sydd ganddi i'w wneuthur wrth baratoi at wythnos ei gŵyl oni bydd ganddi ddrama deilwng o'r rhaglen?

> Purion beth yw troi rhai o weithiau gorau'r Saeson i Gymraeg fel patrwm i awduron Cymru a symbyliad i'w hactorion. Ond ni bydd yn ennill gwirioneddol i'r ddrama Gymraeg os pery hyn yn hir, megis na byddai yn fantais i farddoniaeth barhau i fyw ar gyfieithu beirdd Lloegr.[55]

Tueddai Berry i briodoli'r drwg i'r arferiad o gystadlu i'r graddau fod hynny'n annog cyfieithu dramâu Saesneg, ac i'r elfen 'o gomplecs israddolder' y Cymry sy'n credu bod popeth o du hwnt i Glawdd Offa yn well, gan edrych tua'r Brifysgol am gefnogaeth i'r mudiad, gan gofio 'am ychydig o fyfyrwyr Aberystwyth ar ddechrau'r ganrif hon yn ymroi at y gwaith hwn a gadael eu delw hyd heddiw ar y mudiad'.

Ategwyd y pryderon a fynegodd R. G. Berry gan olygydd y *Western Mail*, a welai waith creadigol y dramodwyr yn brawf o 'intellectual virility' ac yn gyfrwng i hybu adnewyddiad yr iaith ac a awgrymodd, felly, y dylid cynnal archwiliad i'r sefyllfa.[56] Ond yn y cyfamser parhaodd anawsterau'r gymdeithas o orfod gorddibynnu ar gyfieithiadau. Neilltuwyd hanner y rhaglen yn 1932 i ddwy ddrama gan yr un awdur – J. Ellis Williams, a'r hanner arall i gyfieithiadau o *A Woman of Compassion*, Florence Howell a *Strife* gan John Galsworthy. Yn 1933 cafwyd *Gwraig y Ffermwr*, Eden Philpotts, a *Dewis Anorfod* (*Hobson's Choice*), Harold Brighouse, gyda *Ffordd yr Holl Ddaear* fel yr un ddrama Gymreig yn y rhaglen. Bu rhywfaint o welliant wedi hynny, ac yn ei rhaglith hi i raglen 1939 awgrymodd Magdalen Morgan y byddai'r cyflwyniad o ddrama hanesyddol D. W. Morgan, *Llywelyn ap Gruffydd*, 'yn symbyliad i'r dramodwyr ieuainc' i gloddio ym maes hanes Cymru. Ond cyfieithiad o'r Saesneg (gan Ambrose Bebb), oedd y ddrama honno, a ymddangosodd yn y rhaglen gydag addasiad o Almaeneg Bruno Franck (yn wreiddiol *Sturm Im Wasserglas*) ac aildwymiad o *Dewis Anorfod*. Rhydd geiriau swyddogol yr ysgrifennydd ar flaen y rhaglen argraff glir o'r anawsterau a wynebwyd ar hyd y blynyddoedd wrth lynu at y rheol Gymraeg:

> Ond wrth weld Cwmnïau Drama Cymru yn ymroi yn ddieithriad i gystadlu ac er mwyn ennill mantais, yn cyflwyno yn fynych dramâu yn yr iaith Saesneg, fe sylweddolir na lwyddodd y Gymdeithas hon i gadw ei rheolau heb gryn ymdrech. Oherwydd prinder dramâu Cymraeg o safon deilwng, gorfodir hi i ddefnyddio, ac yn fynych i ddarparu drosti ei hun, gyfieithiadau i'r Gymraeg, o ddramâu a ysgrifennwyd mewn iaith arall, megis Saesneg neu Ffrangeg. Gan i'r Gymdeithas ymdynghedu i ddefnyddio'r iaith Gymraeg fel unig gyfrwng y ddrama, ni all ymwrthod a chyfieithu oni cheir darpariaeth helaethach o ddramâu Cymraeg gwreiddiol.[57]

Chwaraewyr Coleg Prifysgol Bangor

Cymerai aelodau'r cwmni a ffurfiwyd o blith myfyrwyr a darlithwyr Coleg y Gogledd yn fuan ar ôl y Rhyfel Mawr agwedd wahanol iawn tuag at y mater o gyfieithu. Ar ôl cyflwyno *Gwyntoedd Croesion* yn 1923 a dilyn honno gyda'r *Ddraenen Wen* y flwyddyn ganlynol, gofynnwyd i'r Athro Ifor Williams ddarparu cyfieithiad o *Tŷ Dol*, Ibsen. Anodd yw gwerthfawrogi pwysigrwydd y cynhyrchiad o'r cyfieithiad hwnnw, dan gyfarwyddyd J. J. Williams, Bethesda, ond yng nghyd-destun y cwestiwn a ofynnwyd gan *Y Genedl*: 'Tybed a ofynnwyd i actores ieuainc o Gymraeg erioed ymgymryd â thasg mor anodd â phortreadu Nora yn y ddrama hon?'[58] Y teimlad cyffredinol oedd fod y cynhyrchiad wedi cyflwyno rhywbeth newydd i'r Mudiad Drama, gan osod nod y gellid anelu ato gan grwpiau eraill. Felly, dywedodd *Y Genedl*, byddai'n drueni pe na pherfformid y ddrama mewn mannau eraill: 'Gallai wneud lles mawr ar adeg pan beryglir holl fudiad y ddrama yng Nghymru gan ddramodau amrwd, anwybodus, anghelfydd.'[59]

Gyda *Tŷ Dol*, dechreuodd Chwaraewyr Bangor raglen o berfformiadau y gellid ei hystyried yn ymgyrch i godi ymwybyddiaeth o'r hyn y gallai drama yn y Gymraeg fod, drwy gyfieithu a chynhyrchu nifer o ddramâu na welwyd eu tebyg ar lwyfannau eraill yng Nghymru. Y dewis yn 1926 oedd *Outward Bound*, gan Sutton Vane a gyfieithwyd gan R. Williams Parry dan y teitl *Gadael Tir* ac a lwyfannwyd gan J. J. Williams yn Neuadd y Sir, Bangor ym mis Mawrth. 'A chymryd y cwmni a'r chwarae fel un cyfanwaith', meddai Gwynfor am y cynhyrchiad hwn, 'haeddant gamunoliaeth uchel, a chafwyd cyflwyniad cymeradwy iawn o un o'r dramâu anhawddaf'.[60] Ond yr oedd geiriau E.M.H., yn yr *Herald*, a ddyfynnwyd gan Gwynfor, sef bod cynhyrchiad blynyddol myfyrwyr Bangor 'wedi dod yn sefydliad bellach fel Gŵyl Harlech neu Eisteddfod Pentrefoelas', yn bwysicach eto, yn ogystal â'r ffaith iddo weld yn y gynulleidfa ddramagarwyr o'r Bala, Llandderfel, Amlwch, Llanllyfni, Clynnog, Penygroes, Brynsiencyn a Chaernarfon!

Torrwyd y patrwm yn 1927, gyda rhaglen yn cynnwys tair drama fer Gymraeg mewn cyweiriau gwahanol: *Dau Ddoctor*, gan W. R. Jones, *Calon Lân*, gan J. Eddie Parry a *Nos Sadwrn*, gan J. Ll. Jones. Y newyddion erbyn y flwyddyn ganlynol oedd eu bod wedi dechrau rhywbeth newydd yng Nghymru, sef cylch astudio'r ddrama, a fyddai'n denu siaradwyr amlwg, gyda'r bwriad 'o fagu yn y Coleg, nid yn unig actorion ond hefyd cyfansoddwyr a chynhyrchwyr dramâu a fydd yn gwybod rhywbeth am gelfyddyd ysgrifennu drama – yn eu gofynion a'u cyfyngiadau'.[61] Dan gyfarwyddyd J. J. Williams, dewisodd y grŵp ddrama Saesneg eto, *Jane Clegg*, gan y Gwyddel, St John Irvine, wedi'i chyfieithu gan R. Williams Parry. Fe'i perfformiwyd yn 1928, gyda chyfieithiad o *The Dear Departed* Stanley Houghton, dan y teitl Cymraeg, *Yr Ymadawedig*.

Ystyriwyd sawl posibilrwydd gan y grŵp ar gyfer perfformiad 1930, yn cynnwys gwaith August Strindberg a dramâu o'r Ffrangeg a Groeg hynafol, ond penderfynwyd dychwelyd at Ibsen, gyda chyfieithiad o *Hedda Gabler* gan Tom Parry ac R. H. Hughes. Cafodd y cynhyrchiad hwn dderbyniad da, er nid cystal efallai â'r perfformiad o *Tŷ Dol*, ond torrodd rhywfaint o storm dros bennau'r grŵp pan gyhoeddwyd y penderfyniad i ddychwelyd at ddrama Saesneg y flwyddyn ganlynol. Y dewis y tro hwn oedd *Rutherford & Son*, gan Githa Sowerby, wedi ei chyfieithu gan R. E. Jones, ond y mae'n debyg nad y dewis hwn yn bennaf a achosodd y cyffro, yn gymaint â'r nodyn hunanamddiffynnol a hunanfoddhaus a drawyd gan Tom Parry wrth ei chyhoeddi.

Bu cyhoeddusrwydd yn beth mawr gyda Chwaraewyr y Gogledd o'r dechrau, ond fe aeth Tom Parry ychydig ymhellach nag arfer wrth dynnu sylw'r cyhoedd at ymdrechion y myfyrwyr wrth hysbysebu'r cynhyrchiad o ddrama Sowerby. Cyfeiriodd at feirniadaeth ar y cwmni am berfformio cyfieithiadau'n unig er mwyn cael esgus i gyflwyno egwyddorion dyrchafedig y Chwaraewyr:

> Nid oes neb gweddol glir ei lygaid na wêl fod bron pob gwlad yn Ewrop yn curo Cymru am ddrama. Bwrier y bai ar y Methodistiaid, Senedd Lloegr, neu'r tywydd, nid oes wadu'r ffaith. Rhaid i ni heddyw geisio gosod sylfeini traddodiad newydd, ac yn rhywle o gwmpas y sylfeini yr ydym hyd yma, heb osod ond ychydig o gerrig y muriau ar ei gilydd. Meddylier am saer maen wedi mynd am drip gyda'r Ysgol Sul, a gweled cipolwg wrth basio yn y siarri ar dŷ hardd iawn. Cymerodd ato, a chan fod arno eisiau tŷ newydd ei hunan, penderfynodd ei adeiladu ar y ddelw honno a welodd ar y daith. Fel saer doeth, y mae'n dechrau arno trwy chwilio am y plan ac yn myfyrio arno. Cawsom ninnau yng Nghymru gipolwg ar adeilad gwych y ddrama, a phenderfynu codi adeilad cyffelyb ar ein tir ninnau, a rhaid inni gael y plan. Fel rhan o astudiaeth y plan y bwriedir y dramâu estron a berfformir gan Chwaraewyr y Gogledd, ac nid fel pethau i foddloni arnynt ac i fyw ynddynt. Nid oes neb yn edmygu mwy ar ddramodwyr Cymru na myfyrwyr Coleg Bangor, ac yn wir byddant yn barod i gyfaddef bod y gwŷr hynny wedi myned gam ymhellach na hwy eu hunain, ac wedi dechrau cloddio'r sylfeini, tra dalient hwy i astudio'r plan. Ond eu dadl hwy ydyw bod raid para i astudio a rhwng pawb fe osodir maen ar faen yn yr adeilad a welwn oll â llygaid y dychymyg.[62]

Ymatebwyd yn chwyrn i'r llith hon gan neb llai na Kate Roberts a ofynnodd i gynrychiolydd y chwaraewyr pam nad oeddynt yn llwyfannu dramâu fel *Ephraim Harris* a *Gwaed yr Uchelwyr*, gan mai darlun o fywyd estron a gyflwynwyd yn y dramâu Saesneg, 'ac wrth eu cael o hyd ac o hyd, fe â'r gwrandawyr i deimlo mai dyna yw bywyd Cymru hefyd'.[63]

Ymunodd dau sylwebydd arall â'r ddadl ar ochr Kate Roberts, sef Awen Rhun a W. Gilbert Williams,[64] cyn i Tom Parry ymateb gydag amddiffyniad o'i safbwynt ef ar sail y ffaith fod drama'n ymwneud â phethau mawrion ysbryd dyn yn hytrach nag allanolion bywyd. Atebodd Kate Roberts y pwynt hwn gan anghytuno'n llwyr â'r syniad fod gwerth drama'n annibynnol ar ei pherthnasedd diwylliannol:

> Dywaid T.P. ymhellach fod drama fawr yn ymwneud â dyfnion bethau'r meddwl dynol, ac mai peth ail-radd yw awyrgylch mewn drama. Cytunaf â'r gosodiad cyntaf, ond nid â'r ail. Nid ail-raddol yw awyrgylch mewn unrhyw fath ar lenyddiaeth. Mae'n beth pwysig dros ben. Af cyn belled â dywedyd bod awyrgylch yn gyfrifol am y ffurf a gymer 'dyfnion bethau meddwl'. Er enghraifft, nid damwain ydyw bod bywyd Cymru'n Biwritan-aidd yn y bedwaredd ganrif ar bymtheg, ac nid damwain ydyw mai bywyd gwerinol yw bywyd Cymreig heddiw. Mae achosion i'r pethau hyn. Bywyd Piwritanaidd Cymru a roes fod i *Change* J. O. Francis. Yn nhrefn naturiol pethau yr oedd rhaid i'r gwrthdaro yna ddyfod, oherwydd hanes crefydd yng Nghymru. Buasai *Change* yn amhosibl yn Ffrainc.[65]

Credai Kate Roberts fod myfyrwyr Bangor, dan ddylanwad darlithwyr fel Tom Parry, yn rhy agored i ddylanwad dramâu West End Llundain, ac er ei fod yn medru ateb mai amcan y Chwaraewyr oedd efelychu cyrhaeddiad Theatr Repertory Manceinion, yn hytrach na'r sothach ffasiynol hwnnw, nid oedd ganddo ateb i'r cyhuddiad sylfaenol.

Ymddangosai fod Colegwyr Bangor yn bwriadu anwybyddu'r feirn-iadaeth a dderbyniwyd ganddynt i ddechrau, oherwydd ar ôl *Unigrwydd*, eu fersiwn hwy o *Rutherford & Son*, cyflwynasant gyfieithiad o ddrama Saesneg Harold Brighouse, *Hobson's Choice*, y flwyddyn ganlynol. Serch hynny, fe wnaethant ddangos rhywfaint o sensitifrwydd o'r diwedd yn 1933, gyda chyflwyniad o *Ephraim Harris*, wedi ei gyfarwyddo gan Gwynedd Jones, gyda John Gwilym Jones yn gyfrifol am y llwyfan – perfformiad a groesawyd fel ymdrech i ddiweddaru drama a oedd wedi'i dieithrio rhag cynulleidfaoedd y tridegau gan yr arddull berfformiadol a stampiwyd arni gan ddehongliad awdurdodol cwmni Dan Mathews flynyddoedd cyn hynny. Ar ôl hynny ceisiasant fod yn fwy beiddgar eto, gan ymgymryd â chyflwyniad o *Gwm Glo*, cyn gorfod plygu i drefn ddisgyb-laethol y Coleg ar ôl i'r perfformiad gael ei wahardd gan y Senedd.

Pwy sy'n mynd i gadw'r ddrama yng Nghymru?

Dyna gwestiwn a holwyd yn Nhachwedd 1923 gan y dramodydd D. Gwernydd Morgan, a oedd yn ddigon isel ei ysbryd oherwydd cyflwr y

Mudiad Drama yng Nghymru. Y prif beth yr oedd yn pryderu amdano oedd safon y beirniadu yn y cystadlaethau, a olygai, meddai, fod ambell un ohonynt, 'yn fwy o ladd-dy nag o feithrinfa'. Credai Morgan ei bod yn hen bryd i'r cymdeithasau drama ddihuno, 'a chael Undeb Cenedlaethol'. Y cyfryw Undeb, meddai, oedd yr unig feddyginiaeth 'all ddiogelu'r ddrama a'i chadw a'i pherffeithio'.[66]

Yr oedd Gwernydd Morgan yn ymwybodol fod yna ochr arall i'r ddadl a fyddai'n cael ei mynegi'n groch oddi mewn i'r Mudiad Drama ei hun, gan y rheiny a gredai mai mudiad gwerinol ydoedd ac mai felly y dylai barhau i fod. Ond credai ef fod ystyriaethau esthetig yn gwrthbwyso ystyriaethau diwylliannol ac ieithyddol. Yn y bôn fe welai'r mudiad fel cyfrwng i greu rhywbeth amgen – a hynny oedd y Theatr Genedlaethol fondigrybwyll:

Bu llawer o siarad beth amser yn ôl am gael Chwaraedy Cenedlaethol i Gymru, ond mae'r peth fel pe wedi ei anghofio erbyn hyn. Mynnai eraill i'r Ddrama Gymreig aros yn ei heiddilwch. Dywedant mai 'drama'r pentref' ydoedd y ddrama Gymreig i fod. Credwn ninnau y dylasai'r pentref gael ei ddrama ar y gorau, ac yn sicr drwy gymorth y chwaraedy y ceir hynny. Pe ceid Undeb Cenedlaethol holl gwmnïau a dramodwyr y wlad, gwelid yng Nghymru Chwaraedy Cenedlaethol yn y dyfodol agos.

Y mae cymhariaeth ddiddorol rhwng y ddadl hon a'r hyn a ddywedodd J. Saunders Lewis ryw bedair blynedd yn ddiweddarach, ar ôl i bawb gael gweld rhywbeth go debyg i freuddwyd Gwernydd Morgan yn cael ei wireddu – a chael cyfle i ddiflasu o'i herwydd! Nid oedd gan Saunders Lewis yr amheuaeth leiaf erbyn Mehefin 1928 mai priodas anghymharus iawn rhwng y ddrama Gymraeg a'r ddrama Saesneg oedd yr Undeb y credai Gwernydd y byddai'n achubiaeth i'r Mudiad Drama ac yn fodd i sicrhau safonau.

Rhaid ofni am ddyfodol y ddrama Gymraeg. Priododd hi â'r ddrama Saesneg mewn Undeb Cymreig, a thebyg yw y bydd ei diwedd hi yn gyffelyb i helynt y ferch ifanc y canwyd ei marwnad mor dyner:

Yr oedd unwaith enethig o Neigr,
A gychwynnodd am dro gyda theigr;
Daethant adref rhyw ddydd
A'r enethig ynghudd
A gorfoledd yng nghynffon y teigr.

Felly y diwedda'r ddrama Gymraeg, Arloesodd hi'r ffordd. Gwnaeth iddi ei hun gartref bach yng Nghymru, yna priododd â'r ddrama Saesneg yng

Nghymru. Gellir gweld y peth yn cerdded yn gyflym yn y Deheudir. Y mae'r priodfab eisoes yn meddiannu hanner gorau'r Llwyfan.[67]

Y peth sy'n drawiadol yw na welai Saunders Lewis, er gwaethaf yr etifeddiaeth chwerw a adawyd ar ôl yr holl ymgecru rhwng cefnogwyr y ddrama Gymraeg a'r rheiny a hawliai eu bod uwchlaw ystyriaethau culion ieithyddol, fod prosiect y Theatr Genedlaethol yn broblematig yn ei hanfod. Byddai'r problemau a danseiliodd yr Undeb yn cael eu datrys, meddai Saunders Lewis, o gael Theatr Genedlaethol broffesiynol Gymraeg.

Yr hyn y mae hanes yr Undeb yn ei ddangos i ni yw fod ystyriaethau diwylliannol, ieithyddol a chymdeithasol wrth wraidd y Mudiad Drama a bod yr ystyriaethau hynny yn bwysicach yn y pen draw nag unrhyw ystyriaethau esthetig. Gellid mynegi hyn mewn ffordd arall wrth ddweud bod arbrawf yr Undeb wedi sefydlu'r ffaith nad oes modd ystyried safonau esthetig yn annibynnol ar strwythurau iaith a diwylliant. Esgus gwneud hynny yr oedd y rhai a siaradai dros ryddid ieithyddol a lu mewn i'r Undeb – mewn gair, eu hamcan oedd hyrwyddo gwerthoedd esthetig y diwylliant Saesneg. I'r graddau y byddai'n gyfleus i gyfieithu'r rheiny i'r Gymraeg, bydded i'r iaith barhau, ond am y safonau a oedd ynghlwm wrth yr iaith honno, rhwystrau oeddynt, yn amharu ar ddatblygiad ysbrydol a gynigiwyd drwy gyfrwng celfyddyd fel y cyfryw.

Fel y rhagwelodd Gwernydd Morgan, yr oedd llawer o gefnogwyr y Mudiad Drama yn amheus o'r Undeb o'r dechrau – ac yn arbennig dynion y Gogledd, er bod rhai ohonynt yn ddigon parod i gydweithio ag ef ar y dechrau. Gwynfor, er enghraifft, a weithredai fel ysgrifennydd ar y cyd gyda Conrad Davies, cyn iddo ddiflasu a sefydlu Undeb y Ddrama Gymraeg Gogledd Cymru. O'r deheudir y daeth y symbyliad gwreiddiol a arweiniodd at sefydlu'r Undeb. Galwyd cyfarfod yng Nghaerdydd, fis Mai 1927 gan Conrad Davies, a gadeiriwyd gan yr Athro W. J. Gruffydd. Penderfyniad cynrychiolwyr y cwmnïau, y dramodwyr a'r actorion a fynychodd y cyfarfod cyntaf hwn oedd i symud ymlaen gyda'r prosiect o sefydlu Undeb dros Gymru gyfan. Cytunwyd hefyd y byddai Conrad Davies yn gweithredu fel ysgrifennydd dros dro y mudiad a galwodd ef ail gyfarfod yng Nghaerdydd ar 16 Gorffennaf.

Dyma'r cyfarfod tyngedfennol lle heuwyd hedyn methiant yr Undeb, wrth i'r cynrychiolwyr benderfynu mai Undeb y Ddrama Gymreig y dylai fod, yn hytrach nag Undeb y Ddrama Gymraeg. Aethpwyd â'r penderfyniad hwn at gyfarfod cyhoeddus a gynhaliwyd ar faes yr

Eisteddfod Genedlaethol yng Nghaergybi, fis Awst, 1927, lle bu rhagor o'r '[m]an chwedleua a dadlau (plentynnaidd o'r mwya)' y cwynodd J. Eddie Parry amdano.[68] Diolch i golofn J. Ellis Williams yn *Y Brython*, y mae gennym gofnod go fanwl o'r drafodaeth honno. Rhoddodd ef ddarlun byw iawn o Dyfnallt yn codi yn y cyfarfod yng Nghaergybi i ofyn y cwestiwn, beth a olygai'r gair 'Cymreig' yn nheitl y sefydliad?

Yn ôl y cyfrif a roddwyd gan J. Ellis Williams, dadleuon y blaid 'Gymreig' oedd: fod ambell i ddrama Saesneg yn fwy Cymreig ei hysbryd nag ambell ddrama Gymraeg – er enghraifft, *Change*, o'i chymharu â *Ceidwad y Porth*; ac wrth gadw'r Saeson a'r Cymry gyda'i gilydd, gellid denu rhai o'r cwmnïau Saesneg i ymgymryd ag ambell ddrama Gymraeg. Atebwyd y pwyntiau hyn yn dra effeithiol, yn ôl y colofnydd, a rhoddwyd sawl gwrthddadl gerbron, sef: y byddai cymysgu'r ddwy iaith yn arwain at yr un canlyniad ag a welwyd yn achos yr eglwysi a oedd wedi ceisio gwneud yr un peth; y gellid cyfieithu unrhyw ddramâu Saesneg i'r Gymraeg, ac wrth wneud hynny eu gwneud yn fwy 'Cymreig'; fod gan gwmnïau Saesneg Cymru Undeb Seisnig yn barod y gallasent ymuno ag ef; a byddai'r gair Cymreig yn cyflwyno elfen o amwysedd na fyddai modd ymwared â hi mewn unrhyw agwedd ar weithgarwch yr Undeb.

Cyfaddefodd J. Ellis Williams, ei fod ef ar ôl y cyfarfod cyhoeddus hwn, o'i gorun i'w sawdl, 'pob diferyn o waed a phob cymal' dros fabwysiadu'r gair Cymraeg – fel y gellid ei ddisgwyl, gan ei fod yn gymaint rhan o'r Mudiad Drama. A dyma ei resymau:

(1) Bydd cymysgu'r ieithoedd yn gwneud mwngrel o fudiad a ddylai fod yn bur ei ach.
(2) [Wrth gyfieithu dramâu Saesneg c]awn drysorau gwerthfawroca'r byd yn iaith ein mamau.
(3) Mae gan y cwmnïau Saesneg undeb arall i'w helpu.
(4) Feallai mai'r mudiad Cymraeg hwn a geidw ein hiaith yn fyw.
(5) Mae profiad yr eglwysi, y cynghorau, y llysoedd, a phob man lle ceir y ddwy iaith, yn dangos mai'r Saesneg bob amser sy'n trechu.[69]

Ond enillwyd y bleidlais a ddilynodd y ddadl yng Nghaergybi gan gefnogwyr yr Undeb 'Cymreig' o 31 pleidlais i 30. Ac fe gadarnhawyd hynny wedyn yn yr Amwythig – a thuedd gweithgareddau'r Undeb.

Credai J. Ellis Williams, na ddylid bod wedi rhuthro ymlaen â'r trefniadau os oedd cefnogwyr yr Undeb yn awyddus iddo uno holl gwmnïau drama Cymru. Tueddai ef i feddwl bod unrhyw gyfarfod yn yr Amwythig, neu yng Nghaerdydd, yn annhebyg o ddenu cynrychiolwyr o'r cannoedd o gwmnïau bychain ledled y wlad. Awgrymodd, felly, y dylid neilltuo amser i hysbysebu'r holl gwmnïau drwy'r Wasg, paratoi rhestr ohonynt ac anfon iddynt gopi o'r trefniadau darparedig, gan ofyn iddynt eu trafod a mynegi barn arnynt. Yn y modd hwn, credai ef y gallesid bod wedi sicrhau cynrychiolaeth eang o safbwynt daearyddol a hefyd o ran y math o gwmni a fyddai'n ymaelodi â'r Undeb. Ond anwybyddwyd y cyngor a phrysurwyd ymlaen â'r trefniadau yn yr Amwythig ar 24 Medi, 1927.

Erbyn i'r cyfarfod hwn ddigwydd, gwelwyd bod ofnau J. Ellis Williams wedi eu gwireddu, gan mai 'patchy' iawn oedd y gynrychiolaeth yno, er bod rhyw ddeugain wedi dod ynghyd:

> Cafwyd tri a phedwar cynrychiolwr o rai lleoedd, a dim o leoedd eraill. Fel cynrychiolaeth o Gymru gyfan, roedd y cwrdd yn druenus. Er enghraifft, nid oedd neb yno i gynrychioli'r Gogledd, gyda'r holl gwmnïau, ond rhyw hanner dwsin ohonom! Daeth rhannau o'r De yno yn gryf – a diolch iddynt am eu sêl. Eithr gwasgarog iawn oedd y gynrychiolaeth o'r De hefyd.[70]

Dan yr amgylchiadau, hawdd yw deall cywair coeglyd y cofnod o benodiad yr Arglwydd de Walden yn llywydd yr Undeb a Conrad Davies – 'dau selog iawn a gweithgar iawn', meddai Ellis Williams:

> Yn unig beth sydd gennyf yn eu herbyn hwythau yw eu bod wedi aros braidd yn hir cyn dysgu'r iaith. Ond buan iawn y diflanna pob rhwystr pan fo sêl yn y galon a dyn yn llawn awydd gwaith. Dewiswyd Gwynfor i gynorthwyo Conrad Davies gyda'r cofnodion nes dyfod *der tag*.

Ond nid pawb a rannai ddrwgdybiaeth J. Ellis Williams, hyd yn oed o blith y rheiny a berthynai i deulu'r ffydd. Yr oedd D. J. Davies, er enghraifft, yn ffyddiog iawn ynglŷn â dyfodol yr achos, yr ysgrifennodd amdano ei hun flwyddyn cyn hynny yn *Y Llenor*. Erbyn Medi 1927 yr oedd yn edrych ymlaen at y dydd pan fyddai gan yr Undeb Cymreig gymaint â'r saith gant o aelodau oedd gan y British Drama League. Cymerodd ef fantais o'r cyfle i wneud anerchiad dros y peiriant diwifr o Gaerdydd bryd hwnnw i hysbysebu'r rhaglen a fabwysiadwyd gan yr Undeb yn yr Amwythig:

- Hyfforddi a chynorthwyo'r cwmnïoedd a'r aelodau sy'n perthyn i'r Undeb, a diogelu eu cysylltiadau â'r ddrama yn gyffredinol.
- Ffurfio cwmnïoedd dramaol mewn lleoedd nad ydynt eisoes wedi gwneud hynny.

- Gwneud trefniadau i gynnal gwyliau o ddrama tebyg i'r British Drama Festival yn Lloegr.
- Ceisio trefnu cyrsiau addysgol yn ystod y gwyliau, trefnu anerchiadau a chynadleddau mynych.
- Ceisio hyrwyddo astudiaeth o'r ddrama yn ein hysgolion a'n colegau.
- Trefnu ffyrdd o hyrwyddo cwmnïoedd sy'n perthyn i'r Undeb i gael defnyddio angenrheidiau'r llwyfan ac yn y blaen, a modd i'w dosbarthu hwy.
- Cyhoeddi llyfryn swyddogol a dwyieithog.
- Gosod sylfeini Cwmni Drama Cenedlaethol.
- Gwneud y ffordd yn glir i ennyn y diddordeb a esgor ryw ddydd ar y Chwaraedy Cenedlaethol Cymreig.

Yn olaf, er nid y lleiaf, amcan pennaf yr Undeb ydyw meithrin y ddrama yng Nghymru ymhob agwedd arni, ac ymhob dull posibl.[71]

A oes gennym yng Nghymru, gofynnodd D. R. Davies yn *Y Llenor*, unrhyw fudiad tebyg i Theatr yr Abbey, neu'r mudiad cyfoes yn Lloegr?[72] A dyna ef, flwyddyn wedyn, ar ôl sefydlu Undeb y Ddrama Gymreig, yn datgan bod y wawr wedi torri, a'r dymuniad i efelychu cyraeddiadau gwledydd eraill wedi'i ymgorffori mewn sefydliad 'byw ac addawol dros ben'.

Un o amcanion yr Undeb na soniodd D. R. Davies amdano oedd y cylchgrawn misol, *Y Llwyfan*, yr ymddangosodd ei rifyn cyntaf yn Rhagfyr 1927 ac a barodd am wyth rhifyn, tan Fawrth 1929, er nas cyhoeddwyd ond bob yn ail fis o'r trydydd rhifyn ymlaen. Amcan arall oedd y prosiect i sefydlu casgliad o destunau dramayddol Cymraeg neu Gymreig, y llwyddwyd i gael cydweithrediad y Llyfrgellydd Cenedlaethol mewn perthynas ag ef. O'r amcanion eraill, llwyddwyd hefyd i ryw raddau i drefnu rhaglen o hyfforddiant ac addysg. Sefydlwyd Ysgol Haf yng Ngholeg Harlech, gyda rhaglen o ddarlithoedd a pherfformiadau a threfnwyd trafodaethau gyda chynrychiolwyr Prifysgol Cymru a arweiniodd at sefydlu cyfres o ddosbarthiadau yn rhan o raglen yr adran efrydiau allanol. Methiant fu'r ymgyrch i gyhoeddi llawlyfr hyfforddi, oherwydd pan osodwyd cystadleuaeth ar gyfer ei ysgrifennu yn Eisteddfod Genedlaethol Lerpwl, ni chafwyd cystadleuwyr.

Rhaid mai fel amcan tymor hir iawn yr ystyriwyd sefydlu'r Chwaraedy Cenedlaethol, hyd yn oed gan y mwyaf gobeithiol o blith aelodau'r Undeb – er syndod yw sylwi bod y prosiect yn dal yn ddigon agos at galon y parchus lywydd i symbylu un ymdrech hael arall i'r perwyl hwnnw yn y dyfodol agos! Ar wahân i hynny yr oedd un prosiect arall yn weddill, prosiect y credai llawer ei fod yn gam pwysig ar hyd y llwybr a fyddai'n arwain at y Chwaraedy Cenedlaethol ei hun, sef trefnu gwyliau drama ar draws y wlad.

Symbylwyd y prosiect hwn gan y gobaith y byddai'n cynnig drws ymwared rhag y cystadlaethau y credid gan lawer eu bod wrth wreiddyn pob drwg yn y Mudiad Drama. Yn fuan iawn yn oes yr Undeb awgrymwyd y dylid ymgysylltu â'r British Drama League a chymryd cyfrifoldeb dros drefnu cangen Gymreig Gŵyl Genedlaethol yr Undeb Prydeinig. Trafodwyd yr awgrym hwnnw mewn cyfarfod yn yr Amwythig, ddydd Sadwrn, Mawrth 31, 1928 a phenderfynwyd bod y Pwyllgor Cynnyrch i drafod y mater a pharatoi adroddiad i'r Cyngor. Awgrymwyd hefyd y dylai'r Undeb gymryd drosodd waith y Gymdeithas Ddrama Bentrefol yng Nghymru.

Yn 1928 penderfynodd Cwmni Drama Trecynon gystadlu yn yr ŵyl Brydeinig gyda drama J. O. Francis, *The Poacher*, gan ddod yn ail yn y rownd derfynol yn Llundain ar Chwefror 4, 1929. Teimlodd un sylwebydd yn *Y Llwyfan* fod y cwmni dan anfantais ar yr achlysur hwn yn y New Theatre, o'i gymharu â'r cwmni o'r Alban a gyflwynodd ddrama J. M. Barrie, *The Old Lady Shows Her Medals*, oherwydd bod y gynulleidfa'n fwy parod i ymateb i ddeunydd yr oedd yn fwy cyfarwydd ag ef. Nid oedd 'Anglo-Welsh' yn fodlon mynd mor bell ag i awgrymu bod y gynulleidfa o Saeson yn oeraidd tuag at ddrama Francis, ond teimlai eu bod yn ymateb iddi fel rhywbeth anghyfarwydd, oherwydd, 'there was no Welsh drama complex pervading the theatre in the way in which the Scottish complex was present'.[73] Er bod ymddangosiad Cwmni Trecynon yn y Theatr Newydd wedi creu hanes, meddai 'Anglo-Welsh', 'the English press, generally, did not quite appreciate the significance of the occasion'. Ei gasgliad ef, o ganlyniad, oedd mai 'Welsh Drama Festival on similar lines to the British Festival' oedd ei angen.

Sylweddolwyd yn gynnar yn y trafodaethau fod unrhyw berthynas naill ai â'r Undeb Prydeinig, neu â'r Gymdeithas Ddrama Bentrefol yn mynd i fod yn broblematig iawn lle'r oedd y ddrama Gymraeg yn y cwestiwn. Awgrymwyd, felly, fod yn rhaid i'r Undeb ymgymryd â'r cyfrifoldeb o drefnu gŵyl ddrama Gymraeg. Dyna awgrym a roddwyd yn enwau D. R. Davies, J. Eddie Parry ac Ifan Kyrle Fletcher yn Ionawr 1928, o ganlyniad i arolwg ar y gystadleuaeth ddrama yng Nghymru. Credent fod angen sefydlu gŵyl ddrama a fyddai'n cael ei hystyried 'as a step towards NON-COMPETIVE FESTIVALS, and that all our effort should be directed to that end'.[74] Erbyn mis Medi 1928 yr oedd llawer o aelodau'r Undeb o'r farn y dylai unrhyw ŵyl y byddai'r Undeb yn ei threfnu yn ŵyl ddrama Gymraeg. Mewn cyfarfod y pryd hwnnw penderfynwyd na ddylid sefydlu perthynas ffurfiol gyda'r British Drama League, gan fod cwmnïau Cymreig a fynnai ddilyn Trecynon i'r *Festival* Seisnig yn gyfan gwbl rydd i wneud hynny beth bynnag. Ond fel gwelliant ar y cynnig hwnnw penderfynwyd hefyd i sefydlu gŵyl Gymraeg:

> The recommendation regarding the community festival had an addendum which makes clear the first clause. It was that the League should organise a festival of its own for Welsh Plays. The attitude to the British Festival was not, it must be noted, in any degree hostile or critical. Societies were left to enter for that festival as they chose, but it was felt that the Welsh Drama League could more appropriately concern itself with the fostering of plays in Welsh – which the British Festival is bound to exclude.[75]

Y mae yna awgrym hyd yn oed yn yr adroddiad swyddogol hwn, fod yna anghydfod go sylweddol ar y mater hwn. 'The Council approved this by a majority', dywed, 'but Mr D. Rees Williams is to challenge the decision at the annual meeting on the ground that it is contrary to the constitution.'

Cawn gipolwg ar yr hyn a guddiwyd dan adroddiadau'r *Llwyfan* yng ngholofn Euroswydd yn *Y Faner*, lle y mae'n cofnodi anniddigrwydd Richard Hughes, Abertawe, oherwydd nerth y 'dylanwadau Seisnig' a fynegwyd yn nhrafodaethau'r Undeb. Credai Richard Hughes fod dyletswydd ar y Cymry oherwydd hynny i dyrru iddo, 'fel y lladder y Seisnig ac y gwneler yr Undeb yn drwyadl Gymreig'.[76] Y mae'n dra phosibl fod y Cymry ymhlith aelodau'r Undeb wedi clywed yr apêl honno, gan fod yr ochr Gymraeg yn ddigon cryf i gario'r dydd yng nghyfarfod nesaf y Cyngor, ond yn ôl adroddiad *Y Darian*, (18 Hydref, 1928) bu'r drafodaeth yn un chwerw iawn.

Cyfeiria awdur yr adroddiad hwn at ddatganiad yr Athro W. J. Gruffydd ynglŷn ag argyfwng yr iaith Gymraeg fel cyd-destun i'r cofnod o drafodaethau y mae'n eu hystyried yn 'ynfyd ac yn ddarostyngol inni fel cenedl'. Ond er ei fod yn ymfalchïo yng nghryfder safiad y cadeirydd a'r Cymry eraill a gariodd y dydd yn y cyfarfod hwnnw, tuedda i anobeithio ynghylch dyfodol yr Undeb:

> Y mae'n dda gennym fod rhai yn Undeb y Ddrama Gymreig ac yn eu plith yr Athro W. J. Gruffydd yn sefyll yn wrol dros y Gymraeg, ac wedi llwyddo i sicrhau y bydd y ffestifal gyntaf o ddramâu a gynhelir ynglŷn â'r Undeb yn Gymraeg i gyd. Ond nid heb lawer o wrthwynebiad y cawsant eu ffordd. Amcan yr Undeb oedd hyrwyddo drama, ac nid iaith, meddai un. Byddai cael ffestifal o ddrama Gymreig, meddai un arall, yn

peryglu teyrngarwch cymdeithasau a siaradai Saesneg. Penderfynwyd gorchymyn i gyngor yr Undeb hwn i drefnu ffestifal Gymraeg am y tro cyntaf, ond ei fod yn ddealledig yr ystyrid yn ddiweddarach y mater o gael ffestifal yn Saesneg.

Wedi gweled hanes y drafodaeth, nid ydym yn synnu bod amryw a wnaethant gryn lawer dros y ddrama Gymraeg wedi cadw allan o'r Undeb hwn. Ni allent ddygymod â bod mewn Undeb y byddai 'ffestifal o ddramâu Cymraeg yn anghyson â'i cyfansoddiad'.[77]

Parheid i drafod yr ŵyl mewn cyfarfodydd o'r Undeb. Felly cyhoeddwyd yn *Y Darian*, 'Bu siarad ymhellach ar y priodoldeb o gael Drama Festival yng Nghymru, a theimlai pawb y byddai hynny yn symudiad i'r iawn gyfeiriad', ond ni ddigwyddodd dim.[78] Yn y cyfamser ymddengys fod sawl un o blith cefnogwyr y Ddrama Gymraeg yn y Gogledd yn barod i droi i gyfeiriad gwahanol. Erbyn Tachwedd 1929 cyhoeddwyd sefydlu Undeb Drama Gogledd Cymru, gan yr Athro R. Lloyd Jones, Llandudno. 'Anawsterau daearyddol' oedd y symbyliad i sefydlu'r Undeb newydd, esboniodd yr Athro, mewn cyfarfod o'r Undeb Drama Gymreig ar 30 Ionawr, 1930, yn hytrach nag unrhyw ddymuniad i wrthwynebu'r sefydliad cenedlaethol. Ond ymddengys fod y symudiad hwn yn arwydd o'r ffordd yr oedd sawl un o gefnogwyr yr Undeb Cymreig yn teimlo erbyn hynny. Ta waeth, mynd ar oriwaered oedd ei hanes o hynny ymlaen. Erbyn Chwefror 1931, yn ôl Caerwyn, yr oedd hi'n amlwg i bawb fod yr Undeb wedi marw, a hynny oherwydd, 'Yr elfen Seisnig oedd yn ei gyfansoddiad a ddug ei hoedl i ben'.[79]

Erbyn Medi 1930 roedd Euroswydd yn medru cyhoeddi galarnad yr Undeb yn ei golofn yn *Y Faner*, gan awgrymu y dylid gwneud o Undeb y Gogledd gymdeithas genedlaethol newydd:

Yn ôl pob ymddangosiad, y mae Undeb y Ddrama Gymreig wedi marw. Ni bu arno, ar unrhyw adeg, rhyw lawer o raen bywyd, am fod ynddo ddwy elfen na chynganeddai'n dda – yr elfen Gymreig a'r elfen Seisnig. Ni ddylid, fodd bynnag, gado pethau fel y maent. Cyfoded y Cymry da a berthynai i'r hen Undeb fudiad newydd a ffurfio Undeb Cymreig allan yn gyfan gwbl i wylio buddiannau'r ddrama Gymraeg. Nid oes gwestiwn yn y byd nad oes angen amdano od yw'r ddrama i ffynnu. Ar wahân i swyddogaeth ddiwylliannol ac artistig undeb fel hyn, y mae agwedd faterol hefyd, ac ni all celfyddyd ffynnu os bydd yr ochr hon yn dioddef . . . Credaf fod gan Wynfor a'i gymrodyr yng Ngogledd Cymru undeb eu hunain – undeb a ffurfiwyd i ddechrau o'r tu mewn i Undeb y Ddrama Gymreig. Beth am wneuthur hwnnw yn awr yn Undeb Cenedlaethol? Ni byddai'n anodd, mi goeliaf gael gan selogion y ddrama Gymraeg yn Ne Cymru gyfarfod â gwŷr y ddrama yng ngogledd Cymru i'r diben hwn.[80]

Felly byrhoedlog iawn fu'r Undeb Cenedlaethol, er y parhaodd y breuddwyd o drefnu gŵyl ddrama genedlaethol dan adain yr Undeb Prydeinig am rai blynyddoedd.[81] Diau iddo wneud rhyw gymaint yn yr amser hwnnw i hyrwyddo'r ddrama yng Nghymru. Bu'r rhaglen hyfforddi, er enghraifft, yn llwyddiant, i'r graddau fod Ysgol Haf Coleg Harlech wedi denu cryn sylw ac wedi sbarduno sawl ymgyrch arall. O ran hynny, parhaodd Undeb y Gogledd i gynnal rhaglen hyfforddi debyg iawn i eiddo'r Undeb Cenedlaethol. Dan gadeiryddiaeth Gwynfor am dair blynedd ac yna Tom Jones, Penybryn, cyfarfu'r Undeb bob rhyw chwe wythnos, yng Nghaernarfon. Cynhaliwyd Ysgol Ddrama yn Llanfairfechan yng Ngwanwyn 1930 dan ei nawdd, a threfnwyd cyfres o chwe darlith mewn mannau canolog ar hyd y Gogledd yn ystod y gaeaf canlynol. Yn Chwefror 1931 gwahoddwyd Ellen Terry i roi pedair darlith ar grefft y ddrama yng Nghaernarfon, na allai, meddai Caerwyn, 'lai nag effeithio er daioni ar hynt a chymeriad y ddrama yng Nghymru'.[82] Parheid hefyd i gefnogi'r Ysgol Haf yng Ngholeg Harlech, lle noddwyd chwe disgybl yn 1933.

Yn raddol, erbyn canol y tridegau, ymledodd yr arferiad o gynnal ysgolion haf a chyfresi o ddarlithoedd wedi'u trefnu gan yr adrannau efrydiau allanol, Cyngor Cenedlaethol y Gwasanaeth Cymdeithasol, a'r Mudiad Addysg i Weithwyr. Manteisiodd 'dros dri ugain o garwyr y ddrama' ar gwrs a gynhaliwyd yng Ngholeg Caerleon, nos Wener a dydd Sadwrn, 3 a 4 Ionawr, 1930. W. J. Gruffydd oedd y llywydd, a chafwyd darlithoedd gan Arthur Blanche, o orsaf radio Caerdydd, Geoffrey Whitworth, ysgrifennydd yr Undeb Drama Prydeinig, Peter King a Marian Radford, y ddau o ganolfan ddrama Citizen Bath House. Ar yr un pryd yr oedd y ddrama yn prysur ei sefydlu ei hun yn rhan o gwricwlwm y colegau hyfforddi a'r colegau trydyddol newydd ar hyd y wlad. Erbyn 1938 yr oedd yr ysgol a gynhaliwyd yng Nghanolfan Gynhadledd y Barri, rhwng dydd Gwener 4 Mawrth, a dydd Llun 7 Mawrth, 1938, mewn cydweithrediad â'r Urdd, yn nodweddiadol o raglen hyfforddiant a oedd yn rhan annatod o fywyd beunyddiol y cymunedau Cymraeg.

Gellid dadlau, felly, fod rhywfaint o lwyddiant parhaol i'r Undeb Drama Cymreig, gan y bu'n fwy cyfrifol nag unrhyw asiantaeth unigol arall am ddechrau ymgyrch hyfforddiant drama yng Nghymru. Ond o ran ei amcanion eraill, rhaid nodi mai methiant llwyr fu'r Undeb, ac yn arbennig felly, mewn perthynas â'r nod o hyrwyddo'r ymgyrch am Chwaraedy Cenedlaethol. A dweud y gwir, o ystyried y gwersi y gellid bod wedi eu dysgu mewn perthynas â chyfansoddiad ac amcanion y

Mudiad Drama, a'r grwpiau gwahanol a oedd yn rhan ohono, gellid bod wedi maddau i gefnogwyr y ddrama yng Nghymru am ddigalonni'n llwyr ynglŷn â'r holl brosiect. Ond rywsut neu'i gilydd, llwyddodd y breuddwyd i oroesi. Er i'r Undeb ddod i ben. arhosodd rhai'n ffyddiog fod gobaith i'r Chwaraedy o hyd.

Twickenham Cymreig?

D. R. Davies a sylwodd ar y berthynas rhwng uchelgais y Cymry am ganolfan i'r tîm rygbi cenedlaethol a'u dymuniad i gael Chwaraedy Cenedlaethol, gan obeithio y byddai'r gofyn amdano 'mor daer a thrwyadl â'r dymuniad am Twickenham Cymreig'.[83] Ond wrth gwrs o un safbwynt yr oedd y ddau uchelgais yn bur wahanol – hynny yw, yr oedd gan Gymru dîm a fyddai'n sicrhau bod rhywbeth i'w weld yn y stadiwm, ond nid oedd ganddi gorff o ddrama 'genedlaethol' y gellid ei ddangos yn y Chwaraedy. Prif symbyliad yr ymgyrch dros y Chwaraedy Cenedlaethol oedd y gred mai dim ond wrth godi theatr ganolog yng Nghymru y gellid sicrhau y byddai dramodwyr yn cael y cyfle i ddysgu'u crefft. Ar ôl cael y Chwaraedy – felly y rhedai'r ddadl – y deuai'r ddrama fawr i fod.

Yr oedd esiampl y Gwyddelod yn bwysig o'r dechrau. Yr oedd Lloyd George ei hun, wrth edrych yn ôl ar ôl ugain mlynedd ar ei gyfraniad cynnar ef at ddatblygiad y Mudiad Drama, yn awyddus i weld drama genedlaethol 'yn cael ei chreu yng Nghymru ar linellau y ddrama yn Iwerddon, lle yr oedd gwaith pur dda wedi ei wneud'.[84] Gwnaethpwyd ymdrechion hefyd, o bryd i'w gilydd, i dynnu'r ddwy wlad at ei gilydd. Felly, er enghraifft, manteisiwyd ar ymweliad y Gyngres Geltaidd â Dulyn yn 1925 i lwyfannu dwy ddrama Gymreig yn yr Abbey, sef *Cloudbreak*, A. O. Roberts a chyfieithiad o *Y Dieithryn*, D. T. Davies. Ond ar yr un pryd, ni fu sylwebyddion o Gymry'n araf i weld y gwahaniaethau rhwng Cymru ac Iwerddon mewn perthynas â'r ddrama. Nodwyd yn aml y ffaith mai mudiad yn perthyn i'r brifddinas oedd mudiad drama Iwerddon, tra oedd y mudiad drama yng Nghymru yn rhywbeth gwerinol, gwledig. Perthynai'r ddrama yng Nghymru i ddosbarthiadau a grwpiau cymdeithasol hollol wahanol i'r rheiny a arweiniai fudiadau drama yng ngwledydd eraill Ewrop, fel yn Lloegr, meddai J. J. Williams:

> Ar ein ffordd y mae anawsterau cwbl wahanol i bob gwlad arall, ag eithrio, efallai, Norwy. Ys gwir, mae'n amheus gennyf a amcanwyd mewn

unrhyw wlad arall wneuthur yr hyn a garem ni fedru ei wneud yng Nghymru.

Hyd yn hyn, un o ragorfreintiau'r dosbarthiadau uchaf a chanol ydyw'r ddrama. Rhan ydyw o'u diwylliant. Yr oedd, ac y mae, gagendor rhwng pentrefwyr Lloegr a'r ddrama Saesneg, a hyd yn ddiweddar, ni wnaed unrhyw ymgais i ddarpar ar gyfer y werin. Ac nid ydyw drama'r Saeson heddiw yn dibynnu yn y radd leiaf ar yr hyn a wneir yn y mân bentrefi. Mae'r un peth yn wir am Iwerddon. Drama Dulyn ydyw drama'r Gwyddyl, ac iddi ddwy ganrif o draddodiad a feithriniwyd gan ddosbarth a gronna i'w Prifddinas.[85]

Heblaw am hynny, prin y gellid disgrifio'r hyn a ddigwyddodd yng Nghymru fel mudiad deallusol o gwbl. Felly gofynnodd D. R. Davies, 'A oes gennym yng Nghymru, unrhyw fudiad arbennig cyffelyb i Fudiad Ibsen yn y ganrif ddiwethaf, neu'r Mudiad Seisnig presennol, neu'r Mudiad Gwyddelig yn y blynyddoedd diwethaf a ddygodd ffrwyth yn yr Abbey Theatre, Dulyn?'[86]

Fel y sylwodd W. C. Elvet Thomas, yr oedd cysylltiad hanfodol rhwng y ddau ffactor hyn, gan mai mewn prifddinas yn unig y gellir lleoli unrhyw fudiad sy'n sianelu egni ac yn creu gweledigaeth gyffredin:

It must be borne in mind that one factor more than any other has militated against the development of Welsh drama . . . Wales lacks a capital. There is but little centralisation of national life. There is no recognised centre where artists, authors, and actors may congregate, establish clubs and societies, for invaluable friendships and interchange shafts of wit. Here is no one centre of intellectual activity that has any appreciable general influence. Welsh autonomy or any measure of devolution which would establish such a centre would ultimately vastly stimulate intellectual and artistic vitality.[87]

Erbyn hyn, wrth gwrs, y mae gennym yr elfen honno o ddatganoli y credai Thomas y byddai'n symbylu datblygiad mudiad deallusol Cymreig, ond go brin y gellid dadlau bod hynny wedi lleihau'r rhaniadau daearyddol a chymdeithasol sy'n dal i amharu ar ddatblygiad mudiad drama y gellid ei ddisgrifio yn 'genedlaethol'.

Ymhlith y rhaniadau hynny a redai ar draws yr holl ddadleuon am y dimensiwn cenedlaethol i'r Mudiad Drama, y rhaniad pwysicaf o bell ffordd oedd hwnnw rhwng y Cymry Cymraeg a'r rhai a wadai fod unrhyw gysylltiad rhwng iaith a chelfyddyd. I'r rheiny, yr oedd dadlau dros ddrama Gymraeg yn ffurf ar genedlaetholdeb gwleidyddol a fygythiai einioes celfyddyd. Dyna gred Conrad Davies, a'i brofiad o'r dadleuon chwerw yng nghyfarfodydd yr Undeb, o bosibl, yn peri iddo briodoli ei feirniadaeth ar y blaid 'Genedlaethol' i'w Machonachie Barrie-aidd. Mynnai Machonachie Conrad Davies fod Theatr Genedlaethol yn lle 'where an art could be cultivated for its own sake', ar wahân i ystyriaethau masnachol ac ieithyddol:

> 'Tell the Nationalists', he said (I held my breath) 'that if they are going to try and bolster up language through Drama, they are going to end with no Drama and very little language . . .'.[88]

Wrth drafod celfyddyd theatraidd, cymerai dynion fel Davies yn ganiataol mai drwy gyfrwng gwaith proffesiynol yn unig y deuai gwell safonau i Gymru. Yr oedd hynny cystal â chollfarnu holl waith y grwpiau Cymreig, nid rhai'r pentrefi yn unig, ond y cwmnïau cystadleuol a hyd yn oed y rheiny a ystyriai eu hunain y tu hwnt i gystadlu. Eu gwir ddiddordeb hwy oedd gallu theatr i gyfareddu cynulleidfa yn hytrach na'i diddanu. Edrychent, felly, tuag at ymarferwyr fel Craig, dramodwyr fel Synge a Yeats, a chynhyrchwyr fel Granville Barker am ysbrydoliaeth.

Rhennid y duedd hon gan sawl un o blith cefnogwyr mwyaf pybyr y ddrama a'r diwylliant Cymraeg ac yn fwy felly wrth i'r cyfnod fynd yn ei flaen. Yr oedd Saunders Lewis, wrth gwrs, yn enghraifft go amlwg o'r rheiny a gyfunai ymlyniad wrth yr iaith â chred ddiysgog ym mhroff-esiynoldeb y theatr Gymraeg y breuddwydiai amdani. Iddo ef yr oedd yr union genedlaetholdeb a ystyriai'r rhai di-Gymraeg yn ddinistriol i gelfyddyd, yn gyfrwng i'r theatr broffesiynol a gynigiai ddrws ymwared rhag amaturiaeth anniwygiadwy'r mudiad drama:

> Pe cawsid ymreolaeth i Gymru, gellid wedyn gael cwmni drama o wŷr wrth grefft, llunwyr ac actorion wrth eu galwedigaeth. Bellach dyna'r unig fath o gwmni y credaf i ei bod yn werth i neb ysgrifennu iddo nac ymboeni ag ef. Ni welaf obaith am gelfyddyd gain oddiwrth hyd yn oed y goreuon o *amateurs* Cymraeg. Ni ellir disgyblu neb yng Nghymru oddieithr crefftwyr yn dibynnu ar eu crefft am eu byw. I'r cwmnïau a welais i, rhyw sbri neu adloniant neu waith cenhadol oedd chwarae drama, nid crefft.[89]

I eraill nid y cwestiwn o broffesiynoldeb ynddo'i hun oedd yn hanfodol bwysig, ond y modd y dewisid ac y cyfarwyddid y cwmni. Yr oedd D. R. Davies, er enghraifft, o'r farn mai cwmni amatur fyddai unrhyw gwmni cenedlaethol a sefydlid yn 1928, oherwydd absenoldeb y strwythurau yr oedd theatr broffesiynol yn dibynnu arnynt. Ond er gwaethaf hynny, rhannai'r un weledigaeth â Saunders Lewis a Conrad Davies ynglŷn â'r ffordd y dylai cwmni cenedlaethol weithredu.

Nid oedd y Theatr Genedlaethol yr ysgrifennai Conrad Davies amdani yn rhywbeth a allai ddatblygu o seiliau'r Mudiad Ddrama, ond yn hytrach yn fath ar oleudy diwylliannol – 'a centre from which would issue a shower of irridescence which would illuminate a whole hemisphere'.[90] Yn ddiau, yr oedd gan D. R. Davies fwy o barch tuag at ymdrechion arweinwyr cwmnïau drama Cymru, ond ni chredai ef y dylid chwilio am ddeunydd cyfarwyddwr Cwmni Theatr Cymru yn eu plith:

A hyd yn oed os nad oes gennym un dyn a ddaw i fyny â'r safon a ddylem osod i'n goruchwyliwr delfrydol, gallwn, heb un ymddiheurad, fynegi yr hyn a ddisgwyliem oddiwrtho. Rhaid iddo fod yn un pybyr, selog a chanddo fwy o hamdden na'r cyffredin, ac nid rhaid iddo fod yn bregethwr poblogaidd, er yr adwaenaf fwy nag un pregethwr, yn ffodus, sydd wedi cyfoethogi cyllid dramaol ein gwlad yn y blynyddoedd diwethaf. Rhaid iddo fod yn grëwr yn yr ystyr ddramatig, a rhaid ei fod wedi nodweddu ag argraff yr artist, a'r neilltuolion hynny i'w hamlygu eu hunain ynddo ef ei hun ac yn ei waith gyda'r cwmni. Rhaid i'r cwmni adlewyrchu ei weledigaeth artistig ef ei hun, neu ni bydd dim arbennig ynddo fel cwmni drama . . . Medd Mr Gordon Craig, 'Now then, it is impossible for a work of art ever to be produced where more than one brain is permitted to direct, and if works of art are not to be seen in the theatre, this one reason is a suffcient one, though there are plenty more'. Credaf yn gydwybodol mai un ddylai fod wrth y llyw yn dewis y Cwmni cenedlaethol, ac yn penderfynu sut y mae'r cwmni ar ôl ei ffurfio, i fynd yn ei flaen yn yr agwedd artistig ohono. Yr ydwyf yr un mor sicr â hynny bod gennym orchwyl caled a dyrys i ddewis y gŵr cymwys hwnnw sydd â digon o allu, hamdden a gwelediad ganddo – fwy o waith o lawer na dewis cwmni da o blith ein chwaraewyr *amateur*.[91]

Hawdd olrhain datblygiad y weledigaeth hon o'r cyflwyniad theatr-aidd fel celfyddydwaith trwy wythdegau a nawdegau'r bedwaredd ganrif ar bymtheg, a thrwy waith dynion fel Antoine, Stanislafsci, Craig a Meyerhold. Yr oedd pawb yng Nghymru a ymddiddorai o ddifrif yn y theatr yn medru gweld effaith gweithiau'r rhain yn theatrau 'celfyddyd' Iwerddon a Lloegr. Erbyn 1930 yr oedd y weledigaeth hon yn rhan o etifeddiaeth theatraidd Ewrop gyfan a phwy a feiddiai edliw i'r rhai a ymdrechai i'w hefelychu yng Nghymru? Ac eto i gyd, go brin y gellid ystyried y cymunedau a ymwnâi â'r ddrama yng Nghymru yn rhan o'r diwylliant Ewropeaidd hwnnw.

Bu'r rhan fwyaf o'r trafodaethau ar y Chwaraedy, neu'r Theatr, neu'r Cwmni Cenedlaethol a barhaodd drwy'r dauddegau a'r tridegau yng Nghymru yn gymysgedd o elfennau anghydweddol. Ychydig o sylweb-yddion a oedd wedi meddwl o ddifrif am yr ymarferoldeb o gynnal rhaglen ddwyieithog, deithiol, adeilad canolog a rhaglen hyfforddi, heb sôn am y broblem o ddod o hyd i gyfarwyddwyr ac actorion (amatur neu broffesiynol) a allai gyrraedd y safon 'genedlaethol' fondigrybwyll! Cawn enghraifft mewn erthygl gan J. Iorwerth Williams a ymddangos-odd yn *Y Ddraig Goch*, ym Medi 1926. Dadleuwyd yno fod angen Chwaraedy Cenedlaethol ar Gymru yn anad dim oherwydd nad oedd gan ddramodwyr le addas i ddysgu eu crefft. Y breuddwyd, felly, oedd cael sefydliad fel y Grand yn Abertawe yn ystod yr Wythnos Ddrama, ar hyd y flwyddyn – ac eithrio yn nhymor yr haf, pan fyddai'r cwmni cyfan ar daith ar hyd y wlad:

> [N]id yw'n bosibl i unrhyw ddatblygiad mawr ddigwydd ym myd drama Gymraeg ar hyn o bryd oni chaffer chwareudy a chwmni cryf o actwyr, peintwyr a seiri llwyfan wrth eu crefft a holl baraffernalia theatr. Felly, amcan cyntaf y neb y mae ei ddiddordeb yn gryf yn y ddrama yw sefydlu chwareudy o'r fath mewn rhyw fan cyfleus. Byddai'n rhaid iddo fod mewn tref go fawr er mwyn i'r fenter gael chwarae teg mewn ystyr ariannol. Pe gallesid sefydlu theatr o'r fath, un a chwaraeai yn gyntaf oll ddramâu Cymraeg neu gyfieithiadau Cymraeg o ddramâu tramor byddai'n ddigwyddiad o'r pwysicaf yn hanes drama Cymru. Y mae cais fel Wythnos Ddrama Abertawe yn symud i'r iawn gyfeiriad. Oni ellid myned ymhellach a sefydlu theatr yn Abertawe neu Gaerdydd? Chwareuid yno drwy'r gaeaf, a'r haf byddai'n bosibl myned i drefydd eraill lle y mae diddordeb mewn drama Gymreig.[92]

Y gwir yw, na fu'r prosiect hwn erioed yn un y gellid bod wedi ei wireddu yng Nghymru'r ugeinfed ganrif, fwy nag yn yr unfed ganrif ar hugain. Y broblem yn y bôn oedd yr elfen o amwysedd a godai ei phen ym mhob disgrifiad o'r Theatr Genedlaethol arfaethedig o ganlyniad i'r gwrthodiad i wynebu rhai ffeithiau sylfaenol. Yn bennaf ymhlith y rheiny yr oedd y ffaith na allai'r cymunedau Cymraeg eu hiaith gynnal theatr o'r fath. Ni ellid erioed gynnal rhaglen *repertory* Gymraeg, hyd yn oed gyda chymorth byddin o gyfieithwyr, a phe bai'r rhaglen wedi ei chyflwyno erioed, pwy a allai fod yn ddigon diniwed i gredu y byddai'r Cymry gwerinol yn fodlon rhoi heibio'r dafarn a'r sinema i'w mynychu?

Fe allasai Theatr Genedlaethol ar fodel gwahanol fod wedi bod yn ymarferol. Cawn gipolwg arni yn rhai o gyfraniadau J. Tywi Jones, ac mewn erthygl dan y ffugenw 'Cymro o Gardi' a ysgrifennwyd gan rywun a sylweddolai ffolineb prosiect swyddogol y gwŷr mawr pan ddarllenai'r braslun ohono a roddwyd gan J. J. Williams fel 'Cipolwg ar Gymru Fydd' yn *Y Brython*.[93] Awgrymodd J. J. Williams mai adeiladu chwaraedai ar hyd y wlad 'ac i un ohonynt fod yn fath ar bencadlys – yn chwaraedy cenedlaethol' a fyddai'n denu'r Cymry o'r sinema. Gellid troi'r moduron newydd, hyd yn oed, yn arf yn y frwydr, oherwydd 'yn lle eu cludo i'r sinema, fe gludent ein pentrefwyr i chwareudai Cymreig, i wrando a gweled eu Drama genedlaethol ar ei gorau'. Mae ymateb y Cymro o Gardi yn enghraifft nodedig o synnwyr cyffredin. Y ffordd ymlaen yn ei farn ef oedd argyhoeddi'r werin bobl fod y sinema a'r radio yn lladd yr iaith Gymraeg a bod galw ar y Cymry yn gyffredinol i wrth-weithio'r dylanwadau estron hynny. A'r ffordd orau i wneud hynny, meddai, fyddai 'clymu calon frwdfrydig ein pobl ieuainc ym mhob pentref wrth y ddrama Gymraeg'. Er mwyn gwneud hynny, 'brysied i gerdded y llinell werinol' wrth fabwysiadu ychydig o bwyntiau syml ac ymarferol:

1. Ffurfio Cymdeithas Ddrama ym mhob sir.
2. Y Pwyllgor Drama Sir i geisio ffurfio cwmni drama ym mhob tref a phentref.
3. Y Pwyllgor Drama Sir i drefnu wythnos ddrama mewn canolfannau pwysig ym mhob sir.
4. Y Pwyllgor Sir i drefnu cystadleuaeth rhwng gwahanol siroedd.
5. Pob cwmni lleol i roddi holl elw un perfformiad i drysorfa'r ddrama ym mhob sir.
6. Pob Cymdeithas Sir i gyfrannu'n hael i drysorfa genedlaethol.
7. Y Gymdeithas Genedlaethol i roddi cynghorion a chymorth i ysgrifenwyr dramâu, ac i gydweithio â'r Brifysgol, er mwyn cyhoeddi digon o ddramâu cymwys, ac eto'n ddigon rhad. Gall y Gymdeithas Genedlaethol wneud fel y gwna cwmni French yn Llundain.[94]

Y cwestiwn sylfaenol, ym marn y sylwebydd hwn, oedd i ba ddiben yr oeddid am ddefnyddio'r ddrama, i godi nifer bach o gwmnïau mawr, neu ddigonedd o gwmnïau bychain ar hyd y wlad? A'r ateb a roddod ef ei hun oedd mai doeth fyddai canolbwyntio am yr ugain mlynedd nesaf ar y cwmnïau bach, fel modd i wrthweithio dylanwad y sinema ac ar yr un pryd creu cenedl a orfoleddai yng nghyfaredd creadigol y ddrama, yn hytrach na chenedl o edrychwyr.

Delfrydiaeth remp, efallai. Ac nid oes neb ohonom a all brofi y byddai pethau wedi bod yn wahanol erbyn dyfodol y teledu yng Nghymru pe gweithredid y cynllun. Ond y mae yna le i gredu y byddai pethau wedi bod yn well o un safbwynt, oherwydd byddai ymdrech wedi ei gwneud i adeiladu ar y seiliau a ddaliai'n gryf yn y cyfnod hwnnw, yn hytrach na chyflwyno rhyw gamel o gynllun lle byddai ceffyl wedi gwneud y tro'n iawn.

Y Camel Cenedlaethol – rhwng Llundain a Llangollen

Y mae'n ffaith ddigon trawiadol mai yn yr Arts Theatre Club, Newport St., Llundain ar Ionawr 26, 1933, y rhoddwyd perfformiad cyntaf Cwmni Chwaraedy Cenedlaethol Cymru. *A Comedy of Good and Evil*, gan Richard Hughes, oedd y ddrama ddewisedig, wedi ei chyfarwyddo gan Robert Atkins, gyda chast a oedd yn cynnwys J. Fisher White, Jack Twymer, Richard Littledale, Fewlass Llywellyn, Christine Silver, Llywelyn Rees, Hannah Jones a Jenny Nicholson – 'y rhan fwyaf ohonynt yn Gymry o waed' yn ôl *Y Brython*. Ni lwyddodd pob un o'r actorion i gofio'r geiriau, ond gan fod nifer o blith Cymry pwysicaf y ddinas yn bresennol ac yn gefnogol i'r fenter, gellir, y mae'n debyg, ei hystyried yn llwyddiant. Ymunodd D. Lloyd George â Syr Thomas a Lady Carey Evans, Mr. D. O. Evans, A.S. a'i briod, Capten E. W. Cemlyn-Jones ac eraill ar gyfer y perfformiad, er iddo gael ei gynnal ar yr amser anffasiynol o hanner awr wedi pump y prynhawn.

Caf fy nhemtio i awgrymu mai yn y dechrau hwnnw yr oedd hedyn methiant yr holl ymgyrch, oherwydd ei fod yn gynnyrch grwpiau cymdeithasol nad oeddynt yn rhannu unrhyw gysylltiad cymdeithasol nac ideolegol â'r rheiny a oedd yn ymwneud â'r theatr yng Nghymru o ddydd i ddydd. Datblygiad rhesymegol o ymgyrch yr Arglwydd Howard de Walden oedd y Chwaraedy 'Cenedlaethol' yn y bôn. Yn wir, fe'i cefnogwyd gan sawl un, fel D. Haydn Davies, a gododd o rengoedd amaturiaid y Mudiad Drama, ond dynion oeddynt a oedd wedi gadael y mudiad y tu ôl iddynt. Ers canol y dauddegau yr oedd de Walden wedi cynnig gwobrau arianol cyson i fywyd dramayddol Cymru, yn bennaf drwy gyfrwng yr eisteddfod. Felly, cynigiodd fod pwyllgor Eisteddfod Genedlaethol Caergybi yn 1927 yn ariannu perfformiad o gyfieithiad T. Gwynn Jones o *Ymhonwyr* Ibsen, dan gyfarwyddyd Theodore Komisarevski. Wedyn, yn Eisteddfod Genedlaethol Wrecsam, 1933, trefnodd berfformiad o addasiad T. Gwynn Jones o ddrama Hugo von Hoffmansthal, *Pobun*.

Nod y prosiectau hyn oedd agor drws ar ddrama'r byd i'r Cymry, a thrwy hynny eu haddysgu. Erbyn 1933 yr oedd de Walden wedi cael cryn brofiad yn y maes hwn. Yr oedd yn llwyr ymwybodol o'r anawsterau a oedd wedi llethu cynigion cynharach i greu theatr genedlaethol ond credai ei bod yn bosibl i'w hosgoi erbyn 1933, gan adeiladu ar yr hyn a wnaeth ar hyd y blynyddoedd i addysgu'r werin ac i symbylu yn eu plith uchelgais gelfyddydol. Dyfeisiwyd y Chwaraedy, felly, fel sefydliad a oedd yn medru parhau'r polisi o ymyrryd yng ngweithgareddau'r mudiad drama, yn hytrach na sefydliad a safai ar wahân iddo. Yr oedd Cwmni y Chwaraedy i fod yn broffesiynol, gyda chnewyllyn bach o actorion ac arbenigwyr wrth eu proffes. Byddent yn cyflwyno perfformiadau o safon uchel ar hyd y wlad ac felly yn 'rhoddi cyfle i bawb a gymer diddordeb i ddysgu oddiwrthynt ac i'w hefrydu'.[95] Byddent yn cynnig hyfforddiant, gan drefnu cyrsiau a darlithoedd gan arbenigwyr ar gais cwmnïau unigol, gyda'r amcan o ddarparu addysg ymhob agwedd ar gelfyddyd theatraidd ac o annog efrydiaeth o ddrama ymhlith actorion ac arweinwyr. Yn anad dim amcanwyd eu hymdrechion at godi uchelgais a chynorthwyo 'actorion a chwmnïau llafur cariad' a fynnai 'roddi cais ar gynyrchiadau fo'r tu hwnt i'w galluoedd cyffredin'.[96]

Corfforwyd y Chwaraedy fel cwmni cyfyngedig heb gyfalaf ar Ionawr 20, 1933, ryw wythnos cyn y perfformiad o *A Comedy of Good and Evil*. Y bwriad oedd cynnig aelodaeth flynyddol am gini ar y ddeall-twriaeth y byddai'r aelodau'n gyfrifol am ethol aelodau o'r cyngor a fyddai'n gyfrifol am redeg y cwmni o ddydd i ddydd. Ond yn y dechrau, wrth gwrs, bu raid cyfethol aelodau'r cyngor. Gwasanaethai de Walden ei hun fel cadeirydd, gyda Richard Hughes yn is-gadeirydd. Y Capten R. S. T. Fleming oedd yr ysgrifennydd cyntaf a'r aelodau eraill o'r cyngor oedd Mrs Clement Davies, gwraig y gwleidydd Rhydd-frydol, D. Haydn Davies, Maerdy, yr Anrhydeddus John Scott-Ellis, J. O. Francis, T. Gwynn Jones, J. Saunders Lewis, D. T. Morris, Thomas Taig, Mrs C. P. Williams a Howard Williams. Penodwyd Evelyn Bowen yn gyfarwyddwraig ac yn weinyddwraig y cwmni.

Erbyn Hydref 12, 1933 yr oedd y cyngor yn trafod telerau gyda Chyngor Dinesig Llangollen gogyfer â chymryd lês ar adeiladau a thir y Plas Newydd, a fu'n enwog fel cartref 'Merched Llangollen'. Ymhen rhyw wythnos wedyn cytunwyd ar delerau a chyhoeddwyd bwriad y cwmni i sefydlu cartref i'r ddrama genedlaethol yn y plas. Croesawyd y fenter gan lawer, er y mynegwyd amheuon gan rai o'r dechrau. Felly yr ysgrifennodd Euroswydd, er enghraifft:

Y mae Arglwydd Howard de Walden a'i amcanion yn dda, a haedda'r rheiny gael eu cydnabod, ond yn wir ac yn wir, y mae'n amheus gennyf a yw ef a'i gylch mewn cyffyrddiad digon agos â dramawyr Cymru ac actorion Cymru i allu cyflawni'r gwasanaeth gorau i fudiad y ddrama yng Nghymru. Nid oes gennyf i ddim ffydd mewn drama Gymreig-Saesneg, ac y mae arnaf ofn bod rhai pobl yn ein plith sy'n gweithio at ddrama fel hyn. Efallai fod drama Saesneg yn anhepgorol yn Iwerddon, ond y mae'r iaith Gymraeg yng Nghymru yn ddigon byw i'w gwneuthur yn offeryn y ddrama genedlaethol. Mi wn ddigon o fanylion am gynllun Arglwydd Howard de Walden, ond y mae gennyf fy ofnau.[97]

Rhaid bod Evelyn Bowen yn meddu ar alluoedd perswadiol go sylweddol, oherwydd ar ôl trafod yr achos gyda hi, datganodd Euroswydd flwyddyn yn ddiweddarach iddo gael ei argyhoeddi'n llwyr 'mai hyrwyddo'r ddrama Gymraeg yw swyddogaeth cwmni'r chwaraedy cenedlaethol, am mai'r gred sydd y tu ôl i'r mudiad yw mai'r Gymraeg yw unig iaith bosibl i wir ddrama Gymreig'.[98] Ond diddorol yw sylwi bod golygydd *Y Darian* ar y pryd wedi dyfynnu amheuon Euroswydd ar ei dudalen gyntaf, gan fynegi'r un ddrwgdybiaeth:

> Cydolygwn â'r hyn a ddywed Euroswydd. Argoelai'r ddrama Gymraeg 20 mlynedd yn ôl fod yn fwy o allu na dim arall i hyrwyddo'r Gymraeg a diwylliant Cymreig. Heddiw drama Seisnig a wthir bron i bob man a llethir y diddordeb byw yn y ddrama Gymraeg a welid ym mhentrefi'r wlad.[99]

Rhaid bod Evelyn Bowen – Evelyn Williams ar ôl priodi – yn ymwybodol, felly, pan symudodd hi'r cwmni i'r Plas Newydd, fod ganddynt rywbeth i'w brofi ym myd y ddrama Gymraeg.

Rywdro ar ôl i Gynan roi trwydded berfformio i *Cwm Glo*, bu cryn siarad am y ffaith fod y Chwaraedy Cenedlaethol yn bwriadu cyflwyno'r ddrama honno ar y llwyfan cenedlaethol – er i feirniaid Eisteddfod Genedlaethol Aberafan wrthod ei gwobrwyo. Rhaid bod sylwedd yn y si, ond fe'u siomwyd erbyn mis Medi, ar ôl i'r weinyddwraig ddatgan na fyddai'r cwmni yn llwyfannu drama Kitchener Davies. Pe baent wedi gwneud hynny, fe all y byddai hanes y Chwaraedy yn wahanol, oherwydd dyna brosiect a fyddai wedi mynd yn bell iawn i dawelu ofnau ac i brofi bod y cwmni'n barod i ymroi o ddifrif i'r trafodaethau a oedd yn bwysig i'r Gymru oedd ohoni yn 1934.

Yn lle *Cwm Glo*, cynigiwyd rhaglen gymysg o ddramâu gwreiddiol Cymraeg a chyfieithiadau gogyfer â thaith gyntaf y cwmni a agorwyd gyda pherfformiadau yn Llangollen, ym mis Ebrill 1934, o *Y Gainc Olaf* gan T. Gwynn Jones, gyda'r gerddoriaeth wedi ei threfnu gan W. S. Gwynn Williams. Y dramâu eraill oedd: *Treftadaeth*, cyfieithiad Mrs Eluned Bebb o *The Soldier and the Gentlewoman*, gan Hilda Vaughan; *Pwerau'r Nos*, gan Stephen Williams; a *Hanes Bethlehem*, drama-gân ddieiriau a gyflwynai stori'r geni. Dechreuodd y daith yn niwrnodau cyntaf Hydref, yn Llanfair Caereinion, ac yn ystod y ddau fis nesaf ymwelwyd â Merthyr, Aberdâr, Tonypandy, Castell-Nedd, Ystradgynlais, Cwmllynfell, Fforest-fach, Llanelli, Caerfyrddin, Castellnewydd Emlyn, Llandysul, Llanbedr Pont Steffan, Aberystwyth, Tal-y-bont, Machynlleth, Penrhyndeudraeth a Phorthmadog, Bangor, a'r Rhos, gan ddychwelyd i Langollen erbyn diwedd Tachwedd.

Daeth y daith i ben ar lannau Merswy, ym mis Rhagfyr 1934, ond erbyn hynny ychwanegwyd at y rhaglen ddrama o'r enw *Y Bwci*, cyfieithiad o ddrama Saesneg gan aelod o'r cwmni, Ronald Elway Mitchell, a fu'n astudio drama ym Mhrifysgol Iâl yn yr Unol Daleithiau. Erbyn dechrau'r daith ymunodd sawl aelod proffesiynol arall â'r Cwmni, sef Meriel Williams, o'r Academi Frenhinol, a Robert Williams, a ddysgodd ei grefft yn aelod o'r cwmni amatur enwog, Cwmni'r Ddraig Goch, Caernarfon. Yr aelodau eraill oedd Ivor Green a Ted Hughes – y ddau ohonynt wedi cymryd rhan yng nghynhyrchiad Dr Hock o *Pobun*; Lorraine Thomas, a ddaeth yn syth o Goleg y Barri, Menna Ellis Jones, Elizabeth Vaughan, Howell Evans, Emlyn Davies, R. Owen Pugh a Pat Jones. Ychwanegwyd hefyd nifer o actorion amatur a gafodd gyfle i astudio gyda'r cwmni o bryd i'w gilydd.

Ar y cyfan cafodd y Cwmni dderbyniad go gynnes gan y beirniaid. Heblaw am erthygl Euroswydd, lle canmolwyd safonau actio a chynhyrchu bron yn ddiamodol, cafwyd erthygl olygyddol yn *Y Brython*, gan Owain Tudur, sy'n canmol pob agwedd ar waith y cwmni ac yn arbennig y llwyfannu, a ystyriai ef yn fodel i'w efelychu gan gwmnïau Cymreig eraill:

Fel y gellid disgwyl, yr oedd eu llwyfannu yn llawer gwell na'r hyn a geir gan ein cwmnïau lleol. Gwelais yn ddiweddar gwmni lleol – un o'r rhai mwyaf poblogaidd yng Nghymru – yn chwarae drama a fu ymhob ardal ymron drwy'r wlad, ac yr oedd cegin fawr y fferm wedi ei thrwsio yn y ddrama yn union yr un fath â pharlwr bychan un o dai newydd ein cynghorau.

Y mae llwyfannu'r Cwmni Cenedlaethol yn rhagorol dan bob math o amgylchiadau, ac mewn pob math ar neuadd; a'r cwbl yn hollol gyson â darlun y ddrama ei hun o fywyd mewn hen blas yng Nghymru. Cafwyd, hefyd, yr effeithiau cywir mewn goleuo, yr hyn y gallai ein cwmnïau lleol hefyd eu sicrhau pe dymunent.[100]

Bu peth cecru ar ôl yr ymweliad â Lerpwl. Protestiodd E. J. Jenkins yn awr yn erbyn yr hyn a ystyriai yn organmol gan feirniad swyddogol *Y Brython* ac ategwyd ei farn ef gan J. W. Edwards, a fynnai nad oedd ' y cwmni bondigrybwyll yn haeddu hanner y ganmoliaeth a roddwyd iddo'.[101]

Daeth rhai ymlaen i gynnal achos y cwmni, gan wawdio'r sylwadau beirniadol hyn, fel y gellid dweud bod yr ohebiaeth i gyd yng ngholofnau *Y Brython* yn ddigon ffafriol i'r cwmni. Serch hynny, y mae yna naws go amddiffynnol i lawer o'r trafodaethau a geir yn y wasg. Y mae'n amlwg y bu ymgyrch go egr ar ran cynrychiolwyr y cwmni i argyhoeddi'r newyddiadurwyr o leiaf ynglŷn â pholisi'r Chwaraedy tuag at y ddrama Gymraeg. Ceir awgrymiadau yng nghofnodion y cyfweliadau a roddodd gweinyddwraig y cwmni'n arbennig, ei bod hi'n gweithio'n galed iawn i ddweud y pethau cywir. Felly yn *Y Brython*, er enghraifft, wrth iddynt berfformio rhaglen y daith am y tro cyntaf:

> 'Cymraeg, nid Saesneg.'
>
> 'Y mae dyfodol y ddrama Gymreig ynghlwm wrth yr iaith Gymraeg. Y mae'n rhaid inni ddatblygu gyda'r ddrama Gymraeg, ac nid drama Gymreig yn Saesneg', meddai Miss Bowen gyda phwyslais arbennig.[102]

Yr argraff a geir yw fod Evelyn Bowen yn boenus ymwybodol fod ganddi ddadl i'w hymladd mewn perthynas â'r Gymraeg ac yn arbennig felly ar ôl y daith, oherwydd y diffyg cefnogaeth yn sawl un o'r trefi yr ymwelwyd â hwy. Y mae'n amlwg iddi lwyddo hefyd i argyhoeddi dynion fel colofnydd *Y Faner* ac *Y Brython*, gan i Owain Tudur ysgrifennu yn frwd iawn am y cwmni ac amdani hi:

> Y mae delw celfyddyd a phersonoliaeth Miss Evelyn Bowen ar y cwbl, a gallwn fod yn sicr ei bod eisoes wedi gwneuthur argraff annileadwy ar bawb yng Nghymru, a fu'n dyheu ers blynyddoedd am rywbeth tebyg, ac a gafodd gyfle i weled unrhyw un o'r dramâu hyn.[103]

Y tro nesaf y deuai'r Cwmni ar daith yng Nghymru, meddai Tudur, byddent yn cael 'afael gref ar y wlad, yn ddiau'. Ond wrth ddweud hynny, yr oedd yn hollol ymwybodol nad oeddynt wedi llwyddo i gael cefnogaeth gyson ar hyd y wlad:

> Teimlaf y dylid cyfeirio at un peth anhyfryd yn nhaith gyntaf y cwmni drwy'r wlad, sef yw hynny diffyg cefnogaeth y cwmnïau lleol a'u

harweinwyr, mewn aml ardal. Cawsant dderbyniad annheilwng mewn rhai mannau, a pherfformwyd i neuaddau hanner gwag fwy nag unwaith. Yr oedd oerfelgarwch rhai o arweinwyr y ddrama yn gyfrifol am hynny. Hwyrach eu bod yn ofni bod rhyw gwmni yn codi i beryglu eu llwydd hwy eu hunain.

Credai Owain Tudur fod angen i'r cwmnïau lleol sylweddoli faint oedd ganddynt i'w ennill wrth astudio ac efelychu Cwmni'r Chwaraedy. Ond ymddengys fod yna gryn deimlad ymhlith y cwmnïau hynny nad oedd ganddynt gymaint i'w ddysgu. Dyna a awgrymodd J. W. Edwards, beth bynnag, yn ddigon sarrug, sef, 'Nid oedd i gwmnïau amatur ddim i'w ddysgu gan "y Cwmni Cenedlaethol", a gellid ffurfio cwmni gwell o aelodau capel Cymreig ar lannau Mersi'.[104]

Y mae lle i amau nad oedd hynny'n llythrennol wir, ond y mae'n hynod ddiddorol fod rhai'n ei gredu! Y gwir yw y drwgdybid amcan a thuedd y Chwaraedy yn gyffredinol, er gwaethaf ymdrechion glew Evelyn Bowen. Ac yn wir, erbyn y diwedd fe allai'r ymdrechion hynny fod wedi bod yn wrthgynhyrchiol. Yn Rhagfyr 1935 fe aeth yn strach rhwng Meriel Williams, a oedd wedi olynu Evelyn Bowen fel rheolwr y cwmni, a'r sensor ei hun. Cyn hynny bu Cynan yn ymwneud rhyw gymaint â gwaith y Chwaraedy, oherwydd iddo gymryd rhan mewn perfformiad o'r *Gainc Olaf* ar fyr rybudd. Er gwaethaf hynny – neu efallai oherwydd hynny – fe'i cythruddwyd gan un o gyfweliadau Meriel Williams pan ddywedodd hi fod drama'n fwy poblogaidd yng Nghymru na barddoniaeth. Fe all fod hynny'n ymddangos yn ddigon diniwed, ond fe ffrwydrodd Cynan, gan gyhuddo'r Chwaraedy o fod yn gyfrwng i Seisnigeiddio'r genedl:

> Yn Saesneg yr anfonir gohebiaethau allan oddi yno, fel y cwynodd golygyddion ein papurau Cymraeg drachefn a thrachefn. Yn Saesneg y cynhelir pob ysgol ddrama ganddynt. Yn Saesneg y bu Mrs Williams ei hun yn hyfforddi cwmni Cymreig ar gyfair cystadleuaeth yr Eisteddfod. Ac yn bendifaddau nid yw tipyn o lyfrau Cymraeg ar eu silffoedd yn ddigon i ymlid ymaith awyrgylch cwbl Saesneg eu pencadlys. Ni chanfyddai ymwelydd wahaniaeth rhyngddo ac awyrgylch ac iaith sefydliad yn Bath, dyweder. Popeth yn dda, ond rhag cywilydd na alwer lle o'r fath yn 'genedlaethol' nac yn 'Gymreig'. Pa ryfedd na fyn y mwyafrif mawr o'n cwmnïau Cymraeg ddim ag ef? Pa ryfedd fod ein noddwyr haelionus yn ddiweddar wedi gorfod yn gyhoeddus ddatgan eu siom, na fyddai iddo gefnogaeth y genedl? Y mae'n rhy hwyr ar y dydd bellach i unrhyw sefydliad 'cenedlaethol' dalu'r ffordd yng Nghymru ac yntau'n diystyru'r Gymraeg.[105]

Er mwyn gwneud y drwg yn waeth, fel petai, dyma'r Chwaraedy tua'r un cyfnod yn mabwysiadu cynllun tebyg i gynlluniau cynt, sef i gomisiynu'r Awstriad, Dr Stephen Hock, i gynhyrchu *Llwyfan y Byd* yn Lerpwl, sef addasiad T. Gwynn Jones o destun gan Hoffmansthal. Galwyd cyfarfod cyhoeddus yn y ddinas a gwahoddwyd cynrychiol-wyr y grwpiau drama Cymraeg i gyd at ei gilydd, heb ddweud wrthynt ymlaen llaw fod grwpiau Saesneg hefyd wedi eu gwahodd a bod bwriad i ofyn am eu cydweithrediad hwy yn y prosiect. Yn y diwedd cyd-syniodd sawl un o gefnogwyr y Gymraeg â'r telerau a gyflwynwyd yn Lerpwl ym mis Ebrill, 1936, ond fe welir tystiolaeth yn yr adroddiadau yn y wasg i'r diflastod a grewyd gan agweddau dideimlad gweinydd-wyr y Chwaraedy. Er enghraifft, ysgrifennodd 'Un o Gaer' ar ôl y cyfarfod i ddweud bod y profiad wedi ei argyhoeddi ef fod cyhuddiad Cynan yn gyfiawn, er iddo feddwl o'r blaen ei fod yn rhy lawdrwm.

Ysgrifennai'r Cymro o Gaer fel un a oedd wedi cefnogi'r Chwaraedy ar hyd y daith, dan yr argraff ei fod yn fudiad digon Cymreig, hyd nes y cyfarfod a alwyd i drefnu'r perfformiad o *Llwyfan y Byd*. Rhydd gofnod bach go chwerw o'r achlysur:

> Rhoddwyd ar ddeall ar ddechrau'r cyfarfod Nos Fercher ddiwethaf mai yn Saesneg yr oedd y drafodaeth i fod 'am fod ein cyfeillion Saesneg yn bresennol'. Dechreuais holi, a deallais fod rhywun wedi gwahodd cynrychiolwyr y cymdeithasau drama Saesneg i'r cyfarfod, a bod trefnyddion y cyfarfod yn bwriadu i'r cyfeillion Seisnig actio i Chwaraedy Cenedlaethol **Cymru**!
>
> Chwarae teg i rai o Gymry Lerpwl, fe fynasant hwy siarad yn Gymraeg, a thraethodd rhai ohonynt eu barn yn blaen am y cynllun i wahodd y Saeson i gynorthwyo. Fe'u galwyd yn 'gul' gan rai, ond nid culni oedd galw ar y chwaraedy i weithredu'n deilwng o'i amcanion sylfaenol? . . .
>
> Chwarae teg i'r ferch honno a alwodd y chwaraedy yn un 'international'. Fe welodd hi drwy'r gochl genedlaethol. . . .
>
> Cyfarfod digrif oedd hwn, a dysgais i, beth bynnag, na fynn y Chwaraedy Cenedlaethol fod yn Gymreig. Nid trwy gael cwmni o Gymry a Saeson i chwarae drama Almaeneg dan gyfarwyddyd Awstriad (er bod y bonheddwr hwnnw'n well Cymro o ran ei deimladau na lliaws o Gymry Lerpwl – yn ôl pob golwg) y gyrrir y ddrama Gymraeg yn ei blaen.[106]

Nid yn hir ar ôl y perfformiadau o *Llwyfan y Byd*, ceisiodd golygydd *Y Brython* gloriannu cyflawniadau'r Chwaraedy, gan roi tipyn o gyngor da yn y gobaith o dynnu rhywbeth o farwydos y tân. Cytunodd fod llawer o waith ymarferol wedi ei wneud, o ran benthyg gwisgoedd a chelfi llwyfannu a threfnu darlithoedd ac ysgolion hyfforddi. Serch hynny, nid oedd yn llai sicr fod unrhyw les wedi dilyn ar lwyfannu prosiectau mawr fel *Llwyfan y Byd*, am eu bod nhw'n 'hollol estronol i'r llwyfan Cymreig'. Gwreiddyn y broblem, yn ei farn ef, oedd nad oedd y fenter wedi cyffwrdd â dychymyg y genedl, 'ac nid enillodd gefnogaeth caredigion y ddrama yng Nghymru megis y disgwylid':

> Gallai'r chwaraedy wneuthur llawer peth buddiolach er datblygiad y mudiad drama yng Nghymru gyda'i adnoddau ariannol presennol. Teimlir yn bur gyffredinol na chynrychiola Cyngor y Chwaraedy Cenedlaethol ddoniau gorau byd y ddrama Gymraeg, ac nad yw mewn cysylltiad digon agos â'r mân gwmnïau amatur Cymreig ledled y wlad ac â'r Eisteddfod genedlaethol. Dylid trefnu i'r cwmnïau a ymunodd eisoes â'r chwaraedy gael llais yn rheolaeth y mudiad. Yn bennaf peth, dylid symud yr amheuon y sydd yng nghylch Cymreictod y mudiad a'i hyrwyddwyr.[107]

Go brin y gallai Cyngor y Chwaraedy anghytuno â'r un gair o hynny, ond ar y llaw arall, byddai gweithredu'r argymhellion wedi gofyn iddynt droi eu hunain tu chwith allan. Seiliwyd holl strwythur, polisi a dull gweithredu'r Chwaraedy o'r dechrau ar ragfarn gref yn erbyn amaturiaeth y cwmnïau Cymraeg a'u hanallu i ddatblygu o safbwynt celfyddyd heb gymorth allanol.

Ychydig dros flwyddyn wedyn dychwelodd golygydd *Y Brython* gyda'i air olaf ar bwnc y Chwaraedy: 'Y mae'n wir na chafodd y mudiad y gefnogaeth a ddisgwylid; cystal inni gyfaddef hefyd fod y gair "Lle na bo gweledigaeth, methu a wna'r bobl" wedi ei wireddu yn ei hanes.'[108] Erbyn hynny edrychai ef tua'r Eisteddfod Genedlaethol am waredigaeth; ar ôl ffurfio Bwrdd Drama'r Cyngor, credai ef fod enwau'r aelodau cyntaf yn addawol. Â'r Chwaraedy wedi dod i ben, gobeithiai ef y gallai'r ddrama Gymraeg ddibynnu ar yr Eisteddfod bellach am 'ysbrydiaeth ac arweiniad'.

Fe ellid bod wedi disgwyl i'r Arglwydd de Walden ar ôl hynny roi'r gorau i'w ymgyrch i agor llygaid y Cymry. Wedi'r cyfan, erbyn 1936 gallai ymffrostio iddo ymdrechu'n ddi-baid dros achos y ddrama yng Nghymru am bedair blynedd ar hugain. Ond ymddengys na roddodd de Walden erioed mo'r ffidil yn y to. Gwelwn ef, rai misoedd cyn yr Ail Ryfel Byd – prin saith mlynedd cyn ei farwolaeth, yn 1946 – wrthi eto'n croesawu cyfeillion a chefnogwyr yr adfywiad drama yng Nghymru i'w dŷ ei hun yn Llundain. Amcan y cyfarfod hwnnw ym mis Ionawr 1939, oedd i drafod datblygiadau a chynlluniau dyfodol y theatr genedlaethol yng Nghymru ac yn arbennig brosiect newydd oedd ar y gweill 'i ffurfio cwmni sefydlog dan gyfarwyddyd Miss Meriel Williams'![109] Ac y mae rhestr enwau'r bobl a oedd yn bresennol yn dweud y cwbl am yr hyn a ddysgodd yn y cyfamser: J. O. Francis, Llywelyn Wyn Griffith, Eluned Lewis, a Mrs C. P. Williams, priod y cyn-aelod seneddol dros Wrecsam, a oedd yn ysgrifennu dan y ffugenw, Jane Moorland.

Beth am y ddrama?

Wrth edrych yn ôl ar yr hanner dwsin o ddramâu a ymddangosodd mor ddisymwth rhwng 1912 a 1914, fe'u hystyriwyd gan D. T. Davies yn gorff o waith a unid gan yr un agwedd feirniadol at y bywyd a ddisgrifir ynddynt. Yr oedd awduron y dramâu hyn, meddai Davies yn 1933, yn berwi drosodd oherwydd rhywbeth yr oeddynt am ei ddweud:

> These plays were very definitely a criticism of the life they presented. The authors were enthusiastic, and whatever their shortcomings, they could not be charged with insincerity. And they dealt with Welsh life not merely by the fact that the scene of their action was laid in Wales, but in that they seized upon some phase of Welsh life which was the outcome of a traditional way of being, doing and thinking, or else they dealt with the clash between tradition and more recent circumstances and forces.[110]

Ond yna, meddai Davies, daeth y Rhyfel, ac er i'r Mudiad Drama gael ei ailsefydlu ar ei ôl, ar sylfaen ehangach a chadarnach nag o'r blaen, fe ddisgwylid yn ofer am barhad yn natblygiad y ddrama fel cyfrwng:

> Then came the war. Now, although the later years have given us occasional examples of Welsh plays, by other authors, at least as good and possibly better than the earlier efforts, it cannot be claimed that there has been a steady, progressive development in the art of Welsh play-writing during the twenty years, and although play production has been very popular and even more universal since the war, the earlier disinterested rapture in writing, producing and listening to plays has scarcely been recaptured.[111]

Tueddai Davies ei hun i esbonio'r methiant hwn fel canlyniad i'r newidiadau trawiadol a oedd wedi ysgubo dros Gymru ar ôl 1918. Yng Nghymru, meddai Davies, ac yn arbennig yn y de, 'Far from being static, everything is in a state of flux':

> The industrial depression has affected everybody, giving us, among other things, the vast army of unemployed and the dole. The effect of this alone

on social values has been enormous. Many a church and chapel is struggling hard for existence, materially and spiritually. Recreation, for by far the greater part, takes any and every form that affords an escape from life – the thriller in fiction, the cinema, with its neurotic, frivolous standards in taste and culture, jazz-band competitions, dog-racing, fox trot and tango by the hour on the wireless, and so on. In town and valley, the streets are thronged with well-rouged, lip-sticked emulations of the Garbo, or the Dietrich, and these are escorted by youths who were ushered into the world to nigger-music and are now serio-comic reproductions of the much lamented Valentino or Tom Mix, Adolph Menjou and the rest of the tribe. Mind has lost its bearing, character its mooring, and both seem to be drifting – anywhere.

Teimlai Davies nad oedd modd i bobl o'i genhedlaeth ef addasu i'r amodau newydd hyn o fyw i'r graddau yr oedd eu hangen er mwyn ysgrifennu amdanynt, ond bod yna obaith y byddai cenedlaethau ifainc yn darganfod y ddrama fel cyfrwng rywbryd yn y dyfodol. Credai hefyd na fyddai cyflwr yr iaith yn llesteirio hynny, oherwydd er bod y Gymraeg yn diflannu o sawl ardal yn y de ar hyd y cyfnod hwnnw, yr oedd safon ac argaeledd addysg Gymraeg yn golygu y byddai'r iaith yn gryfach yn gyffredinol fel cyfrwng creadigol:

When Welsh drama receives its next marked impetus, as it surely will, as soon as society has attained a greater degreee of stability, it will be found then that our system of education will have contributed a fair share in preparing the way for it. At that time, there will certainly be a greater number of the younger generation able to write idiomatic Welsh than there were in 1913, and a greater number responsive to an aesthetic appeal made to them through the language, even though Welsh falls into further disuse for the purposes of speech among the less educated.[112]

Gwelai Idwal Jones y mater hwn o safbwynt gwahanol, gan ddadlau mai trai'r iaith oedd un o'r ffactorau pwysicaf a oedd yn cyfyngu ar ystod drama gyfoes a gallu'r dramodydd i ymgymryd â phob agwedd ar fywyd ei gyfnod. Yn wir, dadleuai ef ei bod yn rhyfedd cystal dehongli a gyflwynwyd yn y ddrama Gymraeg, o ystyried mor amhur a hanerog oedd y bywyd Cymreig yn ei hanfod:

Nid oes modd i'r dramâwr a fyn roddi mynegiant i'r bywyd Cymreig mewn diwyg Gymreig ledaenu ei adenydd, oherwydd fod rhannau helaeth o'r bywyd cymdeithasol allan o'i gyrraedd. Gweinyddir ein Deddf Gwlad yn Saesneg; mae'n sustem addysg yn Seisnig, a chynhelir y rhan bwysicaf o'n masnach yn Saesneg. Y mae rhan helaeth o'n moddion difyrrwch yn Seisnig ei ddiwyg, ac y mae tuedd i droi i'r iaith Saesneg yn ein ymdrafodaeth boliticaidd.[113]

Dan yr amgylchiadau hyn, meddai Idwal Jones, nid oedd y cyfyng-iadau ar ystod y dramodydd o Gymro'n rhyfedd o gwbl:

> Nid rhyfedd iddo'i gael ei hun mor aml mewn cegin fferm, a phan geisiodd chwilio am argyfwng meddyliol neu ysbrydol o fewn y gegin honno iddo orfod pwysleisio'r bywyd crefyddol – y Blaenor a'r Pregethwr a'r Capel. Ac onid oedd yn rhaid i'r iaith adlewyrchu amhuredd ein bywyd cenedlaethol? Felly cawn ein dramâu yn troi yn naturiol at dafodiaith, ac yn frith o eiriau Saesneg.

Y mae'n hawdd gweld apêl y ddadl hon fel *apologia* dros ymarfer awdur *Pobl yr Ymylon* ac *Yr Anfarwol Ifan Harris*, ond y mae'n llai hawdd i'w derbyn wrth ystyried datblygiadau yn y cyfnod ar ôl rhyfel 1939–45. Y mae llwyddiant Saunders Lewis yn y cyfnod rhwng 1949 a 1967, heb sôn am John Gwilym Jones a Gwenlyn Parry, mewn cyfnod pan oedd ystod a 'phurdeb' yr iaith Gymraeg yn llawer mwy ansicr nag yn y tridegau, yn awgrymu bod D. T. Davies yn nes at y gwirionedd nag Idwal Jones ar fater y berthynas rhwng cyflwr yr iaith a chyflwr y ddrama.

Mewn ffordd gellid dadlau nad oedd problem mewn perthynas â'r ddrama Gymraeg. Hynny yw, fe aeth y Mudiad Drama o nerth i nerth ar hyd y cyfnod rhwng y ddau ryfel, gyda llu o ddramâu newydd yn arllwys o'r gweisg i fodloni'r grwpiau lleol a chwenychai ddeunydd newydd. Yr oedd problemau'n ymddangos wrth geisio mesur y cynnyrch hwn naill ai yn erbyn y dramâu a gynhyrchwyd cyn y rhyfel cyntaf neu yng nghystadlaethau'r Eisteddfod Genedlaethol.[114] 'Trist o beth yw cofnodi', meddai Haydn Davies, 'rhestr y troeon y bu atal ar y wobr am ysgrifennu drama Gymraeg yn yr Eisteddfod genedlaethol.' Dyna fu'r hanes yn Lerpwl yn 1929, Llanelli yn 1930 ac Aberafan yn 1932, wrth i ryw bump ar hugain o ddramâu ymgiprys am y wobr.

Yn Nhreorci, yn 1928, rhoddwyd deg punt ar hugain o wobr i J. Eddie Parry am *Cyfrinach y Môr*, er bod y ddrama yn rhy fyr i ennill y wobr lawn o hanner can punt a gynigiwyd am ddrama wreiddiol 'i gymryd tua dwy awr a hanner i'w chwarae'. Ond am y gweddill a gyflwynwyd yn y gystadleuaeth, dywedodd R. G. Berry eu bod yn amddifad o unrhyw syniad o beth oedd drama:

Yr hyn sy'n siomedig yn yr ymgeiswyr hyn (ar wahân, bid siwr, i'r gorau) yw nad oes ganddynt ddim neilltuol i'w ddweud: er hynny nyddir dadl hir o ddim gan amryw ohonynt, nes bod y mân siaradach yn mynd yn feichus. Cyngor buddiol i'r sawl a eisteddai o flaen y camera oedd: 'Nawr peidiwch â gadael i oleuni'r deall gilio'n llwyr o'r wynepryd.' Cofier y cyngor wrth lunio drama.[115]

O'r dramâu a anfonwyd i'r gystadleuaeth yn Lerpwl y flwyddyn ganlynol, meddai Saunders Lewis, yn ddigon swta, nid oedd 'ddigon o feddwl, digon o waith ymennydd, i haeddu llawryf a gwobr Eisteddfod Genedlaethol Cymru'.[116] Barn ei gyd-feirniad, D. T. Davies, oedd na ddangosodd mwyafrif y rheiny a gystadleuodd unrhyw reswm digonol dros ysgrifennu o gwbl:

> Ag eithrio dwy neu dair, ni ellir teimlo bod drama'r gystadleuaeth hon yn ganlyniad uniongyrchol i unrhyw symbyliad tu allan i'r awdur mwy nag . . . ei fod am gystadlu mewn Eisteddfod. Teimlaf yn sicr i rai ohonynt ddyfalu yn hir cyn dod o hyd i destun ac am wn i nad oedd ambell un yn ansicr o'i destun wedi iddo orffen sgrifennu. . . .
>
> Onid oes ym mywyd Cymru heddiw ddeunydd sy'n symbyliad anochel i'r sawl a gâr sgrifennu drama? Onid oes, boed i'r ddrama Gymraeg farw. Neu, a dewis agwedd mwy cyffredinol ar fywyd, tu allan i gyffiniau'r wlad, onid oes gan y Cymro, fel Cymro, ddehongliad neilltuol i'w gynnig ar yr agwedd honno, a ddyry hunaniaeth i'w ddrama fel drama Gymraeg?

Mewn sgwrs radio a ddarlledwyd ym mis Mawrth 1937, cymerwyd y ddadl gam ymhellach gan J. J. Williams, a oedd erbyn hynny ymhlith y mwyaf profiadol o holl sylwebyddion y ddrama Gymraeg. Cytunodd yn llwyr â beirniadaeth Berry, nad oedd gan ddramodwyr cyfoes ddim i'w ddweud, ond credai fod y diffyg 'mater' hwn yn ganlyniad i'r ffaith eu bod nhw'n peidio â rhedeg llinyn mesur 'ar honiadau, ar ddelfrydau, ac ar foesau ei ddydd'. Ac eithrio ambell ddrama, fel *Cwm Glo*, neu *Dirgel Ffyrdd*, meddai J. J. Williams, bai cyffredin y dramodwyr o Gymry oedd nad oeddynt 'yn dilyn y cloc'. Ac i brofi hynny, dyma ef yn rhoi crynodeb o 'fater' mwyafrif y dramâu a anfonwyd at gystadlaethau'r Eisteddfod Genedlaethol ar hyd y cyfnod:

1. Dramâu yn dyrnu cyfreithiau gwarchod 'game', ac yn gwahodd ein dagrau o feddwl am adfyd herwheliwyr yr ugeinfed ganrif. Efallai fy mod yn cyfeiliorni, ond i'm tyb i, y mae'r pwnc hwn cyn farwed â hoel.
2. Dramâu yn ymosod yn ffyrnig ar Ymneilltuaeth a thraha'r Sêt Fawr.

Beth bynnag am y ganrif ddiwethaf y mae'n amlwg fod y pwnc hwn, hefyd, erbyn heddiw, cyn farwed â'r llall. I'r Gymru Newydd nid ydyw 'Gormes Ymneilltuaeth' a Thraha'r Sêt Fawr yn ddim ond termau moel a chwbl ddiystyr.

3.   Dramâu yn delio â'r un broblem â drama Galsworthy – *Strife* – ac yma eto y mae gormod o arogl llwydni. Go brin y dywedai neb mai'r un ydyw problemau Llafur heddiw â'r rhai a'i hwynebai pan ysgrifennai Galsworthy ei ddrama – ac oni symud y sawl a'u dewis yn faes i'w canlyn, yna y mae yr un mor hen ffasiwn â dramâwyr y ddau ddosbarth arall.[117]

Y mae'n hawdd deall y rhwystredigaeth a deimlid gan ddynion fel J. J. Williams, ar ôl ugain mlynedd o ymdrechu'n galed i ehangu gorwelion dilynwyr y Mudiad Drama yng Nghymru. Ar ôl ei holl waith ef, gyda myfyrwyr Bangor, cwmnïau drama Lerpwl a phrosiectau de Walden, rhaid ei fod yn ddiamynedd iawn wrth weld styfnigrwydd y rheiny a ddaliai i fod yn argyhoeddiedig nad oedd angen mwy ar lwyfannau Cymru na'r hyn a ystyriai ef yn sothach hen ffasiwn. Ond wrth feddwl am y peth o safbwynt arall, yr hyn sy'n rhyfedd yn y cyfnod hwnnw yw, nid bodolaeth barhaus corff o waith a grewyd ar batrwm cyfarwydd i fodloni gofynion y grwpiau bychain, ond yn hytrach fethiant y dramodwyr a ystyrid gan ddynion fel J. J. Williams yn ddramodwyr o ddifrif. Wrth edrych ar y gwaith eithriadol, hyd yn oed – yn cynnwys *Dirgel Ffyrdd* a *Cwm Glo* – gwelwn mai methiannau oeddynt o'u mesur â llinyn mesur perthnasedd. Yn wir, o'u harchwilio'n ofalus, gwelwn mai rhithiol oedd perthnasedd dramâu 1912–14, hyd yn oed, gan nad 'honiadau, delfrydau a moesau' y cyfnod hwnnw a gyflwynid ynddynt. Ac y mae hyn yn dal yn wir am y ddrama a gynhyrchwyd ar hyd dauddegau a thridegau'r ganrif, gan ddynion a oedd yn hollol ddiffuant yn eu hymdrechion i blygu'r ddrama i ofynion yr oes. Y mae'n drawiadol sylwi ar y darlun o Gymru a gynigir yng ngherdd Kitchener Davies, *Sŵn y Gwynt sy'n Chwythu*, sy'n cyfateb yn fanwl i'r disgrifiad o fywyd cyfoes a roddwyd gan D. T. Davies ugain mlynedd cyn hynny. Ond ni lwyddodd Kitchener i ymgorffori'r weledigaeth dreiddgar honno yn *Cwm Glo*, fwy na D. T. Davies yn y dramâu a ysgrifennodd ef ei hun ar ôl 1918.

Dramâu Hen a Newydd

Y ddrama gyntaf a gyhoeddodd D. T. Davies ar ôl y Rhyfel oedd *Castell Martin*. Nid yw'n rhyfedd fod y gomedi honno'n dra llwyddiannus ymhlith cwmnïau perfformio dros y degawd nesaf, gan ei bod yn glynu'n agos at batrwm a oedd wedi hen ymsefydlu bymtheng mlynedd cyn hynny. Gwreiddyn y digwydd yw'r gystadleuaeth rhwng dau arwein-ydd côr ym mhentref Llanbryn, y naill yn ffermwr cefnog, y llall yn gynghorydd yr ardal. Er mwyn talu'r pwyth yn ôl ar ôl colli mewn cystadleuaeth ganu, penderfyna Nathaniel Morgan herio'r cynghorydd, Siencyn Bifan, mewn etholiad. Gan fod pleidleisiau Ymneilltuwyr y pentref wedi'u rhannu'n gyfartal rhwng y ddau, yn ôl aelodaeth y capeli, penderfyna Nathaniel gynnig un o'i fuchod – Castell Martin o ran brîd – yn wobr mewn raffl a gynhelir gan y Ficer. Y broblem yw fod y fuwch honno'n sâl. Os â'r wybodaeth honno ar led – gwaeth byth, os bydd hi farw cyn y raffl – yna try'r peth yn erbyn Nathaniel. Felly rhaid ei gwella, neu o leiaf ei chadw hi ar dir y byw cyn hired ag sy'n bosibl!

O amgylch Nathaniel ceir grŵp o gymeriadau nodweddiadol o'r ddrama Gymraeg – Isaac Lewis, barbwr y pentref, sy'n cefnogi Nathaniel yn y gobaith y bydd ef yn hyrwyddo ei gais i briodi Marged Ann, ei forwyn, Rhys Pritchard y Crydd, Samson Edwards y Gof, ac ati. Y mae gan Nathaniel ferch hefyd, sy'n astudio yn Aberystwyth ac y mae hi'n caru gyda mab Siencyn, sef swyddog meddygol y pentref. Daw uchaf-bwynt y digwydd o ganlyniad i ymdrechion y cariad hwnnw, Tudor Bifan, i wella'r fuwch heb i Nathaniel wybod drwy roi iddi foddion a fydd yn sicrhau y bydd yn gorffwys rhag ei ofal a'i foddion ef. Cred Nathaniel fod y fuwch wedi marw a bod Tudor wedi ei lladd ac y mae ar fin ceisio defnyddio tystiolaeth o ymyrraeth Tudor yn gyhoeddus fel rhan o'r ymgyrch etholiadol pan dry Siencyn ato, gan gyhoeddi ei fod yn tynnu'n ôl o'r ornest gan adael y maes yn agored iddo ef.

Cymhelliad Siencyn yw'r diflastod y mae'r holl gystadlu corawl yn ei achosi yn y pentref, y mae ef wedi ceisio ei osgoi drwy beidio â chystadlu yn erbyn Nathaniel. Er mwyn profi iddo ef ei fod am dynnu'n ôl yn gyfan gwbl o'r ymgecru, mae'n estyn i Nathaniel wahoddiad y mae ef wedi ei dderbyn i ymddangos mewn cystadleuaeth fawr gyda chôr o ddau gant. Nathaniel, meddai, yw'r arweinydd gorau. Dan yr amgylch-iadau hyn, wedi ei lethu gan haelioni Siencyn, tynn Nathaniel yn ôl o'r frwydr etholiadol, gan adael y maes yn agored i Siencyn a derbyn cariad y pâr ifanc. Ar yr un pryd daw Isaac a Marged Ann at ei gilydd, ar ôl iddi hi roi gwers effeithiol iddo ef ar gybydd-dod. Ac i gau'r mwdwl yn daclus, enilla Siencyn Bifan y raffl a'r fuwch, sydd erbyn hyn wedi gwella'n llwyr!

Cwyd y ddrama yn *Castell Martin* o ddigwyddiadau allanol, nad oes a wnelont ddim oll â theimladau'r cymeriadau canolog. Y mae popeth sy'n digwydd yn codi o ganlyniad i ddicter Nathaniel a'r cynghorion a rydd Isaac iddo ef, ond allwedd y cwbl yw teimladau Siencyn a'r broses feddyliol yr â ef drwyddi oddi ar y llwyfan, fel petai. Nid oes gan D. T. Davies ddim i'w ddweud am y broses honno, fwy na'r berthynas rhwng y ddau gymeriad ifanc, addysgiedig. Cwyd ei gomedi ef oddi wrth anwybodusrwydd a chulni'r cymeriadau nad ydynt wedi cael addysg. Y mae'r ddrama, felly, yn darlunio'r un gwrthdrawiad rhwng byd ei gynulleidfa a hen fyd diflanedig y cymeriadau gwledig y mae eu hanwybodusrwydd a'u lletchwithdod yn symbylu'r gomedi i gyd.

Os oedd *Castell Martin* yn dangos meistrolaeth ar dechnegau'r ddrama draddodiadol Gymraeg, dengys drama nesaf D. T. Davies ei fod yn ddiymadferth fel dramodydd y tu allan i ffiniau'r traddodiad hwnnw. Yr oedd *Pelenni Pitar* yn ganlyniad i ymdrech i gyfansoddi comedi a oedd yn codi o amgylchiadau gwahanol y byd masnachol. Cnewyllyn y cynllun yw'r darganfyddiad fod y pelenni y mae Hugh Rees wedi bod yn eu marchnata'n llwyddiannus ar ran eu gwneuthurwr, Pitar Prosser, fel triniaeth at boen yn y cefn, yn wych fel modd i besgi anifeiliaid. Dargenfydd hynny pan ddaw Andreas Michigan Jones o Ganada i brynu'r rysáit. Ceisia Hugh gadw'r cynnig iddo'i hun ac ar yr un pryd atal Pitar rhag cyfaddef i'r byd ei fod ef yn dioddef ei hun o boenau aruthrol yn ei gefn. Ar yr un pryd ymddengys dyn ifanc sy'n honni ei fod yn newyddiadurwr ond sydd yn ŵyr i'r dyn hysbys y dygodd Pitar y rysáit wreiddiol oddi arno.

Ar ben hyn i gyd, ymddengys fod Nel, wyres Pitar a James Foulkes, y newyddiadurwr honedig, yn adnabod ei gilydd ers iddynt gwrdd ar y Riviera, hithau'n esgus ei bod hi'n Ffrances ac ef yn Sais cefnog. Cyfaddefa'r ddau'r gwir i'w gilydd a phenderfynu dysgu gwers i Hugh am ei gybydd-dod, drwy fanteisio ar y ffaith fod ei gydwybod ddrwg yn ei gyflyru i gredu mai hen Shakki'r dyn hysbys yw James. Gwisga ef ddillad Mephistopheles, sy'n digwydd bod ar gael am fod cwmni'r pentref ar fin perfformio *Ffawst*, a chodi ofn dychrynllyd ar y ddau hen ŵr. O ganlyniad i'r profiad hwnnw sylweddola Hugh ei fod wedi bod yn dilyn llwybr drwg a phenderfyna newid ei ffordd o fyw. Try ef o'r llwyfan, felly, yn ddyn newydd, gan arwain Pitar gydag ef a chan adael y bobl ifainc ym mreichiau ei gilydd.

Byddai'n anodd credu bod *Pelenni Pitar* wedi ei hysgrifennu gan awdur *Ephraim Harris*, gan ei bod yn gyfan gwbl amddifad o'r cyd-lyniad ffurfiol y mae'r ddrama honno'n enghraifft nodedig ohono. Ond yn *Ephraim Harris* yr oedd D. T. Davies yn trin sefyllfa a oedd yn darlunio gwrthdrawiad mytholegol, nad oedd a wnelo strwythurau cymdeithasol y byd cyfoes ag ef. Yn *Pelenni Pitar* chwiliai am wrth-drawiad cynhaliol yn y byd oedd ohoni, gan fethu'n gyfan gwbl â'i ddarganfod. Cyflwynodd yr alltud o America, ond yn ofer, oherwydd ni chynigiodd Andreas Michigan Jones ffordd i ddatblygu'r digwyddiad. Heb gymorth cymeriadau'r traddodiad, bu'n rhaid troi at gynrychiol-wyr y byd cyfoes, sef y bobl ifainc, i ddatblygu cynllun, ond er mwyn gwneud hynny bu'n rhaid iddo ddyfeisio sefyllfa a oedd yn broblem ynddi ei hun. Y canlyniad yw mai ffârs o ddrama yw *Pelenni Pitar*, nad yw'n medru gweithio fel ffars hyd yn oed, oni bai bod y gynulleidfa'n barod i dderbyn ac wedyn anghofio'r ffaith fod ymddygiad y prif gymeriadau ymron yn gyfan gwbl heb ei esbonio.

O'i gymharu â D. T. Davies, bu J. O. Francis yn llawer mwy llwyddian-nus ar ôl 1918, ond dim ond gyda chomedi sentimental wedi ei chanoli ar gymeriad Dici Bach Dwl. Y cymeriad hwnnw sy'n ganolog i *The Dark Little People* (1922) ac i *Birds of a Feather* (1927: perfformiad cyntaf, Ysgol Economeg Llundain, 2 Mawrth, 1923), sy'n datblygu'r un dyneiddiwch sentimental ag a geir yn *The Poacher* (1914). Pan geisiodd Francis ddychwelyd at y math ar wrthdrawiad gwleidyddol a oedd yn sail i'r ddrama fwyaf lwyddiannus a ysgrifennodd yn y cyfnod cyn y rhyfel, sylwodd rhai o'r sylwebyddion cyfoes ei fod yn wynebu'r un anawsterau â D. T. Davies. Fel *Change*, yr oedd *Cross Currents* (1923), meddai Francis, yn 'attempt to render, with the greater concentration and clarity which drama adds to the data of experience, a conflict of forces in our Welsh life'.[118] Y gwrthdaro y mae'r ddrama hon yn seiliedig arno yw hwnnw rhwng sosialaeth a chenedlaetholdeb a welai Francis o'i gwmpas yn y byd ar ôl y rhyfel. Y mae Gareth Parry, mab i ŵr a oedd yn enwog fel gwleidydd a oedd yn arddel yr hen fath ar genedlaetholdeb llac a hawliai deyrngarwch y Cymry cyn 1914, yn wynebu'r penderfyniad y mae pawb o'i gwmpas yn disgwyl y bydd yn ei arwain i etifeddu swyddogaeth wleidyddol ei dad. Ymddengys mai'r unig amheuaeth yw pa un o'r ddwy blaid wrthwynebus sy'n ymgiprys yn y byd newydd fydd yn ei chymryd. Naill ai sosialaeth ei gyfaill, Gomer Davies, sy'n mynnu, 'It's the Labour International or everlasting defeat'[119] neu gened-laetholdeb y Parchedig Trefnant Jones, cyfaill ei dad, sydd am gael gwleid-yddion 'pledged only to this nation, bound by no other allegiance'.[120]

Gorffenna Francis y ddrama hon gyda gwrthgleimacs llwyr, wrth i'w arwr benderfynu derbyn swydd mewn prifysgol er mwyn osgoi dewis rhwng dwy ideoleg y mae'n credu eu bod yn annigonol. Nid oes gan Gareth unrhyw syniad am yr hyn y dylai dyfodol gwleidyddol Cymru fod, ond gwrthoda'r dewis a gynigir iddo. Meddai, 'We must find the third idea – and move on'. A dyna sail ei ddewis o'r brifysgol, oherwydd y mae'n cynnig cyfle iddo osgoi 'gwleidyddiaeth ymarferol' ac ymroi i'r dasg o feddwl!

Yn ôl Hywel Davies, yn ei adolygiad ar y cyfieithiad Cymraeg o'r ddrama hon, nid oedd y gwrthdrawiad sylfaenol rhwng sosialaeth a chenedlaetholdeb yn sylfaenol i fywyd Cymru gyfoes. Fel sylwebydd ar gyflwr dryslyd Cymru ar ôl y Rhyfel, credai Davies fod Francis wedi colli'r pwynt:

> Ymdrin *Gwyntoedd Croesion* â gwrthdrawiad. Dylid addef ar y cychwyn, mai amhendant a rhithiol yw'r gwrthdrawiad. Beirniadaeth groes yw hyn, ond gellid dadlau fod y gwrthdrawiad o fewn ninnau hefyd yn amhendant a rhithiol, ac oni orliwir hi, rhaid i'r mynegiant ohoni fod yn gymedrol ac arbrofol; yn hytrach nag ar linellau llydain ac eglurhaol. O'r safbwynt a gymerwn ni'n awr, y mae gwir feirniadaeth ar werth y chwarae yn gorwedd, nid yn ei amhendantrwydd, ond yn y ffaith nad yw yn mynegi dim a deimlwn ni ei fod yn anghytûn yn y bon . . . pe gwneuthid Gareth Parry o ddeunydd gwytnach ni fuasai mor anwadal gyhyd.[121]

Yn ôl Davies, nid oedd y gwrthdrawiad a gyflwynodd Francis yn wrthdrawiad hanfodol, oherwydd yr oedd yn berffaith bosibl cyfuno Sosialaeth a Chenedlaetholdeb ac felly nid astudiaeth o wrthdrawiad oedd y ddrama ond astudiaeth o anwadalwch. Ar ben hynny, meddai, nid oedd athroniaeth y gŵr deallusol fel y'i cyflwynwyd yn *Cross Currents* ond yn geidwadaeth sentimental. Y gwir wrthdrawiad lle'r oedd Gareth Parry yn y cwestiwn oedd hwnnw rhwng ymroddiad deallusol ar y naill law a chynhesrwydd rhamantaidd byd diflanedig ei febyd ar y llall. Y ffactor sy'n ei gyflyru yn y diwedd i benderfynu mynd i'r brifysgol yw ei berthynas â'r hen was, Thomas, tipyn o herwheliwr yn ei ddydd, y mae Gomer Davies yn ei ystyried yn gynrychiolaeth o gaethweision y gorffennol, ond y mae Gareth yn trysori ei berthynas ag ef fel dolen gyswllt rhyngddo ef a'i dad. Ac y mae'n nodweddiadol, nid yn unig o Francis, ond o holl ddramodwyr Cymraeg y cyfnod fod y broses feddyliol sy'n arwain at ei benderfyniad wedi ei hystumio'n hytrach na chael ei gweithio allan yn uniongyrchol. Ar ddiwedd yr ail act, pan ymddengys fod y penderfyniad wedi ei wneud ar ochr Trefnant Jones, cwyd Thomas i godi tair bloedd dros Gareth, ac y mae sylwi'r hen ŵr yn symbylu rhyw newid aneglur ynddo. Edrych ar Thomas ac ar ddarlun ei dad ar y wal ac yn ôl at Thomas eto, 'his face clouding with perplexity and hesitation'.[122] Ar ddiwedd yr act nesaf, wrth ei glywed yn cyferbynnu dynion bas y mae syniadau'n ddigon iddynt gyda 'normal, human men' fel ef ei hun, dynion sy'n clywed 'the still small music of humanity', chwedl Wordsworth, y mae angen inni gofio'r ystum gweladwy hwnnw er mwyn deall ystyr ei eiriau. Ond nid drama yw hynny, ond melo-drama, lle defnyddir ystum yn lle gweithred er mwyn cyfleu rhywbeth nad oes modd ei ymgorffori mewn patrwm o weithgarwch y gellir ei dderbyn fel adlewyrchiad o'r byd go iawn.

Y mae'r cysyniad o felodrama yn cysylltu gwaith dramodwyr hŷn fel Davies a Francis â chynnyrch dynion newydd y cyfnod ar ôl y rhyfel. Un o'r rheiny oedd J. Eddie Parry, a'i sefydlodd ei hun yn feirniad a sylwebydd ar y ddrama yn fuan ar ôl iddo ennill prif gystadleuaeth Eisteddfod Genedlaethol Pont-y-pŵl yn 1924. Gofynnwyd ym Mhont-y-pŵl am ddrama 'nad oedd yn ymdrin â bywyd Cymreig' a dyna'n union a gafwyd yn nrama Parry, La Zone. 'Drama gref, a'r cymeriadau yn fyw ynddi' oedd La Zone, yn nhyb y beirniad, Beriah Gwynfe Evans, 'mor fyw a thrawiadol . . . fel o'r braidd na chredaf mai trosiad neu arall-eiriad o ryw ddrama Ffrengig' oedd.[123] Os drama wreiddiol oedd La Zone, meddai Beriah Evans, yna dylid llongyfarch yr awdur 'am gynhyrchu gwaith newydd a rhagorol ar gynllun hollol newydd i'r Cymro'.[124] A'r newydd-deb hwnnw, yn ddiau, a symbylodd ei werth-fawrogiad o ddrama sy'n ymddangos erbyn hyn ymhlith y pethau mwyaf gwirion a wobrwywyd mewn unrhyw gystadleuaeth eisteddfodol.

Byddai'n ddigon hawdd profi bod La Zone yn wirion i'r graddau iddi gael ei chyflwyno fel drama wedi ei gosod yn Ffrainc, ond pe bai'n bosibl i'w chymryd o ddifrif fel digwyddiad dynol o gwbl gellid maddau'r ffaith fod yr ymdrech i greu naws ac awyrgylch Ffrengig yn chwerthin-llyd o aneffeithiol. Y mae gwendid sylfaenol y ddrama'n codi o'r ffaith nad oedd modd i'w hawdur ddychmygu sefyllfa ddynol a oedd yn codi o symbyliadau mewnol y cymeriadau a'r berthynas rhyngddynt. Ymwna La Zone yn bennaf â menyw sy'n briod â gwyddonydd enwog sydd wedi darganfod planhigyn – La Zone! – yn tyfu ar lethrau mynydd gerllaw ei gartref sy'n gwella'r cancr. Y mae hynny ynddo'i hun yn wirion, am sawl rheswm. Rhaid i'r mynydd ymddangos mor echrydus o beryglus fel nad oes neb yn beiddio'i ddringo, er bod y cymeriadau yn y ddrama sy'n beiddio gwneud hynny'n llwyddo i'w goncro rhwng cinio hanner dydd ac amser te! Ac nid oes angen ond un ddeilen, neu wreiddyn o'r planhigyn i greu digon o foddion i wella sawl claf, er nad oes mwy na'r ystumiau mwyaf annigonol ar ran y dramod-ydd i'n hargyhoeddi y byddai hynny'n bosibl.

Y mae'n anodd credu y byddai unrhyw ddramodydd yn dymuno gwastraffu ei amser yn cydlynu cynllun drama mor wirion, heb sylwi ei fod yn gyfrwng i J. Eddie Parry ddal sawl penllinyn at ei gilydd na fyddai'n bosibl gwneud hynny mewn unrhyw ffordd arall. Y mae Lucie yn wraig i'r Athro Bourbon, sy'n dwlu arni hi, er ei bod yn amlwg nad yw hi'n ei garu ef. Y mae hi wedi caru gŵr arall ers blynyddoedd, sef Philip de Russe, meddyg arall ac mae ei mab, Paul yn fab iddo ef, ac nid i'w gŵr. Oherwydd bod Lucie yn dymuno dychwelyd i Baris i fod gyda de Russe, mae Bourbon yn ceisio mynd i'r mynydd ei hun i chwilio am y planhigyn a rhwng yr act gyntaf a'r ail y mae'n marw yno. Ychydig o wythnosau ar ôl hynny, daw de Russe, sydd wedi ennyn casineb Paul, mab Lucie, am wawdio honiadau Bourbon am briodoliaethau meddyginiaethol La Zone, i aros gyda Lucie dan enw arall. Nid yw'r berthynas rhwng Paul a'i fam yn dda, am ei fod yn ei beio hi am achosi marwolaeth Bourbon – ei dad! – ac y mae'n gwaethygu erbyn diwedd yr act pan wêl ef hi yn cusanu de Russe ar waelod yr ardd.

Erbyn dechrau Act III gŵyr de Russe ei fod yntau'n dioddef o'r cancr ac y mae Lucie'n benderfynol o gael La Zone rywsut neu'i gilydd er mwyn ei wella. Gwrthyd Paul â gwneud dim byd i'w chynorthwyo, nid yn bennaf am nad yw'n hoffi de Russe, ond oherwydd ei fod yn disgwyl clywed tinc o gyfarwyddyd yn llais ei dad cyn gweithredu. Er mwyn dwyn perswâd arno dywed Lucie wrtho nad Bourbon oedd ei dad ond de Russe.

Y mae'n amlwg fod Parry wedi gadael cryn dipyn i'w wneud yn yr act olaf, ond daw i ben erbyn y diwedd. Y mae Paul yn mynd i'r mynydd ac yn cael y planhigyn yn sgil rhyw brofiad go ryfedd a hynny o ganlyniad i alwad oddi wrth Bourbon. Gyda'r pŵer i wella de Russe dargenfydd y gallu i faddau iddo ef ac i'w fam. Yna, wedi ei lethu gan hapusrwydd, cwymp ar ei bengliniau o flaen croes fach ar y wal, cyn codi i wynebu'r dasg wyddonol o greu'r feddyginiaeth. Fe allai fod wedi bod yn anodd i'r dramodydd gyfleu'r cyflwr dyrchafedig hwn i'r gynulleidfa, ond yn ffodus y mae cariad Paul, Carette, yn bresennol i'w holi ar ein rhan, 'Paul! Paul! 'nghariad i, d'wedwch beth sy'n bod?'

Y mae'n debyg fod hapusrwydd Paul yn ganlyniad i'w argyhoeddiad y bydd Bourbon yn dal gydag ef o hyn ymlaen, i'w arwain yn ei ymgyrch feddygol, ond nid oes sicrwydd ynglŷn â hynny. Y mae'r ddrama'n dod i ben, nid gyda geiriau dyrchafedig y meddyg ond gyda golygfa fach gomig lle mae Louis, yr arweinydd dringo, yn cael ei dywys o'r llwyfan gan ei wraig gerfydd ei glust. Ymddengys mai'r peth a gyflyrodd J. Eddie Parry i'w hysgrifennu oedd y cysyniad o nerth y berthynas rhwng y ddau feddyg sy'n ymroddedig i'r dasg o wella cyflwr y byd – heblaw, wrth gwrs, i'r dymuniad i ymateb i her y gystadleuaeth. Ta waeth am hynny, yr hyn sy'n fwyaf trawiadol am y ddrama yw'r ffaith ei fod yn barod i ymgymryd â'r fath fynydd o annhebygrwydd er mwyn cyrraedd ei nod – ac wedyn i'w ysgubo o'r llwyfan, fel petai, er mwyn gadael i'r arwr gael ei eiliad o ogoniant – cyn gostwng y tyndra wrth daro nodyn bach doniol ar y diwedd.

Nid *La Zone* oedd unig fuddugoliaeth eisteddfodol J. Eddie Parry. Enillodd eto yn Nhreorci yn 1928, gyda *Cyfrinach y Môr*. Barn R. G. Berry am y ddrama honno oedd 'ei bod ar ei phen ei hun ymysg dramâu Cymru' a bod yr awdur yn haeddu y clod 'o lunio darn o brydferthwch'.[125] Barnai Saunders Lewis yn wahanol. Nid drama oedd, meddai, na melodrama chwaith, oherwydd 'Fe gychwyn fel drama, a gorffen yn felodrama'. Fe gredai ef fod Eddie Parry wedi colli cyfle i ysgrifennu drama go iawn trwy fethu â'i ddisgyblu ei hun i ddarganfod ei wir bwnc:

> Trueni yw hynny, canys y mae gan Mr Parry ddawn. Gall gynllunio golygfa, sefyllfa, cysylltiadau dynion â'i gilydd, mewn dull tra hyfedr a gwyd ynom obaith am act gref o angerdd byw. Felly yng *Nghyfrinach y Môr*. Yr oedd posibilrwydd trydedd a phedwaredd act ddihafal yn y stori. Pan ddeuai'r tri hyn ynghyd, y fam, a mab ei chariad a'i gŵr a laddodd ei chariad, a rhyngddynt rwygo'r gwir i'r golau, pa ddyfnderoedd yn enaid dyn na allasai Mr Parry eu treiddio! A dyna gamp briodol y dramaydd cywir. Ffoes Mr Parry rhagddi. Ni allodd, ni feiddiodd wynebu'r olygfa anorfod. Cynnyrch dychymyg hogyn, nid meddwl aeddfed gŵr, yw act olaf druenus *Cyfrinach y Môr*.[126]

Sail y feirniadaeth ysgubol hon oedd y ffordd yr oedd Parry wedi adeiladu'i ddrama. Ffurfia dwy act gyntaf y ddrama uned sy'n troi o gwmpas perthynas drionglog rhwng Nel, Harri ac Idwal a chystadleuaeth rhwng y ddau fachgen, sy'n pysgota gyda'i gilydd, am gariad y ferch. Yn yr act gyntaf fe wna Nel ei dewis o Harri'n glir, gan ddangos i Idwal nad oes gobaith ganddo. Erbyn i'r ail act ddechau, ddiwrnod neu ddau yn ddiweddarach, y mae Harri wedi boddi ac y mae Nel yn ceisio gwrthsefyll perswâd ei mam weddw fod yn rhaid iddi briodi Idwal oherwydd ei bod hi'n cario plentyn Harri. Methiant yw ymdrech Nel ac erbyn diwedd yr act y mae'r ddau wedi cytuno i briodi, hithau heb wybod bod Idwal wedi lladd Harri ac ef heb sylweddoli ei chyflwr.

Digwydd Act III bedair blynedd ar ddeg ar ôl Act II ac erbyn hynny gellid disgwyl rhyw fath ar *dénouement*. Hynny yw, hyd yn oed os oedd y pâr priod yn medru cyd-fyw'n fodlon ar hyd yr amser hwnnw, byddid yn disgwyl bod tyfiant y plentyn yn bygwth dinistrio cydbwysedd bregus y berthynas. Ond yr hyn a geir yn Act III ac Act IV yw newid ffocws y gweithgarwch, oddi ar Nel ac Idwal fel pâr priod sy'n celu cyfrinach ddifrifol y naill oddi wrth y llall, at Idwal fel unigolyn sy'n dioddef arteithiau cydwybod euog am yr hyn a wnaethai bedair blynedd ar ddeg ynghynt. Byddai hynny'n ddigon tebygol, wrth gwrs, pe bai hyn yn fater o fywyd go iawn. Fe allai ambell wraig sy'n cario'r gyfrinach mai tad ei mab yw gŵr nad yw hi'n briod ag ef fyw yn fwy cysurus na gŵr sy'n llofrudd. Ond nid ydym yn trin bywyd go iawn, ond drama, lle meddwn ar yr hawl i ddisgwyl cysondeb ffocws. Ac yn yr achos hwn y mae'r ddrama yn ildio i felodrama, fel y mae'r canol-bwynt yn symud oddi wrth y berthynas at gyflwr mewnol y gŵr, nad yw Parry yn medru ei gyfleu ond trwy gyfrwng ystumiau allanol a griddfannau. Cwblheir y broses hon gydag ymddangosiad cysgod o ddyn mewn golau coch aneglur a llais Harri, sy'n gwahodd Idwal i fynd gydag ef. Oddi wrtho ef fe glyw Idwal nad ef yw tad plentyn Nel ac efallai fod hynny yn ei gwneud hi'n haws iddo ddilyn Harri allan i'r môr. Ta waeth, yng ngolau tenau, llwyd y wawr, clywn sgrech o'r tu allan a rhywbeth yn cwympo i'r dŵr, wrth i'r bachgen ddeffro a sylweddoli ei fod ar ei ben ei hun. Disgyn y llen yn araf, gydag ef yn eistedd wrth y bwrdd, 'gan guddio ei wyneb yn ei ddwylo, ac yn galw ar ei dad'.[127]

Enillydd arall yn y Genedlaethol yn y blynyddoedd hyn oedd J. Ellis Williams, yr ystyriai Saunders Lewis ef yn ddramodydd ifanc addawol iawn. Ar ôl ennill yn Abertawe yn 1926, gyda'r *Ffon Dafl* aeth Ellis Williams ymlaen i sefydlu ei gwmni ei hun ac i ysgrifennu nifer fawr o ddramâu a oedd yn boblogaidd iawn ymhlith y grwpiau drama. Yr oedd y rheiny yn cynnwys dramâu traddodiadol fel *Y Pwyllgorddyn* (1931), a dychanol, fel *Yr Erodrom* (1937) a *Hupopotamus* (1927) a oedd yn gyfraniadau digon bywiog at weithgarwch y Mudiad Drama. I'r graddau y mae'n haeddu sylw fel dramodydd yn y cyd-destun presennol, y mae hynny ar sail gweithiau mwy meddylgar, fel *Y Ffon Dafl* a *Ceidwad y Porth*, a ystyrid gan sylwebyddion ar y pryd yn ddramâu a oedd yn cynnig dadansoddiadau o broblemau moesol y byd cyfoes.

Nid oedd y beirniaid – W. J. Gruffydd, Ernest Hughes ac R. G. Berry – yn gyfan gwbl fodlon â chanlyniad y gystadleuaeth yn Abertawe, am eu bod yn meddwl bod mwyafrif y cystadleuwyr yn dangos diffyg difrifol o ran dau fath ar wybodaeth, sef yr wybodaeth a ddaw o weld ac astudio dramâu da, 'a'r wybodaeth a ddaw o sylwi ar fywyd yn agored ac yn glir, heb ragfarn ac heb ofn'.[128] Ond yr oeddynt yn ddigon bodlon i wobrwyo *Y Ffon Dafl*, er ei thebygrwydd i ddrama Pinero, *His House in Order*, fel drama 'broblem', ac felly yn newyddbeth ar y llwyfan Cymraeg.

Cafodd *Y Ffon Dafl* gryn argraff ar ei chynulleidfa yn ystod ei pherfformiadau ar hyd y wlad. Dywedwyd am berfformiad a roddwyd ym Mhenmachno, er enghraifft, ' Yr oedd chwe chant o bobl yn dal eu hanadl, a chlywid ochenaid o ryddhad ar ddiwedd un olygfa neilltuol'.[129] Ond erbyn hyn y mae'n anodd dychmygu y gallai'r ddrama gael unrhyw beth tebyg i'r un effaith ar gynulleidfa. Dywedodd beirniaid Abertawe amdani fod y broblem a gyflwynwyd ynddi naill ai 'yn rhy drom neu'n rhy ysgafn i'r driniaeth'. Y broblem honno yw problem dyn sy'n priodi am yr eildro fenyw tua'r un oed â'r ferch sydd ganddo o'i briodas gyntaf ac sydd yn methu cadw'r ddysgl yn wastad rhyngddynt. Cred ei ferch mai angyles oedd ei mam, ond y gwir yw mai dim ond wrth ymarfer amynedd a goddefgarwch eithafol y llwyddodd y gŵr i gadw'r briodas yn fyw o gwbl. Mewn ffordd y mae'r ddrama'n troi o gwmpas y cwestiwn a fydd y tad yn wynebu'r dasg o ddatgelu i'w ferch afreolus wir natur ei mam, gan gynnwys y ffaith nad ef yw ei thad, er mwyn achub yr ail briodas? A hynny er gwaethaf ei oddefgarwch diymhongar a'r meddalwch y mae'n ei ddangos o hyd yn ei driniaeth o fab ifanc ei wraig newydd o'i phriodas gyntaf.

Erbyn hyn y mae'n anodd dychmygu chwe chant o bobl yn dal eu hanadl i glywed ymdrafod y cymeriadau yn *Y Ffon Dafl*, a hynny'n bennaf oherwydd fod J. Ellis Williams yn dangos yr union fethiant i wynebu pethau'n uniongyrchol y cwynodd beirniaid y gystadleuaeth yn Abertawe amdano. Yn y bôn y broblem yw nad yw'r ddrama'n wynebu'r broblem go iawn o gwbl. Problem eilradd yw methiant y gŵr i reoli'r ferch, gan ei bod yn ganlyniad i broblem arall, sef y dryswch emosiynol sy'n codi y tu mewn i deulu. Gallwn dybio bod cynulleidfa-oedd ar y pryd yn ymateb i'r ffaith eu bod yn synhwyro'r dryswch hwn y tu ôl i'r digwydd a gyflwynir ar y llwyfan, ond nid yw'r digwydd hwnnw'n cynnwys unrhyw elfen o gymhlethdod. Os oedd y wraig gyntaf yn ast faleisus, y mae'r ail yn angyles, a thrwy ei hymateb hynod ddisgybledig hithau y mae'r digwydd yn datblygu. Felly, erbyn y diwedd, gwelwn y fuddugoliaeth sy'n dilyn penderfyniad y gŵr i weithredu yn erbyn ei ferch yn fuddugoliaeth iddi hi ac yn wobr i frwydr dros ofn a diffyg hyder nad oes a wnelo hi o gwbl â phrif ddigwydd y ddrama.

Ceir tystiolaeth o'r un ofnusrwydd mewn drama arall gan J. Ellis Williams, yr oedd wedi chwilio a derbyn cyngor Saunders Lewis yn ei chylch, sef *Ceidwad y Porth* (1927). Wrth ystyried y sefyllfa a gyflwynir yn y ddrama hon, gellid disgwyl triniaeth feiddgar o broblemau moesol y byd cyfoes. Y mae Nel yn briod â Henry, gŵr sydd flynyddoedd yn hŷn na hi ac yn gaeth i'r ddiod. Nid oes cariad ar y naill ochr na'r llall ac y mae Nel yn cyfaddef ei bod hi wedi ei pherswadio gan ei theulu i briodi Henry er mwyn ei arian – y mae ef, erbyn hyn, wedi ei lyncu. Anfona meddyg y teulu, Bob, ddyn ifanc o'i gydnabod i aros gyda'r teulu er mwyn cryfhau ar ôl clefyd. Y mae yntau, heb esgus ei fod yn caru Nel o ddifrif, yn ceisio ei pherswadio hi i ymadael â'i gŵr a byw gydag ef, o leiaf tra bydd y trefniant hwnnw'n foddhaol i'r ddau ohonynt. Ar yr un pryd ymddengys fod Bob yn caru Nel hefyd, er ei fod yn ddyn difrifol ei agwedd at fywyd ac wedi ymroi'n gyfan gwbl i'w alwedigaeth. Credai Idwal Jones fod J. Ellis Williams yn haeddu ei ganmol am ymgymryd â phwnc a oedd mor wahanol i'r themâu 'cenedlaethol' cyffredin yn y traddodiad Cymraeg. Hawliai, felly, ei bod 'yn bwysig fel cynnig mewn traddodiad lled newydd yng Nghymru'.[130]

Y mae'n amlwg fod deunydd drama go gyffrous yma, a fyddai'n troi o gwmpas cyflwr seicolegol Nel a'r ffactorau emosiynol a fyddai'n effeithio ar ei dewis ac i raddau y mae'r ddrama honno wedi ei gwireddu gan y dramodydd. Ond y mae gwir ddiddordeb ei sefyllfa hi'n codi o'r ffaith fod yn rhaid iddi ddod o hyd i'r gallu i ddewis ei ffordd ei hun. Tynn y dramodydd y gallu hwnnw ohoni, yn gyntaf wrth ddyfeisio damwain angheuol sy'n ei rhyddhau rhag ei gŵr, ac yn ail drwy drosglwyddo sylw'r gynulleidfa oddi ar ei chyflwr hi at gyflwr Bob.

Gan nad yw Henry wedi marw, wyneba Bob y demtasiwn ofnadwy o adael iddo farw fel ag i ryddhau Nel i'w briodi ef. Ar ddiwedd yr ail act fe adawn ni ef yn ymladd yn erbyn y demtasiwn hon. Egyr yr act nesaf dair awr yn ddiweddarach, gyda sgwrs rhwng Tom a Bob, sy'n dod i ben fel y daw Nel i mewn, cyn inni glywed a yw Bob wedi cyflawni ei ddyletswydd fel meddyg neu beidio. Ni chlywn hynny tan ddiwedd y ddrama, ar ôl i Bob ddweud wrth Nel ei fod yn ei charu hi ac iddi hithau ei dderbyn, er ei bod dan yr argraff iddo achosi marwolaeth Henry. Gwna hi hynny am ei bod yn gwybod faint o hunanaberth fyddai'r fath esgeulustra bwriadol wedi'i ofyn oddi wrth Bob. Ond yna, erbyn y diwedd, darganfyddwn ninnau a hithau nad yw Bob wedi esgeuluso'i ddyletswydd o gwbl, gan fod Henry wedi marw cyn iddo allu rhoi'r pigiad angenrheidiol iddo. A dyna'r ddau, gyda chydwybod glir, yn rhydd i wynebu bywyd hapus yng nghwmni ei gilydd!

Flynyddoedd wedyn sylweddolodd J. Ellis Williams iddo wneud camgymeriad wrth ysgrifennu *Ceidwad y Porth.* Yn ei hunangofiant yn 1963, dywed mai llwfrdra oedd y penderfyniad i adael i ŵr Nel farw: 'Osgoi'r broblem oedd y diweddglo hwn, nid ei datrys.' Ond cyfeddyf hefyd na fyddai triniaeth wahanol o'r broblem wedi bod yn bosibl yn 1927: 'Ar lwyfannau Cymru gynt, newid ddaeth o rod i rod; cynulleidfa wedi mynd, cynulleidfa wedi dod.'[131] Gellid dadlau bod beio'r gynulleidfa'n hytrach na'r dramodydd yn annheg, ond ar y llaw arall, y mae'r dweud hwnnw yn gyfaddefiad mai ei berthynas â'r gynulleidfa honno a symbylodd J. Ellis Williams i ysgrifennu o gwbl. Nid oedd yn ei grebwyll fel dramodydd i dorri allan o dresi ideolegol a oedd yn rhannau hanfodol o seiliau'r Mudiad Drama ei hun.

Cynigiwyd *Pobl yr Ymylon*, Idwal Jones i'r un gystadleuaeth yn Abertawe a enillwyd gan J. Ellis Williams gyda'r *Ffon Dafl*. Ymddengys oddi wrth y feirniadaeth fod y fersiwn hwnnw dipyn yn wahanol, gyda'r ail act wedi ei neilltuo'n gyfan gwbl i sgwrs rhwng brawd a chwaer 'yn paratoi'r ffordd yn ddiarwybod i dric Malachi'. Credai'r beirniaid fod y ddrama yn cynnig 'y syniad a'r tynnu cymeriad gorau yn y Gymraeg' ond gwrthodwyd ei gwobrwyo oherwydd fod 'cystrawen ddramatig a phlot y ddrama yn hollol amhosibl'. Cytunai'r tri ohonynt y dylai'r awdur ei chymryd yn ôl a'i hailysgrifennu a phetai'n gallu gwneud hynny yn foddhaol, byddai ei waith yn sicr o fod 'yn garreg filltir yn hanes y ddrama Gymraeg'.[132]

Y mae'n debyg fod Idwal Jones wedi gwrando ar y cyngor ac wedi gwneud rhywfaint i gryfhau adeiladwaith ei ddrama, ond ni lwyddodd i fodloni'r beirniaid a gwynodd yn gyson am letchwithdod trefniant yr ail act, lle cyfosodir llais Malachi o'r capel â sgwrs Ann a Dafydd y tu allan. Er gwaethaf hynny, wrth gwrs, bu'r ddrama'n hynod boblogaidd. Fe'i derbyniwyd ar unwaith gan y cwmnïau a'r grwpiau Cymraeg. Fe'i perfformiwyd ar unwaith yn Wythnos Abertawe yn 1927 ac eto'r flwyddyn ganlynol. Fe'i gwelwyd, hefyd, yn Llundain, yn nwylo Cwmni Kings Cross, yn Lerpwl ac ar hyd a lled y wlad. Sail y poblogrwydd hwn, yn ddiau, oedd y ffaith iddi gael ei chydnabod ar unwaith yn gyfraniad at y traddodiad. Er gwaethaf ei beiddgarwch ymddangosiadol, nid oedd *Pobl Yr Ymylon* yn cynnig dim byd newydd. O ran y sylwebaeth gymdeithasol a gynigir yn y ddrama, y mae'n ddatblygiad rhesymegol o *Beddau'r Proffwydi*, heb fod yn radical o gwbl. Yn y bôn yr hyn a geir ynddi yw beirniadaeth ar y traddodiad Ymneilltuol sydd wedi colli'r gallu i wahaniaethu rhwng llythyren y ddeddf a'i hysbryd. Y cwestiwn mawr a roddir gerbron cynulleidfa pregeth Malachi yw'r un a wynebir gan gynulleidfa'r ddrama ei hun, sef, a yw gwybod ei fod yn drempyn yn hytrach na phregethwr proffesiedig yn tanseilio awdurdod ei eiriau?

Erbyn diwedd y ddrama, gyda marwolaeth Ann, wyneba Malachi'r cwestiwn hwnnw ei hun, gan ddangos yn ei ymateb fod gan y trempyn y gallu i dderbyn ysbryd y gair, nid i efelychu'r llythyren yn unig. Gwrthyd gynnig o lety iddo ef a'i ferch gan un o flaenoriaid Capel Bethlehem ac â allan i'r priffyrdd a'r caeau yng nghwmni Dafydd ac Angharad, ei ferch. Â allan, hefyd, 'a'i wyneb yn disgleirio un waith eto' wrth gofio iddo gael, os am ddiwrnod yn unig, y cyfle i fynegi gwirionedd ei galon er gwaethaf amharchusrwydd ei ffordd o fyw.

Gan gofio sylwadau beirniaid Abertawe, y mae'n rhyfedd sylwi bod Idwal Jones wedi mynnu cadw ei drydedd act fwy neu lai'r un yn y fersiwn argraffedig. Adleisiwyd y feirniadaeth honno gan adolygwyr fel J. Eddie Parry, nad oedd yn medru deall pam yr oedd Idwal Jones wedi mynnu creu golygfa na fyddai'r rhan fwyaf o gwmnïau Cymraeg yn medru ei pherfformio'n effeithiol. Rhaid bod yr hyn yr oedd Idwal Jones ei hun yn ei weld y tu ôl i'r olygfa honno, felly, yn rhan neilltuol o'r hyn yr oedd am ei gyfleu yn ei ddrama. Yn ddiau, gellid ei hepgor bron yn gyfan gwbl heb golli dim o nerth y sefyllfa ddramatig y mae'r ddrama wedi ei seilio arni, sef y gwrthgyferbyniad rhwng yr eglwys a'i dysgeidiaeth wedi ei llethu gan barchusrwydd a'r trempyn dibarch sy'n llochesu'r ddysgeidiaeth honno yn ei galon. Cawn awgrym o wir ystyr yr olygfa wrth sylweddoli ei bod yn felodrama yn hytrach nag yn ddrama go iawn. Yr hyn a geir yma yw darlun o Ann, mam Angharad, merch Malachi, yn adnabod llais Malachi wrth ei glywed drwy ffenest agored y capel lle y mae wrthi'n pregethu, yn ymateb i'r llais hwnnw wrth alw ei enw, ac yn cwympo i'r llawr mewn llewyg. Y mae'r olygfa hon yn gyfrwng i wrthgyferbyniad nad yw'r un o'r cymeriadau'n ohono, ond nad yw'r gynulleidfa'n medru ei anwybyddu, sef y gwrthgyferbyniad rhwng addewid ganolog yr Ysgrythurau – 'mae drws trugaredd yn agor i'r hwn sydd yn curo' – a chulni ymarferol y rhai sy'n ei phroffesu, wedi ei symboleiddio gan ffenestr y capel yn cael ei chau o'r tu mewn rhag ofn y bydd llais Ann yn ymyrryd â'r gwasanaeth.

Awgryma'r gwrthgyferbyniad ystumiedig hwn ddimensiwn pellach o'r feirniadaeth gymdeithasol a gynigir yn y ddrama, nad oedd Idwal Jones yn medru ei fynegi yn ei gynllun sylfaenol. Wrth sylwi ar hwnnw, dywedodd J. Eddie Parry fod thema ganolog *Pobl yr Ymylon* yn fwy dilys i nofel nag i ddrama. Ond gan gofio'r felodrama a geir mewn nofel fel *Gŵr Pen y Bryn* (1923), wrth i E. Tegla Davies geisio trin profiad mewnol y dymunai ddangos ei fod yn bosibl, heb unrhyw ddeall-twriaeth o'r ffordd y gellid ei ddangos yn digwydd, y mae yna le i amau na fyddai Idwal Jones wedi llwyddo i ddatblygu ei weledigaeth yn fwy cyson mewn nofel. Y gwir yw ei fod wedi ei lethu gan y traddodiad wrth ysgrifennu *Pobl yr Ymylon*, hynny yw, gan y gwrthgyferbyniad dramatig a etifeddwyd oddi wrth W. J. Gruffydd, D. T. Davies, et al. Ymddengys fod ganddo rywbeth y dymunai ei ddweud nad oedd a wnelo â'r cyfnewidiad rhwng yr hen draddodiad a'r ddyneiddiaeth newydd – rhywbeth a oedd yn ymwneud, efallai, â chwestiynau nad oedd modd eu hateb oddi mewn i fframwaith y ddyneiddiaeth honno o gwbl.

Flwyddyn ar ôl iddo fethu yn Abertawe, enillodd Idwal Jones yn Eisteddfod Genedlaethol Caergybi (1927) gyda'r *Anfarwol Ifan Harris*, a dderbyniwyd yn gynnes fel drama a gynigiai rywbeth newydd, er efallai nad gyda'r un brwdfrydedd â *Pobl yr Ymylon*. Teimlwyd ar yr pryd fod yna fin newydd ar y feirniadaeth ar barchusrwydd a rhagrith y Cymry Cymraeg a ddaeth at ei gilydd i ddathlu dychweliad dyn yr oeddynt wedi ei erlid o'i wlad yn ystod ei fywyd. Yn ddiau, y mae rhywbeth go drawiadol yn y sefyllfa o ddyn yn dychwelyd i Gymru o America flynyddoedd ar ôl i'w wraig ailbriodi, i ddadorchuddio'i gof-gerflun ef ei hun. Y mae newydd-deb hefyd yn y dychan a gyfeirir yn y ddrama tuag at y wraig honno, sy'n ymgorfforiad o snobyddiaeth, ffug-barchusrwydd a ffug-genedlaetholdeb. Ond rywsut neu'i gilydd cyll y dychan hwnnw lawer o'i nerth fel yr â'r ddrama yn ei blaen, yn bennaf oherwydd ei fod wedi ei gyffredinoli gymaint. Ymddengys fod Ifan wedi ei erlid yn y lle cyntaf oherwydd amharchusrwydd ei syniadau am foethusrwydd a chrefydd ac yn arbennig oherwydd ei feirniadaeth ar y Rhyfel. A'r cyhuddiad y mae'n ei gyfeirio at y rheiny sy'n ymateb i ymgyrch ei wraig i ddenu sylw ati hi ei hun drwy anrhydeddu'i enw ef, yw nid eu bod wedi gwrthwynebu ei syniadau, ond eu bod wedi eu hanwybyddu: 'Ni feiddiais ddymuno am gael dyfod yn ôl a gweled fy syniadau wedi eu troi'n weithredoedd, ond y mae Duw yn dyst i mi ddyheu am gael eu gweled o leiaf yn destun ymrafel.'[133]

Y mae'n wendid yn y ddrama nad ydym yn hollol glir ynglŷn â sylfaen athronyddol beirniadaeth Ifan Harris – heblaw am y ddyneidd-iaeth lac oedd yn gyffredin yng nghynnyrch y Mudiad Drama er 1912. Gwendid arall yw'r ffaith nad yw'r ddrama hyd yn oed yn cydnabod yr hunan-dyb a'r hunanfoddhad y mae'r arwr yn ei ddangos wrth iddo gyflwyno ei hun fel Meseia'r Gymru gyfoes, gan ddweud wrth ei gynulleidfa ar ddiwedd y ddrama, 'Nid ydych chwi hyd yn oed wedi erlid eich proffwyd'. Ond o'i hystyried fel drama, sef fel digwyddiad sy'n codi o'r berthynas rhwng pobl sy'n cyd-fyw mewn rhyw fyd neilltuol, y mae i'r *Anfarwol Ifan Harris* wendid arall. Hynny yw, nid yw'r gweithgarwch a gyflwynir yn y ddrama'n ymwneud â digwydd rhyngbersonol o gwbl. Wrth i ni gael ein drwgdybiaeth ynglŷn â hunaniaeth y diethryn wedi ei gadarnhau yn Act II, cwyd llu o gwestiynau yn ein meddyliau amdano, y mae rhai ohonynt wedi eu paratoi gan y sgwrs baratoadol rhwng Ifan, ei fab a David Henry, ail ŵr ei wraig.

Cawn atebion i rai o'r cwestiynau hyn, fel pam yr aeth Ifan Harris i ffwrdd yn y lle cyntaf, beth oedd yn bwriadu ei wneud yn America, beth a wnaeth yn ystod ei gyfnod yno, ac ati. Ac y mae'r atebion hyn yn ddigon i fodloni chwilfrydedd ei fab ac i ddod ag ef i'r penderfyniad i fynd yn ôl gyda'i dad i'r Unol Daleithiau. Ond prin y gallwn fodloni unrhyw un a fyddai'n cymryd diddordeb yn sefyllfa'r naill na'r llall o ddifrif, heb sôn am sefyllfa'r tad mewn perthynas â'r wraig y mae wedi cerdded i ffwrdd oddi wrthi'n ddigon didaro bum mlynedd ar hugain yn ôl.

Sylwodd sawl darllenydd fod Idwal Jones yn meddu ar y ddawn i ysgrifennu deialog fywiog, ac i greu cymeriad sy'n ennyn diddordeb cynulleidfa, ond tynnodd sawl un hefyd sylw at y ffaith ei fod yn tueddu i ddefnyddio'r ddeialog honno i lenwi bylchau yn y digwydd. Oherwydd hynny atgoffodd J. Eddie Parry ef '[f]od yn rhaid i bob tudalen o'r deialog gario symudiad y ddrama yn nes at y climacs'.[134] Fe ellid dadlau bod llai o ddeialog lanw yn *Yr Anfarwol Ifan Harris* nag yn *Pobl yr Ymylon*, ond prin y gellid dweud bod y gweithgarwch yn datblygu drwy gyfrwng y ddeialog o gwbl. Datblyga'r ddeialog o gwmpas y digwydd o ganlyniad i ddychweliad Ifan Harris, heb effeithio arno o gwbl. Y mae'n ddiddorol yn y cyd-destun hwn sylwi sut y disgrifiodd J. Lloyd Williams y ddrama wrth iddo gyfiawnhau penderfyniad beirniaid Caergybi i'w wobrwyo:

> Drama eithriadol ei deunydd yw hon. Nid oes yma ddyledion yn llethu, na gormeswr yn gwasgu, na thwyllwr maleisus yn niweidio; nid oes na storm na tharan, na thrychineb; yn rhyfedd iawn ni cheir yma gariadon na son am gariad; rhyfeddach fyth, nid oes yma eneth ddiwylledig na gair o son am y 'sex problem' (sydd yn sylfaen i gymaint o'r dramâu eraill). Fel y sylwyd eisoes nid oes dim allan o le mewn defnyddiau felly, ond llwydda'r awdur hwn i lunio drama ddiddorol heb ddim cynhyrfiol na thrychinebus ynddi, a dyna un o gampau uwchaf y dramodwr.[135]

Ceir awgrym yma o'r gwirionedd, sef bod *Yr Anfarwol Ifan Harris* wedi ei chynllunio heb unrhyw sail mewn digwydd o gwbl, oherwydd nad yw ei sylwedd, sef y sgyrsiau rhwng Ifan y mab a David Henry, Ifan a'i fam a'i dad, ac Ifan a'i dad a David Henry, yn ymwneud â gweithgarwch sydd i fod wedi ei symbylu ganddo, sef y paratoadau gogyfer â'r seremoni ddadorchuddio. Pan ddaw hynny, ar ddiwedd y ddrama, nid yw ond esgus am fonolog o hunangyfiawnhad gan Ifan Harris, nad yw'r dramodydd am i ni ei weld am yr hyn ydyw. Pe baent hwy'n cymryd eu drama o ddifrif, ni fyddai unrhyw ymateb ystyrlon yn agored iddynt, heblaw mynd yn syth o'r neuadd a phrynu tocyn unffordd i Florida.

Er eu poblogrwydd, ni feddyliai neb erioed mai'r naill na'r llall o ddramâu Idwal Jones oedd y ddrama fawr y bu Cymru yn disgwyl amdani cyhyd, er y gallasai *Pobl yr Ymylon* fod wedi cyrraedd y nod pe bai Idwal Jones wedi cadw at y lefel uchel a gyrhaeddodd ar ddechrau'r ddrama honno. Meddai Meudwy yn *Y Darian*, wrth adolygu perfformiad o *Pobl yr Ymylon* ym Mhentre, 'Yr ydym ar flaenau'n traed yn disgwyl i'r Ddrama Fawr gyrraedd. Ai o'r Gogledd y daw, ynteu o fryniau Ceredigion?'[136] Erbyn Eisteddfod Genedlaethol Bangor, 1931, credai llawer fod y ddrama honno wedi ymddangos o'r diwedd, pan wobrwywyd *Hywel Harris*, gan Cynan. Peidiodd y beirniad, D. T. Davies â mynd mor bell ag i honni mai drama wir fawr oedd y gwaith, ond credai nad oedd dim byd gwell wedi ymddangos yn y Gymraeg:

> Dichon na ddylwn ddisgrifio ei ddrama fel campwaith – disgrifiad sy'n hawlio seiliau lletach a chadarnach na barn unigol, personol. Boed hynny fel y bo, credaf nad ymddangosodd, hyd yn hyn, un ddrama wreiddiol Gymraeg, sydd well na hi. Dyna fy marn ar hyn o bryd, a rwy'n amau a fydd imi feddwl llai ohoni wedi gweld ei chwarae.[137]

Yr oedd golygydd *Y Brython* yn fodlon i fynd dipyn ymhellach na hynny, gan groesawu gwaith Cynan fel y prawf hirddisgwyledig fod Cymru yn medru cystadlu ag unrhyw wlad arall bellach ar delerau cyfartal. Cyhoeddodd ei adolygiad ar y ddrama pan y'i cyhoeddwyd dan y pennawd, 'Cael Drama Fawr o'r Diwedd. *Hywel Harris* – Campwaith Cynan':

> Os taera rhywun na chynhyrchodd Cymru ddrama fawr yn ei iaith ei hun, dangoser iddo *Hywel Harris*, ac oni bo hwnnw'n rhagfarnllyd fe gytuna bod y ddrama hon yn eithriad. Dichon nad peth i ymffrostio ynddo yw fod gennym *Un ddrama fawr*; er hynny fe ddylai beri llawenydd i bawb a gâr y ddrama Gymraeg. Nid digon yw dywedyd bod *Hywel Harris* yn rhagorach ym mhob ystyr na'r un ddrama a ysgrifennwyd yn ein hiaith. Gellir mynd ymhellach na hynny, a haeru ei bod cystal ag amryw o'r dramâu Saesneg a osodwyd yn batrwm i ddramâwyr ieuainc gan feistri'r gelfyddyd o lunio drama.[138]

Er nad yw'n debyg y clywir canmoliaeth mor uchel o *Hywel Harris* byth eto, hawdd yw gweld pam yr ystyriwyd ar y pryd ei bod wedi cyflawni'r addewid. Oherwydd y mae'r ddrama, fel y dywed D. T. Davies, 'yn gyson drwyddi fel cyfanwaith artistig' ac yn ymgorfforiad o'r union ddisgyblaeth feddyliol a fu ar goll yng nghynnyrch y Mudiad Drama ar hyd y blynyddoedd. Adeiledir y ddrama o gwmpas un cwestiwn a oedd wedi codi ym meddwl y dramodydd, sef 'Petae hen bendefigion Cymru wedi dal i lynu wrth ddraddodiadau eu pobl, beth a fuasai hanes y genedl erbyn hyn?'

Yn ddiau, y mae *Hywel Harris* yn gam sylweddol yn natblygiad y mudiad deallusol y byddai drama Saunders Lewis a John Gwilym Jones yn fynegiant ohono yn y cyfnod ar ôl yr Ail Ryfel Byd. Y mae'n gynnyrch yr un symbyliad deallusol â *Gwaed yr Uchelwyr*, ond yn manteisio ar gysyniad mwy datblygedig o genedlaetholdeb nag oedd ar gael i Saunders Lewis pan ysgrifennodd y ddrama honno ddegawd cyn hynny. Y mae'n arwydd o'r ffaith ei bod yn 1932 yn bosibl am y tro cyntaf i ysgrifennu drama o'r tu allan i'r fframwaith meddyliol a oedd wedi dominyddu'r Mudiad Drama hyd at y cyfnod hwnnw. Y mae'r weledigaeth o hanes Cymru a gynigir ganddo yn dangos bod Cynan yn annibynnol ar y fytholeg Ryddfrydol i raddau mwy na Saunders Lewis yn 1922.

Ymgais Cynan yn *Hywel Harris* yw darganfod hedyn cenedlaetholdeb y tu mewn i bair Methodistiaeth. Trwy ddehongli prosiect Harris a Sidney Gruffydd yn Nhrefeca fel mynegiant o'i breuddwyd hi 'am Gymru Newydd yn codi fel y *Phoenix* o ludw yr hen'[139] y mae Cynan yn ceisio meddiannu Methodistiaeth yn enw cenedlaetholdeb newydd ei gyfnod ef.

Fel y gellid disgwyl, cymeradwyodd awdur *Gwaed yr Uchelwyr* y prosiect beiddgar hwn. Yr oedd gweledigaeth Cynan yn wych, meddai Saunders Lewis, 'pan wnaeth ef Madame Gruffydd yn gynrychiolydd yr hen ddiwylliant Cymreig ac yn gofleidydd ysbryd cenedlaetholdeb'.[140] Cymeradwyodd hefyd y ffaith fod Cynan wedi gweld yr elyniaeth naturiol yn codi rhyngddi hi a Phantycelyn, oedd yn ganlyniad i hanfod y ddau. Hynny, meddai, oedd gwir gnewyllyn y ddrama:

> Madame Gruffydd, yng ngweledigaeth Cynan ohoni, yw dadeni llenyddol a chenedlaethol yr ugeinfed ganrif yn brwydro yn erbyn 'arall-wladoldeb' diwygiad y ddeunawfed ganrif. Gwych yw cloi'r ddrama gyda'r weledigaeth broffwydol honno.

Er hynny, ni chredai Saunders Lewis fod *Hywel Harris* yn ddrama bwysig, na bod mawredd ynddi, a hynny oherwydd methiant Cynan i wneud i'w ddrama droi o gwmpas mawredd Harris fel cymeriad hanesyddol. Bychanu Hywel Harris oedd effaith ei wneud mor anniddorol, meddai: 'Beth bynnag oedd Hywel Harris, nid llo ydoedd.' Dengys Saunders Lewis fod gweithgarwch y ddrama yn tarddu o'r gwrthgyferbyniad rhwng Williams a Sidney Gruffydd, ar yr naill llaw, neu Nansi, gwraig Harris, a Sidney ar y llall, yn hytrach nag o feddyliau neu emosiynau Harris. Tra gellid haeru mai beirniadaeth esthetig yw honno, am iddi gael ei seilio ar ddadansoddiad o'r rôl a roddir i Harris yn y ddrama yn hytrach na'i rôl hanesyddol, y gwir yw fod y methiant hwnnw'n ganlyniad i'r ffaith nad oedd yn bosibl i Gynan wreiddio'i weithgarwch dramatig mewn sefyllfa hanesyddol. Cynnyrch ei ddychymyg ef yn y pen draw oedd y cenedlaetholdeb a briodolodd i Sidney Gruffydd, nid ffaith hanesyddol, ac nid oedd yn bosibl iddo ei wau i mewn i ddeunydd hanesyddol y mudiad Methodistaidd. Ystyriai Saunders Lewis hynny'n ganlyniad i fethiant personol ar ran y dramodydd. Fe allai, meddai, ddychmygu bardd a merch dduwiol-gnawdol, ond nid 'meistrolwr ac anturiwr yn caru dofi meirch a thyrfaoedd a merched a phopeth rheibus arall'. Ond gellid dadlau hefyd fod hedyn y methiant hwnnw ynghlwm wrth y prosiect fel y cyfryw. Man cychwyn Cynan oedd ffansi yn hytrach na ffaith, a'i amcan yn y pen draw oedd i swyno cynulleidfa ei gyfnod ef ei hun trwy gyflwyno iddynt freuddwyd hudolus nad oedd iddi unrhyw sail hanesyddol o gwbl. Nid 'Petai' oedd ei angen fel symbyliad i ddrama fawr am genedlaetholdeb mewn cymunedau wedi eu hysgubo gan wyntoedd dinistriol y dirwasgiad a'r diwydiant-diwylliant Eingl-Americanaidd, ond 'Pam?'

Y mae troi oddi wrth ddrama hanesyddol Cynan at weithiau Ieuan Griffiths fel troi'n ôl i gorlan y ddrama Gymraeg draddodiadol. Dramodydd a weithiai y tu mewn i ffiniau'r mudiad oedd David Matthew Williams, mewn ffordd, ac yr oedd yn hynod boblogaidd gyda'r grwpiau o ganlyniad. Cofnododd Euroswydd yn *Y Faner* yn 1935 fod *Dirgel Ffyrdd*, er enghraifft, wedi ei chwarae o leiaf gant a hanner o weithiau yn ystod y gaeaf blaenorol. Onid oedd hynny yn record i ddrama Gymraeg, gofynnodd y colofnydd, gan broffwydo llwyddiant tebyg i ddrama newydd yr awdur, *Awel Dro*:

Ac y mae eto gymaint o alw amdani nes bod yn rhaid i'r cyhoeddwr ddwyn allan ail-argraffiad, a fydd ar y farchnad yn fuan. Y mae *Awel Dro*, drama newydd yr un awdur, wedi cael gaeaf llwyddiannus iawn hefyd, ac yn debyg o fod mor boblogaidd â *Dirgel Ffyrdd* y gaeaf nesaf. Mae'r cwmnïau yn hoffi gwaith Mr Ieuan Griffiths – o leaf, y mae'r cwmnïau a fu'n perfformio llawer ar *Ddirgel Ffyrdd* yn awr yn troi eu hwynebau, bron yn ddieithriad at *Awel Dro*, ac a barnu oddiwrth brofiad y rhai a berfformiodd *Awel Dro* eleni, fe gaiff y rhai sy'n bwriadu perfformio'r ddrama hon y gaeaf nesaf hwyl fawr gyda hi.[141]

Yn ôl sylwebydd arall yn *Y Faner*, a adolygodd *Yr Oruchwyliaeth Newydd* ddwy flynedd wedyn, yr oedd poblogrwydd parhaol dramâu Ieuan Griffiths yn ganlyniad i'r ffaith ei fod yn ysgrifennu 'pethau sy'n gwbl addas i'r cwmnïoedd aml sy'n gofyn am ddrama ddiddorol llawn maint',[142] ac oherwydd ei fod yn 'ymgodymu â phroblemau byw sy'n codi yn y bywyd a welir o'n hamgylch bob dydd'. Ni ellid gwadu hynny o gwbl, oherwydd fe wnaeth dramâu Ieuan Griffiths fwy i ddiweddaru'r traddodiad na neb arall yn y tridegau. Nid yn unig fod ei ddramâu'n gyfoes, yr oeddynt yn gyfan gwbl onest. Yr oedd y portread a roddodd o fywyd yng Nghymru'r cyfnod, ac yn arbennig o fywyd pobl ifainc, yn drawiadol o wrthrychol ac yn frawychus o ran y gwacter a ddatgelodd yng nghanol bywyd fel yr oedd yn cael ei fyw yn y dosbarth canol a'r dosbarth gweithiol.

Pe bai Ieuan Griffiths wedi ymrafael â'r gwacter hwnnw, gan ei gymryd fel mater ei ddramâu, y mae'n debyg y byddai wedi bod yn ddramodydd gwir fawr – ond nid yw hwnnw ond ffansi tebyg i eiddo Cynan. Y gwir yw na weai ef ei ddramâu o'r deunydd hwnnw. I'r graddau eu bod yn cynnig unrhyw sylwebaeth foesol ar amodau bywyd cyfoes, yr oedd hynny'n anuniongyrchol. Yn y pen draw, gwelir bod egni gweithredol ei weithiau'n codi o'r tu mewn i fytholeg gynhaliol y traddodiad.

Yn *Dirgel Ffyrdd*, un o ddramâu gorau'r cyfnod, heb unrhyw amheuaeth, cawn rywbeth tebyg iawn i'r math ar ddrama yr oedd D. T. Davies wedi cyfaddef nad oedd ef yn medru ei hysgrifennu yn y blynyddoedd ar ôl y Rhyfel Byd Cyntaf. Deunydd canolog y ddrama yw dychan, nid o'r blaenor phariseaidd ond o'i etifedd yn y byd digrefydd, sef y cynghorwyr lleol 'annibynnol', sy'n feistri ar y grefft o droi'r dŵr cyhoeddus i'w melinau preifat eu hunain. Ond os dychan yw, nis seilir ar unrhyw foesoldeb cydnabyddedig. Y mae'n wir mai dau hen lwynog llygredig yw William Davies a Tomos Hughes sy'n dal yn dynn yn eu dwylo holl gortynnau'r rhwydwaith o gysylltiadau lleol ac yn eu defnyddio er eu lles eu hunain. Ac y mae'n wir hefyd fod y ddrama'n croniclo eu cwymp o urddas y llawdrinwyr hollalluog, i ddiymadferthedd plant bach yn nwylo merched ystrywgar. Y mae'n hollol deg fod y cwymp hwnnw'n dilyn ar y ffaith eu bod yn orhyderus o'u gallu i ddal y ddysgl yn wastad er gwaethaf pawb. Fe ddaw o ganlyniad iddynt gynnig swydd i Olwen, merch i weddw sy'n adnabod Tomos o'i ddyddiau cynnar dan y ffugenw amharchus Twm Sanau. Yn anffodus, gŵyr hefyd ei fod yn ei febyd wedi'i gyhuddo o ddwyn hwyaid ac y mae hi'n ddigon didderbyn wyneb i ddefnyddio'r wybodaeth honno fel modd i bwyso arno ef ar ran Olwen.

Y mae cynllun y ddrama'n ddibynnu'n gyfan gwbl ar y ffaith honno, ond y mae'r deunydd a ddaw i mewn yn achlysurol iddi'n llawer mwy diddorol. Y mae cyfyng gyngor y ddau gynghorydd yn ganlyniad i'r ffaith fod mab William wedi gwrthryfela yn erbyn llygredd gwleid-yddol y mae ei dad yn ei gynrychioli ac wedi penderfynu rhoi'r gorau'r i'r swydd yn y cwmni y mae ef wedi'i sicrhau iddo drwy ei ddylanwad. Yn y cyfamser y mae merch William, yn ddigon chwit chwat ac yn ddiniwed, wedi bod yn gyrru o gwmpas y wlad yng nghwmni mab Tomos ac wedi mynd i drafferth gyda'r heddlu ar ôl iddynt gael damwain. Yr hyn sy'n atal y ddau hen ŵr rhag cymoni pethau yw Mrs Rees, sy'n bygwth cyhoeddi hanes Twm Sanau i'r byd. Yn yr argyfwng hwn daw gwraig William ymlaen i achub sefyllfa ei gŵr, ei mab a'i merch, drwy drefnu bod Tomos yn talu am addysg brifysgol i Olwen Rees – £300, sy'n bris uchel iawn am ddwy hwyaden, ond yr unig ddrws ymwared rhag wynebu gwarth cyhoeddus.

Y ddrama sy'n dod i'r meddwl wrth ddarllen *Dirgfel Ffyrdd* yw *The Way of the World*, oherwydd fel Congreve, y mae Ieuan Griffiths yn manteisio ar ddyfais fecanyddol i gloi'i ddrama, heb gynnig unrhyw fodd i ddatrys y problemau moesol sydd wedi codi yng nghwrs y gweithgarwch. Yn *Dirgel Ffyrdd* y ddyfais fecanyddol yw hanes yr hwyaid, sy'n perthyn i'r gorffennol pell – mor bell, yn wir, fel ei bod yn anodd ei chymryd o ddifrif fel rhan o gyfansoddiad gŵr fel Tomos Hughes. Wrth roi taw ar Mrs Rees, gan ei rhwystro rhag lledaenu'r hanes, daw gweithgarwch y ddrama i ben. Ond ni chynigir drwy hynny unrhyw sylwebaeth ar weddill y gweithgarwch, ac yn benodol ym-ddygiad y genhedlaeth ifanc, sy'n hollol broblematig. Gwir y gall Mrs Davies fod yn ddigon tawel ei meddyliau, gan ei bod wedi llwyddo i gael Gwen allan o'r dref am sbel ac felly allan o drwbl, ond nid oes sail i'r gynulleidfa rannu'r tawelwch meddwl hwnnw. Cawn orffen y ddrama gyda'r wybodaeth anghysurus ein bod wedi ein cyflwyno i fyd go fregus, yn gyfan gwbl amddifad o'r cloddiau amddiffynnol sy'n rhoi cysgod i'r hunaniaeth ddynol mewn byd gwâr.

Os yw *Dirgel Ffyrdd* yn ddrama sydd bron yn ddrama fawr, y mae *Yr Oruchwyliaeth Newydd*, hyd yn oed yn well, ac eto y mae'n dangos yr un gwendid, a hynny oherwydd nad oedd y dramodydd yn cymryd ei grefft ddigon o ddifrif. Try'r ddrama o gwmpas sefyllfa hen flaenor diffuant, unig ymddiriedolwr ei gapel, a orfodir i werthu tir y sefydliad hwnnw er mwyn achub ei deulu rhag y gwarth y mae'u hymddygiad yn bygwth ei ddwyn arnynt i gyd. Ni cheir yr un ddrama arall o'r cyfnod rhwng y ddau ryfel sydd mor ddidrugaredd o dreiddgar o ran y feirniadaeth gymdeithasol a moesol y mae'n ei chynnig – a hynny'n codi o'r digwydd, heb unrhyw gyfraniad ar ran yr awdur heblaw'r sylwebaeth y mae'n ei hymddiried i un o'r cymeriadau ifainc sy'n gorffen y ddrama gyda'r penderfyniad i ymadael â'r pentref a mynd i weithio yn Llundain. Ond unwaith yn rhagor, daw'r ddrama i ben mewn modd sy'n gadael yn agored bob cwestiwn moesol y gellid ei ofyn o ganlyniad i'r hyn y mae ef wedi ei ddangos o ran gwacter bywyd y cymeriadau.

Fe welai adolygydd *Y Faner* ddiwedd y ddrama'n brawf o grefft y dramodydd:

> Bum i'n rhagddyfalu sut y cloai'r awdur ei ddrama. Pan yw'r nos yn casglu ei chysgodion a phopeth yn tueddu at drasiedi ddigymrodedd – yna, beth? Penderfynwyd troi'r drasiedi'n gomedi (nid yn ffars). Syrth castell yr hen ŵr hefyd, canys yn ei law ef y mae achub eraill, ond ni all eu hachub heb adael i'w gariad atynt hwy droi'n fradwraeth i'w egwyddorion. A daw'r llen i lawr ag yntau'n mwmian: 'Canys yr hen bethau a aethant heibio . . .' A'r peth rhyfedd yw hwn – nid ydym yn gallu llawenhau yn llawenydd y set di-sut a achubwyd rhag gwarth, ond tristau yr ydym wrth weled y graig olaf yn ymddatod.
>
> A oes felly fai yn ffordd yr awdur o weithio'i ddrama i ben? Nac oes. Rhan o'i fedr ydyw. Ac y mae nid y unig yn fedrus o ran gorffeniad drama-yddol, ond hefyd, mi gredaf, yn ffyddlon i ffeithiau. Tuedd ardderchog yw honno i helpu pobl allan o'u helbulon. Ond y mae argyfyngau mewn bywyd pan fo rhaid aberthu pethau mawr wrth fod yn garedig i ddynion bychain. Dyna greulondeb pethau.[143]

Tynn un o'r cymeriadau – y sinig ifanc, Owen – sylw'r gynulleidfa at y ffaith fod yna haen o sentimentaleiddiwch yng nghyfansoddiad ei dad-cu. Ond yr hyn na sylwir arno gan neb yw fod yna elfen debyg iawn yng nghyfansoddiad Ieuan Griffiths ei hun a'r gynulleidfa a adwaenai ef mor dda. Nid yw'n caniatáu i'w ddrama gyffwrdd â'r hen flaenor – ceidw ef y tu allan yn ei ardd, tra bod pawb yn ei deulu'n mynd i'r diafol. Y gwir yw ei fod yn ddyn a adawodd i bopeth fynd heibio. Nid oes wahaniaeth o gwbl, a dweud y gwir plaen, beth sy'n digwydd i'r capel ei hun, heb sôn am y tir sy'n cael ei werthu i wneud trac rasio cŵn, oherwydd fod y capel hwnnw wedi colli pob gafael ar y bobl. Gadawed iddo felly fynd rhwng y cŵn a'r brain – ac os yw'r hen ŵr yn poeni amdano ymhellach y mae hynny oherwydd ei fod yn gwrthod wynebu'r byd sydd ohoni. Nid oes dim tristwch, o'i weld felly, na rhyw lawer o ystyr, chwaith, i ddiwedd y gomedi hon, er treiddgarwch a gonestrwydd y darlun y mae'n ei gynnig o Gymru gyfoes. Ond fe'i hystyrid yn drist gan Ieuan Griffiths, a'i gynulleidfa hefyd, oherwydd sentimentaleiddwch eu hagwedd at yr hen fyd Ymneilltuol oedd unig sail eu bywyd dychmygus. Nid oes ond gobeithio eu bod yn cymryd agwedd wahanol at fywyd go iawn!

Nodiadau

1   19 Chwefror, 1925, t. 4.
2   *Y Ford Gron*, Tachwedd 1930, t. 20.
3   *Y Darian*, 18 Ionawr 1934, t. 8.
4   *Y Darian*, 19 Chwefror 1925
5   *Y Darian*, 7 Medi 1922, t.4.
6   Rhaglen yr Wythnos Ddrama, 1931.
7   *Y Darian*, 5 Chwefror 1931. t. 1.
8   Gweler K. Morgan, *loc. cit.*, t. 275.
9   *Y Brython*, 5 Chwefror 1931, t. 5.
10 *Y Ford Gron*, Mawrth 1935, t. 113.
11 *Y Darian*, 19 Ebrill 1928, t. 5.
12 Gweler *Y Darian*, 15 Chwefror 1931, t. 1.
13 *Y Brython*, 21 Ionawr 1932. t. 5.
14 *Y Brython*, 8 Medi 1927, t. 6.
15 13 Hydref, 1927, t. 3.
16 *Y Genedl*, 19 Mawrth, 1928, t. 5.
17 *Y Genedl*, 13 Awst 1925.
18 *Y Brython*, 19 Medi 1935, t. 4.
19 *Y Brython*, 25 Mawrth 1937, t. 5.
20 Gweler uchod, tt. 8–9.
21 *Y Darian*, 23 Awst, 1928, t. 4.
22 *Cambria*, Gwanwyn 1930, t. 33.
23 3 Rhagfyr 1935, t. 4.
24 Dyfynnwyd gan D. R. Davies, *Y Llenor*, Gwanwyn 1927, t. 108.
25 *Y Brython*, 22 Awst 1935, t. 4.
26 *Y Llenor*, Haf 1927 t. 108.
27 *Y Brython*, 12 Rhagfyr 1935, t. 5.
28 *Y Darian*, 17 Mawrth 1927, t.3.
29 *Y Darian*, 10 Rhagfyr 1931, t. 8.
30 *Y Darian*, 18 Chwefror 1932, t. 2.
31 *Y Darian*, 31 Mai, 1923 t. 6.

[32] *Y Darian*, 14 Mehefin, 1923, t. 8.
[33] *Y Llwyfan*, Ebrill a Mai, 1928, t. 46.
[34] *Y Brython*, 20 Chwefror, 1930, t. 5.
[35] *Y Llenor*, Haf 1927, t. 112
[36] *Y Darian*, 16 Hydref, 1924, t. 6.
[37] *Y Ford Gron*, Mawrth 1935, t. 120.
[38] *Y Brython*, 20 Tachwedd, 1930, t. 3.
[39] *Cambria*, Gwanwyn 1930, t. 32.
[40] *Hanes y Ddrama yng Nghymru*, t. 269.
[41] Eisteddfod Genedlaethol Frenhinol y Barri, 1920. Y Rhaglen Swyddogol (Lerpwl: 1920), 332.
[42] *Western Mail*, 23 Awst, 1923, t. 9.
[43] *Y Genedl, Y Faner a'r Brython*, Mawrth 18, 1924.
[44] *Y Faner*, 13 Tachwedd, 1924, t. 8.
[45] *Y Darian*, 19 Gorffennaf, 1928, t. 4.
[46] *Y Brython*, 16 Awst, 1934, t. 5.
[47] *Y Brython*, 6 Medi, 1934, t. 8.
[48] *Y Brython*, 16 Awst, 1934, t. 5.
[49] 18 Awst, 1938, t. 2.
[50] *Y Faner*, Awst 9, 1927, t. 4.
[51] 11 Awst, 1927, t. 8.
[52] 17 Awst, 1933, t. 6.
[53] *Y Llwyfan*, Awst a Medi 1928, tt. 69–70.
[54] 30 Mawrth, 1931, t. 4.
[55] Rhaglen Wythnos o Ddrama, 1930, Rhaglith.
[56] *Western Mail*, 1 Ebrill 1930.
[57] Rhaglen yr Wythnos Ddrama, 1939.
[58] 8 Chwefror 1925, t. 3.
[59] 15 Mawrth 1925, t. 5.
[60] *Y Faner*, 10 Mawrth 1927, t. 5.
[61] *Y Genedl*, 31 Rhagfyr 1928, t. 3.
[62] *Y Genedl*, 9 Chwefror 1931, t. 5.
[63] *Y Genedl*, 16 Chwefror 1931, t. 5.
[64] *Y Genedl*, 23 Chwefror 1931, t. 5.
[65] *Y Genedl*, 9 Mawrth, 1931, t. 5.
[66] *Y Brython*, 1 Tachwedd 1923, t. 7.
[67] *Y Llwyfan*, I, 4, t. 49.
[68] *Y Faner*, 9 Awst 1927, t. 4.
[69] *Y Brython*, 25 Awst 1927, t. 4.
[70] *Y Brython*, 13 Hydref 1927, t. 3.
[71] *Y Darian*, 22 Medi 1927, t. 5.
[72] *Y Llenor*, Hydref 1926, t. 169.
[73] *Y Llwyfan*, Chwefror a Mawrth 1929, t. 135.
[74] *Y Llwyfan*, I, 2, Ionawr 1928, t. 20.
[75] *Y Llwyfan*, I, 5, Awst a Medi 1928, t. 82.
[76] 7 Chwefror 1928, t. 5.
[77] *Y Darian*, 18 Hydref 1928, t. 5.
[78] 3 Hydref 1929, t. 1.

79 *Y Brython*, Chwefror 5, 1931, t. 5.
80 30 Medi, 1930, t. 5.
81 *Y Brython*, 19 Ionawr, 1933, t. 5.
82 *Y Brython*, 5 Chwefror, 1931, 5.
83 *Y Llenor*, Gaeaf 1926, t. 171.
84 *Y Genedl*, Ebrill 26, 1924, t. 8.
85 *Y Brython*, Mawrth 3, 1932, t. 5.
86 *Y Llenor*, Gaeaf 1926, t. 169.
87 *Welsh Outlook*, Tachwedd, 1930, t. 306.
88 *Y Llwyfan*, Awst a Medi 1928, t. 86.
89 *Y Llwyfan*, Rhif 4, Mehefin a Gorffennaf 1928, t. 50.
90 *Y Llwyfan*, Rhif 5, Awst a Medi 1928, t. 86.
91 *Y Llwyfan*, Rhif 6, Hydref a Thachwedd 1928, tt. 91–2.
92 *Y Ddraig Goch*, III, Rhif 4, Medi 1926, t. 5.
93 Rhifyn Gŵyl Dewi, 3 Mawrth, 1932, t. 5.
94 *Y Brython*, 10 Mawrth, 1932, t. 4.
95 *Hanes y Ddrama yng Nghymru*, t. 260.
96 Ibid.
97 *Y Faner*, 12 Hydref, 1933, t.4.
98 *Y Faner*, 20 Tachwedd, 1934, t. 4.
99 *Y Darian*, 26 Hydref, 1933, t. 1.
100 *Y Brython*, 29 Tachwedd, 1934, t. 1.
101 *Y Brython*, 27 Rhagfyr, 1934, t. 4.
102 26 Ebrill, 1934, t. 5.
103 *Y Brython*, Tachwedd 29, 1934, t. 1.
104 *Y Brython*, Rhagfyr 27, 1934, t. 4.
105 *Y Faner*, Ionawr 14, 1936, t. 5.
106 *Y Brython*, Ionawr 23, 1936, t. 4.
107 24 Medi, 1936, t. 4.
108 18 Tachwedd, 1937, t. 4.
109 *Y Faner*, 18 Ionawr, 1939, t. 15.
110 *Welsh Outlook*, Rhagfyr 1933, t. 330.
111 *Loc. cit.*, t. 331.
112 *Loc. cit.*, t. 332.
113 *Cambria*, I, 7, Hydref 1932, t. 31.
114 *Cambria*, I, Gwanwyn 1930, 33, t. 33.
115 *Y Brython*, 15 Tachwedd, 1928, t.5.
116 *Y Genedl*, 26 Mawrth, 1929, t. 5.
117 *Y Brython*, 25 Mawrth, 1937, t. 5.
118 *Cross Currents A Play of Welsh Politics*, E. P. C. Welsh Drama Series, 59 (Caerdydd: d.d.), t.10.
119 *Loc. cit.*, t. 53.
120 *Loc. cit.*, t. 73.
121 *Y Faner*, 14 Chwefror, 1924, t. 5.
122 *Loc. cit.*, t. 75.
123 Wedi ei ddyfynnu yn y Rhagair i *La Zone: drama arobryn Eisteddfod Genedlaethol Pontypwl* (Llanelli: 1931).
124 *Y Brython*, 28 Awst, 1924, t. 5.

125 *Y Brython*, 15 Tachwedd, 1928, t. 5.
126 *Y Llenor*, VII (1928), t. 184.
127 *Cyfrinach y Môr* (Llundain: 1928), t. 97.
128 *Y Faner*, 12 Awst, 1926, 3.
129 *Y Brython*, 16 Medi, 1926, t. 8.
130 *Y Faner*, 21 Mehefin, 1927, t. 7.
131 *Inc Yn Fy Ngwaed* (Llandybïe: 1963), t. 51.
132 *Y Faner*, 12 Awst, 1926, t. 3.
133 *Yr Anfarwol Ifan Harris* (Lerpwl: d.d.), t. 39.
134 *Y Faner*, 3 Mawrth, 1927, t. 5.
135 *Y Faner*, 23 Awst, 1927, t. 6.
136 *Y Darian*, 27 Hydref, t. 1.
137 *Y Genedl*, 10 Awst, 1931, t. 6.
138 *Y Brython*, 25 Chwefror, 1932, t. 4.
139 *Hywel Harris* (Wrecsam: 1932), t. 93.
140 *Y Ford Gron*, II, 5, Mawrth 1932, t. 107.
141 *Y Faner*, 21 Mai, 1935, t. 4.
142 21 Medi, 1937, t. 6.
143 *Y Faner*, 21 Medi, 1937, t. 6.

4

Diwedd y Gân

Sut y mae dweud bod digwyddiad mor gymhleth â'r Mudiad Drama wedi dod i ben? Barn Bobi Jones oedd iddo barhau 'fwy neu lai' tan 1936, ond yn ôl Dafydd Glyn Jones ni wnaeth ddarfod cyn i'w gynull-eidfa gilio, tua diwedd pumdegau'r ugeinfed ganrif. Cytuna Roger Owen â hynny, gan dderbyn hefyd farn Dafydd Glyn mai dyfodiad y teledu a roddodd yr ergyd farwol iddo.[1]

Y mae'n annhebyg y byddai unrhyw un yn herio'r farn honno oherwydd fod y dystiolaeth ynglŷn ag effaith ysgubol dyfodiad y cyfryngau torfol, ac yn arbennig y teledu, ar fywyd cymunedol yng Nghymru ac ymhob man arall mor ysgubol. Serch hynny, y mae'n bwysig nodi bod y Mudiad Drama Cymraeg wedi cyd-fyw am ddeg-awdau â'r sinema, er mor dynn fu gafael honno yn nychymyg y werin Gymreig. Yr oedd theatr y grwpiau drama hefyd wedi goroesi dyfodiad y teclyn diwifr a hyd yn oed wedi tynnu maeth ohono ar hyd y dauddegau a'r tridegau. Y mae gennym reswm yn ogystal i herio dadl Dafydd Glyn mai gwrthgiliad y gynulleidfa a danseiliodd y mudiad, gan gofio mor hynod o glòs a fu'r berthynas rhwng pob un o'r pleidiau a gyfrannodd at fodolaeth y theatr honno.

Credaf fod Dafydd Glyn yn nes at y gwir pan ddywed mai achos darfod y Mudiad Drama oedd fod myth cynhaliol y mudiad wedi colli gafael ar ddychmyg y Cymry.[2] Awgryma tystiolaeth y ddrama i hyn ddechrau digwydd yn y tridegau. Os felly, mae'n rhaid fod effaith Rhyfel 1939–45 wedi cwblhau'r broses, gan iddo brysuro newidiadau sylweddol yn strwythur cymdeithasol y wlad. Serch hynny, y mae cryn dystiolaeth fod llawer a fu ynghlwm wrth y mudiad cyn y Rhyfel yn disgwyl iddo barhau wedi hynny, fel y gwnaeth ar ôl 1918. Yn wir, tynn J. Ellis Williams sylw at ostyngiad sylweddol yn nifer y grwpiau drama gweithredol ar ôl 1945, ond y mae'n drawiadol sylwi ei fod yntau yn y cyfnod hwnnw yn disgwyl i holl beirianwaith y mudiad barhau fel petai ar ôl egwyl.[3] Dengys Roger Owen, hefyd, fod sawl rheswm dros gredu ar hyd y pedwardegau a'r pumdegau cynnar nad oedd rhyw lawer wedi newid o ran bywiogrwydd y mudiad. Dywed ef:

Rhwng 1945 a 1951, er gwaethaf llu o anawsterau cymdeithasol ac economaidd, gan gynnwys dogni bwyd a thanwydd, gwelwyd cynnydd sylweddol yn nifer y cwmnïau theatr amatur, a chlywyd gobaith newydd yn lleisiau'r caredigion hynny a fuasai'n gwarchod y mudiad drama.[4]

Er gwaethaf hynny, y mae'n amheus gennyf a fyddai neb a fu byw drwy'r cyfnod hwnnw yn gwadu bod y profiad o fyw drwy'r pumdegau yn brofiad newydd. Gyda'r Arddangosfa Fawr Brydeinig yn y flwyddyn 1951, daeth llu o newidiadau eraill, gan gynnwys sefydlu Cyngor y Celfyddydau o ganlyniad uniongyrchol i'r Rhyfel ac yn arwydd o'r un ysfa wleidyddol a gynhyrchodd fuddugoliaeth ysgubol y Blaid Lafur yn 1945. Bu ymyrraeth y Cyngor hwnnw'n ffactor hollbwysig yn y pumdegau a'r chwedegau, yn arbennig oherwydd ei fod yn cydweithio â'r BBC yng Nghymru i gyflawni rhaglen o ddatblygiadau go sylweddol. Drwy gyfrwng y bartneriaeth honno gwireddwyd sawl un o'r amcanion a hyrwyddwyd ar hyd y dauddegau a'r tridegau gan ddynion fel de Walden, D. T. Davies a Saunders Lewis ac yn bwysicaf oll, sicrhawyd bodolaeth grŵp parhaol o actorion wedi eu hyfforddi i safonau'r theatr broffesiynol. Dyna sail datblygiadau'r chwedegau ac yn neilltuol sefydlu Cwmni Theatr Cymru a'r hyn yr wyf wedi ei ddynodi yn Theatr y Consensws, y theatr broffesiynol, gelfyddydol, y llwyfannwyd gweithiau Saunders Lewis, John Gwilym Jones a Gwenlyn Parry ynddi.[5]

Gellid dadlau bod gwreiddiau'r theatr hon wedi eu gosod yn y cyfnod cyn y Rhyfel. Gyda darllediad *Buchedd Garmon*, Ddygwyl Dewi, 1937, cafwyd yr enghraifft cyntaf erioed o ddrama Gymraeg a oedd yn hollol annibynnol ar fframwaith meddyliol y Mudiad Drama. Er bod Saunders Lewis wedi methu torri'n rhydd o'r fframwaith hwnnw yn 1922, yn *Gwaed yr Uchelwyr*, llwyddodd yn gyfan gwbl gyda *Buchedd Garmon*, sy'n creu cyd-destun cwbl newydd i'r drafodaeth am hunaniaeth Gymraeg. Gyda'r ddrama honno crewyd y posibiliad o ddrama Gymraeg a gyfrannai'n uniongyrchol at y dadleuon moesol ac athronyddol a oedd yn gyfredol yn nrama Ewrop. A chyda *Blodeuwedd* (1948), gwireddwyd y posibiliad hwnnw. Gyda'r ddrama honno fe ddaeth y ddrama Gymraeg am y tro cyntaf yn rhan o ddiwylliant prif ffrwd Moderniaeth Ewropeaidd. A pharhaodd felly am sawl degawd ar ôl hynny.

Fel y cyfaddefodd Saunders Lewis ei hun, dychwelodd at destun y ddrama anorffenedig a roes heibio yn fuan ar ôl yr hyn a ystyriodd yn fethiant *Gwaed yr Uchelwyr* a Theatr Genedlaethol Cymmrodorion Caerdydd, oherwydd y camau breision tuag at safonau proffesiynol a gymerwyd yn Theatr Garthewin dan arweinyddiaeth Morris Jones.[6] Ond pwysig yw cydnabod mai'r cyfnod cyn y rhyfel a welodd gychwyn prosiect Theatr Garthewin, a addaswyd gan Robert Wynne yn 1936 yn ôl cynlluniau Thomas Taig. Fel sawl datblygiad arall yn y cyfnod hwn, rhaid gweld Garthewin yng nghyd-destun datblygiadau ehangach y cyfnod rhwng y ddau Ryfel. Bu'n anodd yn y cyfnod hwnnw i wahan-iaethu'n bendant rhwng agweddau ar fywyd theatraidd Cymru a oedd yn ganlyniad i ddylanwadau o Iwerddon, Lloegr ac Ewrop a phriodol-eddau'r Mudiad Drama cynhenid. Ond o'n persbectif presennol, ar ôl i ni weld sawl ffurf unigryw arall ar theatr yng Nghymru yn dod ac yn mynd, dylai fod yn haws didoli'r elfennau hynny oddi wrth ei gilydd.

Symbylwyd theatr y Mudiad Drama gan reddf hunanamddiffynnol cymunedau a welai fod y byd o'u cwmpas yn bygwth eu hunaniaeth ond a deimlai, er hynny, eu bod yn perthyn i'r byd hwnnw. Ymateb-asant i'r bygythiad hwnnw drwy ffasiynu mytholeg a ddyfeisiwyd i ganiatáu iddynt addasu i gyfnewidiadau cymdeithasol ac economaidd a oedd y tu hwnt i'w rheolaeth ac ar yr un pryd i gadw gafael ar elfennau hanfodol y traddodiadau yr oedd eu hunaniaeth fel cenedl wedi eu seilio arnynt. Mudiad gwerinol oedd y Mudiad Drama, i'r graddau ei fod yn cymryd yn ganiataol wreiddiau gwerinol y diwylliant Anghydffurfiol Cymraeg, ond a oedd ar yr un pryd ynghlwm wrth y mudiad addysg. Gwelwyd newid sylweddol ar hyd y cyfnod o gan-lyniad i'r cysylltiad hwnnw. Gweithwyr ifainc yn y diwydiannau glo, golosg, haearn a dur, neu weithwyr siop oedd hogiau a llancesi'r Mudiad Drama yn y degawdau cynnar a'u harweinwyr yn weinidogion ac yn ysgolfeistri a oedd wedi cael mantais yr addysg a gynigiwyd o chwe-degau a saithdegau'r bedwaredd ganrif ar bymtheg. Wrth i'r ganrif fynd rhagddi, sefydlwyd y system addysg ganolradd a'r prifysgolion a sugnwyd nerth a dylanwad y capeli Anghydffurfiol ac fe gafodd y datblygiadau hyn ddylanwad ar y perthynasau cymdeithasol sylfaenol a reolasai strwythur ac amcanion y grwpiau drama.

Fel y dengys y ddadl rhwng D. T. Davies ar y naill law a J. Tywi Jones ar y llall, yr oedd yna rwygiadau y tu mewn i'r mudiad, o ganlyniad i'r datblygiadau hyn, a fygythiai ei fodolaeth a'i barhad. Eto i gyd, gellid dweud bod y mudiad yn unedig tra oedd y gwahanol bleidiau hyn yn gweld y weithred o berfformio drama Gymraeg yn gyfrwng i'r un symbyliad amddiffynnol sylfaenol. Wrth i hwnnw ballu, gan roi lle i gymhelliad newydd, gellir dweud bod y Mudiad Drama wedi dod i ben.

Gellir olrhain y broses honno yn y dramâu a gynhyrchwyd gan y mudiad ar hyd ei oes. Er gwaetha'r amrywiaethau o ran pwyslais a chywair, gellir dweud bod dwy brif nodwedd i'r ddrama Gymraeg 'draddodiadol' a gynhyrchwyd i ateb gofynion y grwpiau drama rhwng 1900 a 1935: sef, yn gyntaf, ei bod, fel y dywed Dafydd Glyn Jones, yn amharod 'i ddilyn cwestiynau i'r pen ac i wynebu holl ymhlygiadau sefyllfa'[7]; ac yn ail, ei bod, hyd yn oed yn nwylo dramodwyr a ymdrechai i drin y byd o'u cwmpas, yn ystyfnig o atchweliadol.

Gyda golwg ar y gyntaf o'r nodweddion hyn, gallwn fynd ymhellach na'r cyhuddiad cyffredin fod y dramodwyr yn dueddol i osgoi rhai agweddau ar eu deunydd yr oeddynt yn teimlo y byddent yn codi gwrychyn y gynullcidfa. Y gwir yw fod y ddrama hon yn methu – a hynny'n bwrpasol – â thrin problemau moesol yr oes oedd ohoni o gwbl. Wrth ddarllen drama Gymraeg y cyfnod hwn gallai dyn ddod i gredu nad oedd bywyd yn y Gymru Gymraeg yr un â bywyd yng ngwledydd eraill Ewrop – a hynny mewn cyfnod pan oedd yr union bobl hynny'n wynebu canlyniadau eithafol yr union argyfyngau economaidd, cymdeithasol a diwylliannol a effeithiodd ar y gwledydd hynny. Nid oes raid ond cyfosod testunau a oedd yn gyfoes â'i gilydd yng Nghymru ac mewn gwledydd eraill, fel *Trem yn Ôl* Gwynfor a *Deffro'r Gwanwyn* Wedekind ar y naill law, neu *Dirgel Ffyrdd* Ieuan Griffiths a *Threepenny Opera* Brecht ar y llall, i weld y gwahaniaeth yn hynod glir.

Y gwir yw nad oedd a wnelo'r ddrama draddodiadol Gymraeg â'r byd oedd ohoni, ond â byd diflanedig, traddodiadol Cymraeg, na fu erioed ond rhith. Dyna pam ei bod mor ystyfnig o atchweliadol ar hyd y cyfnod. Rhaid oedd, rywsut neu'i gilydd, atgyfnerthu'r cysylltiad rhwng presennol y gynulleidfa a diniweidrwydd y 'gorffennol' Anghydffurfiol, gwerinol. Dyna a symbylodd W. J. Gruffydd, yn 1913, i orffen ymron yr unig ddrama Gymraeg a ymchwiliai i ffynonellau drygioni y tu mewn i'r byd Cymreig, gydag ystum atchweliadol ei arwr yn ateb gofyniad yr hen Mali Owen, 'Dwad i, ngwas i, er mwyn i dy nain i chlywed . . . dy adnod'. A dyna a rwystrodd Ieuan Griffiths, hefyd, ugain mlynedd yn ddiweddarach, rhag wynebu ymhlygiadau cyflawn y gwacter ofnadwy a ymddangosodd ynghanol y diwylliant Cymraeg yn ei gyfnod ef. Y gwir yw nad oedd trasiedi ei hen flaenor ef wedi ei orfodi o'r diwedd i gyfaddef bod y rhith o ddiniweidrwydd Anghydffurfiol wedi hen ddarfod yn ddim ond ffars, fel popeth arall yn ei fyd. Ond nid oedd hyd yn oed Ieuan Griffiths, y dramodydd mwyaf cignoeth o onest ohonynt i gyd, yn medru cydnabod hynny. Yr oedd gafael y traddodiad yn rhy gryf.

Cawn ddramodwyr tua'r cyfnod hwnnw yn ymdrechu i dorri hualau'r traddodiad, yn arbennig Kitchener Davies a John Gwilym Jones. Y mae *Cwm Glo* yn ganlyniad i ymdrech gyfan gwbl ddigymrodedd i weithio allan y gwrthdrawiad rhwng ystrydebau'r traddodiad ymneilltuol ac amodau'r byd cyfoes. Cawn ddadansoddiad cyson a phellgyrhaeddol o gymhelliad dynion a merched yng ngoleuni seicoleg gyfoes a beirniadaeth gymdeithasol Farcsaidd. Fel y gwyddys, bu hynny'n ormod i feirniaid eisteddfodol y cyfnod, i Senedd Coleg Prifysgol Bangor a rheolwyr y Chwaraedy Cenedlaethol i gyd, er nad oes unrhyw awgrym yn yr adroddiadau cyfoes fod neb o blith y cynulleidfaoedd o Gymry a brysurodd i'w gweld erioed wedi cwyno am ei beiddgarwch. Ac yn wir, a oes rheswm dros gredu y byddai trigolion byd dramâu Ieuan Griffiths wedi bod yn rhy swil i gydnabod y gwirionedd fel y'i datgelir yn *Cwm Glo*?

Ond er gwaethaf ei onestrwydd, daliodd awdur *Cwm Glo* yn gaeth i'r meddylfryd traddodiadol. Methodd ollwng ei afael ef ei hun ar werthoedd y traddodiad a rhoddodd, o ganlyniad, y gair olaf yn ei ddrama i gymeriad sy'n ymgorfforiad o'r gwerthoedd hynny. Y peth trawiadol am hynny yw y byddai wedi cael ei gystwyo'n dost am hynny gan sylfaenwyr y traddodiad Anghydffurfiol go iawn. Beth a fyddai creawdwr Theomemphus wedi ei wneud o'r awgrym fod cymeriad fel Dic Evans yn medru byw y tu mewn i strwythurau crefydd Anghydffurfiol yn ddiogel rhag symbyliadau gwyrdroëdig y galon ddynol?

Ac yr oedd *Cwm Glo'n* fethiant o un safbwynt arall. Yr oedd y dasg yr oedd y dramodydd wedi ei gosod iddo'i hun yn eithaf tebyg i'r hyn yr ymgymerodd Wedekind ag ef yn *Deffro'r Gwanwyn*. Ond sylwodd Wedekind ar rywbeth na welodd Kitchener Davies mohono, sef y ffaith fod archwilio cymhlethdod cymhellion dynion yn y byd sydd ohoni'n gofyn nid yn unig am feiddgarwch moesol ond am barodrwydd i danseilio'r fframwaith meddyliol a gynhaliai'r ystrydebaeth foesol honno. O ganlyniad ceisiodd Wedekind wyrdroi'n gyfan gwbl ddisgwyliadau ffurfiol ei gynulleidfa, disgwyliadau y sylwodd eu bod yn gynnyrch i feddylfryd sylfaenol ei gynulleidfa ac yn amddiffyniad ohono. Ni sylwodd awdur *Cwm Glo* ar hynny, a chadwodd ffydd oherwydd hynny ag estheteg ffug-naturiolaidd traddodiad y ddrama Gymraeg. Ac yn ddiarwybod iddo ef ei hun cadarnhaodd, felly, mewn termau esthetig, yr ystrydebaeth foesol a oedd yn sylfaenol i'r traddodiad.

Erbyn iddo ysgrifennu *Meini Gwagedd* yr oedd Kitchener wedi dysgu o leiaf hanner gwers Wedekind. Ni chredaf fod beiddgarwch y gwaith hwn wedi derbyn cydnabyddiaeth deg, nid yn unig o'i ystyried fel drama, ond fel dadansoddiad athronyddol o sylfeini'r diwylliant Anghyd-ffurfiol a fu'n ganolog i fywyd Cymru gyhyd. Dywedodd D. Jacob Davies ei fod ef yn ymwybodol yn ystod y broses o rihyrsio'r ddrama yn Llanbedr Pont Steffan yn 1945 o'r ysbryd o ddrygioni a oedd yn cyniwair drwy'r ddrama. Ni chredaf ei fod yn orliwiad i ddweud mai dyma'r ddrama Gymraeg gyntaf oll i ymgymryd â'r broblem o ddioddefaint a drygioni o'r tu mewn i fframwaith traddodiadol y diwylliant Cymreig. Y mae hanes y tair cenhedlaeth a ddinistrir oddi mewn i gyffiniau milltir sgwâr tyddyn Glangors Fach, ar ochrau Cors Goch Tregaron, yn wahanol iawn i unrhyw beth a geir yn hanes D. J. Williams. Dengys *Meini Gwagedd* sut y gallai'r traddodiad fod yn gyfrwng i ddinistr mocsol, ysbrydol a chorfforol. Dechreua'r gyflafan yn union gnewyllyn y traddodiad, wrth i hen ŵr Glangors Fach ddiystyried ei ferched fel etifeddion y tyddyn ac iddynt hwy, felly, ddial arno wrth osod y tyddyn ar rent a ffoi i'r dref. Y cyni sy'n ganlyniad i'r ymdrech i dalu'r rhent hwnnw sydd, yn y pen draw, yn dinistrio'r genhedlaeth nesaf, a'u plant a'u hwyrion, gan adael Glangors Fach yn adfail gwag ac 'yn drigfan . . . anifeiliaid gwylltion yr anialwch'.

Gellid dadlau, efallai, fod yna ddau ffactor sy'n lleihau effaith y feirniadaeth ysgubol hon, sef y ffaith fod arddull a strwythur *Meini Gwagedd* yn cyfyngu ei hergyd ar ymwybyddiaeth cynulleidfa. O ran arddull ymdrechodd Kitchener yn galed i sefydlu cywair tafodieithol sydd mor gyfyng fel ei fod yn cau allan hyd yn oed gynulleidfaoedd cyfoes o fro ei febyd. Ac o ran strwythur, drwy'r ddyfais o gyfosod dau deulu o ysbrydion, yr hen ŵr a'i ferched a dau frawd a dwy chwaer eu tenantiaid, caiff yr effaith o ganoli sylw ar un eiliad hanesyddol yn unig, gan agor bwlch amseryddol rhwng profiad y cymeriadau a phrofiad ei gynulleidfa. Diddorol yw sylw mai effaith arall y ddyfais hon yw ei rwystro rhag trin y broses hollbwysig o golli gafael ar y traddodiad ac ar eu hunaniaeth hwy eu hunain sy'n difetha'r cenedlaethau ifainc, nad yw eu tynged wedi ei chyflwyno yn y ddrama ond yn anuniongyrchol.

Diddorol yw sylwi hefyd fod John Gwilym Jones wedi defnyddio dyfais debyg i hon wrth ysgrifennu ei ddrama gynharaf, *Y Brodyr* (1934). Dywed Dafydd Glyn Jones am John Gwilym ei fod mewn ffordd yn dal yn ffyddlon i batrwm y ddrama draddodiadol, i'r graddau ei fod yn dal i ymdroi yn ei waith o gwmpas yr un cymhleth crefyddol.[8] Gellid mynd ymhellach ar hyd yr un trywydd hefyd, efallai, wrth sylwi bod ei ddrama olaf, *Yr Adduned* (1979) yn troi o gwmpas yr hen broblem o'r berthynas rhwng hunaniaeth Cymru'r ugeinfed ganrif a bywyd anghymhleth y werin draddodiadol.

Serch hynny, ni allai neb wadu i John Gwilym Jones bwysigrwydd ei gyrhaeddiad fel dramodydd a dorrodd allan o hualau'r traddodiad y magwyd ef ynddo. Fe all fod ei brofiad ym Mangor, ynn Nghymdeithas Ddrama Coleg y Brifysgol yn y cyfnod pan oedd aelodau'r cwmni wrthi'n cyfieithu ac yn cyflwyno nifer o ddramâu Saesneg cyfoes, yn baratoad pwysig o ran hynny. Fe all ei fod hefyd wedi ei ddylanwadu fel dramodydd gan rai o'r gweithiau hynny – gan gynnwys *Outward Bound* Sutton Vane a gyflwynwyd gan y gymdeithas yn 1926, wedi ei chyfieithu gan R. Williams Parry.

Ceir yn *Y Brodyr* feirniadaeth ar agweddau canolog ar y diwylliant Cymreig sy'n llawer mwy deifiol na dim a geir yn nramâu mwyaf beiddgar y traddodiad. Gellid darllen *Y Brodyr*, mewn gwirionedd, fel adolygiad ar y traddodiad ei hun. Y mae'r union gymhleth seicolegol y mae D. T. Davies yn troi ei wyneb oddi wrtho yn *Ephraim Harris* yn ganolog i ddrama John Gwilym. Hanfod y digwyddiad a gyflwynir yn *Y Brodyr* yw'r cymhlethdodau a fegir y tu mewn i deulu sydd wedi ei fagu drwy gyfrwng yr ystrydebau Anghydffurfiol ac sydd o ganlyniad yn colli'r gallu i reoli'u cymhellion isaf a'u hunanoldeb cynhenid. Ni ddihanga neb o'r prif gymeriadau rhag llygadrythiad treiddgar y dramodydd: y weddw o fam sy'n pledio'i merthyrdod ei hun fel esgus dros wyrdroi bywydau ei phlant; y brawd hynaf y mae uchelgais ddeallusol yn enw gwasanaeth i'w gyd-ddyn yn esgus am falchder personol; y chwaer ddiymhongar, y mae ei gwrthodiad gan ei mam yn caniatáu inni ei gweld fel yr hyn ydyw, ond sy'n ildio i gasineb a dial ac yn colli'r cyfle i achub ei brawd ifanc o ganlyniad; y brawd iau sy'n difetha ei hun er mwyn talu'r pwyth yn ôl i'w fam am iddi garu ei mab arall yn fwy. O ran dyfnder ei feirniadaeth ni chreodd John Gwilym ddim gwell erioed na'r dadansoddiad hwnnw o gymhleth teuluol y tu mewn i gaer y diwylliant traddodiadol, ac yn wir gellid dweud ei fod yn well hyd yn oed na'r hyn a geir mewn dramâu fel *Ac Eto Nid Myfi* i'r graddau ei fod yn fwy gwrthrychol.

Er gwaethaf hynny, y mae'n amheus a fyddai *Y Brodyr* erioed wedi bod yn llwyddiant ar lwyfan, a hynny oherwydd nad yw drama'r teulu ond hanner y ddrama ei hun. Rhoddodd John Gwilym y digwydd hwnnw, sy'n arwain at farwolaeth y brawd iau, y tu mewn i gyd-destun arallfydol nad yw'n hawdd gweld ei gyfiawnhad ond yn nhermau gafael traddodiad y Mudiad Drama ar ei ddychymyg. Ni allwn nesáu at fyd cymeriadau'r presennol ond o safbwynt nifer o gymeriadau eraill, sy'n aros yng nghynteddau'r nefoedd am eu cyfle i gwblhau'u taith. Sail y rhan hon o'r ffuglen yw'r syniad nad oes modd iddynt hwy symud i fyny tan iddynt ollwng eu gafael ar y byd y maent wedi ei adael. Cânt wneud hynny wrth ddod i ymwneud â thrigolion ein byd ni yn nhermau cariad diduedd yn hytrach na chariad trachwantus. Felly gwelwn ddau hen gymeriad traddodiad y ddrama, y gwas ffarm diniwed a'i feistr tir o Gymro hen ffasiwn, yn graddol ymollwng, er gwaethaf eu ffyddlondeb diniwed i'r hen bethau diflanedig. Caiff Mali, hefyd, cariad Alun, y brawd hŷn sydd wedi marw cyn cyflawni'r ymchwil feddygol a fyddai'n ei wneud yn fydenwog, ei gollwng, oherwydd symledd a phurdeb ei chariad ato ef. Ond o ran Alun ei hun, y mae ei dynged ef yn debyg i eiddo cymeriadau *Huit Clos* Sartre, y mae eu gwrthodiad ystyfnig i ollwng eu gafael ar drachwant y gorffennol yn uffern iddynt.

Y mae'n anodd gweld, o'r pellter hwn, pa gysylltiad hanfodol a welai John Gwilym rhwng dau hanner *Y Brodyr*, ac eithrio'r ffaith iddo fethu ag ymroi i'r un heb amddiffyn y llall. Y gwir yw fod ei ddrama'n enghraifft berffaith o barhad yr elfen atchweliadol hyd yn oed ym meddyliau'r dramodwyr mwyaf treiddgar, dychmygus yn y cyfnod hwnnw, tua chanol tridegau'r ganrif diwethaf. Y mae'n wir fod John Gwilym, fel Kitchener, wedi llwyddo i dorri'n rhydd o hualau'r hen draddodiad ac i greu dramâu sy'n cynnig sylwebaeth onest ar y byd a'i cynhyrchodd, ond ni ddaeth y fuddugoliaeth honno'n hawdd.

Ni allai fod wedi bod yn hawdd, oherwydd yr oedd yn gorfod ymladd brwydr dros genhedlaeth gyfan. Cawn awgrym o'r ymdrech yr oedd ei hangen er mwyn ei chyflawni wrth sylwi mai dim ond ar ei wely angau y llwyddodd Kitchener i ennill y gallu i'w ddisgrifio o ran profiad personol, ac o'r ffaith na lwyddodd John Gwilym erioed i ymadael ag ef fel pwnc ei ddrama. Yr un cwestiwn a geir yn ei waith gorau a'i waith diweddaraf, sef sut i gyfryngu hunaniaeth y Cymro fel proses fyw rhwng y gorffennol diogel a'r presennol gwag.

Ni chredaf ei bod hi'n bosibl gosod dyddiad terfynol penodol i'r Mudiad Drama. Ni fu digwyddiad, dim ond proses graddol o newid a oedd yn golygu nifer o gyfnewidiadau rhwng safbwyntiau gwahanol ar bob agwedd ar ddrama. Rywle yn ystod y broses honno, y mae'n debyg, bu eiliad o saib, rhywbeth tebyg efallai i'r eiliad y mae Blodeuwedd yn sôn amdani sy'n pennu'r trawsgyweiriad anghlywadwy rhwng gwanwyn a haf.[9] Os felly, fe all ei fod wedi digwydd rywle yn ystod cyfnod cynharach y rhyfel, o ganlyniad i'r newid disymwth o ran cyfeiriad a rhythm bywyd economaidd Cymru. Yn sicr fe barodd y newid hwnnw, a barhaodd drwy'r cyfnod ôl-ryfel ac i'r chwedegau a'r saithdegau, hyder newydd ymhlith y Cymry Cymraeg a ollyngodd egni creadigol newydd. Gellid honni, yn ddiau, mai'r un yw canolbwynt diwylliant y Cymry yn awr ag ydoedd yn ystod hanner cyntaf yr ugeinfed ganrif, sef sut y mae cyfryngu Cymreictod mewn byd sy'n prysur newid dan ddylanwadau nad oes gennym affliw o obaith eu rheoli. Er hynny, rhaid cydnabod bod cywair yr ymgyrch genedlaethol yn bur wahanol yn y cyfnod rhwng 1945 a 1979 i'r hyn ydoedd cyn hynny – fel y mae'n wahanol nawr, mewn cyfnod pan gydnabyddir yr ail refferendwm a darfod Thatcheriaeth radical yn ddigwyddiadau dylanwadol.

Wrth edrych yn ôl, credaf fod rhaid cydnabod y Mudiad Drama fel un o'r ffenomenâu pwysicaf ym mywyd Cymry'r ugeinfed ganrif. Er mwyn derbyn hynny bydd raid goresgyn y siom a deimlwyd ar hyd y blynyddoedd oherwydd na wireddwyd addewid y cyfnod byr, cyffrous rhwng 1911–1914 yn y ddrama a ysgrifennwyd ar ôl hynny. Ni ddaeth y ddrama fawr Gymraeg y pryd hwnnw – yn wir rhaid cydnabod bod y ddrama honno'n ddiffygiol o ran cysondeb, gonestrwydd a chysondeb meddwl. Ond byddai edifarhau yn ormodol am hynny yn ein rhwystro rhag cydnabod ei phwysigrwydd fel deunydd crai'r mudiad o'i ystyried yn fudiad cymdeithasol/diwylliannol.

Ni allai'r Mudiad Drama fod wedi creu drama fawr o'i hystyried fel llenyddiaeth, oherwydd nid oedd yn ymateb i amodau bywyd Cymru yn y cyfnod hwnnw. Ond nid yw dweud hynny'n lleihau pwysigrwydd y mudiad. Gellid dweud bod anonestrwydd y ddrama'n amod ei llwyddiant fel cyfrwng i ganiatáu i'r Cymry gyfryngu rhwng y pethau yr oeddynt yn credu eu bod yn rhannau hanfodol o'u hunaniaeth hanesyddol ac amod-au'r byd oedd ohoni. Ar ôl y cyfan, sut yr oedd bod yn Gymro yn y cyfnod hwnnw, pan oedd bywyd y genedl yn un trychineb hir? Tra oedd yr iaith yn prysur golli gafael ar leferydd y genedl, a'r grefydd a ystyrid yn rhan hanfodol o'i bodolaeth ymhobman ar drai. Ac ar yr un pryd, tra oedd y dosbarth canol yn llwyddo i fanteisio ar y system addysg newydd a oedd ynddi'i hun yn arf ymerodrol nerthol y diwylliant a'r gyfundrefn Brydeinig, yr oedd seiliau bodolaeth y werin ddiwydiannol yn toddi oddi tanynt. Gan ystyried hynny i gyd, rhaid cydnabod nad yw'n bell o fod yn wyrthiol fod yr iaith a'r diwylliant Cymreig wedi goroesi o gwbl.

Un rheswm am y wyrth honno oedd llwyddiant y Mudiad Drama – os yn wir y gellir esbonio gwyrth! Beth oedd yn digwydd dro ar ôl tro, ar hyd Cymru benbaladr, drwy gyfrwng gweithgarwch y grwpiau drama, oedd perfformio defod gymdeithasol gynhaliol. Yr oedd pob perfform-iad o ddramâu'r mudiad rhwng 1900 a 1940 yn berfformiad o hunaniaeth gymunedol, dathliad o ddolen a wireddwyd yn y weithred theatraidd, er yn hollol wag o ran sylwedd hanesyddol. Ac os gofynnwn ym mha ffordd arall y gellid bod wedi dathlu Cymreictod yn y cyfnod hwnnw, pan oedd seiliau hanesyddol yr hunaniaeth Gymraeg yn cael eu siglo ymhobman, gwelwn wir bwysigrwydd y mudiad. Wynebai'r Cymry yn 1880 dasg anferthol, y dasg o ail-wneud ffurf ar Gymreictod mewn cyfnod pan oedd amodau cymdeithasol ac economaidd yn eu gorfodi i ymadael â'r grefydd a fu'n hanfod eu bodolaeth. Wrth i'r newidiadau hynny fynd yn eu blaen fe aeth yn dasg anos fyth. Wrth edrych yn ôl, gwelwn faintioli cyrhaeddiad y cenedlaethau rhwng 1880 a 1940: llwyddasant i greu seiliau hyder newydd ymhob agwedd o'u bywyd – ac ym meysydd gwleidyddiaeth, barddoniaeth ac addysg yn anad dim. O'r pellter hwn ni allwn ond dyfalu maint pwysigrwydd y Mudiad Drama fel atgyfnerthiad cymunedol yn ystod y broses hon – fel pont y croesodd cenedl y Cymry drosti, gan gario gyda hwy eu hiaith a'u diwylliant, y naill a'r llall, efallai, heb fod mor hen ac urddasol ag yr oeddynt yn ei hawlio, ond a oedd yn eiddo iddynt hwy eu hunain er hynny, ac erbyn hyn, yn eiddo i ni.

Nodiadau

1   Bobi Jones, 'Y Ddrama 1913–1936', *Barn*, Awst 1985, rhif 271, t. 295; Dafydd Glyn Jones, 'Saunders Lewis a thraddodiad y ddrama Gymraeg', *Llwyfan*, Gaeaf 1973, rhif 1, t. 8; Roger Owen, 'Y Ddefod Golledig?: Theatr, Cymdeithas a Chymreictod yn y Gymru Gymraeg 1945–1990', Traethawd Ph.D. cyflwyn-edig i Brifysgol Cymru, 1999, t. 75–76.

2   Ibid. Dyna'r ail ffactor, meddai Dafydd Glyn, sy'n esbonio pall ar apêl y ddrama Gymrag, sef 'pallu o rym y mythau a fu'n sail' iddi.

3   *Inc yn fy Ngwaed* (Llandybïe: 1963), t. 113.

4   *Loc. cit.*, t. 67.

5   Gweler 'Towards National Identities: Welsh Theatres', *Cambridge History of British Theatre*, III, 'Since 1895', gol. Baz Kershaw, tt. 242–272.

6   Gweler *Dramâu Saunders Lewis Y Casgliad Cyflawn* (Caerdydd: 1996), gol. Ioan Williams, t. 213.

7   'Hen Ddramâu, Hen Lwyfannau', *Llwyfannau Lleol* (Llandysul: 2000), gol. H. W. Davies, t. 16.

8   'Saunders Lewis a thraddodiad y ddrama Gymraeg', t. 12.

9   'Chwap, . . . / Fe baid y chwiban ar bob brig a pherth / . . . A'r funud honno . . . dyna dranc y gwanwyn.' *Blodeuwedd*, Act 2; *Dramâu Saunders Lewis*; t. 241.

Mynegai

A Ŵyr Pob Merch 131
Aberdâr 14, 28, 65, 93, 106, 107, 110, 121, 163
Abertawe 58, 61, 79, 84, 90–6, 106, 112,
      114, 120, 123, 124, 128, 134–5,
      137–40, 151, 158, 180–1, 183–5
Aberystwyth 26, 43, 74, 90, 128, 141, 163,
      173
Ac Eto Nid Myfi 203
Academi Frenhinol, Yr 163
Adar o'r Unlliw 139
Adduned, Yr 203
Aelwyd Angharad 44, 45, 64
Aelwyd F'Ewythr Robert 17, 18, 52
Aeres Maesyfelin 93
Anghydffurfiaeth 3, 9, 11, 12, 14, 46
Alwad Yr 123
'Alltwen' 116
Amaethwr a'r Goruchwyliwr, Yr 16
Amwythig, Yr 147, 148, 150
Androcles a'r Llew 65
Anfarwol Ifan Harris, Yr 135, 139, 170,
      185–6, 196
Antoine de Montfleury 157
Ap Glaslyn 25–6, 28, 31, 53–4
ap Iwan, Emrys 36
Appleton, E. R. 133
Ar y Groesffordd 64, 84–8, 90, 93, 100, 108
Ardalydd Bute 91
Arddangosfa Fawr Brydeinig (1951) 198
Areopagita 11
Arthur Wyn y Bugail 37, 44, 72
Arthur Wyn yr Hafod 67, 125
Arts Theatre Club, Llundain 160
Arwydd y Groes 65
Asgre Lân 93, 95
Atkins, Robert 160
Awel Dro 189–90
Awen Rhun 143
Awstin *gw*. Davies, Thomas

BBC yng Nghymru 198
Bala, Y 26–8, 41, 48, 52–3, 84, 142
Balzac, Honoré de 72–3, 75
Bardd a'r Cerddor, Y 43–5, 93, 106
Barker, Granville 61, 94, 140, 156
Barrès, Maurice 104
Barrett, Wilson 65
Barri, Y 123, 128, 153, 163, 194
Barrie, James 128, 131, 136–7, 150
Bebb, Ambrose 141
Bebb, Eluned 163
Beddau'r Proffwydi 34, 50–1, 58, 61–4, 66
Beirniad, Y 71
Berry, R. G. 3, 49, 58–9, 69–70, 84–6, 88–90,
      93, 99, 113, 132, 140–1, 170–1, 79, 80
Berw *gw*. Evans, R. W.
Bill of Divorcement, A 122, 127
Birds of a Feather 175
Blanche, Arthur 153
Black-eyed Susan 11
Blaid Genedlaethol, y 106
Blaid Lafur, y 198
blaid Ryddfrydol Gymreig, y 35
Ble Ma Fa? 62, 80, 85, 88, 90, 93
Blodeuwedd 106, 198
Blodyn Glas, Y 135
Boncyff 122
Bowen, Evelyn 161–2, 164–5
Brad y Llyfrau Gleision 34
Branwen 102
Brecht, Bertolt 200
Brighouse, Harold 141, 144
Briodas Ddirgel, Y 67, 93
British Drama Festival 149
British Drama League 148, 150–1
Brodyr, Y 113, 202–4
Bryan, Robert 34
Brython, Y 104, 116, 125, 132, 135, 147,
      159–60, 163–4, 166–7, 187

Buchedd Garmon 198
Burns, Robbie 13
Bwci, Y 163

Caban F'Ewythr Twm 43
'Cadwaladr' 28–30
Caerdydd 36, 58, 71, 89–90, 101, 153, 199
Caernarfon 35, 39, 41, 44, 57, 129, 134, 163
'Caerwyn' 115, 125, 127, 129, 138–9, 152–3
Calfiniaeth 6, 17–18, 20,–1, 26, 49
Calon Lân 142
Cambrian Daily Leader 60, 75, 79, 93–4, 104
Canmlwydd Oed 140
Canwyll y Cymry 17
Canolfan Gynhadledd y Barri 153
Canpunt, Y 106
Capel Als, Llanelli 93
Caradog 35
Cardiff Castle in the Olden Time 11
Carey Evans, Syr Thomas a Lady 160
Castell Martin 8, 119, 139, 172–4
Castell-Nedd 67, 69, 132, 163
Cefnddwygraig 23
Cefnddwysarn 23
Ceidwad y Porth 147, 180–2
Ceidwadaeth 11
Ceiriog (John Ceiriog Hughes) 75
Celyn, Y 23
Cemlyn-Jones, E. W. 160
Change 50, 62, 74–80, 90–1, 97, 99, 100,
    107, 130, 144, 147, 155, 175
Citizen Bath House, canolfan drama 153
Cloudbreak 154
Clwb Celfyddydol Croesoswallt 125
*Cofiant y Parchedig John Jones, Talsarn, mewn
    cysylltiad â hanes diwinyddiaeth a
    phregethu Cymru* (1874) 5
Coleg y Bala, myfyrwyr diwinyddol 26
Coleg y Barri 163
Coleg y Bedyddwyr, Bangor 66
Coleg Caerleon 153
Coleg Diwinyddol Aberystwyth 43
Coleg Diwinyddol y Bala 22, 41
Coleg Diwinyddol Bangor 22
Coleg Harlech 149, 153
Coleg Prifysgol De Cymru, Cymdeithas
    Gymraeg myfyrwyr 64
Collette Baudoche 104
Comedy of Good and Evil, A 160, 161
Conflict 122
Congreve, William 191
Corn, Y 125
Corwen 9, 26–7, 29, 81

Craig, Gordon 156, 157
Cross Currents 175–6
Cwm Glo (1935) 113, 132, 134, 140, 162,
    171–2, 201
Cwmni Barlwyd, Ffestiniog 41
Cwmni Bethel yr Annibynwyr, Trecynon
    115
Cwmni Caernarfon 129
Cwmni Carmel y Methodistiaid,
    Trecynon 115–16
Cwmni Chwaraedy Cenedlaethol Cymru
    160, 162
Cwmni Dan Mathews, Pontarddulais 79,
    93, 129, 144
Cwmni Drama Felin-foel 124
Cwmni Drama Glanogwen 40, 41
Cwmni Drama Trecynon 150
Cwmni Drama Trefriw 2, 9, 22, 24–8,
    30–1, 33, 38, 40–2, 81
Cwmni Dramayddol y Fenai 34
Cwmni Dramayddol Glannau Ifor 16
Cwmni Felinfoel 124
Cwmni Garrick, Canol Rhondda 123
Cwmni Godre Berwyn, Penycae 125, 127
Cwmni Gwaelod y Garth 132
Cwmni Gwauncaegurwen 93
Cwmni Gwernydd, Pontardawe 123
Cwmni Gwrtheyrn 40
Cwmni King's Cross, Llundain 133
Cwmni Llanberis 40, 41
Cwmni M.R., Glanaman 123
Cwmni Penmaenmawr 133
Cwmni Plasmarl 93
Cwmni Pwllheli 43
Cwmni Siloam, Abertawe 123
Cwmni Siloh, Pontarddulais 93
Cwmni Troedyrhiw, Merthyr 123
Cwmni Undeb y Ddrama Gymreig 129
Cwmni'r Drindod, Pontarddulais 93
Cwmni'r Ddraig Goch, Caernarfon 163
Cwmni'r Ddraig Goch, Penmaenmawr 43
Cwmni'r Maerdy 100, 123, 124, 133
Cwmni'r Tabernacl, Treforus 93
Cybydd, Y 67, 100, 123, 137
Cyfaill yr Aelwyd 35, 43
'Cyfeiliornadau Erchyll Morien' 14
Cyfoeth ynte Cymeriad 93
Cyfres y Werin 137
Cyfrinach y Cybydd 67, 100, 123
Cyfrinach y Môr 131, 170, 179, 196
Cyfrinach yr Aelwyd 18, 20
Cyffes Ffydd y Methodistiaid (1823) 5, 26
Cyngor y Celfyddydau 198

Cyngor Cenedlaethol y Gwasanaeth Cymdeithasol 153
Cyngor Dinesig Llangollen 161
Cymdeithas Cymru Fydd, Lerpwl 66
Cymdeithas Ddrama Coleg y Brifysgol, Bangor 203
Cymdeithas Ddrama Gymraeg Abertawe 93
Cymdeithasfa Corwen 26–7, 29, 81
Cymreictod 7, 11, 14, 37, 45, 89, 100, 167, 205–6
Cymru Fydd 35, 66
Cymro, Y 56, 70, 159, 171
'Cymro o Gardi' 159
Cymmrodorion Caerdydd 58, 101, 199
Cynan (Evans-Jones, Albert) 114, 133, 165–6, 187–90
Cyrnol Chabert, Y 72
Cystadleuaeth Ddramodol Dowlais 100

Chwaraed y Cenedlaethol 111,136, 145, 149, 150, 153–4, 158–60, 162, 166–7, 201
Chwaraewyr Coleg Prifysgol Bangor 114, 141
Chwaraewyr Cwm Rhondda 131
Chwaraewyr Lerpwl 133
Chwareu-gan Owain Glyndŵr 36

Dafydd ap Gruffydd 34, 39
Dafydd Dafis, cofiant 35
Darian, Y 12–14, 56, 59–60, 77, 92–3, 95–100, 104, 112, 120, 123, 126, 129, 136, 151–2, 162, 187,
Dark Little People, The 175
Dau Ddoctor 142
Davies, Betty Eynon 106
Davies, Cassie 133
Davies, Mrs Clement 161
Davies, Conrad 114, 146, 148, 155–7
Davies, D. Edwin 56
Davies, D. Haydn 114, 120, 127, 131, 133, 135, 137, 160–1, 170
Davies, D. J. 50, 67, 70, 83, 125, 148
Davies, D. Jacob 202
Davies, D. T. 3, 8, 49, 58–9, 65, 69–70, 74, 80, 85, 90, 96–104, 107, 111, 113, 119, 125, 132–3, 137, 154, 161, 168, 170–2, 174–5, 185, 187–8, 190, 198–9, 203
Davies, David 124, 126–7
Davies, E. Tegla 184
Davies, Elias H. 11, 14,
Davies, Emlyn 163

Davies, Evan (Myfyr Morgannwg) 13
Davies, Frederick 44, 49
Davies, Gruffydd 89, 113
Davies, J. Bonfil 125
Davies, J. Kitchener 2, 63, 140, 162, 172, 201–2, 204
Davies, W. D. 2
de Walden, Howard 33, 58–9, 61, 64, 66, 74, 90–2, 94, 96, 106–7, 114, 135, 148, 160–2, 167, 172, 198
Dear Departed, The 142
Deddf Diwygio (1884) 36
Deffro'r Gwanwyn 200, 201
Deffroad, Y 93
Dennis, E. R. 131, 136
Derwyddaeth 13
Dewis Anorfod 141
Dewis Gweinidog 102
Dic Siôn Dafydd 63, 93, 98
Dickens, Charles 39
Dieithryn, Y 90, 102, 154
Dietrich, Marlene 169
Dinbych 93
Dirgel Ffyrdd 140, 171–2, 189–91, 200
Diwygwyr Cymru 35
Doctor er ei Waethaf 137–9
Dreflan, Y 26, 32, 73
Drink, or the Evils of Drunkenness 11
Drych, Y 102
Drysorfa, Y 22, 26, 31
Dy Nerth 41
Dychweledigion, Y 83, 99, 137
Dydd Hwnnw, Y 3
Dyfnallt (John Dyfnallt Owen) 121, 147
Dysgedydd, Y 5

Ddoe a Heddyw 100
Ddraenen Wen, Y 122, 139–41
Ddraig Goch, Y 158

East Lynne 43
Edwards, Ada 67, 93
Edwards, Hywel Teifi 2, 7–8, 74, 91
Edwards, J. M. 22, 32–3,
Edwards, J. T. 93
Edwards, J. W. 164, 165
Edwards, Lewis 5, 26, 27
Edwards, O. M. 22, 35, 41, 59
Edwards, Roger 5, 10, 15–8, 36
'Efrydydd' 135
Eilunod 140
Eisteddfod Ddrama Aberdâr (1913) 93
Eisteddfod Radio, Yr 133

eisteddfodau
  Aberafan 135, 137, 162, 170
  Abertawe 134, 139, 180, 185,
  Bangor (1915) 93, 113, 128
  Bangor (1931) 133, 187
  Y Barri 128
  Caerdydd 36
  Caergybi 135, 160, 185–6
  Caernarfon (1894) 41, 57
  Caernarfon (1906) 35, 134
  Castell-Nedd (1918) 67, 69
  Castell-Nedd (1934) 132
  Y De (Caerdydd) 2
  Eryri (Llanberis) 2, 38, 39, 128
  Y Fenni 64
  Lerpwl (1884) 38
  Lerpwl (1929) 149, 170, 171
  Llandudno 38
  Llanelli (1930) 135, 137, 170
  Llanelli (1962) 113
  Llanymddyfri 38
  Llundain 48
  Pontypŵl 130, 133, 177
  Rhydaman 128, 130, 139
  Treorci 113, 120, 128, 131, 136–7, 170, 179
  Yr Wyddgrug 129, 130, 132–3
  Wrecsam 136, 160
Elias, John 5, 26
Elias Pen Carmel *gw.* Davies, Elias H.
Eliot, George 39
Ellis Jones, Menna 163
Elphin *gw.* Griffith, Robert Arthur
Eluned Gwyn Owen 63, 67, 93
Endaf y Gwladgarwr 50, 67, 93
Enoc Huws 20, 22, 24, 32–3, 40, 93
Ephraim Harris 50, 79, 80, 81–4, 86, 90, 93, 95–6, 103, 128, 143–4, 174, 203
Erodrom, Yr 180
Esther 34, 35
Etifeddiaeth, Yr 135
'Euroswydd' 121, 151–2, 161–3, 189
Evans, Beriah Gwynfe 2, 33–40, 42–4, 46–7, 71, 91–3, 125, 128–30, 132–3, 177
Evans, Caradoc 97, 99
Evans, D. O. 160
Evans, Dafydd 93
Evans, David 44
Evans, Howell 163
Evans, Ifor Leslie 137
Evans, R. W. (Berw) 35
Eve of St John, The 69, 103
Excelsior 113

Fam, Y 106
Faner, Y 110, 121, 151, 152, 164, 189, 190, 192
Farmer's Wife, The 125
Ferch o Gefn Ydfa, Y 125
Fleming, R. S. T. 161
Fletcher, Ifan Kyrle 150
Fletcher, John 11
Fleure, H. J. 76
Francis, J. O. 2, 49, 57–8, 62, 74–6, 78–80, 89–90, 97–9, 113, 134, 139, 144, 150, 161, 168, 175–7
Franck, Bruno 141
Fy Machgen Gwyn 139

Ffawst 137, 174
Ffordd yr Holl Ddaear 134, 141
Ffon Dafl 135, 139, 180–1, 183

Gadael Tir 142
Gainc Olaf, Y 162, 165
Galsworthy, John 141, 172
Garbo, Greta 169
Gilcriest, Margaret 102, 104
'Glan y Gors' 56
Glyn, Y 23
Glyndŵr: Tywysog Cymru 34, 71
Green, Ivor 163
Griffith, Llywelyn Wyn 168
Griffith, Robert Arthur (Elphin) 43
Griffith, W. J. 8
Griffiths, David 37
Griffiths, Ieuan 189–91, 192–3, 200–1
Gruffydd, Sidney 188–9
Gruffydd, W. J. 2, 3, 34, 49, 61, 71, 85, 125–6, 146, 151, 153, 180, 185, 200
Gwaed yr Uchelwyr 16, 80, 102–6, 143, 188, 198–9
Gwaelod y Garth 86, 89, 132, 137
Gwas y Derlwyn 122
Gwen Tomos, Merch y Wernddu 17, 20
Gwentfab *gw.* Williams, W. G.
Gwilym Rhug *gw.* Williams, W. E.
Gwilym Tel 137
Gŵr Pen y Bryn 184
Gwraig y Ffermwr 141
'Gwrandäwr' 22–4,
gwrth-biwritaniaeth 99
Gwrtheyrn *gw.* Roberts, Griffith (Gwrtheyrn)
Gŵyl Ddrama Abertawe 58, 79, 92–6
Gŵyl Genedlaethol yr Undeb Prydeinig 150
Gwynfor *gw.* Jones, Thomas Owen

Gwyntoedd Croesion 139, 141, 176
Gymdeithas Ddrama Bentrefol yng
    Nghymru, Y 150

Hamlet, cyfieithad Cymraeg 37
Hanes Bethlehem 163
Harris, Howel (Hywel) 17, 188–9
Haymarket Theatre, Llundain 90
Hedda Gabler 138, 142
Hegel, G. W. F. 6
'Heilyn' 93
Helbulion Taid a Nain 74
Helynt Hen Aelwyd neu Helbul Taid a Nain
    44, 48
Helyntion Bywyd Hen Deiliwr 17–9, 48
Helyntion Teulu'r Hafod 74, 93
Hen Anian 132
Hen a'r Newydd, neu Farn a'i Buchedd, Yr
    44, 48–9
Herald 142
'Hesgin' 63–4
Hiraethog, Gwilym 3, 5, 10, 15, 17–21, 36,
    41, 46, 48, 81
Hirnos a Gwawr 16, 20, 43–4
His House in Order 180–1
Hobson's Choice 141, 144
Hock, Stephen 136, 163, 166
Hoffmansthal, Hugo von 136, 160, 166
Holman Hunt, William, 'Christ in the
    Synagogue' 103
Holy Willie 13
Hopcyn, Ted 90
Houghton, Stanley 142
Howell, Florence 141
Howell, James 91
Hughes, Ernest 112, 114, 132–4, 180
Hughes, H. O. 15
Hughes, John 27, 29, 38, 46
Hughes, Mary 114, 133, 140
Hughes, R. H. 142
Hughes, Richard 151, 160, 161
Hughes, Ted 163
Humphreys, W. A. 56
Hupopotamus 180
Hwyaden Wyllt 83
Hypocrites, The 100
Hywel Harris 187

'I Ba Le yr Ydym yn Mynd?' 31
Iawn a Orfydd 102
Ibsen, Henrik 8, 40, 70, 76, 78–80, 83, 99,
    135, 141–2, 155, 160
Ioan Elli 35

Iolo Morganwg *gw.* Williams, Edward
Irvine, St John 142
Ivor Pugh neu y Meddyg Llwyddiannus 43

Jac y Bachgen Drwg 44
Jac Martin neu Bobl Llandderwydd 67
Jane Clegg 142
Jane Moorland *gw.* Williams, C. P.
Jedermann 136
Jenkins, E. J. 164
John a Jams 116
John Glade's Honour 122
Jones, Afan 123
Jones, Andreas Michigan 174–5
Jones, Bobi, 2, 4–5, 17, 33, 75, 197
Jones, Brinley 100, 102, 116, 122–3, 135
Jones, Dafydd Glyn 1–2, 8, 10, 15–6, 32–3,
    44, 72, 105, 197, 200, 202
Jones, D. R. 100
Jones, Edgar 133
Jones, Gwynedd 144
Jones, Henry Arthur 100
Jones, Hannah 160
Jones, Idwal 3, 113, 133, 135, 139–40,
    169–70, 179–80, 182–7
Jones, J. Ll. 142
Jones, J. Tywi 44, 59, 61–7, 71, 76–7, 85,
    92–3, 95–100, 107, 112, 114, 116–7,
    120, 125, 129, 133–4, 158, 199
Jones, John 5, 87
Jones, John Gwilym 144, 170, 188, 198,
    201–3
Jones, John Herbert 125–7
Jones, Lewis David (Llew Tegid) 44
Jones, O. N. 38
Jones, Pat 163
Jones, R. E. 143
Jones, R. Lloyd 152
Jones, R. Tudur 4, 16, 19, 21, 75
Jones, Richard 131, 136
Jones, T. Gwynn 34, 39, 40, 42–3, 99,
    135–7, 160–1, 163, 166
Jones, Thomas Owen (Gwynfor) 2, 8–9,
    38–9, 41, 43–4, 48–50, 67, 85–6, 93, 114,
    119, 125, 133, 142, 146, 148, 153, 200
Jones, Tom (Compton House) 38
Jones, Tom (Penybryn) 153
Jones, W. R. 142
Jonson, Ben 11
Julius Caesar, cyfieithiad Cymraeg 38

Kant, Immanuel 6
King, Peter 153

King Henry IV, cyfieithiad Cymraeg 37
King Lear, cyfieithiad Cymraeg 38
Komisarevsky, W. Theodore 135, 160

La Zone 177–9
L'Assomoir 97
Lewis, E. R. 35
Lewis, Eluned 168
Lewis, H. Elfed 137
Lewis, John 91
Lewis, Mari 10, 17
Lewis, J. Saunders 5, 59, 63, 65, 69–70, 72,
    79–82, 84, 95–6, 99–106, 111, 113,
    137, 139, 145–6, 156–7, 161, 170–1,
    179–81, 188–9, 198
Little Miss Llywelyn 65
Littledale, Richard 160
Lloyd, D. Tecwyn 2, 22
Lloyd George, David 40, 57, 64, 71, 90–1,
    154, 160
Lloyd Jones, Meirion 116
Llywellyn, Fewlass 160

Llanbrynmair 129
Llandrindod 91
Llandderfel 23, 142
Llanelli 74, 90, 93, 113, 123–4, 135, 137,
    163, 170
Llansilin 125, 127
Llanuwchllyn 23
Llenor, Y 106, 148–9
Llew Tegid *gw.* Jones, Lewis David
Llidiardau 23
Llundain 5, 6, 13, 26, 62, 74, 81, 88, 133,
    144, 150, 159–60, 167, 175, 183, 192
Llwybrau Anrhydedd 67
Llwyfan, Y 149–50
Llwyfan y Byd 136, 166–7
Llwyneinion 23
Llys Helyg 93
Llywelyn Ein Llyw Olaf 35, 40
Llwch Arian 43
Llwfryn, Y 100
Llywelyn ap Gruffydd 141

Macbeth, cyfieithiad Cymraeg 38, 135
Machonachie 156
Maesymeillion 50, 67, 69–70, 79, 93, 107,
    116, 125
Maid of Cefnydfa, The 11
Man and Superman 123
Manners, J. Hartley 123
Marchogion y Nos 139

Marlowe, Kit 11
Massinger, Philip 11
Mathews, Dan 79, 93, 102, 114, 128–30,
    133, 144
Matthews, Edward 10, 15, 17, 18
Matthews, William 13
Maugham, W. Somerset 123
Menjou, Adolph 169
Meini Gwagedd 202
Merched Llangollen 161
Merthyr Tudful 9, 28, 90, 123, 163
Methodistiaeth 5, 9, 10, 13–4, 18, 22, 24–7,
    31, 38, 47, 82, 87, 116, 132, 143, 188–9
'Meudwy' 187
Meyerhold, Vsevolod 157
Middleman, The 100
Midsummer Night's Dream 137
Millward, E. G. 35–7, 39
Milton, John 11
Mitchell, Ronald Elway 163
Mix, Tom 169
Moelgarnedd 23
Moelwyn Alaw 35
Molière (Jean-Baptiste Poquelin) 139
Morgan, D. Derwenydd 67
Morgan, D. W. 141
Morgan, D. Gwernydd 100, 123, 144–6
Morgan, Kenneth 3, 4
Morgan, Magdalen 141
Morgan, Owen (Morien) 13–14, 26–7, 38, 81
Morien *gw.* Morgan, Owen
'Morien a'i Ffwlbri' 14
'Morien a'i Gleddyf a'i Darian' 14
Morris, Arthur 67
Morris, D. T. 161
Morris, W. 59
Morris-Jones, John 71
Mostyn, Pedr 37–8
Mudiad Addysg y Gweithwyr 111
Mudiad Dirwestol, Y 3, 11, 17, 28
Mudiad Gwyddelig 155
Mudiad Ibsen 155
Mudiad Seisnig 155
My People 97
Myfyr Aman 123
Myfyr Morgannwg *gw.* Davies, Evan

Nathan Dyfed *gw.* Reynolds, Jonathan
Neuadd Albert, Abertawe 93–4
Neuadd y Ddinas, Caerdydd 102
Neuadd y Parc a'r Dâr 131
New Theatre, Caerdydd 90–1, 150
Nicholson, Jenny 160

Noakes, Sam 11–13
Norwood, Gilbert 76, 78, 80–2, 84
Nos Sadwrn 142
Noson o Farrug 93, 96

Old Lady Shows Her Medals, The 150
Oruchwyliaeth Newydd, Yr 140, 190–1
Outward Bound 142, 203
Owain Glyndŵr 2, 35, 37
Owain, O. Llew 2, 3, 40, 128
Owen, Daniel 2–3, 17, 19–22, 24–6, 29,
     32–3, 39, 41, 44, 70, 73, 86, 105
Owen, R. D. 67, 93
Owen, Roger 197–8
Owen Llwyd, y Bachgen Da 44, 93
Owen Roscomyl 58, 64

Parc, Y 23
Parry, Gwenlyn 170, 198
Parry, J. Eddie 113, 124–5, 131–3, 135, 142,
     147, 150, 170, 177–9, 184, 186
Parry, Robert (Llanrug) 16, 44
Parry, Thomas 138, 142–4
Parry-Williams, T. H. 137
Peg of My Heart 123
Pen y Daith 140
Penmachno 181
Pentre, y Rhondda 10, 12–13, 187
Pinero, Arthur Wing 180
piwritaniaeth 11, 144
Plas Newydd 161–2
Poacher, The 62, 150, 175
Pobl Yr Ymylon 123, 125, 127, 139, 170, 183–7
Pobun 136–7, 160, 163
Points 140
Pelenni Pitar 140, 174–5
Ffordd y Menywod 140
Pont Orewyn 90
Pontypridd 10
Poole's Pictorium 123
Potsiar, Y 139
Price, Margaret 106
Priodas Anorfod 139
Profedigaethau Enoc Huws 24
Pugh, R. Owen 163
Puw, Rhys 110
Pwerau'r Nos 163
Pwllheli 43, 128, 131
Pwyllgor, Y 93
Pwyllgorddyn, Y 140, 180

Phillips, E. J. 132–3, 137
Phillips, John 105

Phillips, T. O. 115, 121
Philpotts, Eden 125, 141

Radford, Marian 153
Rees, J. Seymour 100
Rees, Llywelyn 160
Rembrandt van Rijn, 'Study in Anatomy'
     103
Reynolds, Jonathan (Nathan Dyfed) 38
Reynolds, Llywarch 38
Riders to the Sea 78
Roberts, A. O. 154
Roberts, Griffith (Gwrtheyrn) 22, 25, 53
Roberts, J. Bryn 25, 53
Roberts, K. E. 135
Roberts, Kate 59, 100, 106–7, 122, 125,
     143–4
Roberts, Thomas Evan 41
Robinson, Lennox 128, 139
Rutherford & Son 143–4

Rhad Ras 17
*Rhaff Deirgainc, neu Guto Medi Mechnar, ei
     dad a'i daid, Y* 44
Rhamant Bywyd Lloyd George 35
Rhondda, Y 10–13, 15, 74, 123–4, 131
Rhoswallis 23
Rhydaman 123, 128, 130, 139
Rhyfel Byd Cyntaf, Y (Y Rhyfel Mawr) 2,
     34, 50, 56–60, 62, 66–7, 69, 76, 85–6,
     90–3, 99, 101, 107, 110–11, 113, 115,
     122, 128, 140–1, 168, 170, 172, 175–7,
     185, 190, 197–9, 205
Rhys, Rhuamah 78
Rhyducha' 23
Rhyddfrydiaeth 11, 35–7, 46, 58, 62, 72,
     75, 87, 113, 188
Rhyddfrydiaeth Anghydffurfiol 6, 11, 36,
     62, 72, 87, 105, 113, 188
Rhys Lewis 2–3, 15, 19, 21–2, 24–33, 40, 44,
     46, 52–4, 65, 93

Sant, Y 113
Sasiwn Corwen 9
Scott-Ellis, John 161
Scott-Ellis, Thomas Evelyn 74
Seisnigrwydd 6, 11, 16, 34, 36, 38, 42, 45,
     60, 66, 71, 74–5, 89, 106, 114, 131,
     147, 151–2, 155, 162, 165–6, 169–70
Senedd Coleg Prifysgol Bangor 201
Serch Hudol 67, 93
Seren, Y 22
Sgiwen 40

Mynegai   213

Shadow of the Glen, The 103
Shakespeare, William 2–3, 6, 11–13, 15, 36–9, 128
Shaw, Bernard 65, 123
Silver, Christine 160
Soldier and the Gentlewoman, The 163
Sowerby, Githa 143
Stanislafsci, Constantin 157
Stephens, Robert 130
Stori'r Streic 35, 37, 44, 46–7, 93
Stowe, Harriet Beecher 18
Strife 141, 172
Strindberg, August 142
Sturm Im Wasserglas 141
Swaffer, Hannen 123
Sŵn y Gwynt sy'n Chwythu 172
Synge, John Millington 78, 103, 156

Taig, Thomas 161, 199
Taith y Pererin 20
Tarian y Gweithwyr 10, 11, 112
Terry, Ellen 153
Thomas, Aeron 61
Thomas, D. Clydach 112, 114, 116, 123, 133
Thomas, Grace 15, 93
Thomas, Ioan 17
Thomas, Isaac 14
Thomas, Lorraine 163
Thomas, Owen 5, 27
Thomas, W. C. Elvet 155
Ton, Ystrad 11
Traed mewn Cyffion 107
Traethodydd, Y 5, 16
Trech Gwlad nag Arglwydd 15
Trefeca 188
Trefriw 2, 9, 22, 24–8, 30–1, 33, 38, 40–2, 81
Treftadaeth 163
Treherbert 13
Trem yn Ôl 50, 67, 86, 200
Treorci 113, 120, 128, 131, 136–7, 170, 179
Troion yr Yrfa 15, 50, 67
Tu Hwnt i'r Llen 129
Tuag adref 135
Tudur, Owain 163–5
Twymer, Jack 160
Tŷ Dol 40, 141

Thackeray, William Makepeace 39
Theatr yr Abbey, Dulyn 149, 154, 155
Theatr yr Anterliwt 7, 9, 10
Theatr Fach Trecynon 114
Theatr Garthewin 199

Theatr Genedlaethol y Cymmrodorion 59, 101–2, 199
Theatr y Grand, Abertawe 93, 112, 120, 139, 158
Theatr Repertory Manceinion 144
Theatr y Tywysog, Caerdydd 135
Threepenny Opera 200

Uncle Tom's Cabin 18
Undeb y Ddrama Gymraeg *neu* Undeb y Ddrama Gymreig 111, 129, 131, 136, 145–6, 149, 151–3
Unig Fab, Yr 15
Unigrwydd 144
Unknown, The 123
Urdd Gobaith Cymru 153

Valentino, Rudolph 169
Vane, Sutton 142, 203
Vaughan, Hilda 163
Vaughan, Elizabeth 163

Wade-Evans, W. 36
Wales 56
Walters, J. P. 122, 133, 137
Ward, Mrs Henry 41
Way of the World, The 191
Wedekind, Frank 200–2
Welsh historical Drama and how to produce it, The (1904) 35
Welsh Outlook 61, 76, 97, 99
West End, Llundain 144
Western Mail, The 10–13, 27, 91, 97–8, 105, 141
What Every Woman Knows 136
White, J. Fisher 160
White-headed Boy, The 128
Williams Brynsiencyn 57, 59, 64, 91
Williams, C. P. (Jane Moorland) 161, 168
Williams, D. R. 102
Williams, David Matthew 189
Williams, Edward (Iolo Morganwg) 13
Williams, Evelyn *gw.* Bowen, Evelyn
Williams, Howard 161
Williams, Ifor 137–8, 141
Williams, J. Ellis 101, 113–4, 116–7, 119–20, 125, 133, 135, 139, 140–1, 147–8, 180–3, 197
Williams, J. D. 60, 75
Williams, J. Iorwerth 158
Williams, J. J. 66, 114, 118, 120, 125, 133, 142, 154, 159, 171–2

Williams, John Lloyd 44
Williams, Llywelyn 57, 64, 91, 101–2
Williams, Matthew 113
Williams, Meriel 163, 165, 167
Williams, Richard 44, 48, 49
Williams, Robert 163
Williams, Stephen 163
Williams, T. J. 25, 129
Williams, W. E. (Gwilym Rhug) 44
Williams, W. G. (Gwentfab) 35
Williams, W. Gilbert 142
Williams, W. Glynfab 15, 67
Williams, W. S. Gwynn 163
Williams, William 31, 49

Williams Parry, R. 142, 203
Willow, H. 131
Whitworth, Geoffrey 153
Woman of Compassion, A 141
Wood, Cyril 133
Wyddgrug, Yr 33, 39, 129–30, 132–3
Wynne, Robert 199

Yeats, W. B. 156
Ymadawedig, Yr 142
Ymhonwyr, Yr 135, 160
Ysgol Ddrama Llanfairfechan (1930) 153

Zola, Emile 97